FAZHI SUYANG JIAOYU

法治素养教育

主　编◎张　艳

撰稿人◎（以姓氏笔画为序）

石海云　汪如磊　张　艳

陈　勇　周　斌

中国政法大学出版社

2022·北京

图书在版编目（ＣＩＰ）数据

法治素养教育/张艳主编. —北京：中国政法大学出版社，2022.8
ISBN 978-7-5764-0508-8

Ⅰ.①法…　Ⅱ.①张…　Ⅲ.①公民－社会主义法制－法制教育－研究－中国　Ⅳ.①D920.4

中国版本图书馆CIP数据核字(2022)第124432号

出　版　者	中国政法大学出版社
地　　　址	北京市海淀区西土城路 25 号
邮　　　箱	fadapress@163.com
网　　　址	http://www.cuplpress.com (网络实名：中国政法大学出版社)
电　　　话	010-58908435(第一编辑部) 58908334(邮购部)
承　　　印	固安华明印业有限公司
开　　　本	787mm×1092mm　1/16
印　　　张	17.75
字　　　数	443 千字
版　　　次	2022 年 8 月第 1 版
印　　　次	2022 年 8 月第 1 次印刷
定　　　价	49.00 元

主编简介

张艳，新乡学院法学副教授，法学教研室主任，新乡市委法律顾问，新乡市法律智库成员，新乡仲裁委员会仲裁员，新乡市人民法院调解员，主要从事民商法学的教学与科研工作。曾撰写多篇文章并公开发表在国家级和省级刊物上；编写有《法学概论》《人格权商品化问题研究》《侵权责任的理论研究》《著作权法司法适用实证研究》《非讼实现担保物权》《中原经济区建设理论与实践》等著作。

序

中共中央印发《法治社会建设实施纲要（2020-2025 年）》："推动全社会尊法学法守法用法……加强青少年法治教育，全面落实《青少年法治教育大纲》，把法治教育纳入国民教育体系。"本书以中央全面依法治国工作会议精神为指引，按照《法治社会建设实施纲要（2020-2025 年）》推动全社会增强法治观念的要求，深入宣传以宪法为核心的中国特色社会主义法律体系，广泛普及与经济社会发展和人民群众利益密切相关的法律法规，弘扬社会主义法治精神，注重培养公民法治理念，引导全民做社会主义法治的忠实崇尚者、自觉遵守者和坚定捍卫者。

法治兴则国兴，法治强则国强。我国作为一个拥有 14 亿人口的大国，国情决定我们不能大大小小的事情都去法院解决，要解决社会矛盾，我们只能从根源上进行防控。只有用法律的准绳去衡量、规范、引导社会生活，让公民形成良好的法治素养，形成遵守规则的价值观，养成法治思维的习惯，拥有理性思考、解决问题的能力，才能做到"抓末端、治已病""抓前端、治未病"。本书意在帮助公民认识到法律既是保障自身权利的有力武器，又是必须遵守的行为规范，帮助大家树立起办事依法、遇事找法、解决问题靠法的意识，帮助我们自觉抵制违法行为，自觉维护法治权威。

"心存敬畏，方能行有所止。"习近平同志在浙江工作期间强调，要增强普法教育，"突出培养公民的法治精神，在全社会树立法治信仰、形成法治风尚，努力把法治精神、法治意识、法治观念熔铸到人们的头脑之中，体现于人们的日常行为之中"。本书从实践出发，结合案例，帮助大家明辨是非，形成法治思维，养成诚实守信的职业习惯；从规则意识培养，帮助大家远离诉讼纠纷，守住行为底线，不踩法律红线。力争推动法治思维入脑入心，使大家知廉耻、辨是非、明进退、悉底线，成为知法守法用法的公民，坚定走中国特色社会主义法治道路的信念，真正实现天下无讼、以和为贵的价值追求。

本书具有以下三项显著特点：

1. 实用性——以案释法明理。本书将典型案例、人民法院案例等相关案例进行简要归纳总结，提炼出小问题，通俗易懂，入脑入心。

2. 生活性——贴近生活点滴。内容贴近生活，在指导公民守法、用法、依法解决实际问题的同时，培养公民形成遇事找法的法治思维，提升公民法治素养。

3. 趣味性——方便阅读理解。本书内容经过精心设计，来源于当下最热和大众最关心的实例，用大众能明白的话语结合法律条文进行阐述分析，把生涩的法律变成生动的生活小百科，方便理解和阅读。囿于时间短及资料有限，本书可能还存在诸多纰漏之处，欢迎批评指正。

张 艳

2022 年 4 月 18 日

前　言

　　法治素养，是一个人认识和运用法律的能力，[1]是生活在法治社会中的人所应该具备的基本规范意识与行为导向，集中体现在一个人守法的规则意识，理性思考问题、解决问题的水平，以及用法的法治思维能力。一个人的法治素养如何，往往通过其掌握、运用法律知识的技能及其法律意识表现出来。我们每天都会消费，从法律层面上会涉及售后服务、产品质量等问题，公民有意识地保留好证据，能防范可能出现的风险，这是典型的涉己法治素养；个人行使自己权利时，不得损害他人和公共的合法权益，这类约束型法律规范是一种涉他的法治素养，所以法治素养也被视为基于不同价值立场的协同作用体系。

　　恩格斯曾明确指出："就单个人来说，他的行动的一切动力，都一定通过他的头脑，一定要转变为他的意志的动机，才能使他们行动起来。"而要转变为意志动机，必须满足人自身的需要。人的自身需求的满足是推动人道德活动的根本力量。法律意识是社会意识的一种形式，是人们的法律观点和法律情感的总和，其内容包括对法的本质、作用的看法，对现行法律的要求和态度，对法律的评价和解释，对自己权利和义务的认识，对某种行为是否合法的评价等。只有具备良好的公民法律意识，守法才会由国家外在强制力量转化为对法律的权威及法律内含价值的共同认同，从而做到严格依照法律行使自己的权利和履行自己的义务，充分尊重他人合法、合理的权利和自由；自觉运用法律的武器维护自己的合法权利，主动抵制破坏法律和秩序的行为。

　　法治在当今社会有着前所未有的重要地位。加强新时代广大公民的法治素养对于社会主义现代化建设事业有着举足轻重的作用。公民的法治素养高低直接反映了这个社会的处世方式，反映出一个地区乃至整个社会成员精神文明的发展水平。在现代社会的文明机体中，规则就是筋和骨，有了明确的规则，才能框定人们的行动边界。规则意识的淡漠，会阻碍社会文明进步，直接影响每个人的生活。没有规矩不成方圆，若想保持社会经济的可持续发展，保持社会稳定，实现中国梦，就必须加强法治建设，提升群众的法治信仰、契约精神和规则意识。建设社会主义法治国家，必须把法治思维贯穿于中国法治建设各方面，运用法治思维判断是非曲直。

　　人的思维不是与生俱来的，也不是在个人头脑中自发形成的，而是后天学习与培养的结果，法治教育就是培育和养成法治思维的首要环节。思维习惯的培养不能一蹴而就，需要经历较长的过程，将法治教育进行推广，就是要在意识萌芽环节将法治思维根植于人们的头脑中，以实现法治教育的目的。思维方式决定思想高度，法治思维的核心是"信仰法治、遵守规则"，是以法律作为塑造社会秩序、推进良法善治的逻辑化理性思维方式。从个体层面看，法治思维是一种理性的思维方式和办事原则；从社会层面看，法治思维落实为一种有序

---

　　[1]　禹治洪："领导干部如何提升法治素养"，载《新长征》2016年第9期。

的社会生活方式，表现为一整套有关权利、义务、权力、职责的制度性安排；从国家层面看，法治思维体现为一种宏观的国家治理方略，是一个国家在多种手段面前，选择以法律为主的治理手段；从精神层面看，法治思维是一种文明的国家精神，呈现出国家对人的尊严的终极关怀，对良法善治的深刻洞见与守护。本书主要从个人层面来帮助公民塑造法治思维，提升法治素养。法治思维是基于对法治的遵从，自觉运用法治观念、原则和逻辑来认知、分析和解决问题的思维方式。它是实现定纷止争的思维活动和认知方式。法治是通过权利义务规定来确认法律利益主体、利益内容和范围，以各种法律规范来确定实际生活中的是非曲直、利益权衡。通过利益权衡，法治确认利益个体或集体的利益份额和获得方式，防止由于利益分配的不确定性带来的社会冲突和矛盾。法治思维与法治生活已经渗透到社会生活的方方面面，如果说过去的"文盲"是数理化等科目缺失者，那么当今时代，不学法律，没有法治素养，则是"法盲"，替代成为"新文盲"，所以公民形成良好的法治素养是有效适应现代生活的必然选择。无论建立劳动关系还是个人创业、商务交易等，都离不开规则的约束与保障，而法治化生活就为这种规则提供了最基本的实现路径，所以良好的法治素养不仅是文化知识体系充实的需要，也是个人真真切切生存发展的需要。

公民在社会生活中，需要处理自己与他人的各种多元社会关系。这种社会关系的发生与运转不因我们个人喜好不同而产生差异，在同一社会平台上要想达到共赢的稳定化社会生活，只能通过法治来实现。因此形成良好的法治素养，对公民有效融入社会产生深远影响。而具备基本的法治思维是公民法治素养的灵魂与创新实践的动力，是激发公民思考问题积极性与创新能力的助力器，是让问题获得条理化明晰并顺利解决之途径。如在治理城市不文明行为问题上，单纯依靠说教不一定能实现一种常态化的稳定治理预期，但如果提供一种法治化的解决思路，比如加强地方立法，加大违法成本，这种稳定化、可预期的法治思维在解决具体问题中的应用，则有助于公民提前掌握看待与解决问题的权威指导，达到社会治理预期效果。

法律既已制定，任何人和组织都不得以任何理由去违背法律规则，只能严格遵照执行。法治思维体现了法律所固有的规则性及其内在的逻辑力量，表现出稳定性、确定性的刚性色彩。在既定法律面前，只有严格遵循方为合法正当。法律程序属于行为程序，为了达到一定的法律目的，通过法律预先设定行为方式和行为步骤，再通过对这些步骤和方式的遵循，一环扣一环逐步充实展开，最终获得确定性法律后果，未经法律正当程序，对人身和财产权利等不得剥夺。在具体法律关系中，一方主体有法律权利，对方主体就必须承担相应的法律义务，反之亦然。

本书就是要让大家充分认识到现阶段法治素质教育的重要性，大力宣传社会主义法治精神，外化于行，内化于心，帮助公民塑造法治思维，知悉法律程序，养成权利意识，形成规则框架，筑牢思想防线，正确判断是非曲直，依法维护自己的合法权益，合理解决纠纷。

张　艳

2022 年 4 月 18 日

目　录

扫码查看本章案例关联条文

第一章　弘扬宪法精神　树立法治信仰

第一节　宪法与法治

宪法是国家的根本大法，具有最高的法律效力，在中国特色社会主义法治体系中处于核心的地位。一切法律都是依据宪法制定的，宪法是一切法律的母法。一切法律、行政法规、地方性法规都不得同宪法相抵触。维护法律的权威，首先是维护宪法的权威。我国《宪法》序言明确规定："全国各族人民、一切国家机关和武装力量、各政党和各社会团体、各企业事业组织，都必须以宪法为根本的活动准则，并且负有维护宪法尊严、保证宪法实施的职责。"因此，依法治国，首先必须严格遵守和执行宪法，树立和维护宪法的权威，保证宪法的贯彻实施，做到依宪治国。

一、中华人民共和国宪法

马克思主义认为，建立人民当家作主新国家的第一步，是人民争得民主，掌握国家政权，使自己上升为统治阶级。列宁说过："如果没有政权，无论什么法律，无论什么选出的代表都等于零。"中华人民共和国成立之后，为了建立、巩固和发展共和国的新政权，必须废除旧法统，制定新宪法，创立和实行新法治。[1]

（一）《宪法》修订历程

1. 中华人民共和国成立初期的临时宪法——《共同纲领》。1949 年 9 月 21 日，毛泽东主席在中国人民政治协商会议第一届全体会议的开幕词中说："我们的工作将写在人类的历史上，它将表明：占人类总数四分之一的中国人从此站立起来了。"1949 年 9 月 29 日，中国人民政治协商会议第一届全体会议选举了中央人民政府委员会，宣告了中华人民共和国的成立，并通过了《共同纲领》，起临时宪法的作用。

《共同纲领》是中华人民共和国第一部建国纲领和建设蓝图，是具有临时宪法性质的人民大宪章，在新中国制宪史上具有重要地位。《共同纲领》除序言以外，共分 7 章 60 条。每章的条文安排为：第一章"总纲"11 个条文，第二章"政权机关"8 个条文，第三章"军事制度"6 个条文，第四章"经济政策"15 个条文，第五章"文化教育政策"9 个条文，第六章"民族政策"4 个条文，第七章"外交政策"7 个条文。除第二章规定的"政权机关"外，其余 6 章基本都是纲领性条款。

---

〔1〕 李林："新中国 70 年奋斗历程与宪法"，载《法制日报》2019 年 10 月 21 日，第 2 版。

2. 1954 年《宪法》。中华人民共和国建立初期，通过《共同纲领》和《中央人民政府组织法》（已失效）、《土地改革法》（已失效）、《婚姻法》（已失效）、《工会法》等法律法令的有效贯彻实施，我国的政治、经济形势发生了深刻变化，国家政权逐渐得到巩固，社会秩序逐步好转，人民安定团结的局面已经形成。在这种形势下，召开全国人民代表大会制定宪法的条件趋于成熟。1953 年初，中央人民政府委员会决定成立中华人民共和国宪法起草委员会，毛泽东同志任委员会主席。1954 年 9 月 20 日，第一届全国人大第一次会议通过并颁布了《宪法》。这是中华人民共和国成立后制定的第一部《宪法》，是中国历史上第一部真正意义上的"人民的宪法"。1954 年《宪法》除序言外，分为总纲、国家机构、公民的基本权利和义务以及国旗、国徽、首都共 4 章 106 条。

1954 年《宪法》确认了中国共产党领导中国人民夺取新民主主义革命胜利、中国人民掌握国家权力的历史变革；总结了中华人民共和国社会改造与社会建设的经验，规定了人民民主专政的国体和人民代表大会制度的政体、公民的基本权利和义务，规定了国家在过渡时期的总任务和建设社会主义的道路、目标。

1954 年《宪法》的制定和实施，对于巩固新中国革命政权、确保中国人民站起来，对于促进社会主义经济发展、团结全国各族人民进行社会主义革命和建设，发挥了积极推动和根本保障的作用。

3. 1975 年《宪法》。1975 年 1 月 17 日，第四届全国人大第一次会议通过并颁布了 1975 年《宪法》，这是中华人民共和国建立后制定的第二部《宪法》。1975 年《宪法》除序言外，共 4 章 30 条。序言的内容是强调社会主义历史阶段始终存在着阶级、阶级矛盾和阶级斗争，存在着社会主义同资本主义两条道路的斗争，存在着资本主义复辟的危险性，存在着帝国主义对社会主义进行颠覆和侵略的威胁。第一章总纲反映了我们国家无产阶级专政的根本性质，确认了单一的社会主义经济基础。第二章国家机构共 5 节仅有 10 条，第三章公民基本权利和义务仅有 4 条，第四章国旗、国徽、首都仅有 1 条。

4. 1978 年《宪法》。1978 年 3 月 5 日，第五届全国人大第一次会议通过了《宪法》，这就是 1978 年《宪法》，是中华人民共和国建立以后制定的第三部《宪法》。1978 年《宪法》共 4 章 60 条，在结构上和 1954 年、1975 年两部《宪法》相同。

5. 1982 年《宪法》。1982 年 12 月 4 日，第五届全国人大第五次会议通过了《宪法》，这就是中华人民共和国成立后制定的第四部宪法，即现行宪法。在结构上，1982 年《宪法》除序言外，分总纲、公民的基本权利和义务、国家机构以及国旗、国徽、首都，共 4 章 138 条。与前三部《宪法》有所不同，1982 年《宪法》将公民的基本权利和义务一章放在国家机构一章之前，显示了国家对公民基本权利及保障的高度重视。

宪法只有不断适应改革开放新形势、吸纳新经验、确认新成果，才能具有持久生命力。1988 年、1993 年、1999 年、2004 年、2018 年，全国人大分别对 1982 年《宪法》个别条款和部分内容作出必要修正，实现了宪法的与时俱进。经过五次修正以后，现行《宪法》共有 4 章 143 条。1988 年修宪，将私营经济写进《宪法》，明确其"社会主义公有制经济的补充"地位；1993 年修宪，将"坚持改革开放"与"实行社会主义市场经济"写进《宪法》，明确了改革开放基本国策的宪法属性；1999 年修宪，将邓小平理论作为指导思想写进《宪法》，同时明确规定非公有制经济是社会主义市场经济的重要组成部分；2004 年修宪，将"三个代表"重要思想写进《宪法》，并明确规定"国家尊重和保障人权"的宪法原则。

　　2018 年 1 月 26 日，党的十九届二中全会审议通过了《中国共产党中央委员会关于修改宪法部分内容的建议》，提出为更好发挥宪法在新时代坚持和发展中国特色社会主义中的重要作用，需要对《宪法》作出适当修改，把党和人民在实践中取得的重大理论创新、实践创新、制度创新成果上升为宪法规定。党中央决定用一次全会专门讨论宪法修改问题，这在我们党历史上还是第一次，充分表明党中央对宪法修改的高度重视。[1]

　　2018 年 3 月 11 日，第十三届全国人大第一次会议高票通过了《中华人民共和国宪法修正案》（以下简称《宪法修正案》），实现了现行《宪法》的第五次与时俱进和完善发展。新《宪法修正案》共 21 条，主要有 11 个方面的内容：①确立科学发展观、习近平新时代中国特色社会主义思想在国家政治和社会生活中的指导地位；②调整充实中国特色社会主义事业总体布局和第二个百年奋斗目标的内容；③完善依法治国和宪法实施举措；④充实完善我国革命和建设发展历程的内容；⑤充实完善爱国统一战线和民族关系的内容；⑥充实和平外交政策方面的内容；⑦充实坚持和加强中国共产党全面领导的内容；⑧增加倡导社会主义核心价值观的内容；⑨修改国家主席任职方面的有关规定；⑩增加设区的市制定地方性法规的规定；⑪增加有关监察委员会的各项规定。

　　（二）《宪法》基本内容

　　现行《宪法》除序言外，分总纲、公民的基本权利和义务、国家机构以及国旗、国歌、国徽、首都，共 4 章 143 条。

　　1. 序言。1954 年《宪法》在起草过程中，宪法起草委员会主席毛泽东研究了世界各国宪法。他从苏俄宪法中得到启发，决定在总纲前加入序言部分，记载 1840 年以来中国革命和建设的历史及其成果，反映中国近代史发展的客观规律和基本经验。这些内容是全国各族人民的共识，是理解中国国体、政体、国家结构形式、民族政策等一系列重大宪法问题的基础。序言是宪法的灵魂，是宪法的重要组成部分，与正文同样具有最高法律效力。总纲前加入序言这个形式，在我国《宪法》中，一直保持到现在。

　　我国现行《宪法》序言共 13 节文字，主要写了三方面的内容：一是中华人民共和国的由来、建设和发展；二是国家重要相关问题；三是宪法的效力。《宪法》序言的法律效力主要体现在四个方面：①《宪法》序言中明确规定，《宪法》具有最高法律效力。②《宪法》及其法律效力具有整体性和不可分解性。我国现行《宪法》是一个由序言、总纲、公民的基本权利和义务、国家机构以及国旗、国歌、国徽、首都这五项内容组成的有机整体，它们共同构成宪法并产生宪法的最高法律效力。③《宪法》序言对《宪法》条文具有统领性和指导性作用，《宪法》条文的具体规定是《宪法》序言规定的基本价值和原则的具体化和条文化，总纲中许多规定特别是有关国家基本国策的规定，是对《宪法》序言规定的国家根本任务、奋斗目标等的具体实现方式。④《宪法》序言对《宪法》解释和宪法修改具有约束力，序言规定的指导思想和基本原则是《宪法》解释和修改最重要的依据。

　　2. 总纲。现行《宪法》第一章"总纲"，从第 1 条至第 32 条，共 32 个条款。该章规定了社会主义制度是我国的根本制度、我国是人民民主专政的社会主义国家，以及我国的根本政治制度和基本经济制度等内容。其中，在第 1 条第 2 款我国的根本制度是社会主义制度之后，2018 年《宪法修正案》又增写了"中国共产党领导是中国特色社会主义最本质的特

---

　　[1]　参见李林："新中国 70 年奋斗历程与宪法"，载《法制日报》2019 年 10 月 21 日，第 2 版。

征"。在序言中多次提到中国共产党的领导，在宪法中明确了党的领导地位和党的执政地位。增写这一句，进一步强调了党的领导，进一步明确宣示我国国体最本质的特征是中国共产党的领导，为实现党对一切工作的领导提供了宪法依据。

3. 公民的基本权利和义务。现行《宪法》第二章"公民的基本权利和义务"，从第33条至第56条，共24个条款。列宁曾经说过："宪法就是一张写着人民权利的纸。宪法它最主要的功能就是保障公民的基本权益。"我们在享受权利的同时，也要承担相应的义务。宪法规定的有些基本权利，同时也是基本义务，譬如受教育权、劳动权等。

公民的基本权利可以概括为：①平等权；②政治权利，诸如选举权和被选举权，对国家机关及其工作人员的监督权，言论、出版、集会、结社、游行、示威的自由；③精神、文化活动的自由，诸如宗教信仰自由，文化活动的自由，通信的自由和秘密；④人身的自由与人格的尊严，诸如人身自由不受侵犯的权利，住宅不受侵犯的权利，人格尊严不受侵犯的权利；⑤社会经济权利，诸如财产权，劳动权，休息权，生存权，受教育权；⑥获得权利救济的权利，诸如提起申诉、控告的权利，国家赔偿及补偿请求权。公民的基本义务可以概括为：①维护国家统一和民族团结的义务；②遵守宪法和法律的义务；③维护祖国安全、荣誉和利益的义务；④保卫祖国和依法服兵役的义务；⑤依法纳税的义务；⑥受教育义务；⑦劳动义务；⑧实行计划生育的义务；⑨父母子女之间抚养与赡养的义务。

4. 国家机构。现行《宪法》第三章"国家机构"一共分8节内容，从第57条至第140条，共84个条款。国家机构包括：①全国人民代表大会及其常务委员会；②国家主席；③国务院；④中央军事委员会；⑤地方各级人民代表大会和地方各级人民政府；⑥民族自治地方的自治机关；⑦监察委员会；⑧人民法院和人民检察院。

5. 国旗、国歌、国徽、首都。现行《宪法》第四章"国旗、国歌、国徽、首都"，从第141条至第143条，共3个条款。该章规定了中华人民共和国国旗是五星红旗，国歌是《义勇军进行曲》，国徽中间是五星照耀下的天安门，周围是谷穗和齿轮，最后规定首都是北京。

二、宪法与法治的关系

宪法是国家的根本法，是治国安邦的总章程，其他所有法律法规都不能违反宪法制定的原则，也即宪法是法制的基础。法制仅指法律制度，是法治的基础。法治则既包括良法，又包括善治。所以宪法是法治社会的根基所在，二者是一种相辅相成的关系，宪法保障法治施行，法治树立宪法权威。

（一）宪法是法治的法律根据

党的十五大报告明确揭示了"依法治国"的内涵，强调指出"依法治国，就是广大人民群众在党的领导下，依照宪法和法律规定，通过各种途径和形式管理国家事务，管理经济文化事业，管理社会事务，保证国家各项工作都依法进行，逐步实现社会主义民主的制度化、法律化，使这种制度和法律不因领导人的改变而改变，不因领导人看法和注意力的改变而改变"。"依法治国"说到底，就是要依照宪法实行社会主义法治。而社会主义法治的首要要求是，制定出体现广大人民意志的社会主义法律，建立起比较完善的社会主义法律体系，做到社会生活的各领域、各方面都有法可依。

建立完善的社会主义法律体系，离不开宪法。宪法在整个法律体系中居于首要地位，它对一国法律体系的建立和完善，起着至关重要的作用。宪法所具有的国家根本法的特点，决定了宪法不仅为国家法制的统一提供依据，也为国家法制的完善奠定基础。宪法是其他一般法律的立法依据和基础所在，离开了宪法，其他法律便无从产生；整个国家的法律体系也便无法建立；有法可依也就无从谈起。实行社会主义法治还要求，在建立以宪法为核心的社会主义法律体系以后，要切实按照体现广大人民意志的宪法和法律去办事，即要做到有法必依、执法必严、违法必究。[1]如果我们的法律不能够得到严格的遵守和执行，人们也就会丧失对法律的信仰，法律将形同虚设。

（二）法治集中体现宪法至上

依法治国不但需要一套完整的法律制度，而且需要法律的至上权威和人民对法律的信仰。同时，需要特别指出的是，法律至上首先是宪法至上，宪法至上其实就是人民利益至上。如果人民的利益不能放到首要位置，这就会大大削减人民的政治热情。因而我们要更加坚定地对宪法至上的精神予以肯定、确认和弘扬，这样才能够使人们真正积极地投身于法治的实践当中，真正达到全面依法治国的理想状态。我们应该认识到依法治国不应该只是依赖于法律的规定，同时也需要精神上的驱动力，使思想意识得到相应提升。人民最高利益的体现是宪法，因而只有真正确定了宪法至上的权威，依法治国才能实现。

宪法至上主要是指在国家和社会管理过程中，把宪法当成最高目标，在树立宪法信仰的前提下，让它转化为一种至高无上的力量融于人们的日常生活，指引人们的行为，在这种力量的引导下逐渐形成一种自觉遵守的习惯，这是宪法至上所要达到的目的。这个目的达成了，法治的目的也便实现了。如果没有宪法至上，依宪治国就是一句空话，自然也就不可能实现法治。[2]因此，建设法治国家离不开宪法信仰，宪法信仰才是建设法治国家的内在推动力，惟有确立宪法信仰，才能实现法治国家的目标。建设社会主义法治国家，其实就是以"权利制约权力"，也就是以法律支配权力。而宪法就是"权利制约权力"的最根本的法。

第二节　典型宪法事例

习近平指出，"法律是什么？最形象的说法就是准绳。用法律的准绳去衡量、规范、引导社会生活，这就是法治。"[3]"守法律、重程序，这是法治的第一位要求。"[4]在法治国家、法治政府、法治社会一体建设的时代背景下，我们需要学习宪法知识，厘清宪法与法治，感悟典型宪法事例，大力弘扬宪法精神，牢固树立法治信仰！

一、人身自由保护——赵某海案件

案例： 2010年5月9日，"杀害"同村人在监狱已服刑多年的河南商丘村民赵某海，因"被害人"赵某裳的突然回家，被宣告无罪释放，河南省有关方面同时启动责任追究机制。

---

[1]　参见李昭："宪法是法治的前提和基础"，载《法学杂志》2000年第1期。

[2]　参见詹明："论宪法至上与法治"，载《法制与社会》2018年第12期。

[3]　习近平："在中共十八届四中全会第二次全体会议上的讲话"，载中共中央文献研究室编：《习近平关于全面依法治国论述摘编》，中央文献出版社2015年版，第8、9页。

[4]　习近平："在省部级主要领导干部学习贯彻十八届四中全会精神全面推进依法治国专题研讨班上的讲话"，载中共中央文献研究室编：《习近平关于全面依法治国论述摘编》，中央文献出版社2015年版，第125页。

2010年5月9日上午，河南省高级人民法院召开新闻发布会，向社会通报赵某海案件的再审情况，认定赵某海故意杀人案系一起错案。河南省高院于2010年5月8日作出再审判决，撤销省法院复核裁定和商丘中院判决，宣告赵某海无罪，并立即派人赶赴监狱，释放赵某海，安排好其出狱后的生活。2010年5月17日上午，赵某海领到国家赔偿金和困难补助费65万元，并表示对赔偿满意，要开始新生活。

法律分析：

人权，即人的基本权利，指"人之作为人应当且必须享有的固有权利，它不可以被转让与剥夺，它是其他一切权利的核心与基础"。"人权是人按其本性应当享有的权利。""人身自由是最基本的自由，是公民享受其他各项权利和自由的前提条件。""生命权是一切人权的基础性权利，没有生命权，人的一切权利皆无从谈起，可以说，生命权在宪法保障的公民的基本权利体系中处于根本性地位。"[1]"国家尊重和保障人权"在2004年写进了《宪法修正案》，极大地推动了我国人权事业和民主宪政事业的发展和进步。宪法作为国家的根本大法，是公民的权利保障书，公民的人身自由和生命权由此得到宪法的最高保护。

我国于1996年修订的《刑事诉讼法》就要求贯穿以下三个常识理念，即疑罪从无、非法证据应当排除、证人应当出庭作证。很显然，赵某海案没有适用疑罪从无原则；在调查取证阶段，公安机关严刑逼供，非法证据没有排除。这些司法程序的不公正是造成赵某海案的重要原因。

关联条文：《宪法》第33条第3款、第37条第1款。

法治贴士：

在具体历史条件下，司法人员对案件事实真相的认识、对法律的理解和运用都具有一定的局限性，社会各界对司法公正的认识能力也是有限的。在长期的封建社会里，奉行"疑罪从轻"原则，这是一种理性的平衡，但实质上是以牺牲人权为代价的，体现的是一种打击犯罪优先的司法观念。在此原则之下，人们宁可"错判"，也不愿"错放"。然而，"错放"只是一个错误，即把一个有罪者错误地放到了社会上去，而"错判"很可能是三个错误，即错误地处罚了一个无罪者、放纵了一个真正的罪犯、损害了司法的公正性和权威性。我国宪法和法律已经规定了司法机关依法独立行使审判权的原则。司法公正的实现需要完备的诉讼程序、完善的证据制度和卓越的职业素质。完备的诉讼程序要求程序具有周密性和刚性。卓越的职业素质要求司法队伍健全选拔机制、培训机制和惩戒机制。

二、平等就业权——艾滋病教师就业歧视案

案例：2013年10月，贵州省黎平县的李成（化名）满怀期待和学校签订留任合同，但是却被县人社局告知，李成的体检不合格，李成不能和人社局续签合同。李成后来得知，所谓的体检不合格，是自己被查出了HIV阳性，自己成了一名艾滋病病毒感染者。心怀不满与愤懑的李成于2014年6月向黎平县人事争议仲裁委员会申请劳动仲裁，要求继续从事教育教学工作，享受当地教师同等待遇；要求该县人社局、教育局赔偿经济损失22 400元，精神损害抚慰金5万元。10月10日，这些请求被全部驳回。10月24日，李成又向黎平县

---

[1] 王蕊："关于'赵某海案'的宪法学思考"，载《学理论·下》2013年第4期。

人民法院提起民事诉讼。10 月 30 日，法院裁定不予受理，理由是案件所涉人事争议属于政策性的调整范围，应当由政府有关部门负责解决，不属于法院民事案件的受理范围。11 月 4 日，李成向黔东南苗族侗族自治州中级人民法院提起上诉，请求撤销一审法院作出的不予受理裁定。2015 年 1 月 19 日，黔东南苗族侗族自治州中级人民法院裁定黎平县法院应予立案。2015 年 2 月 9 日，黎平县法院立案重审此案。2016 年 4 月 25 日，贵州省黎平县人民法院对李成艾滋病就业歧视案作出判决，判令黎平县教育和科技局支付给李成 9800 元经济补偿。

法律分析：

本案原告主张的权利是劳动就业的平等权。平等权是指依照宪法和法律规定，公民平等地享有权利、平等地承担义务，不存在任何差别待遇，接受国家同等保护的权利。其具体体现为立法上的主体地位平等、司法上的法律适用平等和守法上的义务平等。早期的平等权着重形式上的平等，强调任何公民在法律面前不因种族、民族、性别、财产状况、教育程度等存在差别待遇。在我国，关于公民平等权的内容散见于《宪法》的各个条款中，如《宪法》序言和《宪法》第 4 条规定了民族平等，第 5 条第 4、5 款规定了公民与一切社会组织的地位平等，第 33 条第 2 款规定了公民在法律面前一律平等、第 4 款规定了权利义务间的平等，第 34 条规定了公民选举权与被选举权上的平等，第 36 条第 2 款规定了公民宗教信仰上的平等，第 48 条规定了男女平等。平等不仅仅是一项原则，也是一项权利。

关联条文：《宪法》第 33 条第 2 款、第 42 条第 1 款。

法治贴士：

近年来，基于身体健康状况而出现的就业歧视案件呈多发态势，本案是其中之一。本案虽然在一定程度上超出了就业歧视的范围，但如何对待像艾滋病患者这样的少数弱势群体的权利？如何建立一个健全的社会保障制度去保障像艾滋病患者这样的少数弱势群体的权利？这是我们的宪法所要考虑的重大问题。《宪法》第 14 条第 4 款明确规定，"国家建立健全同经济发展水平相适应的社会保障制度"。第 45 条第 1 款也明确规定，"中华人民共和国公民在年老、疾病或者丧失劳动能力的情况下，有从国家和社会获得物质帮助的权利"。本案涉及的这种权利的保障，只是在较弱的意义上来说涉及就业歧视案件的属性。在我国，还存在不少类似的法律现象，如公务员招考中存在的性别歧视、年龄歧视、户籍限制、健康歧视、学历歧视、毕业出身偏见、长相歧视等，这些都侵犯了公民的就业平等权。受害公民可以提起劳动仲裁和民事诉讼，来维护自身权益。此类诉讼所发挥的社会示范和权利意识启蒙作用，不断唤起人们对社会不平等现象的关注和反思，提醒有关单位尊重公民的平等就业选择权。

三、维护国歌尊严——香港球迷不尊重国歌事件

案例：2017 年 11 月中亚洲杯外围赛香港主场对黎巴嫩，开赛前奏中国国歌期间有香港球迷报以嘘声，亚洲足协作出裁决，对香港足总作出罚款和警告。亚洲足协纪律委员会判罚香港足总 3000 美元，香港队赛事触犯纪律及道德规条中有关观众不当条文，需要在接获通报 30 日内缴交罚款，并指出如果再犯，将面临更严重处分。本次事件是累计犯规期限第 2 宗同类犯规，一般情况是指 5 年内不得再犯。此前，香港队于 2017 年 10 月举行的亚洲杯外

围赛主场迎战马来西亚，开赛期间同样有球迷嘘中国国歌，当时亚洲足协曾作出警告。

法律分析：

2017 年 10 月 1 日，《国歌法》在内地正式实施。《国歌法》第 3 条规定："中华人民共和国国歌是中华人民共和国的象征和标志。一切公民和组织都应当尊重国歌，维护国歌的尊严。"第 15 条规定："在公共场合，故意篡改国歌歌词、曲谱，以歪曲、贬损方式奏唱国歌，或者以其他方式侮辱国歌的，由公安机关处以警告或者十五日以下拘留；构成犯罪的，依法追究刑事责任。"但在 2017 年 10 月 10 日、10 月 31 日、11 月 9 日等多场在香港举办的亚洲杯外围赛赛事中，部分球迷在赛前演奏《义勇军进行曲》时不仅没有肃立，而且发出嘘声，甚至个别人背向球场。2017 年 11 月 4 日，全国人大常委会决定将《国歌法》列入《香港特别行政区基本法》和《澳门特别行政区基本法》附件三的全国性法律中。《国歌法》的实施，不仅涉及国家象征的问题，也涉及公民的表达自由等问题。

关联条文：《宪法》第 141 条。

法治贴士：

《国歌法》的出台，以国家立法的形式落实了宪法规定的国家标志制度，意义重大。同时，维护国歌的尊严和权威，内心认同是核心。国歌是弘扬中华民族精神的重要载体，是进行爱国主义教育的鲜活教材。通过制定《国歌法》，加强对国歌的宣传教育，鼓励广大人民群众爱国歌、唱国歌，对于提升公民的国家观念和爱国意识，培育和践行社会主义核心价值观，弘扬以爱国主义为核心的民族精神，激励全国各族人民为实现中华民族伟大复兴的中国梦而共同奋斗，具有重大意义。《国歌法》共 16 条，针对实践中的突出问题，建立了一系列制度。一是明确了应当以及禁止奏唱国歌的场合。二是明确了奏唱国歌时的礼仪，要求在场人员应当肃立、举止庄重，不得有不尊重国歌的行为。三是为保证国歌的奏唱效果，规定国家要组织审定国歌标准演奏曲谱、录制官方录音版本，并在中国人大网、中国政府网上发布，方便公民和组织下载使用。四是明确了对于侮辱国歌行为的处罚。将维护国歌尊严与所谓公民的言论自由、表达自由对立起来的观点是错误的，国家要对公民合法的权益予以保障，同时公民不得滥用自由和权利，对辱没国家的尊严、损害民族感情、危害国家利益的行为，必须予以法律的追究和制裁。

四、宪法监督制度——孙某刚收容致死案

案例： 2003 年 3 月 17 日晚，孙某刚被误作"三无"人员收容，后被送到广州市收容人员救治站诊治。3 月 20 日上午，孙某刚因背部遭受钝性暴力反复打击，造成大面积软组织损伤致创伤性休克死亡。2004 年 3 月，广东省高院对该案作出终审判决：以故意伤害罪，判处被告人乔某琴（救治站护工）死刑；李某婴（被收容人员）死刑，缓期二年执行；钟某国（被收容人员）无期徒刑。其他 9 名被告人分别被判刑。孙某刚的生命，最终推动了《城市流浪乞讨人员收容遣送办法》的废止和《城市生活无着的流浪乞讨人员救助管理办法》的产生。

法律分析：

我国的违宪审查制度又称宪法监督制度，是指为保证宪法实施，特定国家机关对立法活动是否合宪进行审查的制度。宪法首先规定了自身的最高法律效力和不可违反性，为我国宪

法监督制度的建立，奠定了法律基础。宪法监督的基本目标是维护社会主义法制的统一和尊严。

宪法监督的主体是全国人大及其常委会。宪法监督的对象是包括全国人大和全国人大常委会制定的法律，全国人大和全国人大常委会作出的具有法律效力的决定决议、行政法规、地方性法规、自治条例、经济特区法规、司法解释等。宪法监督的方式分为：①事前审查，即在法律文件生效前进行的预防性审查。②抽象的审查，即在法律文件生效以后，发生具体案件之前进行审查。③具体的审查，即在法律文件生效以后发生了具体案件的审查。违反宪法的责任包括不予批准；责令修改；撤销；改变。

2003年5月16日，许志永、俞江、滕彪3位青年法学博士以中国公民的名义上书全国人大常委会，就孙某刚案提出对《城市流浪乞讨人员收容遣送办法》进行"违宪审查"的建议。[1]2003年6月18日国务院常务会议原则通过了《城市生活无着的流浪乞讨人员救助管理办法（草案）》，同时宣布1982年5月国务院发布施行的《收容遣送办法》废止。孙某刚事件以国务院自行废止《城市流浪乞讨人员收容遣送办法》，而非全国人大审查之后作"违宪"撤销结尾。

关联条文：《宪法》第62条、第67条。

法治贴士：

孙某刚事件发生后，在社会上引发广泛关注。通过法治事件推动法治进程，是一种非"常态化"的模式，法治事件与推进法治进程是有关联性的，社会各界已经意识到《城市流浪乞讨人员收容遣送办法》的不足与缺憾，有关部门也在着手制定救助办法，而孙某刚事件恰好与这种趋势相吻合，形成一种助力。2003年6月20日，温家宝总理发布国务院第381号令，《城市生活无着的流浪乞讨人员救助管理办法》自当年8月1日起施行，1982年5月国务院发布的《城市流浪乞讨人员收容遣送办法》同时废止。从"收容"变"救助"，湖北青年孙某刚付出了生命的代价，因一个人的死亡而引发国务院出台了新的管理办法。

---

[1] 参见李张威："违宪审查制度探究"，载《商情科学教育家》2008年第3期。

扫码查看本章案例关联条文

第二章　塑造法治思维　培养权利意识

第一节　基　本　准　则

解决纠纷、化解矛盾，单纯依靠个人说教和强制是不能实现的，提供一种法治化的解决思路，将这种稳定化的可预期的法治思维应用在具体问题解决过程中，塑造在公民的意识当中，激发公民思考问题的积极性与创新应用能力至关重要。《民法典》的出台，通过合理的架构为民事活动提供各种基本准则，为交易活动确立基本的规则依据，为各种民事纠纷的预防和解决提供基本的遵循，是公民权利保护的宣言书，是民事主体的行为准则。《民法典》总则编按照提取公因式的方式，提炼和归纳出民法普遍适用的一般性规则、基本原则、概念和制度，是民事活动的基本准则，贯穿于整个民事立法，确定民事立法的基本价值取向。

一、民法基本原则

（一）诚实信用原则

案例：原告参加点赞赢大奖活动，被告兑奖公司在评奖抽查、核实微信点赞真实性时，发现原告手机中含有多个点赞软件，拒绝兑付。原告将兑奖公司告到法院，法院经审理查明，驳回了原告的诉求。[1]

法律分析：

诚实信用原则，是民事活动中的基本原则，是将最低限度的道德要求转化为法律要求，是一般诚信的法律化。民事活动中要求民事主体在交易过程中应当诚实守信，正当行使权利和履行义务。本案中，原告履行了相应的点赞义务并且集赞数达到最高，如果其是遵守诚信原则收集到的点赞数额，兑奖公司应根据承诺进行兑付。但因原告安装多个集赞软件，利用点赞软件突破限制，达到最高点赞数额，违背了诚实信用原则，扰乱了网络秩序，损害了其他集赞人的合法权利，集赞方式偏离了社会主义核心价值观。法院驳回其诉求，体现了法律的公平，维护了其他集赞人的合法权益。

关联条文：《民法典》第7条。

法治贴士：

诚信原则是民法中重要的基本原则，适用于民法的整个领域，民事主体行使任何民事权

---

［1］　改编自安徽省宣城市中级人民法院（2020）皖18民终307号案件。

利、履行任何民事义务，都应当遵守这一原则。诚信原则不仅适用于债法和合同法，而且也广泛适用于物权法等领域。确定诚信原则，具有如下几个方面的意义：

1. 弘扬了社会主义核心价值观中的诚信价值。中华民族的传统道德就是遵守诺言、诚实守信，这也是儒家诚信忠义法律文化的当然要求。"与朋友交而不信乎"；"人而无信，不知其可也"。儒家诚信法律文化甚至将诚信上升到一般的做人准则。民间也历来有"君子一言，驷马难追""君子一诺，重于泰山""言必信，行必果"等说法，这些其实都构成了契约严守精神的文化基础。契约精神是市场经济社会的基础，也是最基本的商业精神和最低限度的商业道德，更是社会主义核心价值观的组成部分。这一原则不仅适用于交易领域，而且适用于所有民事领域。

2. 确立了民事主体的行为规则。诚实信用原则在民法中具体表现为：①要求民事主体正当行使民事权利，禁止滥用权利，造成对他人的损害。②忍受轻微妨害的义务。对于来自邻人轻微的妨害，应当忍受。③以正当的方式履行义务。在合同对义务的履行没有作出明确规定的情形下，应当根据诚信原则履行义务。④情势变更原则。在合同订立后、履行完毕前，发生了情势变更，导致当事人利益失衡时，如果符合法律规定的条件，应允许当事人变更或解除合同。⑤附随义务的产生。在合同履行过程中，当事人应当依据诚信原则承担通知、协助、保密、忠实、告知、保护等附随义务。六是禁止从违法行为中获利原则，即任何人不得从违法行为中获取不正当利益。

3. 诚信原则可以运用于填补法律漏洞。在适用法律的过程中，如果出现法律的漏洞，法官可以运用诚信原则对法律的漏洞作出填补。诚实信用原则的一大功能在于法的续造，在适用法律方面，诚信原则要求司法人员能够依据诚信、公平的观念正确解释法律、适用法律，弥补法律规定的不足。

诚然，诚信原则是对伦理观念的法律确认，但这并不是说诚信原则只是一项道德原则。诚信原则将道德规范确认为法律原则以后，已成为法律上一项重要原则。在法律上，诚信原则属于强行性规范，当事人不得以其协议加以排除和规避。[1]

（二）公序良俗原则

案例：原告与被告签订合同，约定原告通过网络暗刷流量，被告通过第三方后台统计数据与原告进行结算。前期双方履约顺利，后因结算金额产生纠纷，原告诉讼要求被告支付拖欠款项。法院受理后，认为双方订立合同进行"暗刷流量"交易，损害社会公共利益、违背公序良俗，应属无效，驳回了原告的诉讼请求。

法律分析：

公序良俗原则是衡量利益冲突的一般标准，民事主体在进行民事行为时，应遵守公共秩序和善良风俗的基本准则，表现了民法要求民事主体对社会和道德予以起码的尊重。原告与被告约定的"暗刷流量"的行为，会欺骗和误导网络用户选择与其预期不相符的网络产品，破坏了正常的市场竞争秩序，侵害了其他不特定市场竞争者的利益，影响了广大网络用户的选择权，侵害了不特定网络用户的利益。而且，原告和被告双方当事人在进行"暗刷流量"的磋商交易时，均表示不必知晓流量对应的被访问网站或产品，仅关注与自己相关的利益即可，具有明显欺诈性质。双方的交易行为置市场公平竞争环境和网络用户利益于不顾，违反

---

[1] 参见王利明：《中国民法典释评·总则编》，中国人民大学出版社 2020 年版，第 61 页。

商业道德底线，违背公序良俗原则。本案中，原被告双方为了各自的不当利益，蓄意制造虚假流量，存在明显过错，法院依公序良俗原则确定原被告双方的民事法律行为无效，很好地维护了法律的公正。

关联条文：《民法典》第 8 条。

法治贴士：

公序良俗，是由"公共秩序"和"善良风俗"两个概念构成的。所谓公序，就是指公共秩序，它主要包括社会公共秩序和生活秩序。公共秩序是指现存社会的秩序[1]。或者说是"社会之存在及其发展所必要之一般秩序"[2]。关于对公共秩序的维护，在法律上大都有明确的规定，因此，危害社会公共秩序的行为通常也就是违反法律的强制性规定的行为。但有时法律规定并不可能涵盖无余，因此，需要借助于公共秩序的概念实现对法律的有效补充。凡是订立合同危害国家公共安全和秩序的，即使没有现行的法律规定，也应当被宣告无效。当前我国正处于一个社会转型的阶段，各个主体为了追求利益的最大化，难免会与他人利益或者社会利益发生冲突。这就需要借助于民法规范协调社会公共利益和民事主体的利益，避免片面强调某一方面的利益而漠视另一方面的利益的现象。而通过"公共秩序"这一概念的引入，就可以妥当协调社会公共利益和民事主体的私人利益。所谓良俗，就是善良风俗的简称，它相当于社会公共道德，是指由社会全体成员所普遍认许、遵循的道德准则。善良风俗的含义包含两个方面，一是指社会所普遍承认的伦理道德；二是指某个区域社会所普遍存在的风俗习惯。善良风俗本身就是社会生活中的一些基本规矩，而且，许多地方将善良风俗转化为乡规民约，使之成为软法，构成社会自治的重要内容。在善良风俗中，有许多道德规则已经表现为法律的强行规定，如不得遗弃老人等。我国民法提倡家庭生活中互相帮助、和睦团结，禁止遗弃、虐待老人和未成年人，禁止订立违反道德的遗嘱，禁止有伤风化、违背伦理的行为，提倡尊重人的人格尊严，切实保护公民的人格权等。在财产关系中，我国民法要求人们本着"团结互助，公平合理"的精神建立睦邻关系，提倡拾金不昧的良风美俗，确认因维护他人利益而蒙受损失者有权获得补偿，这些都是从正面倡导社会公德的。但还有很多现存或在发展中的道德还没有为法律所涵盖，所以需要通过善良风俗这一个条款，尽可能将其引入民法体系。在我国，社会公德是我国人民在长期的共同生活中培植形成的，它对于调整人与人之间的正常关系、建设社会主义精神文明，具有重要的作用。

公序良俗原则具有调节性的功能，一方面，它可以协调个人利益与社会公共利益、国家利益之间的冲突，维护正常的社会经济和生活秩序。"公序良俗的调整机能由确保社会正义和伦理秩序向调节当事人之间的利益关系、确保市场交易的公正性转变，从而使法院不仅从行为本身，而且结合行为的有关情势综合判断其是否具有反公序良俗性。"[3]也就是说，这一原则实际上赋予了法官一定的自由裁量权，从而使其能够有效地调整各种利益冲突。另一方面，一些法律、行政法规所确定的强行法规则可能过于僵化、缺乏弹性，或者在适用中具有明显的不合理性，此时法官就应当考虑援引公序良俗原则来解决个人利益与社会公共利益的冲突。

---

〔1〕 参见［德］卡尔·拉伦茨：《德国民法通论》（上册），王晓晔等译，法律出版社 2004 年版，第 598 页。

〔2〕 史尚宽：《民法总论》，中国政法大学出版社 2000 年版，第 334 页。

〔3〕 李双元、温世扬：《比较民法学》，武汉大学出版社 1998 年版，第 70 页。

还应当看到，该原则可以弥补强行法的不足。公序良俗作为一个弹性条款，之所以要在法律上得到确认，根本原因在于，强行法不能穷尽万千生活的全部，其适用范围不能涵盖各种民事活动。民事活动纷繁复杂，强行法不可能对其一一作出规定，但是法律为了实现对秩序的控制，需要对民事活动进行规范，这种规范不仅要靠强行法来完成，还需要通过在法律上设立抽象的弹性条款，为民事行为提供更为全面的规则，并对其效力作出评价。民事活动，无论是交易活动还是一般的社会生活，大都离不开道德的评价和规制。违反了社会所普遍接受的道德准则，不仅可能会给当事人造成损害，也会造成对社会秩序的妨害。这就需要采用公序良俗的原则，将之作为强行法的组成部分，从而配合各种具体的强行法规对民事活动起调控作用。正是由于这个原因，需要在民法中引入公序良俗原则，使之成为沟通道德与法律的桥梁，保持法秩序应对社会生活的能力。[1]

（三）绿色原则

案例： 原告与被告签订《承包合同》，约定承包大棚为农业种植用途，但被告发放的彩页和图片中宣传为生活居住用途。原告承租大棚后将其装修，用于周末生活休闲。后因该项目未取得规划等行政许可手续，被依法拆除。原告向被告要求赔偿，被告认为双方之间的合同载明是利用农业大棚进行种植，未准许肆意装修，目前出现的改变用途的状况与被告无关。法院经审理最终确认双方合同无效，被告返还原告款项、原告按现状返还被告种植单元及棚外土地。[2]

法律分析：

绿色原则是民法要求民事主体在从事民事活动时，应当有利于节约资源，保护生态环境，实现人与资源关系的平衡，促进人与环境和谐相处的基本准则。原被告双方以农业种植承包为目的签订的土地承包合同，将承包土地用于非农业休闲居住，该行为将涉案的农业土地用于非农建设，未按照土地利用总体规划确定用途使用土地，破坏了耕地资源，损害了生态环境。双方签订的合同是以合法形式掩盖其非法目的，违反了国家强制性法律规定，属于无效法律行为。该合同亦违反了绿色原则关于保护耕地资源和保护环境的基本要求，依法应当确认双方签订的土地承包合同无效。如果双方在签订的合同中约定土地为农业用途，发包方发包的是符合法律规定的大棚，并且发包方没有"改变土地用途"，则双方签订的合同有效。

关联条文：《民法典》第9条。

法治贴士：

绿色原则又称生态环境保护原则，即有效利用资源，保护环境和生态，传承人与自然和谐共生的传统文化理念。它既传承了天地人和、人与自然和谐共生的我国优秀传统文化理念，又体现了我国人口大国、需要长期处理好人与资源关系这样的国情。在我国，随着经济社会的快速发展，环境和生态日益成为严重的社会问题，关系到基本民生和人民群众的生命、健康。现阶段，我国水资源严重短缺，污染严重，空气质量恶化，许多城市深受雾霾困扰，人民群众对于青山绿水、蓝天白云、清新空气的需求，比以往任何时候都更为强烈。良

---

[1] 参见王利明：《中国民法典释评·总则编》，中国人民大学出版社2020年版，第67页。
[2] 改编自北京市昌平区人民法院（2020）京0114民初3422号案件。

好的生态环境是人们美好幸福生活的组成部分，是最普惠的民生福祉。虽然人类不能支配大自然的阴晴、风雨，但是人类可以支配自己的行为，可以通过法律来规范人类的行为，保护环境生态。所以，以人为中心的民法应当积极回应人民的关切，担当起节约资源、保护生态环境的使命。绿色原则的提出，是我国民法典之时代性的体现，反映了因为资源环境日益恶化而强化对生态环境保护的现实需要。中国共产党十八届五中全会提出了"五大发展理念"，即创新、协调、绿色、开放、共享的发展理念。坚持绿色发展，就是坚持节约资源和保护环境的基本国策，坚持可持续发展，坚定走生产发展、生活富裕、生态良好的文明发展道路，加快建设资源节约型、环境友好型社会，促进人与自然和谐共生，推进美丽中国建设。绿色原则的提出，是五大发展理念的具体体现。它表明民法规则应当在尊重民法逻辑自洽的前提下，在基本精神和理念上顺应生态规律，为资源保护和生态文明建设预留充分的空间。[1] 司法机关在审理民事案件，适用民事法律规定时，需加强对节约资源、保护生态环境的民事法律行为的保护，使节约资源、保护生态环境成为贯彻民事活动始终的行为准则，使人与资源的关系平衡，人与环境和谐相处，打造我国的绿水青山。

（四）习惯

案例：小李8岁，父亲去世后，其祖父母因探望权与其母亲产生纠纷，祖父母能否通过诉讼方式获得探望权的保护？

法律分析：

习惯"原谓习于旧贯"，后指逐渐养成而不易改变的行为，由多数人继续通行的准则。民事习惯具有通用性，是被多数人所信服，并且在一定期间内就同一事项反复为同一适用的行为。民法典在规定成文法是普通法源之外，确定了习惯是民法法源。祖父母探望孙子女系人之常情，既符合探望权的价值取向，也符合我国传统家庭伦理及善良风俗习惯。探望权是依赖于身份关系而形成的权利，是亲权的延伸，祖父母对父母已经死亡的未成年孙子女尽抚养义务，其定期探望的权利应当得到尊重，并有权通过诉讼方式获得司法保护。

关联条文：《民法典》第10条。

法治贴士：

习惯要转化为习惯法并成为裁判的依据，必须经过"合法性"判断，即不得违反法律的强制性规定和公序良俗。不论是作为具体裁判规则的习惯，还是用于填补法律漏洞的习惯，都应当与其他法律渊源之间保持一致，而且其内容都不得违反法律的强制性规定，违反法律之强制性规定的习惯不能作为漏洞填补的依据。而公序良俗在内涵上由社会公共秩序、生活秩序以及社会全体成员所普遍认许和遵循的道德准则所构成，它是中华民族传统美德的重要体现，也是维护社会安定有序的基础。习惯作为法律渊源，能够弥补法律规定的不足，使法律保持开放性，但如果习惯本身与法律规则和公序良俗相冲突，甚至与整个社会公认的伦理道德观念相冲突，则将其引入法律渊源体系，可能导致体系违反的现象，也会破坏现有的法秩序。因此，只有符合公序良俗原则和国家整个法治精神的习惯，才可以被承认为习惯法；反之，那些违背公序良俗和一国整体法治精神的习惯将不会被承认为习惯法。法官在适

---

〔1〕 参见王旭光："环境权益的民法表达——基于民法典编纂'绿色化'的思考"，载《人民法治》2016年第3期。

用这些习惯时，应当通过法律规定和公序良俗对其效力进行审查。[1] 在存在具体法律规则时，应当优先适用该具体的法律规则，而不能直接适用习惯法。此处所说的"法律"是指具体的法律规则，而不包括法律的基本原则。只有在不存在具体的法律规则时，法官才考虑适用习惯法。

二、民事主体的特殊规定

（一）胎儿具有部分民事权利能力

案例：小李怀孕了，她腹中的胎儿是否享有继承权和接受赠与的权利？

法律分析：

胎儿，是指自然人未出生但在受胎之中的生物体状态，是享有部分民事权利能力，不具有完整的民事主体资格的主体。胎儿享有部分民事权利能力，但在其尚未出生前并不能行使，须等其出生后享有完全民事权利能力时方可行使。如果胎儿为死胎，尽管其曾经享有部分民事权利能力，但其民事权利能力在事实上并未取得，故以上各项请求权均未发生，也不发生其权利的继承问题。[2]

关联条文：《民法典》第 16 条。

法治贴士：

胎儿的利益应当受到法律保护。自然人的民事权利能力始于出生，因此，胎儿在出生前属于其母亲身体的一部分，并不属于独立的法律主体。但仍然有必要对胎儿的利益进行保护，胎儿一旦出生，即可取得主体资格。因此有必要对自然人的生长过程进行保护，以防止任何妨碍或者剥夺人类生长过程的行为。在继承等法律关系中，如果不对胎儿的利益进行保护，则胎儿在出生后可能难以维持正常的生活，这显然不利于保护胎儿的利益。

依据《民法典》第 13 条的规定，自然人的民事权利能力始于出生，因此，胎儿在出生前并不属于民事主体。民法典虽然强化了对胎儿利益的保护，在胎儿出生前将其"视为具有权利能力"，但对胎儿的保护有一定的条件，依据第 16 条的规定，如果"胎儿娩出时为死体的"，则"其民事权利能力自始不存在"。也就是说，对胎儿利益的保护，应当以其娩出时为活体为条件。如果胎儿娩出时为死体，则其出生前所取得的各项民事权益将自始不存在。《民法典》对胎儿利益进行保护，充分体现了民法的时代精神，强化对人的人格尊严的保护。《民法典》在第 16 条对胎儿的利益提供保护，在第 994 条对死者的人格利益进行保护，真正实现了对人"从摇篮到坟墓"的保护，使每一个人都可以在民法慈母般的关怀下走完自己的人生旅程。

（二）限制民事行为能力人

案例：小李 8 岁时，偷偷在一款游戏中充值了很多钱，父母事后可以要回吗？

法律分析：

8 周岁的未成年人为限制民事行为能力人，由其法定代理人代理实施民事法律行为。小

---

[1] 参见汤建国、高其才：《习惯在民事审判中的运用——江苏省姜堰市人民法院的实践》，人民法院出版社 2008 年版，第 288 页。

[2] 参见杨立新：《中华人民共和国民法典条文要义》，中国法制出版社 2020 年版，第 13 页。

李 8 岁，为未成年人，他向游戏中充值大量的钱，实施了与其年龄和智力不相适应的行为，父母作为其法定代理人，可以追回。具体可以通过如下途径进行维权：①根据我国《网络安全法》规定，可以向该网络运营者发起举报和投诉。②可依法向国家互联网信息办公室等相关网信管理部门提起举报和投诉。③因未成年人在网络游戏充值大额付费，超出未成年人年龄、智力认知范围，未成年人的监护人可向人民法院提起民事诉讼，请求网络公司返还财产。④如发现相关网络主体还发布淫秽、暴力等有害互联网信息，涉嫌构成刑事犯罪的，还可向公安部门举报，要求追究其刑事责任。

关联条文：《民法典》第 19 条。

法治贴士：

法律之所以要对未成年人进行保护，是因为未成年人处于人生发展过程中的特殊阶段，即生理、心理发育都尚未成熟，对外界的认知能力较弱，对外界各种情况缺乏足够的判断力。未成年人的自我保护能力弱，容易受到外界侵害，在受到外界侵害后难以有效保护自身合法权益。8 周岁以上的未成年人为限制民事行为能力人，其认识能力介于完全民事行为能力人与无民事行为能力人之间，即限制民事行为能力人对外界具有一定的判断力，但受其年龄和智力等因素的限制，其判断能力又相对较弱，需要法律对其进行特别保护。8 周岁的儿童普遍已经入学，肯定其为限制民事行为能力人，可以使其实施满足其日常基本生活需要的民事法律行为，如购买文具等。8 周岁以上的未成年人能够独立实施纯获利益的民事法律行为和与其年龄、智力相适应的民事法律行为。纯获利益的民事法律行为是指能够获得利益但并不负有负担，或者虽然负有负担，但负担明显小于获利的民事法律行为。在判断某一行为是否与限制民事行为能力人的年龄、智力状况相适应时，应当在个案中结合该未成年人的年龄、智力发育状况进行个案判断。对于此类日常生活必需的行为，限制民事行为能力人可以独立实施，既不需要其法定代理人代理实施，也不需要其法定代理人事先同意或者事后追认。法律作出此种规定，主要是为了保障未成年人的行为自由。民事行为能力制度的主要目的是对欠缺民事行为能力人进行保护，但在保护其权益的同时也应当注重保障其行为自由，这就需要在具体的制度设计中妥当平衡二者之间的关系。对 8 周岁以上的未成年人而言，其对外界情况已经有了一定的判断力，应当尊重其行为自由，允许其独立实施日常生活必需的行为，而且对于日常生活必需的行为而言，允许 8 周岁以上的未成年人独立实施此类行为，也不会严重损害其利益。

除"纯获利益的民事法律行为"以及"与其年龄、智力相适应的民事法律行为"外，其他所有的民事法律行为，8 周岁以上的未成年人都不能独立实施。法律作出此种规定，一方面是为了保护未成年人的利益，防止其因为年龄、智力状况的限制而实施损害其利益的民事法律行为；另一方面，是为了保护交易安全，即在作出此种规定后，相对人在与未成年人交易时，可以对其交易资格作出明确的判断，从而有利于维护交易安全，提高交易效率。

（三）宣告死亡

案例：小王于 18 岁时离家出走，老王夫妻与小王失去联系近十年，老王夫妻均是残疾人，生活困难。老王想申请"五保"和国家照顾，因户口本显示有儿子而不符合条件。为了解决今后的生活困难问题，老王想申请宣告小王死亡。老王是否能申请，该怎么申请？

法律分析：

法律规定，下落不明满 4 年的；或者因意外事件，下落不明满 2 年的；或者因意外事件下落不明，经有关机关证明该自然人不可能生存的，利害关系人可以向人民法院申请宣告该自然人死亡。小王离家出走，与其家人失去联系将近十年，有关机关也未发现其活动轨迹。老王夫妻可以向法院申请宣告其死亡。法院受理后，应发出寻找小王的公告，寻人公告期间届满仍不能发现小王下落，法院即可依据事实，作出判决宣告小王死亡。

关联条文：《民法典》第 46 条。

法治贴士：

宣告死亡，是指自然人下落不明达到法定期限，经利害关系人申请，人民法院经过法定程序在法律上推定失踪人死亡的一项制度。自然人长期下落不明可能导致相关的财产关系和人身关系长期处于不确定状态，这有可能影响经济秩序和社会秩序。通过宣告死亡制度，可以及时了结下落不明人与他人的财产关系和人身关系，从而维护正常的社会秩序。

与自然死亡类似，宣告死亡虽然也可以了结被宣告死亡人相关的财产关系和人身关系，但宣告死亡不同于自然死亡：一方面，自然死亡将终局性地了结该自然人的财产关系和人身关系，不存在恢复的可能；而宣告死亡虽然也可以了结被宣告死亡人的财产关系和人身关系，但该民事法律关系存在恢复的可能，即一旦死亡宣告被撤销，相关的财产关系和人身关系即可能恢复。另一方面，自然死亡将消灭该死亡自然人的民事主体资格；而宣告死亡毕竟属于对下落不明人死亡的一种推定，在该自然人仍然生存的情形下，其仍然可以实施民事法律行为，依法取得民事权利、负担民事义务。

宣告死亡和宣告失踪的联系十分密切。在多数情况下，自然人下落不明后，其利害关系人都是先申请宣告失踪，后申请宣告死亡，但两者是存在区别的：一方面，从我国《民法典》的规定来看，宣告失踪并不是宣告死亡的必要步骤和条件。也就是说，只要符合申请宣告死亡的条件，不论利害关系人是否曾经申请宣告失踪，都可以直接到人民法院申请宣告死亡。[1]另一方面，宣告死亡与宣告失踪的制度功能是不同的。宣告失踪制度主要解决的是被宣告失踪人的财产管理问题，而宣告死亡的制度是为了彻底结束民事法律关系因某自然人长期失踪而产生的不确定状态，消除某些可能使法律关系悬而不决的因素，维持法律关系的稳定。

宣告死亡必须符合以下条件：①自然人下落不明达到法定期限。如前所述，下落不明是指自然人离开最后居所和住所后没有音讯的状况。在宣告死亡的情形下，自然人的下落不明主要是指生死不明，如果确知某人仍然活着，只是没有和家人联系或者不知道其确切地址，不能认为其下落不明，此时，并不符合宣告死亡的条件。在申请宣告死亡的情形下，自然人下落不明达到法定期限可以分为如下两种情形：一是一般情形下，下落不明满 4 年。可见，与宣告失踪相比，在宣告死亡的情形下，自然人下落不明的时间应当更长，因为在宣告失踪的情况下，只是发生了被宣告失踪人的财产代管和债权债务了结的后果，但宣告死亡以后，还会发生继承的开始、身份关系解除等，因此，宣告死亡的条件应当比宣告失踪的条件严格，所要求的下落不明的时间应当比宣告失踪时所要求的时间长。二是在自然人因意外事件下落不明时，其下落不明需要满 2 年。自然人在因意外事件下落不明的情形下生存的可能性

---

[1]　参见李适时：《中华人民共和国民法总则释义》，法律出版社 2017 年版，第 132 页。

相对较小，因此，宣告其死亡时对其下落不明的时间要求也相对较短。此外，依据第46条的规定，在自然人因意外事件下落不明的情形下，如果有关机关证明该自然人不可能生存的，则申请宣告该自然人死亡不受2年时间的限制，即在此情形下，其利害关系人即可申请宣告该自然人死亡。②必须要由利害关系人提出申请。依据第46条的规定，宣告死亡需要由利害关系人向人民法院提出申请。此处所说的利害关系人，是与被宣告死亡之法律后果具有利害关系的人。③必须要由人民法院作出宣告。依据第46条的规定，死亡宣告应当由人民法院作出。人民法院在受理死亡宣告的申请后，应当按照《民事诉讼法》规定的特别审理程序发出寻找下落不明人的公告，公告期届满，没有其音讯的，人民法院才能作出死亡宣告。我国《民事诉讼法》对宣告死亡的程序也作出了规定，在进行死亡宣告时，应当依据相关规定处理。

三、民事责任

（一）善意救助者的豁免权

案例： 小李路遇一位大叔突发心脏病，上前用自己所学的救助知识对大叔进行救助，由于用力过猛，将大叔一根肋骨压断，小李对大叔损害需承担赔偿责任吗？

法律分析：

紧急救助行为也称见义勇为行为，是指在没有法律规定或约定义务的情况下，紧急救助处于危急境地的国家利益、社会利益及其他个人利益的行为。紧急救助是民法上无因管理的一种特殊类型，具有紧急性及互助性，是对善意救助人责任豁免的规定，救助者在救助过程中即使存在一般过失，也不对此承担责任。小李作为善意救助人，路遇大叔心脏病突发，其采用自己所学的救助知识对大叔进行施救，虽然因为用力过猛，造成了大叔肋骨断裂，但依据《民法典》第184条规定，小李符合善意救助者的条件，所以不应承担民事责任。

关联条文：《民法典》第184条。

法治贴士：

助人为乐、见义勇为是中华民族的传统美德，紧急救助行为人的豁免规则，有助于降低善意施救者所要承担的风险，鼓励善行。享有豁免权的施救者必须是那些对他人不承担一般救助义务，但对身处危难境地的他人主动实施救助行为的人，反之，承担特殊救助义务的人不享有豁免权。特殊救助义务可以源于合同的约定，也可以源于救助人的先前行为，还可以源于法律的规定。行为人实施了无偿救助行为，不仅包括行为人自己采取救助措施对处于危难者进行救助，也包括行为人呼叫他人对处于危难者进行救助。自愿施救者享有豁免权应当以其没有重大过失为前提。当救助者有重大过失造成被救助者损害的，救助者仍应承担责任。

紧急救助条款的重要法律价值在于保护善意救助者不受民事责任的追究，鼓励人们互相帮助，为救助人提供法律保障，消除人们对因救助而承担不必要法律风险的顾虑，鼓励公民见义勇为。如此规定，有助于唤起社会良知，鼓励人们对处于危难和困境中的他人予以救助，端正社会风气，引领社会潮流。

（二）死者人格利益保护

案例： 小李是名消防员，在一次森林扑火行动中壮烈牺牲，政府追认其为烈士。被告在微信群对小李发表带有侮辱性的不当言语，诋毁烈士的名誉，造成恶劣的社会影响。后公安机关对被告作出行政拘留 15 日并处罚款的处罚。人民检察院经征求小李烈士近亲属意见后，依法向当地人民法院提起公益诉讼，诉请判令被告在媒体上公开赔礼道歉、消除影响。

法律分析：

英雄和烈士是民族自尊和精神力量的来源，是一个国家和民族精神的体现，是引领社会风尚的标杆。英烈保护条款的立法本意是弘扬社会主义核心价值观，促进社会尊崇英烈，扬善抑恶，加强对英烈姓名、肖像、名誉、荣誉等的法律保护。本案中，被告因为自己的言行不当，受到公安机关的行政拘留和罚款。人民检察院征求小李家属的同意，开展公益诉讼的行为，很好地维护了烈士的合法权益，也给我们上了生动的一课，展现了我国坚持依法治国与以德治国相结合的鲜明中国特色。

关联条文：《民法典》第 185 条。

法治贴士：

我国民法典的立法目的是保护民事主体的合法权益，调整民事关系，维护社会和经济秩序，适应中国特色社会主义发展要求，弘扬社会主义核心价值观。侵害英雄烈士的姓名、肖像、名誉、荣誉，侵害了死者的人格利益，构成侵权行为，应当承担民事责任，这也是法律作出的特殊保护规定。《英雄烈士保护法》规定，凡是侵害英雄烈士等的姓名、肖像、名誉、荣誉，损害社会公共利益的，应当判令侵权人承担民事责任。对侵害英雄烈士的姓名、肖像、名誉、荣誉的行为，英雄烈士的近亲属可以依法向人民法院提起诉讼。英雄烈士没有近亲属或者近亲属不提起诉讼的，检察机关依法对侵害英雄烈士的姓名、肖像、名誉、荣誉，损害社会公共利益的行为向人民法院提起诉讼。造成英烈人格利益受损的，还可以采取措施要求停止侵害、消除影响、恢复名誉、赔礼道歉并赔偿损失等。

（三）公平分担损失规则

案例：被告约原告一起吃夜宵。夜宵结束后，原告骑摩托车行驶至某路段时发生交通事故。原告向法院起诉，请求同饮者连带赔偿自己的损失。

法律分析：

《民法典》以及其他民事法律规范均未明确规定共同饮酒时同饮人须分担损失，本案无法单独以《民法典》第 1186 条作为判案依据，即《民法典》第 1186 条需要引用其他法律条文时才能适用。本案中，法院经审理认为目前没有证据证明被告在饮酒过程中存在恶意劝酒等过错行为，且在夜宵结束后，被告提议护送原告回家，但被原告拒绝。在整个过程中，原告没有表现出存在醉酒、意识不清或失去自制力的情况。本案被告已经尽到合理的注意义务与劝阻义务，不应承担赔偿责任。

关联条文：《民法典》第 1186 条。

法治贴士：

公平分担损失规则，不是公平责任原则，不是与无过错责任原则、过错责任原则具有同等地位的归责原则，它仅是处理损害责任分担的一种特殊情况。公平分担损失规则所调整的范围非常狭窄，它调整的是一个人的行为造成另一个人的损害，双方对于损害的发生都没有过错的情形。现实中，一个人的行为造成另外一个人的损害，双方对于损害的发生没有过错的，如果一律适用公平原则，让双方分担损失，结果可能是不公平的。民法中的公平原则，是所有民事主体从事所有民事活动时都应当遵循的基本原则，它与侵权损害赔偿责任中的公平分担损失规则不是一个概念。公平，是对交往活动中各方行使权利和履行义务时的均衡考量，强调的是民事平等主体之间的权利义务平等，在维护民事交往秩序的同时，赋予各方的权利义务处于能够被大多数人接受的一个相对概念。公平原则作为民法的基本原则，承载了法的公平、正义等抽象价值。对损失进行分担的要件是行为人造成了受害人的损害、行为人和受害人对损害的发生都没有过错且需有法律的特别规定，才可以适用公平分担损失规则。而公平分担损失规则只有在法律具体规定的条文中才有请求权，因此，公平分担损失规则不可以滥用。

四、诉讼时效

（一）普通诉讼时效

案例： 小李在 10 年前买房装修后居住至今，其主张自己在收房时就发现墙体裂缝现象。今年因为缴纳物业费与物业公司产生纠纷，因物业公司是该房产开发公司的全资子公司，所以小李向法院提出诉讼，要求开发商和物业公司承担赔偿责任，开发商和物业公司以超过诉讼时效为由提出抗辩，后原告诉求被法院驳回。

法律分析：

诉讼时效，是能够引起民事法律关系发生变化的法律事实，又称消灭时效，是指权利人在一定期间内不行使权利，即在某种程度上丧失请求利益的时效制度。设立诉讼时效制度的主要目的，是客观地促进法律关系安定，及时结束权利义务关系的不确定状态，稳定法律秩序，降低交易成本。本案中，小李在 10 年前购买了该房屋，对该房进行了验收装修，如果他认为自己购买的房屋存在工程质量问题，应当在装修之前对开发商提出诉求，要求对房屋质量问题进行维修。而本案中小李购买该房屋装修居住 10 年，已经说不清楚房屋裂缝到底是原房屋质量问题还是自己装修造成的，超过了法律规定的诉讼时效。小李在 10 年前对该房屋进行验收，据小李开庭陈述得知，其当时就发现墙体存在裂缝，也就是说其在 10 年前就知道自己的权利受到了侵害，那么他就应当在规定的时效内进行维权。10 年都不进行维权，现在起诉丧失了法律规定的利益，法院驳回其诉求没有问题。

关联条文：《民法典》第 188 条。

法治贴士：

诉讼时效包括普通诉讼时效和最长诉讼时效。诉讼时效期间，是权利人请求人民法院保护其民事权利的法定期间。诉讼时效制度适用于请求权，它的首要目的是督促权利人积极行使权利[1]，体现了"法律保护勤勉者，不保护睡眠于权利之上的人"这一思路。诉讼时效以维护既定法律秩序的稳定为目标。请求权人长期不向义务人主张权利的，义务人可能会认为权利人放弃了他的请求权，从而在社会上形成了一种信赖，基于这种信赖，社会可能形成了相对稳定的财产秩序和相对秩序。从这一点来看，诉讼时效发挥着保护公共利益的功能。

诉讼时效制度有利于证据的收集和判断，及时解决法律纠纷。因为自一项请求权产生

---

[1] 参见朱虎："返还原物请求权适用诉讼时效问题研究"，载《法商研究》2012 年第 6 期。

后，权利人不主张权利的时间越长，那么义务人甚至第三人可能会越发认为，权利人自己可能以为权利并未产生或权利人自己不再坚持要求履行，因此，随着时间的推移，查明基础事实、确定当事人间之法律关系，就会越发困难。因此，针对这种可能的举证困难，债权人本身应当通过及时行使请求权或者类似的证据保全手段来维护自己的利益，并对请求权成立的相关事实负举证责任，负担着这些事实因时间经过而无法查明的风险。与此相对，债务人通过抗辩阻止请求权行使、否认请求权存在的，就相关的事实负举证责任，并负担着这些事实因时间经过而无法查明的风险。

普通诉讼时效期间，又称一般诉讼时效期间，是指由民事基本法规定的普遍适用于应当适用诉讼时效的各种法律关系的时效期间。在法律没有特殊规定时，民事法律关系应当适用普通诉讼时效。《民法典》将普通诉讼时效期间规定为3年，自权利人知道或者应当知道权利受到损害以及义务人之日起算。权利人能够明确地认识到，他本身就是请求权的权利人，从而权利人可以基于这一事实针对特定的人提起诉讼。权利人是否知道或应当知道义务人，按照权利人凭借知道的信息能否提起诉讼为标准来认定。具体来说，权利人应当知道义务人的姓名和住址。诉讼时效期间届满的，义务人可以提出不履行义务的抗辩。但诉讼时效期间届满后，义务人同意履行的，不得以诉讼时效期间届满为由抗辩；义务人已经自愿履行的，不得请求返还。需要注意的是人民法院不得主动适用诉讼时效的规定，即诉讼时效期间届满只能由当事人提出抗辩，当事人未提出抗辩的，人民法院在审理民事案件时不能因超出诉讼时效期间为由主动驳回起诉。

《民法典》同时还规定了诉讼时效中止和中断的情形。在诉讼时效期间的最后6个月内，因下列障碍，不能行使请求权的，诉讼时效中止：①不可抗力；②无民事行为能力人或者限制民事行为能力人没有法定代理人，或者法定代理人死亡、丧失民事行为能力、丧失代理权；③继承开始后未确定继承人或者遗产管理人；④权利人被义务人或者其他人控制；⑤其他导致权利人不能行使请求权的障碍。自中止时效的原因消除之日起满六个月，诉讼时效期间届满。有下列情形之一的，诉讼时效中断，从中断、有关程序终结时起，诉讼时效期间重新计算：①权利人向义务人提出履行请求；②义务人同意履行义务；③权利人提起诉讼或者申请仲裁；④与提起诉讼或者申请仲裁具有同等效力的其他情形。

最长诉讼时效期间，又称绝对诉讼时效期间，不适用诉讼时效中止、中断规定。[1]诉讼时效期间的延长仅适用于20年最长诉讼时效期间。诉讼时效制度的功能在于：稳定法律秩序，促使权利人行使权利，节约诉讼成本。

（二）特殊诉讼时效

案例： 原告诉称，因学校未尽到管理职责，致使被告等三人非法闯入校内，对原告强行实施了性侵害。原告起诉学校未对其提供安全保障，存在管理不善，导致事故发生，请求判决被告及学校承担赔偿。学校辩称，身体受到伤害的诉讼时效为1年，原告的起诉已超过诉讼时效，请求法院判决驳回原告的诉讼请求。原告的起诉是否超过诉讼时效？[2]

法律分析：

由于受社会传统观念影响，不少遭受性侵害的未成年人及其监护人有所顾忌，从未成年

---

〔1〕　参见王利明：《民法总则研究》，中国人民大学出版社2012年版，第741页。

〔2〕　改编自重庆市垫江县人民法院（2016）渝0231民初1785号案件。

人的名誉、声誉、健康成长、成年结婚等现实角度考虑，往往不愿公开寻求法律保护。本案中，原告在上中学时还是限制民事行为能力人，不能完全行使自己的民事权利，第191条的规定保护了未成年人的合法权利，被告学校的抗辩理由不能成立，其他被告应当承担相应的刑事责任，学校和其他被告还要承担原告精神损害赔偿。

未成年人遭受性侵害的，在年满18周岁之前，其法定代理人当然可以代为行使请求权。此处的请求权应当认为是法定代理人代为向人民法院的请求，人民法院依法作出的生效判决具有既判力，受害人在年满18周岁之后对相关处理不满意要求再次处理的，应当符合《民事诉讼法》等法律的规定。如果年满18周岁之前，其法定代理人选择与侵害人"私了"的方式解决纠纷，受害人在年满18周岁之后，可以依据第191条的规定请求损害赔偿。

关联条文：《民法典》第191条。

法治贴士：

未成年人遭受性侵害，给健康权和身体权、精神上和心理上造成伤害，侵害了其性自主权，侵权人应当承担精神损害赔偿责任。当未成年人遭受性侵害的损害赔偿请求权产生后，因未成年人尚不具有完全民事行为能力而使其权利无法得到切实保障，诉讼时效期间应自受害人年满18周岁之日起开始计算。

《民法典》第196条还规定了以下四种不适用诉讼时效的规定：①请求停止侵害、排除妨碍、消除危险；②不动产物权和登记的动产物权的权利人请求返还财产；③请求支付抚养费、赡养费或者扶养费；④依法不适用诉讼时效的其他请求权。

第二节 物 权

物权法律制度调整因物的归属和利用而产生的民事关系，是最重要的民事基本制度之一。物权是权利人依法对特定的物享有直接支配和排他的权利，包括所有权、用益物权和担保物权。法律将物归属于某人支配，在于使其享受物的利益。物的利益可分为使用价值和交换价值。所有权的效力所及，系物的全部利益，包括占有、使用、收益和处分。所有权人不需要依赖他人的行为就能享受这些利益。用益物权的效力所及，系物的使用价值。用益物权人可以不经他人的同意就可以使用物并获得收益。担保物权的效力所及，系物的交换价值，在债务人不履行其债务时，债权人可依法将担保物变价，就该价金满足其债权。本节分别从土地承包经营权、建设用地使用权、居住权、担保物权等方面，对物权的归属，物权保护的途径与方式进行解读，帮助受到侵害的权利人合法保护自己的权利。

一、所有权

（一）业主委员会管理权

案例：某小区业主想设立自己的业主委员会，是否要经过居民委员会的同意？

法律分析：

业主大会是业主的自治组织，是基于业主的建筑物所有权的区分行使产生的，由全体业主组成，是建筑区划内建筑物及其附属设施的管理机构。业主委员会是本建筑物或者建筑区划内所有建筑物的业主大会的执行机构，按照业主大会的决定履行管理的职责。小区的有效治理需要业主大会和业主委员会参与其中，业主大会、选举业主委员会成立的具体条件和程序，应当依照相关法律、法规的规定进行。

地方人民政府有关部门、居民委员会应当向准备成立业主大会的业主予以指导，提供相关的法律、法规，提供已成立业主大会的成立经验，帮助成立筹备组织，提供政府部门制定的业主大会议事规则、业主管理公约等示范文本，协调业主之间的不同意见，为业主大会成立前的相关活动提供必要的活动场所，积极主动参加业主大会的成立大会等。

关联条文：《民法典》第 277 条。

法治贴士：

住宅小区之所以要设立业主大会、业主委员会，是因全体业主对其所有的建筑物享有管理权。由于业主大会是业主的自治组织，其成立应由业主自行筹备，自行组建。但建筑区划内，业主入住的时间不同，相互之间并不熟悉，因此，成立业主大会和选举业主委员会对于业主来说有一定的难度。业主大会的设立和业主委员会的选举关系着业主如何行使自己的权利，维护自身的合法权益，关系着广大业主的切身利益，关系建筑区划内的安定团结，甚至关系社会的稳定。业主大会、业主委员会的设立条件和程序须依照法律、法规的规定，明确其应当遵循的规则；地方人民政府有关部门、居民委员会应当对设立业主大会和选举业主委员会给予指导和协助。

（二）业主共同决定事项

案例：某小区的业主选出自己小区第二届业主委员会。业主委员会经投票后向原物业公司发出解聘通知，要求解聘原物业公司，终止服务合同。原物业公司及部分业主对选票的真实性提出疑问，申请调取选票，并向法院起诉请求判令撤销业主委员会作出的"终止与原物业服务有限公司物业服务合同的决议"。法院认为，该小区召开的该次业主大会投票分为现场投票和入户走访投票，其关于解聘物业服务企业的投票在核实业主身份方面存在重大瑕疵，该瑕疵直接影响对投票结果准确性的认定，进而判决撤销该小区业主大会"终止与原物业服务有限公司物业服务合同的决议"。

法律分析：

业主大会由全体业主组成，每个业主都有选举权和被选举权，有决定事项的投票权。业主大会的活动方式是举行会议，作出决议，业主可以共同决定制定和修改管理规约。管理规约是业主自我管理、自我规范的规则约定，规定建筑区划内有关建筑物及其附属设施的使用、维护、管理等事项，是业主对建筑物及其附属设施的重大事务的共同约定，涉及每个业主的切身利益，对全体业主具有约束力，属于共有和共同管理权利的重大事项，应由业主共同制定和修改。

本案中，终止与物业公司服务合同属于解聘物业服务企业的事项，社区工作人员在入户走访投票时对投票人员的身份多数未核实，业主大会在核实关于投票业主身份方面存在重大瑕疵，该瑕疵直接影响投票结果准确性的认定，因此法院以解除决议未以法定的表决比例通过为由，判决撤销了该决定。

关联条文：《民法典》第 278 条。

法治贴士：

全体业主共同决定事项包括：制定和修改业主大会议事规则；制定和修改管理规约；选举业主委员会或者更换业主委员会成员；选聘和解聘物业服务企业或者其他管理人；使用建筑物及其附属设施的维修资金；筹集建筑物及其附属设施的维修资金；改建、重建建筑物及其附属设施；改变共有部分的用途或者利用共有部分从事经营活动；有关共有和共同管理权利的其他重大事项。其他重大事项是指改变共有部分的用途、利用共有部分从事经营性活动、处分共有部分，以及业主大会依法决定或者管理规约依法确定应由业主共同决定的事项。

业主共同决定事项，应当由专有部分面积占比 2/3 以上的业主且人数占比 2/3 以上的业主参与表决。决定《民法典》第 278 条第 1 款第 6 项至第 8 项规定的事项，即筹集建筑物及其附属设施的维修资金，改建、重建建筑物及其附属设施，改变共有部分的用途或者利用共有部分从事经营活动的，应当经参与表决专有部分面积 3/4 以上的业主且参与表决人数 3/4 以上的业主同意。决定第 278 条第 1 款其他事项，包括制定和修改业主大会议事规则、制定和修改管理规约、选举业主委员会或者更换业主委员会成员、选聘和解聘物业服务企业或者其他管理人、使用建筑物及其附属设施的维修资金，以及有关共有和共同管理权利的其他重大事项，应当经参与表决专有部分面积过半数的业主且参与表决人数过半数的业主同意。

需要注意的是专有部分面积和建筑物总面积的计算方法是：专有部分面积，按照不动产登记簿记载的面积计算；尚未进行物权登记的，暂按测绘机构的实测面积计算；尚未进行实测的，暂按房屋买卖合同记载的面积计算；建筑物总面积，按照前项的统计总和计算。业主人数和总人数的计算方法是：业主人数，按照专有部分的数量计算，一个专有部分按一人计算，建设单位尚未出售和虽已出售但尚未交付的部分，以及同一买受人拥有一个以上专有部分的，按一人计算；总人数，按照前项的统计总和计算。

（三）按份共有人的优先购买权

案例：甲、乙、丙三人按份共有房屋，甲占 50%，乙占 20%，丙占 30%，如果甲欲转让其享有的共有房屋份额，乙丙都想购买，都主张行使优先购买权，那么乙丙的份额到底应该怎样分配？

法律分析：

如果三人以上按份共有某一物，其中一人欲转让其享有的不动产或者动产份额，其他共有人均主张优先购买权，可以先协商确定各自的购买比例，协商不成的，按照转让时各自的共有份额比例行使优先购买权。即优先购买权行使规则为：决定转让其共有份额的按份共有人，应当将转让条件及时通知其他共有人；其他共有人应当在合理期间内行使优先购买权。本案中，乙丙可以先协商确定各自的购买比例，如果协商不成，就按照转让时各自的共有份额比例行使优先购买权，乙可以优先购买甲的份额的 40%，丙可以优先购买甲的份额的 60%。

关联条文：《民法典》第 306 条。

法治贴士：

优先购买权的行使，按份共有人之间有约定的，按照约定；没有约定或者约定不明的，若转让人向其他按份共有人发出的包含同等条件内容的通知中载明行使期间的，以该期间为准；通知中未载明行使期间，或者载明的期间短于通知送达之日起 15 日的，为 15 日；转让人未通知的，为其他按份共有人知道或者应当知道最终确定的同等条件之日起 15 日；转让人未通知，且无法确定其他按份共有人知道或者应当知道最终确定的同等条件的，为共有份额权属转移之日起 6 个月。即按份共有人行使优先购买权，首先转让人应履行及时通知义务，将转让条件及时通知其他共有人；其他共有人决定是否行使同等条件下的优先购买权，前提是其知道欲转让份额的按份共有人的转让条件，这也是按份共有人可以行使优先购买权的前提条件。其次是合理期限内合理行使优先购买权，即其他共有人知道了转让条件后，应当在合理期限内行使优先购买权。[1]

（四）添附

案例： 被告在其哥哥去世后，拆除了曾归其哥哥所有的平瓦房 2 间，并占用了该平瓦房 2 间约 2/3 的地基，又建造了房屋 2 间。数月后，其哥哥的配偶及其儿子以其哥哥法定继承人的原告身份要求被告恢复原状。法院认为：被告损害了原告的合法权益，应承担相应民事责任。故判房子归原告所有，原告支付被告补偿款。

法律分析：

添附是指不同所有人的物结合在一起从而形成不可分离的物或者具有新物性质的物。《民法典》规定了加工、附合、混合三种添附形式，如物件加工、房屋增建、房屋装修等。本案中，被告在其哥哥宅基地上翻建房屋属于添附行为，但当事人之间就添附的归属没有进行明确约定，而法律对此也无明确规定。涉案翻新后的房屋结构基本完整，只需经简单装修，便能满足基本居住要求，如果予以拆除，既造成财产的损失，也不符合物尽其用的原则。因此，本案法官在考虑当事人过错以及损害后果后，遵循充分发挥物的效用的原则，并根据当事人意愿，判决讼争房屋归原告所有，由原告支付被告一定补偿款。

关联条文：《民法典》第 322 条。

法治贴士：

添附的所有权归属规则是：因加工、附合、混合而产生的物的归属，有约定的按照约定；没有约定或者约定不明确的，依照法律规定；当事人没有约定，法律也没有规定的，按照充分发挥物的效用以及保护无过错当事人的原则确定。发挥物的效用原则，是根据物归属于哪一方更能够发挥物的效用，就应归属于哪一方的规则。保护无过错当事人的原则，是指对无过错一方当事人给予更好的保护。两个原则中，应当首先考虑物的效用原则；而因一方当事人的过错或者确定物的归属给另一方当事人造成损失的，应当给予对方赔偿或者补偿。

二、用益物权

（一）土地经营权

案例： 马某与本村村民委员会签订承包合同书，该村民委员会将某荒山承包给马某管理使用，承包期限为 50 年，当地林业局向马某颁发了中华人民共和国林权证。马某想以承包荒山进行作价入股成立股份合作社来获得保底收益，法律是否允许？

---

[1] 参见黄薇主编：《中华人民共和国民法典物权编释义》，法律出版社 2020 年版，第 251 页。

法律分析：

土地经营权，是建立在农村土地承包经营的三权分置制度之上产生的权利，即在农村土地集体所有权的基础上，设立土地承包经营权；再在土地承包经营权之上设立土地经营权，构成三权分置的农村土地权利结构。其中，土地所有权归属于农村集体经济组织所有，土地承包经营权归属于承包该土地的农民家庭享有。由于土地承包经营权缺乏流转性，因而在土地承包经营权之上，法律又设立一个土地经营权，系属于土地承包经营权人享有，但可以进行较大范围流转，且能够保持土地承包经营权不变的用益物权。建立在土地承包经营权上的土地经营权，是土地承包经营权人的权利，权利人可以将其转让，由他人享有和行使土地经营权，而土地承包经营权人保留土地承包经营权，并因转让土地经营权而使自己获益。

为了适应"三权分置"后土地经营权入市的需要，《民法典》物权编增加土地经营权的规定，并删除耕地使用权不得抵押的规定。依照这一规定，土地承包经营权人为了发展农业经济，实现自己的权益，可以将土地经营权出租、入股或者其他方式，向他人流转土地经营权，将承包土地的占有、使用、收益权转让给他人，自己获得转让的收益。放活土地经营权，进行合理配置，经营权可以得到灵活高效的实行，向本村村民之外的其他人进行转让，促进规模经营和现代农业的发展。流转土地经营权是承包方自主决定的，无需取得村集体同意，流转后只需要向发包方备案即可。综上，马某与农村集体经济组织之间存在农村土地承包合同关系，其将自己承包的荒土进行作价入股成立股份合作社来获得保底收益，完全符合法律规定。

关联条文：《民法典》第 339 条。

法治贴士：

土地流转的核心是从土地承包经营权中分离出土地经营权，通过土地经营权的创立实现土地的流转。我国《民法典》确立了关于土地经营权流转的四条基本规则：一是土地承包经营权人可以自主地通过特定法律行为流转土地经营权；二是明确权利期限为合同约定的期限内，权利基本内容体现为"占有农村土地，自主开展农业生产经营并取得收益"；三是流转 5 年以上的土地经营权采取登记对抗主义，土地经营权自流转合同生效时成立，当事人可以通过登记取得对抗善意第三人效力；四是非集体成员通过特定法律方式取得土地承包经营权的，在登记取得权属证书后也可以自主流转创设土地经营权。

实行"三权分置"，在保护农户承包权益的基础上，赋予新型经营主体更多的土地权能，有利于促进土地经营权在更大范围内的优化配置，提升土地产出率、劳动生产率和资源利用率，能增加农户的收入，保障耕地，有机会让社会资本投到农业领域中，提高农业生产的效率，从技术上、科技上来保证我们国家的粮食安全。《民法典》通过对土地经营权人经营权的认可和保障，使得土地经营权自由流转成为可能，也使农民享有更加充分的土地利用权，明晰土地产权关系，促进土地资源合理利用，构建新型农业经营体系，推动现代农业发展。

（二）住宅建设用地使用权

案例：王阿姨的住宅建设用地使用权 70 年已经到期，该如何续期？

法律分析：

建设用地使用权到期之后，可以续期。建设用地使用权续期分为两种：①住宅建设用地使用权期限届满的，自动续期，不存在期限届满而消灭的问题；②非住宅建设用地使用权期限届满需要续期的，须申请续期。自动续期的含义，就是指住宅建设用地使用权是一次取得永久使用的永久性用益物权，70 年期满自动续期。在非住宅建设用地使用权期限届满之前，建设用地使用权人如果需要继续使用该土地的，应当在期限届满之前一年申请续期。对于建设用地使用权人申请续期的要求，土地出让人应当准许，除非有出于公共利益的目的需要收回该土地的。续期手续完备后，建设用地使用权继续存在。综上，王阿姨自己的住宅建设用地使用权 70 年到期后，自动续期。

关联条文：《民法典》第 359 条。

法治贴士：

自动续期并不意味着不缴纳费用。续期费用的缴纳或者减免，依照法律、行政法规的规定办理。到底是多少，怎么减免，目前还没有明确规定。原国土资源部办公厅《关于妥善处理少数住宅建设用地使用权到期问题的复函》是按照"两不一正常"的办法进行处理，目前不需要交钱，将来有待法律和行政法规进行规定。《民法典》规定的该条住宅建设用地使用权届满自动续期规定，有利于保护房屋产权人的合法权益。

（三）居住权

案例：老李将自己的房子通过近亲属买卖转让给了自己儿子，但合同中约定需要在过户的房产手续中将自己和老伴登记为居住权人，老李这种获得居住权的情形是否符合法律规定？

法律分析：

居住权在法律上正式成为一种新的物权类型，是居住权人对他人住宅的全部或者部分及其附属设施，享有占有、使用的权利，可以与住宅的所有权相分离。居住权入法实现物尽其用，是为了加快建立多主体供给、多渠道保障住房制度的要求，增加规定"居住权"这一新型用益物权，明确居住权原则上无偿设立，居住权人有权按照合同约定或者遗嘱，经登记占有、使用他人的住宅，以满足其稳定的生活居住需要。居住权的规定体现了法律对于弱势群体的保护，住房上存在困难的人将因居住权而受益。本案中，老李将自己的房子通过近亲属买卖转让给了自己儿子，但又害怕将来老了没地方住，所以在合同中约定将自己和老伴登记为居住权人，这样老李夫妻就获得居住权，任何人都不能以任何理由剥夺老李夫妻的居住权。

关联条文：《民法典》第 366 条。

法治贴士：

居住权是一种用益物权，其与租赁权不同，租赁必须支付租金，居住权一般具有无偿性，而且一般情况下还有长期的期限保障，在一定程度上为人民住有所居提供了更多的制度选择和制度保障。[1]居住权既可以基于当事人的约定设立，也可以基于被继承人的遗嘱设立。

租赁权不等同于居住权，具体理由如下：①居住权是用益物权，居住权人较之租赁权人

---

〔1〕 参见黄薇主编：《中华人民共和国民法典物权编释义》，法律出版社 2020 年版，第 406 页。

对房屋有更强的支配力。居住权人有权决定房屋装饰装修、改变房屋用途，无须征得所有权人同意，而租赁权人装饰装修、改变房屋用途必须经过出租人同意。②居住权是绝对权，具有对世效力，而租赁权是相对权，除了"买卖不破租赁"外，不具有对世效力。③居住权必须经过公示才能设立，而租赁权不需要公示，签订租赁合同即合法有效。④居住权具有长期性，根据《民法典》第370条的规定，居住期限届满或居住权人死亡时权利消灭，居住期限没有法律限制，而租赁权法律规定最长期限不得超过20年。⑤居住权为无偿设立，另有约定除外；租赁合同为有偿合同，承租人需按照市场价格支付租金。并非所有居住他人住宅的权利均是居住权，如果当事人之间存在抚养、扶养、赡养、租赁、借用等关系，同样可能享有居住他人住宅的权利，但由此而享有的权利不具有物权的排他效力，不是《民法典》第366条所规定的居住权。

三、担保物权

（一）设立担保物权方式

案例：李某因私刻公章，骗取本案被告借款300万元，已被法院生效判决认定构成诈骗罪。原告是上述300万元借款的担保人，并已替李某偿还被告的借款100万元，后不愿再承担担保责任，起诉法院要求被告退还已偿还的100万元，并要求判决其不再承担担保责任。法院认为，因李某实施诈骗，故李某与被告的合同是无效合同，原告的担保合同也自然无效，故支持了原告的诉求。

法律分析：

担保物权产生的目的在于保障债权的实现，担保物权与债权相伴而生，具有从属性。也就是说如果主合同无效，担保合同作为从合同自然无效；若主合同有效，从合同无效的，从合同也自始无效。本案中，被告与李某之间的借款合同基于李某的诈骗行为而无效，原告与被告之间的担保合同相应也自始无效，原告无需承担担保责任，其已经支付给被告的100万元也可以要求返还。

关联条文：《民法典》第388条。

法治贴士：

担保物权的一个重要特点就是其附随于主债权债务关系，没有主债权债务关系的存在，担保关系也就没有了存在以及实现的可能。民事法律行为无效、被撤销，被确认不发生法律效力后，行为人因该行为取得的财产，应当予以返还；不能返还或者没有必要返还的，应当折价补偿。有过错的一方应当赔偿对方由此所受到的损失；各方都有过错的，应当各自承担相应的责任，法律另有规定的，依照其规定。

同样的道理，主债权债务合同无效，担保合同被确认无效的情况下，如果债务人、担保人或者债权人对合同的无效有过错的，应根据其过错各自承担相应的民事责任。这里相应的民事责任指当事人只承担与其过错程度相当的民事责任，如担保合同无效完全是由于主债权债务合同因违背公序良俗导致无效的，则过错完全在债务人与债权人，责任应完全由债务人和债权人自行承担。

（二）禁止流押

案例：被告公司承建原告公司开发的建设工程。双方签订"以房抵付工程款协议"，约定由原告以特定价格转移部分商品房所有权给被告或其指定人员，原告将应收取的房款折抵其所欠付被告的工程款。原告承诺在签订"商品房买卖合同"后4个月内具备办理房产证条件，否则向被告支付房屋销售款的日0.1%的违约金。由于原告公司原因案涉房屋无法做权证，原告公司向法院起诉要求确认双方签订的"以房抵付工程款协议"为无效合同。法院经审理判决认定"以房抵付工程款协议"合法有效，驳回原告的诉求。[1]

法律分析：

流押条款，指债权人在订立抵押合同时与抵押人约定，债务人不履行债务时抵押财产归债权人所有。本案中，争议焦点是"以房抵付工程款协议"的法律效力问题，原告主张该协议违反《物权法》（已废止）第186条有关禁止流押的禁止性规定，该协议自始无效，有关违约金的约定亦无效。但法院经审理认为双方的"以房抵付工程款协议"是为实现各自权利义务的平衡而进行交易，因此，不属于《物权法》（已废止）第186条及《担保法》（已废止）第40条规定的禁止性情形。法院认定双方"以房抵付工程款协议"的约定，是双方出于真实意思表示，通过收取经原告同意出售房屋获得的房款，来折抵原告欠付的工程款。这是一种平衡双方利益的交易安排，并不违背"禁止流押"原则的立法宗旨。[2]

关联条文：《民法典》第401条。

法治贴士：

流押，是指抵押权人与抵押人约定，当债务人届期不能履行债务时，抵押权人有权直接取得抵押财产的所有权。抵押权人在债务履行期届满前，不得与抵押人约定在债务人不履行到期债务时，抵押财产归债权人所有，抵押权人和抵押人订立的流押契约、流押的条款一律无效。即使是在抵押权实现时订立的实现抵押权协议，也不得出现流押契约。

如果允许抵押权人和抵押人在订立抵押合同时约定在债务履行期限届满抵押权人未受清偿时，抵押财产归债权人所有，那么一些抵押人为了眼前的急迫需要，就可能作出不利于自己的选择结果，不仅不利于保护抵押人的合法权益，也与民法规定的平等公平的原则相悖。只有当事人以抵押财产折价方式清偿债务的，才是正常的抵押权实现方法。债权人为保证其债权的顺利实现，签订的担保借贷合同的标的物价值通常高于借贷合同标的。

在实践中，下列约定被认为属于流押契约：在借款合同中，当订有清偿期限届至而借款人不还款时，贷款人可以将抵押财产自行加以变卖的约定；抵押权人在债权清偿期届满后与债务人另订有延期清偿的合同，在合同中附以延展的期限内如果仍未能清偿时，就将抵押财产交给债权人经营为条件的约定等。此种合同虽然在形式上是买卖，实际上是就原有债务设定的抵押权，只不过以回赎期间作为清偿期间。以前法律直接规定流押、流质条款无效，现在《民法典》不再直接说无效，而是说在财产范围内优先受偿，这种改变凸显了对债权人的侧重保护。

（三）不动产抵押登记

案例：被告向原告银行申请个人商业用房贷款。保证人自愿向贷款人提供阶段性担保，

---

〔1〕　改编自浙江省舟山市中级人民法院（2018）浙09民终90号案件。

〔2〕　该案例根据2016年之前发生的现实案件改编，案件终审于2018年，故法律分析仍依据当时有效的《物权法》和《担保法》相关规定。《民法典》施行后，原《物权法》《担保法》相关内容已纳入《民法典》规定。

保证合同约定：下列条件同时满足的，保证人免除保证责任：本合同第 16.2 条约定的正式抵押登记手续已办理完毕；贷款人收到记载有上述正式抵押登记信息的房屋他项权证书。案涉房屋虽办理房产证，但未办理抵押登记手续。被告逾期未归还部分借款本息，原告起诉要求被告承担还款责任和担保责任。

法律分析：

本案中，当事人虽然约定了抵押案涉房产，但根据债权与物权相区分原则，抵押合同的成立并不必然意味着抵押权的设立。本案的担保合同约定保证人免除保证责任的条件是抵押权设立，因此，在案涉房屋未经依法登记的情况下，抵押权未有效设立，保证人的连带清偿责任不符合约定免除的条件。法院认为，根据不动产抵押权设立"登记生效主义"和《物权法》[1] 的规定，房屋抵押权的设立应以登记为准，原告与被告均认可案涉房屋未办理抵押登记，抵押权未设立，被告亦不能举证证明未办理抵押登记的过错在于原告。贷款人未收到案涉房屋的他项权利证书，合同中约定的保证人免除保证责任的两个条件均未成就，原告要求被告承担担保责任的主张应当得到支持。

关联条文：《民法典》第 402 条。

法治贴士：

抵押权，是债权人对于债务人或第三人提供的、不移转占有而作为债务履行担保的财产，在债务人不履行债务或发生当事人约定的实现抵押权的情形时，可就该财产折价或者就拍卖、变卖该财产的价款优先受偿的权利。在抵押法律关系中，享有抵押权的人为抵押权人，提供抵押财产的人为抵押人，供作担保的财产称为抵押财产。抵押权作为担保物权的一种，其设立目的在于担保特定债务的履行，因此从属性是抵押权的根本属性。从属性贯穿于抵押权的始终，这就要求抵押权的存在、转移及消灭均应从属于特定债权。抵押权的设立目的主要为担保特定债务的履行，当债务人不履行到期债务或者发生当事人约定的实现抵押权的情形时，债权人有权就该抵押财产优先受偿。

（四）抵押权与租赁权的关系

案例：某银行取得案涉房屋的抵押权并对该房进行查封，对案涉房屋启动评估拍卖程序，原告作为合法承租人提出执行异议，被法院裁定驳回。原告遂起诉，要求法院确认其对执行标的享有租赁权。法院认为，原告与第三人签订房屋租赁合同的时间晚于抵押权的设立时间，故原告要求确认其对执行标的享有租赁权，缺乏事实和法律依据，法院不予支持。

法律分析：

根据相关法律及司法解释的规定，抵押权设立后抵押财产出租的，该租赁关系不得对抗已登记的抵押权，抵押权实现后，房屋租赁合同对受让人不具有约束力。本案中，租赁人不能举证证明租赁关系成立在抵押权之前，其主张的租赁关系不能对抗成立在先的已登记的抵押权。如果抵押权设立之前仅订立了租赁关系，但是抵押财产并未被承租人占有，或者抵押权设立之后对抵押财产进行租赁，租赁关系都受到抵押权的影响。

关联条文：《民法典》第 405 条。

---

[1] 该案例根据 2014 年之前发生的现实案件改编，故法律分析仍依据当时有效的《物权法》。《民法典》施行后，原《物权法》相关内容已纳入《民法典》规定。

法治贴士：

关于抵押不破租赁原则，《民法典》第405条增加了一个条件，强调要在实际占有期间才能发生这种抵押不破租赁的对抗力。对抵押权设立之前的抵押财产出租，租赁关系不受抵押权的影响。同一抵押财产上同时存在抵押权和租赁权，当两种权利发生冲突时，遵循成立在先原则。成立在后的不得对抗成立在先的权利关系。对于抵押权设立后抵押财产出租的，已登记的可以对抗其后设立的租赁关系，未登记的按照不得对抗善意第三人的规则来判断抵押权与租赁权的效力。

（五）抵押权与质权的关系

案例： 被告因购买汽车与原告银行签订分期付款合同，以所购案涉轿车提供抵押担保，并办理了抵押登记。被告同第三人签订质押合同，后被告因无力偿还借款，向第三人出具车辆处置全权委托书，第三人有权以出售车辆所得的价款优先偿还所欠借款本息。银行遂起诉，主张就本案抵押物优先受偿。法院认为，交通运输工具抵押权自抵押合同生效时设立，未经登记的，不得对抗善意第三人。

法律分析：

抵押权登记，是指依据财产权利人的申请，登记机关将与在该财产上设定抵押权相关的事项记载于登记簿上的事实。根据《民法典》第415条的规定，在先设立的权利优先受偿。本案中，法院否认了案涉抵押对善意第三人的对抗效力，由此可见抵押权人在接受动产抵押时，务必办理抵押登记，同时对动产的权属情况进行必要调查，以降低交易风险。同一财产既设立抵押权又设立质权的，拍卖、变卖该财产所得的价款清偿，按照登记、交付的时间先后确定顺序。

关联条文：

《民法典》第415条：同一财产既设立抵押权又设立质权的，拍卖、变卖该财产所得的价款按照登记、交付的时间先后确定清偿顺序。

法治贴士：

抵押权可以在不动产和动产上设立，质权可以在动产和权利上设立，动产既可以成为抵押权的标的也可以成为质权的标的。关于动产抵押权，以动产抵押的，抵押权自抵押合同生效时设立，未经登记，不得对抗善意第三人。关于动产质权，质权自出质人交付质押财产时设立。抵押权是担保物权，设定抵押权除了要订立抵押合同之外，对某些不动产抵押设置抵押权还须进行抵押权登记，并且只有经过抵押权登记，才能发生抵押权的效果。理顺担保物权的清偿顺序，明确法律关系，是维护交易秩序和保护善意第三人的合法权益的需要，也是法律追求秩序价值的体现。

第三节　合　同

合同调整的是平等主体之间因合同产生的法律关系，即调整因合同的订立、履行、变更、终止等产生法律关系。合同以交易关系为调整对象，它规范了交易关系的全过程。合同与每个人的生活息息相关，一个人在一生中，可能不会与刑法打交道，但总是要订立合同，参与各种民事交往，从而受到合同的广泛调整。合同具有相对性，即合同只对合同当事人发生效力，对合同以外的人不发生法律拘束力。当事人根据自身特定需求，因订立合同目的不同，对合同内容约定也不相同，有些是典型的合同，有些是无名合同。合同的约定涉及我们生活的方方面面，在订立过程中潜藏着诸多法律风险，需要我们高度重视。本节从合同的订立、履行以及常见的合同纠纷等方面进行分析解读，为大家维护自己合法权利，避免风险提供保护方案。

一、合同签订

（一）合同订立形式

案例： 被告向原告借款 10 万元，在微信上出具了借据。事后，被告拒绝还钱。原告把被告告上了法庭。被告向原告出具的微信借条能否作为索要借款的证据？

法律分析：

合同分为书面形式、口头形式和其他形式。书面形式的合同能够准确地固定合同双方当事人的权利义务，在发生纠纷时双方能够有据可查，便于处理。使用数据电文，包括以电报、电传、传真、电子数据交换和电子邮件等方式订立的合同，都是能够有形地表现所载内容，并且可以随时调取查用的电子数据，具有与文字等形式订立的合同相同的属性。

根据《民事诉讼法》及其司法解释关于电子证据的规定，微信聊天记录作为电子证据的一种，属于我国法定证据形式之一，可以作为证据使用。尤其在我国手机号已逐步实现实名登记的今天，微信账号被要求绑定手机号码，微信聊天记录已经符合《电子签名法》所要求的相关特征，成为审判实践中越来越经常出现的证据形式之一，因此对于这一类数据电文订立的合同，视为书面合同，承认其书面合同的效力。本案中被告向原告借款 10 万元，在微信上出具了借据，双方依法成立了书面借款合同，当被告拒绝还钱时，原告可以以该微信借条作为索要借款的证据。

关联条文：《民法典》第 469 条。

法治贴士：

合同的形式是合同法律关系的外在表现形式。订立合同可以采用书面形式或者口头形式，也可以采取其他形式。只要法律没有作出特别规定或者当事人另有特别约定的，对合同形式一般不作特殊要求。在某些情况下，合同是否具备特定的形式对于判断当事人之间是否存在合同关系，以及确定合同的具体内容等，均具有重要意义。

书面形式是合同书、信件、电报、电传、传真等可以有形地表现所载内容的形式。书面形式的主要优点在于，它能够通过文字凭据确定当事人之间的权利义务，既有利于当事人依据该文字凭据作出履行，也有利于在发生纠纷时有据可查，准确地确定当事人的权利义务和责任，从而能够合理公正地解决纠纷。

口头形式是指当事人通过口头对话的方式订立合同。在社会生活中，口头形式是最普遍采用的合同订立方式，其优点在于简单、便捷。口头形式实际上是运用语言对话的方式缔约，也就是说当事人只用语言为意思表示表达内容，而不用文字表达协议内容。如果采取口头形式，在发生争议的情况下，当事人应当负有举证证明合同关系存在和合同关系内容的义务。口头的形式在实践中也运用得比较广泛，一般对即时结清的买卖服务和消费合同大都采取口头形式订立，所以在日常生活中经常被使用，其主要优点在于简便。

其他形式，是指推定形式。推定形式是当事人未用语言、文字表达其意思表示，而是仅用行为向对方发出要约，对方通过一定的行为作出承诺，从而使合同成立。在实践中，当事人在交易过程中通过协商谈判，可能并没有就合同主要条款达成书面合同或者口头协议，但事后一方当事人向对方作出了实际履行，而对方又接受该履行的，可以通过当事人实际履行的行为认定合同已经成立。以实际履行方式订约，必须是一方履行了主要义务，而另一方必须无条件地接受履行，而并未提出异议。

以电子数据交换、电子邮件等方式能够有形地表现所载内容，并可以随时调取查用的数据电文，视为书面形式。《电子签名法》第4条："能够有形地表现所载内容，并可以随时调取查用的数据电文，视为符合法律、法规要求的书面形式。"随着计算机技术的广泛应用，电子商务逐渐成为21世纪贸易往来的重要方式，这也迫切需要创造有利于电子商务发展的法律环境。将电子合同作为书面形式肯定下来，实际上是肯定了这种交易方式的合法性，以及作为证据使用的可能性。尽管这种形式在安全性和完整性上与合同书等书面形式相比尚有一定的差距，但这一问题可以通过计算机技术的不断改进以及法律制度的不断完善而逐步解决。

（二）订立合同方式

案例： A公司经理甲长期在B餐饮娱乐公司进行签单消费，单位名称一栏都注明为"A公司"，消费目的为A公司员工用餐或公务接待等，累计签单欠款共3万元。后甲离开A公司，B公司知悉后多次向A公司催收欠款，A公司以甲并无授权签单消费为由拒绝支付欠款。B公司向法院提起诉讼，法院认定甲的签单行为是代表A公司对服务费用的确认行为，其法律后果应当由A公司承担，因此支持了B公司的诉讼请求。

法律分析：

合同订立是当事人为实现预期目的，为意思表示并达成合意的动态过程，包含当事人各方为了进行交易，与对方进行接触、洽谈，最终达成合意的整个过程。本案中甲长期在B餐饮娱乐公司进行签单消费，单位名称一栏都注明为"A公司"，消费目的为A公司员工用餐或公务接待等，A公司与B公司之间虽然没有签订书面合同，也没有明显的要约与承诺，但双方之间形成了长期的口头消费合同，视同双方以其他方式订立了合同，并且长期履行。在甲离开A公司时，A公司没有告知B公司，B公司对此不可能知情，没有过错，所以A公司应当因为自己的管理疏漏承担相应的支付责任。

关联条文：《民法典》第471条。

法治贴士：

合同订立方式，就是当事人达成合意的方式。在订立合同中，一方当事人提出要约，另一方当事人予以承诺，双方就交易目的及其实现达成合意，合同即告成立。要约和承诺既是合同订立的方式，也是合同订立的两个阶段，其结果是合同成立。当企业与法定代表人或负责人缔约时，应当核实法定代表人或负责人的身份是否真实，审查法定代表人与营业执照中是否一致。为避免合同无效的法律风险，对重大合同尽量对合同的项目是否违反对方公司的章程、股东会决议和董事会决议进行考察，有难度时可委托专业律师代为调查，并出具调查报告。

（三）预约合同

案例： 原告欲购买被告房屋。在与被告商谈房屋买卖事宜时，原告通过支付宝转账的方式向被告支付2万元。被告向原告出具收条一张，其内容为："今收到××房屋出售订金人民币贰万元"。经查明，原告与被告未签订房屋买卖合同。原告要求被告返还购房订金2万元，但被告一直拒绝返还，原告无奈聘请律师催讨购房订金。法院经审理判决被告于判决生效之日起5日内返还原告购房订金2万元。[1]

法律分析：

预约的当事人一方不履行预约合同义务的，对方当事人可以请求其承担预约的违约责任。预约违约责任的确定，依照预约的约定或者参照违约责任的法律规定。本案争议焦点是涉案合同的性质，属于预约合同还是本约合同。预约合同订立目的为本约合同的缔结，双方当事人签订预约合同后，双方当事人不仅负有进一步磋商的义务，更具有最终达成本约的义务，预约合同的效力和法律约束力只能是"使当事人产生诚信磋商以订立本约合同的义务"，而非履行本约合同的义务，因为本约合同尚未订立。预约合同是法定合同的一种，当事人均会受到预约合同中意思表示的拘束，如果一方违背了预约合同的约定，则必须承担合同中事先约定的违约责任或者按照法律规定承担违约责任。

此次《民法典》在合同编第495条明确规定了当事人一方不履行预约合同则需承担违反预约合同的违约责任。在本案中，原告欲购买被告房屋，向被告支付2万元订金后，被告向原告出具写有"今收到某房屋出售订金人民币贰万元"的收条一张。从被告出具的收条以及原告的陈述可以看出，原被告之间存在口头无名合同，主要内容为：原告向被告交付购房订金2万元后，双方就房屋买卖事宜进行磋商；若原告不购买涉案房屋，被告退还原告上述购房订金。双方之间并不存在将来要订立房屋买卖合同的意思表示，也不具有受合同拘束的意思。原、被告之间仅具有继续商谈房屋买卖的意向，不成立房屋买卖的预约合同和房屋买卖合同。原告向被告交纳的订金仅具有保障磋商继续进行的作用，而不具有担保原、被告未来签订买卖合同的作用。故原告告知被告双方就房屋买卖事宜停止磋商，只能催告被告返还购房订金，而不能依据被告违反预约合同主张双倍返还购房订金。

关联条文：《民法典》第495条。

法治贴士：

预约是订立合同的意向，是当事人之间约定在将来一定期限内订立合同的预先约定。预约的表现形式，通常是认购书、订购书、预定书等。当事人在将来所订立的合同称为本约合同，而当事人约定在将来订立本约的合同即预约合同。预约成立，产生预约的法律效力，当事人即负有履行预约所规定的订立本约的义务，只要本约未订立，就是预约没有履行。

对形成的意向书，不能武断地认为意向书就是预约合同，而应根据意向书的内容、形式加以判断，仅在意向书符合预约合同成立要件时，才能将意向书认定为预约合同，从而适用预约合同的相关规定。这亦更符合《民法典》关于预约合同制度的立法精神。

（四）格式合同

案例： 酒店"旅客住宿登记表"的"旅客须知"栏中，有"如有贵重物品和行李请寄

---

〔1〕 改编自湖北省武汉市洪山区人民法院（2018）鄂0111民初7442号案件。

存，否则造成损失由本人承担一切责任"的规定，酒店的这种说法是否能够成立？

法律分析：

格式条款合同，是指当事人为了重复使用预先拟定，并在订立合同时未与对方协商的条款。格式条款合同是完整、定型、持久的合同类型，由居于垄断地位的一方所拟订，使对方当事人处于从属地位的书面合同。格式条款合同不同于示范合同，示范合同是指通过有关的专业法规、商业习惯等确立，为当事人订立合同提供参考文本，对双方当事人没有强制约束力，当事人可以参照，也可以不参照；可以修改示范合同的条款和格式，也可以增减示范合同的条款。格式条款合同是对方当事人没有选择余地的、只能服从的合同。格式条款的优势是便捷、易行、高效，缺点是合同相对方无协商余地，双方地位不平等。故提供格式条款的一方当事人应遵循公平原则，负有采取合理的方式提示对方注意免除或者减轻其责任等与对方有重大利害关系条款的义务，并按照对方的要求对该条款予以说明。

酒店旅客住宿登记表"旅客须知"栏中，虽写有"如有贵重物品和行李请寄存，否则造成损失由本人承担一切责任"的规定，但因作为格式合同提供方，酒店未尽到提示义务和说明义务，致使对方当事人没有注意或者理解与其有重大利害关系的条款。如真的出现住客贵重物品丢失的情况，住客可以提出主张，请求确认该条款不成为合同的内容，即不对住客发生拘束力，并要求酒店承担相应的法律责任。

关联条文：《民法典》第 496 条。

法治贴士：

格式条款，是由一方当事人为了反复使用而预先制订的、并由不特定的第三人所接受，在订立合同时不与对方协商的条款。制订格式条款的一方多为固定提供某种商品和服务的公用事业部门、企业和有关的社会团体等，当然也有些格式条款文件是由有关政府部门为企业制订的。格式条款一般都是为了重复使用而不是为一次性使用制订的，因此从经济上看其有助于降低交易费用，尤其是许多交易活动是不断重复进行的，许多公用事业服务具有既定的要求，通过格式条款的方式可以使订约基础明确、节省费用、节约时间，这也符合现代市场经济高度发展的要求。

格式条款常常与示范合同相混淆。所谓示范合同，是指根据法规和惯例而确定的具有示范使用作用的文件。在我国，房屋的买卖、租赁、建筑等许多行业正在逐渐推行各类示范合同。示范合同的推广对于完善合同条款、明确当事人的权利义务、减少因当事人欠缺合同法律知识而产生的各类纠纷具有一定的作用。但由于示范合同只是当事人双方签约时的参考文件，对当事人无强制约束力，双方可以修改其条款形式和格式，也可以增减条款，因而其不是格式条款。格式条款是固定的、不能修改的；而示范合同只是订约的参考，可以协商修改。

由于提供格式条款的一方常常居于优势地位，而相对人在订约中居于附从地位，为了保障交易的公平，法律要求提供格式条款的一方应当遵循公平原则确定当事人之间的权利和义务，在格式条款的制订中，不得利用其优势地位损害另一方的权益，更不得利用对方的无经验或者是利用自己的优势地位导致民事主体之间利益关系失衡。如果对格式条款的理解发生争议的，应当按照通常理解予以解释。对格式条款有两种以上解释的，应当作出不利于提供格式条款一方的解释。如同一事实，格式条款和非格式条款约定不一致的，应当采用非格式条款。

二、合同履行

（一）电子合同标的交付时间

案例：小李在网上购买的商品，没有签订书面合同，只有订单号与付款凭证及收货凭证，现该商品质量出现问题，没有纸质合同，小李可以主张自己的权利吗？

法律分析：

随着电子商务快速发展，网购需求越来越多，我国电子合同开启无纸化时代。本案中，小李和商家双方是以网络购物的方式签订的合同，属于网络购物合同纠纷。小李在网上下单，购买的物品出现质量问题，其完全可以拿着自己的订单号与付款凭证以及收货凭证，向店家和电商平台主张权利。即对于网上购物，购买人在收到货品后，从发现产品存在质量问题之日起可以提出换货、退货等主张，如果造成损失的，还可以要求商家承担损害赔偿责任。

关联条文：《民法典》第 512 条。

法治贴士：

电子合同，是通过互联网等信息网络订立的合同。通过互联网进行交易，从事商品买卖、提供和接受各类服务已成为社会生活尤其是金融服务、日常消费等领域的交易常态。电子合同完成给付的时间有三种情形：①对于标的为交付商品并采用快递物流方式交付的电子合同，收货人的签收时间为交付时间；②对于标的为提供服务的电子合同，生成的电子凭证或者实物凭证中载明的时间为提供服务时间，前述凭证没有载明时间或者载明时间与实际提供服务时间不一致的，以实际提供服务的时间为准；③电子合同的标的物为采用在线传输方式交付的，合同标的物进入对方当事人指定的特定系统并且能够检索识别的时间为交付时间。在网络购物合同中，买受人一般不能决定标的物的承运人，标的物在运输过程中存在货品灭失的风险则由商家承担。在此提醒，买家在收到货品时，一定要在物流点当面拆开包装，查看是否是自己购买的货品，是否有货物毁损情况，产品是否有其他瑕疵等。当然，产品的质量问题可以根据产品说明书和买家在使用中遇到的情况向卖家进行反应，如果确实是产品质量问题，可以依据《产品质量法》向商家另行主张权利。

（二）连带债务人的追偿权

案例：原告与被告共同承担第三人的债务，原告用自己的财产偿还了全部债务后，是否可以向被告进行追偿？

法律分析：

本案中，原告、被告是连带债务人，所应承担的债务份额相同。在原告承担责任后，有权就超出自己份额的部分向被告追偿。连带债务对外不分份额，只有对内才分份额，连带债务人在内部对自己的份额承担最终责任。连带债务人可以事先约定份额，或者根据实际情况确定份额。债务份额难以确定的，视为份额相同，各个债务人以同等份额承担最终责任。在连带债务中，对外由于每一个债务人均负有履行全部债务的义务，债权人有权向连带债务人中的数人或者全体请求履行；被请求的债务人不得以还有其他债务人为由而互相推诿，也不得以自己仅负担债务中的一定份额为由而拒绝履行全部债务。

关联条文：《民法典》第 519 条。

法治贴士：

连带之债是在债权人与债务人之间的关系上存在发生绝对效力事项，某一连带债务人或者连带债权人发生的此类事项能够对其他多数债的关系当事人发生效力。就连带债务而言，连带债务中每一连带债务人均负有清偿全部债务的义务，但这只是连带债务人与债权人之间的效力，在其清偿或通过其他方式消灭债务的情况下，如果特定债务人承受全部责任而不能从其他债务人处获得补偿，显然对其是十分不公平的。因此，尽管连带债权债务在外部关系上是连带的，但从连带之债的内部关系上说，连带债权人和债务人之间又是按份的，从内部关系而言应当按确定的份额来分配权利和义务，各债务人之间仍然应当按照各自的份额确定相互关系。

连带债务人承担的清偿责任，是连带债务的中间性清偿责任。在承担中间性清偿责任中，如果实际承担债务的连带债务人承担了超过自己份额的债务，有权就超出部分在其他连带债务人未履行的份额范围内向其他债务人追偿。在连带债务中，债权人往往会寻找实力强的一个连带责任人主张全部债权，导致其他连带责任人无须承担清偿义务的情况出现。为了矫正这一不公平结果，法律允许实际承担债务超过自己份额的连带债务人，就超出部分在其他连带债务人未履行的份额范围内向其追偿，并相应地享有债权人的权利。连带债务人在行使追偿权时，不得损害债权人的利益，即债权人享有抗辩权，可以对抗该债务人的追偿权。

（三）第三人代为履行规则

案例：小李与开发商签订《商品房预售合同》约定：逾期付款超过 30 日后，出卖人有权解除合同。后小李将该房屋转卖给小杨，小杨对该房进行装修居住至今，双方未办理过户手续。开发商以小李未依约履行付款义务为由，要求解除双方签订的商品房买卖合同。小杨提出愿意向开发商代为履行，法院裁决驳回开发商要求解除商品房买卖合同的诉求。[1]

法律分析：

法律既不允许一方当事人恶意拖欠房款，以房屋已经转卖为由，阻碍另一方当事人解除合同、收回房屋，导致该方当事人房、钱两空；同时，也不会放任开发商将房屋卖给买受人、买受人转卖给次买受人多年后，开发商与买受人突然声称其实买受人早已违约多年，合同应当解除，房屋应当收回，损害次买受人的合法权益。小李转卖涉案房屋，在尚未完全履行房款给付义务的情况下，假如小杨与开发商约定，剩余房款由小杨给付，则属于由第三人履行合同。而本案的实际情况是，小李与开发商并未约定"剩余房款小杨给付"，由于小杨对小李履行其债务具有合法利益，小杨有权向该房地产公司代为履行。如果小李和开发商明知房屋已经转卖，在未征询次买受人小杨是否同意代小李向该开发商履行债务的情况下，以小李未履行给付房款义务为由，通过诉讼或协商方式解除合同，则侵犯了小杨的"代履行权"，此即第三人代为履行规则。

关联条文：《民法典》第 524 条。

法治贴士：

清偿代位本质上是债务人违约的情况下，对债务履行具有合法利益的第三人为简化法律

---

[1] 改编自北京市第三中级人民法院（2019）京 03 民终 13802 号案件。

关系而享有的一种救济手段。对债务履行具有合法利益的第三人，是对合同因履行而消灭当然受有法律上利益的人，主要包括：债务人的保证人、物上保证人、共有人、合伙人以及对该债务担保财产享有后顺序担保物权的第三人等。在这些人主动代为履行时，即便债务人对此表示异议，债权人也不得拒绝。

《民法典》第524条第三人代为履行规则，明确了双方权利冲突的均衡点在于次买受人可以向出卖人主张行使代履行权。这样，既保护了出卖人获得价款的权利，也保护了次买受人的期待利益。当一项债务已届履行期，债务人不履行债务，该不履行债务的行为有可能损害第三人的利益时，即第三人对履行该债务具有合法利益的，第三人产生代为履行债务的权利，有权向债权人代为履行，以使自己的合法利益得到保全。根据债务的性质、按照当事人约定或者依照法律规定，该债务只能由债务人履行的，不适用第三人代为履行的除外。

当事人约定由第三人向债权人履行债务，第三人不履行债务或者履行债务不符合约定的，债务人应当向债权人承担违约责任。该第三人既不是合同当事人，其履行事宜也不是合同当事人约定的条款，该第三人之所以向债权人履行，是其基于对该履行具有合法利益，在债务人不履行的情况下，为保护其自身的合法权益而为的权利手段。

（四）情势变更规则

案例：为解决本单位职工住房问题，本单位与甲公司签订的《协议书》约定：甲公司负责本项目开发建设，开发建设完成的所有物业均由本单位组织职工按双方的商定价格购买。双方在合同"权利义务"部分特别约定：双方共同协调，争取土地出让金减免，减免费用全部为甲公司所得，如减免不成功，本单位也不作任何补偿。甲公司在完成部分工程建设后，因资金不足导致本项目停工至今。停工两年后，该市人民政府出台限购政策文件，房地产行业低迷。于是本单位以甲公司已构成根本违约为由，要求解除《协议书》，返还购房款并支付逾期交房违约金。甲公司同意解除《协议书》，不同意赔偿解除合同违约金，抗辩说不能履行合同是因为本单位未能申请到土地出让金减免，且《协议书》的履行受到市房屋限购政策严重影响，甲公司不应该承担解除合同违约金责任。[1]

法律分析：

政府对土地出让金不予减免行为在本案中不符合情势变更原则的适用条件，因为当事人在订立《协议书》时即已经明确认识到，土地出让金减免不成功的后果由甲公司承担。而市人民政府出台限购政策文件也不属于情势变更，甲公司作为专业的房地产开发商完全有可能预见市政府今后可能会出台房屋限购政策的，而且限购政策是在甲公司已经违约两年多之后才出台的。甲公司在《协议书》明确约定土地出让金减免不成功的后果由其承担的情况下，仍然以此为由停止案涉商品房项目的开发，拒绝按期交房，甲公司自己有过错，有过错者没有资格主张适用情势变更原则，甲公司已构成违约，应承担违约责任。

关联条文：《民法典》第533条。

法治贴士：

情势是指构成合同赖以成立的基础或环境的客观情况，而变更则是指合同成立后情势发生的重大变化。依据第533条，所谓情势变更原则，就是指合同依法成立后，作为合同赖以

---

〔1〕 改编自湖南省高级人民法院（2018）湘民终196号案件。

成立的客观基础或者环境发生了当事人在订立合同时无法预见的、不属于商业风险的重大变化，继续履行合同对于当事人一方明显不公平，而双方又不能协议变更的情况下，当事人请求法院或者仲裁机构变更或者解除合同的制度。

依据契约必守原则，在合同依法成立后，当事人就应当按照约定履行债务。我国合同法律历来强调契约必守，在违约责任上更是以严格责任为原则，对于履行中的风险，当事人应当在合同中通过免责条款予以事先约定。一旦发生违约又没有不可抗力或者约定免责事由，违约责任不可避免。但基于公平和诚实信用的考虑，第533条还是例外地允许在情势变更的情况下，当事人如不能合意变更合同内容，则可以请求法院或者仲裁机构变更或者解除合同。

在合同领域，对情势变更原则的适用条件是相当严格的，须有变更或解除合同的事由，即订立合同时合同行为的基础条件发生了变动，与当事人的主观意思无关，事由发生在合同成立后至消灭前，事由的发生不可归责于双方当事人，且不能预料，继续维持合同效力将会产生显失公平的结果。《民法典》明确规定受不利影响的当事人需在合理期限内先与对方协商，协商不成的才能请求变更或者解除合同。当事人重新协商达成协议的，按照协商达成的协议确定双方当事人的权利义务关系；如协商达不成协议的，可以变更或解除合同并免除当事人责任。即情势变更原则发生两次效力，合同履行困难，双方可以协商变更，变更方式包括增减给付、延期或分期给付、变更给付标的或者拒绝先为给付等，双方仍维持原法律关系，只是变更了某些内容；但如双方确实无法履行，则表现为原法律关系终止、解除、免除或者拒绝履行。

（五）债权人的撤销权

案例：被告因资金周转困难向原告借款20万元。后在未偿还欠款的情况下，签订赠与协议，将自己的房产赠与第三人。原告是否可以请求撤销被告与第三人签订的房屋赠与协议？

法律分析：

《民法典》第538条涉及因债务人放弃其债权、放弃债权担保、无偿转让财产等方式无偿处分财产权益，或者恶意延长其到期债权的履行期限，影响债权人的债权实现的，债权人可以请求人民法院撤销债务人的行为。本案中被告在拖欠原告借款不还的情况下，将其名下房屋无偿赠与第三人，且没有证据证明被告还另有其他财产可以对债务承担清偿责任，因此该赠与行为损害了原告债权的实现，符合债权人撤销权的行使要件，故对原告撤销房屋赠与协议的请求法院给予了支持。

关联条文：《民法典》第538条。

法治贴士：

债权人撤销权，是指在债务人放弃债权、放弃债权担保、无偿转让财产等无偿处分财产的行为，或者实施低价处分财产的行为影响债权人债权实现时，债权人有权依法请求法院撤销债务人实施的行为。在债务人不当处分财产的情形下，只有有害于债权人债权的实现时，债权人才能行使撤销权。也就是说，只有债务人不当处分财产，不当减少其责任财产，从而无法满足向债权人履行债务的要求，影响债权人债权的实现时，债权人才能依法撤销债务人的行为。[1]债务人的行为可以分为无偿行为和有偿行为，我国《民法典》第538条和第539条分别对其作出了规定。债权人撤销权作为债权的一项权能，它是由法律规定所产生的，但其性质上并非独立的民事权利，而只是债权的一项权能。[2]

作为债权保全制度，债权人撤销权是保障债务的履行、保护债权人利益的重要措施，防止债务人实施各种不正当的行为逃避债务。我国《民法典》在《合同法》（已废止）及相关司法解释的基础上，完善并强化了债的保全制度，对于充分保护债权人的利益具有重要意义。当债务人实施减少其财产或者放弃其到期债权而损害债权人债权的民事行为时，债权人可以依法行使这一权利，请求法院对该民事行为予以撤销，使已经处分了的财产恢复原状，以保护债权人债权实现。

三、常见合同纠纷

（一）买卖合同

案例：原告与被告通过中介签订《房屋买卖暨中介合同书》，被告向其缴纳2万元定金，由中介公司代为保管，在办理过户手续过程中，房价下跌，被告违约，拒绝履行该合同，原告起诉要求给付定金，并要求被告承担违约责任。

法律分析：

买卖是市场交易的典型形式，原告和被告在中介的指导下签订房屋买卖暨中介合同书，确定双方的权利义务，明确房屋价款及支付时间和方式，被告应当按照约定履行自己的义务。在遇到房价下降，如果被告不愿意继续履行合同，应当和原告、中介公司进行协商，看是否可以变更合同。如果不能变更合同，就需要被告明确表明解除合同，协商解除条款。像被告这样既不主动履行合同又不积极商量变更和解除合同的办法，而是选择逃避，对原告、中介的电话及信息置之不理，明显违反交易的诚信原则。原告可以向法院提出诉讼，要求定金的支付，并可以主张因为自己为了履行合同而提前解压还贷的损失，并要求被告支付违约金。中介则可以诉讼要求被告按照合同约定，在拒绝履行合同时，支付中介公司违约金。

关联条文：《民法典》第595条。

法治贴士：

买卖合同是典型的双务、有偿、诺成合同，是出卖人转移标的物的所有权于买受人，买受人支付价款的合同。依约定应交付标的物并转移标的物所有权的一方称为出卖人，应支付价款的一方称为买受人。买卖合同的出卖人负有交付标的物并转移其所有权于买受人的义务，买受人负有向出卖人支付价款的义务，两项义务互为对价，同属买卖合同当事人所负担的主合同义务。

买卖合同的内容应由当事人约定，包括的主要内容是：①标的，是买卖合同双方当事人权利义务的指向对象，是买卖合同的主要条款。②数量，标的物的数量是确定买卖合同标的物的具体条件之一，是买卖合同成立的主要条款。③质量，是确定买卖合同标的物的具体条件，是这一标的物区别于另一标的物的具体特征。④价款，是当事人取得标的物所有权所应

---

[1] 参见匡爱民、李小华：《合同法学》，中央民族大学出版社2012年版，第220页。
[2] 参见王利明：《合同法研究》第二卷，中国人民大学出版社2015年版，第121页。

支付的对价，通常指标的物本身的价款。⑤履行期限、地点和方式，都直接涉及当事人的期限利益、案件管辖、履行方法等，意义重大。⑥包装方式，对标的物起到保护和装潢的作用。⑦检验标准和方法，应当明确规定。⑧结算方式，是指出卖人向买受人交付标的物之后，买受人向出卖人支付标的物价款、运杂费和其他费用的方式。⑨合同使用的文字及其效力。⑩违约责任，是督促当事人履行债务，使非违约方免受或者少受损失的法律措施，对当事人的利益关系重大。在买卖合同中，合同约定的内容越详细，越能明确双方的权利义务，从而避免纠纷的发生；即便发生纠纷，也能从合同中明确双方的责任，避免举证不利的后果。

（二）借款合同

案例： 张某和李某系朋友关系，因为生意周转需要，李某向张某借款 30 万元，出具借条一张："借条今借到张某人民币叁拾万元整（￥300 000 元），3 个月后归还。李某 2019 年 8 月 15 日。" 2021 年 3 月，张某向法院起诉，要求李某偿还叁拾万元借款及利息。李某辩称当时双方于 8 月 10 日就借款事宜达成合意，约定 8 月 15 日取款，因李某需要出差，就提前写好借条让其妻在 8 月 15 日给张某。张某拿到借条后说转账给李某但实际并未转账。李某提供了 8 月 12 日至 8 月 20 日在外地出差的证据。张某称当时把借款现金支付给李某的妻子，未提供转账凭证或其他支付方式的证据。法院最后判决驳回张某的起诉。

法律分析：

本案中，原告张某仅有一张借条，在被告李某提出借贷行为尚未实际发生的抗辩时，没有转账凭证等其他能够证明借贷行为实际发生的证据，法院在综合双方提供的证据和诉辩主张后，认为出借人所主张的借款资金交付过程不符合日常经验法则和高度盖然性标准，存在明显不合理性，无法就借款的实际交付形成心证，应当认定借款未实际交付。所以法院对原告主张的事实不予认定，按照证据不足判决驳回起诉并无不当。

关联条文： 最高人民法院《关于审理民间借贷案件适用法律若干问题的规定》第 2 条第 1 款、第 15 条。

法治贴士：

不可否认的是，借条是民间借贷纠纷中最有力的证据，但不应简单地将借条作为完全排斥其他证据证明效力的唯一债权凭证。如果双方当事人之间存在借款的合意，但没有履行行为，即一方当事人没将资金实际交付给另一方当事人，则不能证明当事人之间借贷合同已经生效。所以在民间借贷过程中，除了要出具借条之外，还应注意保留借款实际交付的相关凭证，尽量不要使用现金方式交付，避免在发生纠纷时因证据不足导致主张不能得到支持。

（三）保证合同

案例： 原告向被告贷款 2000 万元，某公司自愿承担担保责任，担保合同中未约定担保期间。原告在借款到期后一年向法院对被告和担保人提出了诉讼，担保人是否还承担担保责任？

法律分析：

保证期间，是确定保证人承担保证责任的期间。即保证人只在保证期间内对其担保的主债务负保证责任，而于保证期间届满后，保证人不再承担保证责任。保证期间是一种除斥期间，不会发生中止、中断和延长的法律后果。债权人未能在保证期间内向保证人主张权利，应承担对其不利的法律后果。本案中，保证期间并不会因借款延期而发生中止、中断和延长，在保证期间到期后，担保人的保证责任也随即免除，债权人无权要求担保人承担保证责任。

关于保证期间，以前法律规定约定不明确的，保证期间为主债务履行期届满之日起 2 年，现在《民法典》第 692 条变更为未约定或约定不明确的，保证期间为主债务履行期届满之日起 6 个月。需要注意的是，因保证期间不发生中止、中断和延长的效果，债权人为保障自己权益，最好一开始就对保证期间进行明确约定。本案中，双方没有约定保证期间，没有约定就应当视同保证人是一般保证，保证期间就是半年，且没有中止、中断、延长，原告在债务到期后一年内诉讼，显然超过保证期间，保证人不再承担保证责任。

关联条文：《民法典》第 692 条。

法治贴士：

保证期间是保证人承担保证责任的期间。保证期间经过，债权人未为特定行为的，保证债务消灭，保证人无须承担保证责任。债权人须在保证期间内主张权利：一般保证中，债权人须在保证期间内"对债务人提起诉讼或者申请仲裁"；连带责任保证中，债权人须在保证期间内"对保证人主张承担保证责任"。如果债权人未在保证期间内主张权利，则发生"保证人不再承担保证责任"的法律后果。由此可见，保证期间经过的事实，加上债权人的特定行为（不作为），才能发生保证人不承担保证责任的法律后果。保证期间是当事人约定或者法律规定的一种期间，债权人在该期间内不以法定方式行使权利即导致保证合同消灭。

保证期间是不变期间，不发生中止、中断、延长的情形。约定的保证期间，按照合同自由原则，双方当事人对于保证期间有约定的，按照约定的期间确定。约定的保证期间早于主债务履行期限或者与主债务履行期限同时届满的，视为没有约定。一般保证的保证人与债权人未约定保证期间或者约定不明确的，保证期间为主债务履行期限届满之日起 6 个月。连带责任保证的保证人与债权人未约定保证期间或者约定不明确的，债权人有权自主债务履行期限届满之日起 6 个月内要求保证人承担保证责任。

（四）房屋租赁合同

案例：出租方被告与承租方原告签订《房屋租赁合同》，约定将被告公司所有的办公用房出租给原告公司使用，租赁期限 10 年。除本合同约定的解除合同的情形外，双方均不得无故单方解除本合同，如一方需提前解除本合同，应提前 6 个月书面通知对方方可解除，并应向对方支付当期月租金作为违约金。后被告公司以自身经营需要及享有约定解除权为由作出《解除〈房屋租赁合同〉通知》。原告公司诉至人民法院，请求确认《解除〈房屋租赁合同〉通知》无效，继续履行合同。被告公司反诉，请求将涉诉租赁房屋及场地腾空并支付租金、占有使用费。法院认为，被告公司以其自身经营需要为由要求收回涉诉租赁房屋及场地不符合《房屋租赁合同》中关于其享有单方解除权的情形，依法判决原被告继续履行签订的《房屋租赁合同》。[1]

---

〔1〕 改编自北京市第一中级人民法院（2019）京 01 民终 4442 号案件。

法律分析：

当事人对合同条款理解有争议的，应当按照所使用的词句，结合相关条款、双方签订合同行为的性质和目的、习惯以及诚信原则，确定双方真实意思表示的含义。本案中，被告公司以《房屋租赁合同》中有"提前6个月书面通知对方"的约定字样，即认为己方享有约定解除权。从该条款的用语看，"除本合同约定的解除合同的情形外，双方均不得无故单方解除本合同"和"如一方需提前解除本合同"之间语序上紧密相连，中间使用逗号连接，不应将部分内容割裂而断章取义。

将该条款约定的全部内容作通常及前后关联解读，可以得出：该条一方需提前解除合同的前提仅指满足符合合同约定的解除合同的情形。本案中，虽然被告公司提出单方解除合同，但是原告公司不予认可，双方对此并未达成合意。故可印证合同提前解除合同的情形仅指满足合同约定的解除合同的情形，而非赋予双方合同的任意解除权。毕竟，当事人订立合同必有其目的，缔约时的行为性质与目的才是最初的真意所在。本案合同已经约定固定租赁期限为10年，涉案《房屋租赁合同》的缔约双方均系营利法人，承租人原告公司对涉诉租赁房屋进行了装修，并在取得被告公司同意的情况下，对部分房屋进行转租。可见，原告公司对于使用涉诉租赁房屋的年限是有明确预期的，符合典型交易目的，如果将争议的解除条款理解为任意解除权，则合同履行期限无法最终确定，不符合双方最初订立合同的预期及目的。

另外，双方对于违约责任的约定，意在督促双方遵照合同履行义务，而非承担违约责任后即可解除合同，更无意排除守约方依据合同要求继续履行的权利。因此，被告公司的解释并不符合双方约定违约责任之本意。

关联条文：《民法典》第703条、第466条。

法治贴士：

合同解释，是指依据一定的事实，遵循有关的原则，对合同的内容和含义所作出的说明。合同是当事人通过合意对于其未来事务的安排，然而，由于当事人在订立合同时，即使具有丰富的交易经验和渊博的法律知识，也不可能对未来发生的各种情况事先都作出充分的预见，并在合同中将未来的各种事务安排得十分周全，所以合同中的某些条款不明确、具体，甚至出现某些漏洞，是在所难免的。当事人通过合同对其未来的事务作出安排时，需要通过一定的言语表达其内容，但由于各方面的原因，缔约当事人对合同的某个条款和用语可能会产生不同的理解和认识，也难免会发生争议，这就需要对合同进行解释。

合同的解释旨在确定合同是否成立，或补充和完善合同的内容。一般来说，合同的解释不涉及合同形式的确定问题，因为无论是作为合同约定的缔约方式，还是作为法律对当事人特殊的形式要件的要求，都是显而易见的，当事人是否完成了这些形式要件的要求也是非常明显的，无须作出解释。合同解释的直接目的在于正确地确定当事人的权利义务，从而合理地解决合同纠纷。

在履行合同过程中，应当诚实守信，不能违反交易习惯，作出断章取义的解释，使双方陷入诉讼漩涡，影响到自己的商业口碑，耽误自己和他人的经营，给双方造成损失。在适用《民法典》合同解释规则处理与认定争议问题时，不仅要对合同行为的性质加以正确识别，还应对该合同条款从逻辑上进行解释，从制订合同各方的需求出发，以合理目的进行解释，根据该合同的相关条款、性质、目的以及诚信原则等予以解释，以进一步确认双方真实意思表示，还原双方原始状态，督促双方按约定履行自己的合同义务。

合同解释的根本目的在于使不明确、不具体的合同内容归于明确、具体，使当事人之间的纠纷得以合理解决。如果合同文本是采用两种以上文字订立，并约定具有同等效力的，对各文本使用的词句推定具有相同含义。如果各文本使用的词句不一致的，应当根据合同解释的原则进行解释。合同解释规则分为6种，分述如下：①文义解释规则，是指当事人对合同条款的理解有争议的，应当按照合同使用的词句确定该条款的真实意思。②整体解释规则，也叫做体系解释规则，是指将合同的所有条款和构成部分视为一个统一的整体，从合同的各条款之间以及各构成部分之间的相互联系和总体联系上，阐明争议条款的含义。③习惯解释规则，是指在合同条款的含义不明或发生争议时，可以参照交易习惯或者惯例予以明确。④诚信解释规则，是指在合同用语有疑义时，应依诚实信用原则确定其正确意思，合同内容有漏洞时，应依诚实信用原则予以补充。当事人对合同条款的理解有争议的，应当按照诚实信用原则确定该条款的真实意思。⑤目的解释规则，是指解释合同应当首先判断当事人的目的。当事人对合同条款的理解有争议的，应当按照订立合同的目的确定该条款的真实意思。⑥不利解释规则，是指对于合同的内容发生争议时，应当对起草者作不利解释。这个解释规则主要是针对格式条款的解释，同时对其他非格式条款的解释也有作用。

（五）运输合同

案例： 小王误乘不是自己购买的车次的高铁，坐在座位上不给本次高铁的乘客让座，造成纠纷，乘务员应当怎样处理？

法律分析：

针对近年来客运合同领域出现的旅客霸座、不配合承运人采取安全措施等严重干扰运输秩序和危害运输安全的问题，《民法典》细化客运合同当事人的权利义务，有理有据，向霸座者说不。本案中，小王因自己的原因不能按照客票记载的时间乘车，应当在约定的期限内办理退票或者变更手续；而不能因为自己坐错车，占据了别人的座位，扰乱正常的营运秩序，如果小王拒不服从乘务人员的安排的，承运人可以拒绝运输，约束乘客小王的不当行为，以维护运输安全和良好的运输秩序。

关联条文： 《民法典》第815条。

法治贴士：

旅客运输合同，是指承运人与旅客关于承运人将旅客及其行李安全运输到目的地，旅客为此支付运费的运输合同。客运合同以承运人向旅客出具客票时起成立，旅客提出购票的请求为要约。在特殊情况下，承运人交付客票并不是合同成立，例如旅客先上交通工具而后补票的，承运人准许其乘用交通工具时，是承诺之时，只不过乘用交通工具时尚未有书面合同而已，这属于另有约定。在当前实行的电子客票形式中，交付客票的形式基本不存在，通常是网上购票，网上申请购票，得到确认，即为合同成立。这属于另有交易习惯，这是规定当事人另有约定或者另有交易习惯的除外条款的原因。

法律规定承运人应当严格履行安全运输义务，及时告知旅客安全运输应当注意的事项。旅客对承运人为安全运输所作的合理安排应当积极协助和配合，明确旅客对号入座，按站点上下车，乘车服从配合的义务以及协助承运人安全运输的义务，承运人应当按照有效客票记载的时间、班次和座位号运输旅客。承运人迟延运输或者有其他不能正常运输情形的，应当及时告知和提醒旅客,采取必要的安置措施,并根据旅客的要求安排改乘其他班次或者退票;由此造成旅客损失的,承运人应当承担赔偿责任,但是不可归责于承运人的除外。

第四节 人 格 权

人格权是民事主体对其特定的人格利益享有的权利,关系到每个人的人格尊严,是民事主体最基本、最重要的权利,在民事权利体系中居于首位。人格权直接与权利主体的存在和发展相联系,对人格权的侵害就是对权利者自身的侵害。人格权与权利能力一样,始于出生、终于死亡,具有专属权和绝对性。随着社会的发展和技术的创新,人格权益的类型越来越多,除生命权、身体权、健康权、姓名权、名称权、肖像权、名誉权、荣誉权等具体人格权之外,还出现了隐私权、个人信息等新型人格权益。人格权保护涉及的法律关系也越来越复杂,对人格权的保护往往需要平衡不同利益主体的利益诉求,学习人格权法律制度,可以统一我们的认识,准确适用法律,更好地保护我们的人格利益。本节人格权的规定并不包含《宪法》所规定的公民的所有基本权利,主要是公民所享有的关于人格的民事权利,是从民事法律规范的角度规定自然人和其他民事主体人格权的内容、边界和保护方式,不涉及公民政治、社会等方面的基本权利。通过本节解读,促使大家在人格权被侵害时,能及时提出各种请求权,维护我们自己的合法权益。

一、人格权一般规定

(一)人格权定义

案例: 彭某登录某网搜索"同性恋治疗",从搜索结果的第一项了解了某心理咨询中心的网站链接和电话,内容显示"专业治疗同性恋"等字样。后彭某到该心理咨询中心咨询治疗事宜,并接受了电击治疗。彭某认为:该心理咨询中心称可对同性恋进行矫正是对同性恋性取向的侮辱,侵犯了其人格权。法院经审理作出判决:认为该心理咨询中心在彭某咨询时,未明确告知彭某电击可能带来的刺激和伤害,也未签订知情告知书,侵害了彭某对所接受服务的知情权。但认为心理咨询中心在其网站宣传"专业治疗同性恋"的行为固然存在不当之处,但相关宣传并非针对彭某本人,并未对彭某作为具体个体的人格尊严造成损害。[1]

法律分析:

本案中,关于某心理咨询中心将同性恋作为需要被治疗的疾病并推出相关矫正治疗方案的做法是否构成侵害彭某人格权问题,法院以并非针对彭某本人以及未造成损害人格尊严后果为由未支持彭某的诉讼请求。我们可以看出法院在此方面相对保守。某心理咨询中心以专业身份在网络上公开将同性恋病态化、污名化,虽然其行为本身不是针对彭某一人,但是其行为是对同性恋群体的歧视和侮辱。《民法典》生效后法院可以参照反歧视案件对类似本案的案件进行裁决。本案中,某心理咨询中心不但在宣传中将同性恋作为一种病态化进行宣传,并且在治疗时未让彭某签订电疗同意书就给其进行电疗,造成了彭某的人身损伤,损害了彭某的权利,依法应当承担赔偿责任。

---

[1] 改编自北京市海淀区人民法院(2014)海民初字第16680号案件。

关联条文:《民法典》第 990 条。

法治贴士:

人格权是以权利者的人格的利益为客体的民事权利。对人格的利益的认定,随着时代的发展逐步深入,人格利益的范围也日益扩大,人格权的内容也日益丰富。人格权是与生俱来的,而法律对民事主体享有人格权予以确认,并对其予以保护,有助于通过法律手段加强对人格权的保障。

民事主体所享有的人格权的具体法定类型主要包括:①生命权,指自然人享有的以生命安全和生命尊严为内容的权利;②身体权,指自然人享有的以身体完整和行动自由为内容的权利;③健康权,指自然人享有的以身心健康为内容的权利;④姓名权,指自然人享有的依法决定、使用、变更或者许可他人使用自己姓名的权利;⑤名称权,指法人和非法人组织享有的依法使用、变更、转让或者许可他人使用自己名称的权利;⑥肖像权,指自然人享有的依法制作、使用、公开或者许可他人使用自己肖像的权利;⑦名誉权,指自然人、法人和非法人组织就其品德、声望、才能、信用等所获得的社会评价,所享有的保有和维护的权利;⑧荣誉权,指自然人、法人和非法人组织对其获得的荣誉及其利益所享有的保持、自主决定的权利;⑨隐私权、个人信息保护,指自然人享有的私人生活安宁与不愿为他人知晓的私密空间、私密活动、私密信息等依法受到保护,不受他人刺探、侵扰、泄露和公开的权利。

(二)民事主体的人格权不受侵害

案例:原告妻子结婚前曾和被告发生两性关系并怀孕。原告妻子未将此事告知原告,婚后生育一子,后经鉴定,该子与原告不存在亲子关系,与被告存在亲子关系。原告向法院起诉,认为被告侵害了其人格权,要求被告承担赔偿责任。法院认为:夫妻相互忠实的义务以婚姻缔结为前提,被告于婚前与原告妻子发生性行为本身并无过错,故被告不应承担侵权责任。

法律分析:

人格权依法保护原则,是指任何组织或者个人都不得侵害人格权。本案中,原告知悉自己在不知情的情况下抚养了与自己不存在生物学亲子关系的孩子,的确对原告造成了精神痛苦。但于被告而言,其与原告妻子发生关系是在原告夫妻结婚之前,对原告精神痛苦的造成并无过错,不宜认定其构成人格权侵权。原告误认孩子为其亲生孩子而抚养,并在知悉非己亲生时受到一定的精神痛苦。但被告在主观上没有侵害原告一般人格权的过错,其行为也未违反法定义务,因原告夫妻尚未离婚,故孩子的抚养费、生育费等费本应由原告夫妻二人共同承担,被告不应承担侵权责任。若本案发生在《民法典》生效之后,原告可依据《民法典》提起亲子关系异议之诉及身份权益侵权之诉。

关联条文:《民法典》第 991 条。

法治贴士:

人格权是民事主体专属享有,以人格利益为客体,为维护民事主体的独立人格所必备的固有民事权利。一般人格权的核心内容是人格尊严,具体内容是基于人格尊严而产生的其他人格利益。也就是说,法律所保护的人格权,不以已经列明的生命权等权利类型为限,如果现实中出现了其他人格权编没有明确规定的,但确实侵害了人身自由或者人格尊严的现象,受害人可以向加害者主张其侵害了人格权益。

人格权有如下特殊保护方法：一是人格权请求权制度。民事主体在其人格权受到侵害、妨害或者有妨害之虞时，有权向加害人或者人民法院请求加害人停止侵害、排除妨害、消除危险、恢复名誉、赔礼道歉，以恢复人格权的圆满状态。从《民法典》第 995 条规定来看，在人格权遭受侵害的情形下，权利人既可以主张人格权请求权，也可以主张侵权请求权，这就明确了人格权请求权与侵权请求权的适用关系；此外，该条第 2 款还特别明确了人格权请求权不适用诉讼时效，这就更加有利于权利人主张人格权请求权，更有利于人格权的保护。二是规定了侵害人格权的禁令制度。当侵害他人权益的行为已经发生或即将发生，如果不及时制止，将导致损害后果迅速扩大或难以弥补，在此情形下，受害人有权依法请求法院颁发禁止令，责令行为人停止相关侵权行为。三是我国《民法典》人格权编多个条款规定了删除、更正等措施，并在特定情形下赋予受害人享有更正权、删除权等权利，这些方式也都是保护人格权的独特方式。因为受害人在行使该项权利时，并不需要证明行为人具有过错，甚至不需要证明行为构成侵权，从而可以及时制止不法行为的发生，维护其人格权益。四是细化了赔礼道歉的适用规则。行为人因侵害人格权承担消除影响、恢复名誉、赔礼道歉等民事责任的，应当与行为的具体方式和造成的影响范围相当。行为人拒不承担前款规定的民事责任的，人民法院可以采取在报刊、网络等媒体上发布公告或者公布生效裁判文书等方式执行，产生的费用由行为人负担。

人格权受法律保护，任何组织或者个人不得非法侵害、限制、剥夺他人的人格权，也不得干涉他人合法行使人格权，否则就要依法承担民事责任。民事主体按照自己的意愿依法保护和行使人格权，不受干涉，但这并不意味着民事主体的人格权可以毫无限制，是绝对自由的。人格权不得随意为之，人格权的行使法律有明确规定，而且行使人格权还需要基于其他价值而在合理范围内予以行使。

（三）精神损害赔偿请求权

案例： 原告夫妻因生育障碍到医院就医，并与医院就采取 ICSI 技术进行人工辅助生育治疗达成合意。医院医务人员在观察精子后，认为适宜按照 IVF 技术进行治疗，遂按照 IVF 技术操作，但最终治疗未获成功。原告夫妻认为医院擅自改变治疗技术方案，采取了 IVF 技术并导致治疗失败，遂诉至法院，请求赔偿相关损失、精神抚慰金并公开赔礼道歉。

法律分析：

在《民法典》生效后，只要双方当事人存在合同关系，一方当事人违反合同构成违约行为，以及违约行为在侵害了债权人之债权的同时还侵害了债权人的人格权造成严重精神损害，法院可依据《民法典》第 996 条进行精神损害赔偿的判决。本案中因原告夫妻与医院之间存在合同，医院一方擅自变更医疗方案，未通知原告的行为构成违约。原告夫妻因手术失败受到了严重的精神损害，在提出违约之诉中，可以提出精神损害赔偿的请求，对该诉讼请求法院应予一定程度的支持。

关联条文：《民法典》第 996 条。

法治贴士：

精神损害，是指自然人因遭受外界刺激而产生的精神痛苦和不良情绪，精神损害赔偿则是针对自然人因人格权益遭受侵害而产生的精神损害所提供的补救。违约行为造成他人人格利益受损，精神受到损害。一方当事人以对方违反合同义务构成违约，且违约行为还侵害了自己人格权益，造成精神损害的，受损害一方可以请求对方承担违约责任的同时，不影响其一并请求精神损害赔偿。换言之，违约行为同时造成严重精神损害的，债权人可以请求法院确认违约方承担违约责任和侵权的精神损害赔偿责任。该条款是违约责任领域的特别规定，具有优先适用的效力。

在违约与侵权责任存在竞合的情形，允许受害方请求行为人承担违约责任时请求精神损害赔偿，有利于为受害人提供不同救济渠道的选择。但要注意以下两点：①受损害方应当证明行为人不履行合同义务或者履行合同义务不符合约定，同时也应当证明行为人的违约行为损害了自己的人格权并造成严重精神损害；②确定精神损害赔偿的数额应当考虑行为人的主观过错程度，侵害的手段、场合、行为方式等具体情节。

二、生命权、身体权和健康权

（一）亲人是否可以捐献逝者遗体

案例：死者生前没有决定捐献自己的器官，死后其亲属愿意捐献，那可以捐献吗？

法律分析：

人体捐献包括人体细胞的捐献、人体组织的捐献、人体器官的捐献、遗体的捐献等。自然人捐献自己的身体组成部分或者遗体，是行使身体权的行为，受《民法典》第130条规定的自我决定权的约束，须自主决定。自然人在生前明确表示不同意捐献的，自然人死后亲属不得作出捐献决定；如果自然人生前未表示不同意捐献，在该自然人死亡后，其配偶、成年子女、父母可以代表其作出捐献的决定。《民法典》规定完全民事行为能力人同意捐献器官的，应当采用书面形式或者遗嘱形式。

关联条文：《民法典》第1006条。

法治贴士：

自然人享有捐献或者不捐献人体细胞、人体组织、人体器官和遗体的自主决定权。人体捐赠者应当具有完全民事行为能力，必须对捐赠行为具有充分的判断和辨认能力，未成年人以及不能辨认或者完全辨认自己行为的成年人等限制民事行为能力人和无民事行为能力人，不能作出人体捐献的有效同意。人体捐献与自然人的人格尊严密切相关，获得人体捐赠者的同意是人体捐赠最为重要的前提。捐献意愿真实的前提是应当对捐献人履行告知说明程序，以使捐献者知情并能够全面客观地自主决定，从而保证捐献人的意愿是真实的。同时，人体捐献的意愿也必须是合法的，不得违反法律规定和违背公序良俗原则。

捐献自己身体组成部分的行为，是有利于他人的高尚行为，在不影响或者不严重影响自己健康的情况下，依照权利人自己的意志进行。捐献的对象是身体的组成部分，也可以是自然人死亡后的遗体，但是不得捐献能够影响生命或者给健康造成严重损害的人体组成部分。对于捐献自己身体组成部分的行为，任何组织和个人都不得实施欺诈、利诱、胁迫，不能强令自然人进行上述的人体组成部分的捐献。实施欺诈、利诱或者胁迫的方法使自然人违背其真实意志而实施捐献行为的，构成侵害身体权的侵权行为，行为人应当依照《民法典》的规定承担侵权责任。人体捐献是自然人对其身体利益所依法作出的决定。法律之所以鼓励个人作出此种决定，是因为此种无偿捐献行为有利于及时救助他人，同时可以促进医疗进步和医学发展，并最终有利于社会公共利益的实现。

（二）性骚扰

案例：在工作期间，原告采用语言挑逗、发送黄色照片以及趁对方不注意时触摸臀部等方式，对同一办公室的女员工多次进行骚扰。公司经调查确认上述行为后，多次找原告谈话、教育，但其拒不承认错误。其后，公司依据《劳动法》和公司的"员工奖惩条例"，以原告严重违反纪律和公司规章制度且不接受教育为由，作出与原告解除劳动合同关系的决定。原告起诉请求撤销公司的解聘决定。法院认为：原告严重违反了基本的行为道德准则，违反了国家保护妇女权益的相关法律、法规，违反了公司的劳动纪律等规章制度，对公司形象也造成不良影响，且拒不承认错误。公司作出与原告解除劳动合同关系的决定，有事实依据、法律依据和单位规章制度依据，依法应予以支持。

法律分析：

性骚扰是针对他人以身体、语言、动作、文字或图像等方式实施的、以性为取向的、违背他人意愿的骚扰行为。性骚扰行为会影响受骚扰者的学习、工作和生活，侵害人格尊严，损害其形象，严重的性骚扰甚至造成被骚扰者的恐惧和盲目依赖，还可能涉及社会中的性别歧视，引起社会的较大关注。单位除应当负有采取合理措施防止和制止利用职权、从属关系等实施性骚扰的义务，也负有采取合理措施防止和制止其他性骚扰的义务。本案的典型意义在于，即使用人单位未事先明确将职场性骚扰行为视为违纪，但员工职场性骚扰情节严重的，用人单位依然有权直接将性骚扰下属的行为纳入《劳动法》劳动者严重违反劳动纪律或者用人单位规章制度的行为之中，从而据此解除与行为人的劳动合同。本案裁判对于惩治职场性骚扰行为有积极效应。

关联条文：《民法典》第 1010 条。

法治贴士：

性骚扰行为涉及身体权，可能侵害受害人身体私密部位，也可能影响受害人心理健康甚至身体健康。性自主权不是身体权的组成部分，而是独立的具体人格权。性骚扰行为是指行为人违背权利人的意志，与权利人强制进行性交，侵害权利人性自主权的行为。任何人对他人实施侵害性自主权的性骚扰行为，都应当承担民事责任。

我国规定了机关、企业、学校等单位的职场责任，即在工作场所采取合理的预防、受理投诉、调查处置等措施，防止和制止对职场工作人员进行性骚扰。只要单位没有尽到上述义务，发生了性骚扰行为，侵害了职工的性自主权，便可以依照《民法典》关于违反安全保障义务的责任或者关于用人单位的责任的规定，追究单位的民事责任。职场性骚扰行为的发生，既损害了受害人的人身权益，也损害了其劳动权。这正是用人单位应为避免职场性骚扰的发生采取相关措施的正当性所在，也是《民法典》第 1010 条的理论基础。

（三）暂时丧失心智责任承担

案例：被告酒后闹事，无故殴打原告，造成原告多处受伤。法院认为：公民的身体权和健康权受法律保护，行为人因过错侵害他人身体权和健康权的，应当承担侵权责任。被告酒后无故殴打原告，原告不存在过错，被告作为过错方应当对原告因此遭受的合理损失承担全部赔偿责任。[1]

---

〔1〕 改编自安徽省淮北市中级人民法院（2017）皖 06 民终 738 号案件。

法律分析：

完全民事行为能力人因醉酒、滥用麻醉药品或者精神药品对自己的行为暂时没有意识或者失去控制造成他人损害的，应当承担侵权责任。这种侵权责任适用于完全民事行为能力人因过错引起暂时心智丧失，或因醉酒或者滥用麻醉、精神药品暂时丧失心智，造成他人损害的情形。本案被告因醉酒对自己的行为暂时没有意识或者失去控制，无故殴打原告，造成其人身损害。由此可见，被告具有过错，因为其心智暂时丧失是基于自己的过失即醉酒而发生，故应当由其作为侵权人承担全部赔偿责任。侵害他人造成人身损害的，应当赔偿医疗费、护理费、住院伙食补助费等为治疗和康复支出的合理费用，以及因误工减少的收入。

关联条文：《民法典》第 1190 条第 1 款。

法治贴士：

暂时丧失心智是指完全民事行为能力人因自己的身体原因或者其他原因而暂时没有意识或者失去控制。完全民事行为能力人在暂时丧失心智的情况下造成他人损害，侵权责任承担的规则是：暂时丧失心智之人暂时没有意识或者对其行为失去控制状态的出现，如果是该人的过错所致，则属于过错原则调整的范围，有过错则有责任，行为人应当承担侵权责任；如果暂时丧失心智之人对于其暂时没有意识或者对其行为失去控制状态的出现没有过错，行为人本不应承担责任，但符合规定的可以适用公平分担损失规则，承担相应的民事责任。

三、姓名权、名称权和肖像权

（一）笔名、艺名的保护

案例：张某系泥人张彩塑艺术创始人张某山的第六代子孙。陈某十多岁开始师从天津泥人张彩塑工作室高级工艺美术师逯某、杨某学习泥彩塑，系二人亲传弟子。陈某在参加社会活动时使用了"泥人张"第六代传人的称谓。天津市泥人张世家绘塑老作坊、张某认为其行为系擅自使用他人企业名称并虚假宣传的行为，便诉至法院。法院认为：就一门民间艺术而言，传人应被理解为得到技艺和艺术气质真传的人。"泥人张"彩塑艺术的形成有其特定的历史渊源，艺术传承方式已不单纯依赖于张氏家族成员间的传承，天津泥人张彩塑工作室亦是该彩塑艺术的传承单位。天津泥人张彩塑工作室培养起来、掌握"泥人张"彩塑技艺、作品具有其风格，并具有较高艺术成就的人可以作为"泥人张"彩塑艺术的传人弘扬该艺术，逯某、杨某就是其中的代表，陈某作为其亲传弟子使用"泥人张第六代传人"称谓不存在侵犯其权利的行为。[1]

法律分析：

"泥人张"是彩塑创始人张某山的艺名，后"泥人张"经过长期创作积累和宣传成为知名彩塑艺术品的特有名称。本案判决详细地列举了各主体对"泥人张"称谓使用的权利基础，若本案发生于《民法典》生效后，对于当年张某山对"泥人张"的使用可以适用《民法典》第 1017 条有关艺名的规定，对泥人张世家绘塑老作坊等可以适用该条款有关字号的规定。本案的贡献在于其在"传人"称谓的使用合理上作出了指引，当事人在介绍作者身份时使用民间艺术领域"某某传人"称谓，是对作者所从事的艺术流派、传承及在相关领

---

[1] 改编自天津市高级人民法院（2012）津高民三终字第 0016 号案件。

域得到认可的一种描述。如果该称谓具有相应的事实基础，且不足以引人误解，则不构成虚假宣传。反之，如果当事人对"传人"称谓的使用，是出于攀附"传承人"身份所承载的声誉，主观目的不纯，则其行为构成不正当竞争，应承担相应的侵权责任。

关联条文：《民法典》第 1017 条。

法治贴士：

笔名是作者在发表作品时使用的具有作者人格特征的署名，艺名是艺术家在艺术领域使用表明自己人格特征的署名，网名是自然人及其他主体在互联网等网络上使用的署名、昵称，字号是法人、非法人组织的名号，姓名的简称通常指称谓姓或者称谓名，或者其他简称例如字、号。上述这些对自然人、法人或者非法人组织的称谓，只有在具备法定条件时，才适用姓名权和名称权的保护方法进行保护。即要具有一定知名度，被他人使用足以造成公众混淆，如不遵守对这些自然人、法人或者非法人组织称谓的保护规则，进行干涉、盗用或者冒用的，同样是对姓名权、名称权的侵害行为，行为人应当承担民事责任。

笔名、艺名、网名等虽然可以受到法律保护，但与本名是有区别的，其并不是姓名权的客体，不能等同于本名，其区别主要表现在：一方面，从构成上看，姓名是指自然人的姓氏和名字，是自然人在社会中区别于他人的标志和代号，因此姓名在内容上应当是包含姓氏和名字，而个人的笔名、艺名、网名等虽然也能起到与姓名类似的标识个人身份的作用，但其并不包含个人的姓氏和名字，因此不属于姓名。通常，个人的姓名的命名需要遵循一定的规则，姓氏本身往往代表家族传承，而父母给子女所赋予的名字也遵循一定的规则。另一方面，姓名需要登记，而别名等称呼并不需要登记。与笔名、艺名、网名等的命名和变更相比，姓名的命名和变更也受到更为严格的限制。关于姓名的命名，依据《居民身份证法》及《国家通用语言文字法》规定的精神，居民身份证姓名登记项目应当使用规范汉字填写。而笔名、艺名、网名等的设定和变更则没有严格的限制，个人可以根据自己的意愿设定和变更此类称号。另外，两者受到法律保护的条件不同。姓名一旦登记，就应当受到法律的保护，而别名等称呼并不当然受到法律的保护，只有具有一定的知名度、能够为相关公众所知悉的别名，才具有识别个人身份的功能，也才可能受到法律保护。从实践来看，一个业余作家也会有笔名，一个爱好戏剧的票友也可能有艺名，互联网空间中普通用户大量使用网名。但上述称号如果不具备上述条件，便难以受到法律保护。

（二）肖像权保护

案例：葛某为我国知名演员，其曾在电视剧《我爱我家》中扮演纪春生（二混子），角色特点为懒惰、耍赖、骗吃骗喝。该角色在剧中将身体完全摊在沙发上的放松形象被称为"葛某躺"。"某旅行网"微博号实名认证为"某有限公司"，利用"葛某躺"形象变相广告。葛某认为其肖像权受到侵害，诉至法院。法院认为：《我爱我家》中的"葛某躺"造型确已形成特有网络称谓，并具有一定的文化内涵，但一般社会公众看到该造型时除了联想到剧目和角色，也不可避免地联想到葛某本人，该表现形象亦构成葛某的肖像内容，并非如某有限公司所称完全无肖像性质。即便该造型已成为网络热点，商家亦不应对相关图片进行明显的商业性使用，否则仍构成对葛某之肖像权的侵犯。[1]

---

[1]　改编自北京市海淀区人民法院（2016）京 0108 民初 39764 号案件。

法律分析：

只要未经本人同意，制作、使用和公开他人的肖像都是侵权行为。在肖像权保护中有一种特殊的义务主体，就是肖像作品的权利人。肖像的作者虽然享有肖像作品的著作权，但是受到肖像权的约束，只要未经权利人同意，肖像作品的权利人也不得以发表、复制、发行、出租、展览等方式使用或者公开肖像权人的肖像。本案中，法官认为在某一造型确已形成特有名称并具有一定的文化内涵时，一般社会公众看到该造型时除了联想到剧目和角色，也不可避免地联想到演员本人，这种情况下该表现形象亦构成该演员的肖像内容。"某有限公司"未经葛某同意将其肖像使用于广告宣传，属于故意侵害他人肖像权的行为。法官综合考虑公众人物社会关注度、使用肖像目的、使用肖像产生后果、侵权人的态度等多种因素裁判了侵害肖像权的赔偿数额。

关联条文：《民法典》第 1019 条。

法治贴士：

肖像是指通过摄影、雕塑、录像、电影等方式在一定载体上所反映的特定自然人可被识别的外部形象。通过可被识别性的标准界定肖像内涵的意义主要在于：一方面，从"以面部为中心"到"可被识别性"的转化，旨在扩大肖像的保护范围。这一转化实际上扩大了肖像权的保护范围，将面部以外的具有可识别性的其他身体特征纳入肖像权的保护范畴，符合肖像权制度设立的初衷。另一方面，符合现代社会造型艺术、电脑合成技术等的发展需要，符合了互联网、大数据时代的要求。此外，此种规定也与我国司法实践的经验相契合。当某一角色形象能够反映出饰演者的体貌特征并与饰演者具有可识别性的条件下，应当将该形象作为自然人的肖像予以保护。

肖像权作为人格权的一种，具有人格权的绝对性、专属性等共同特点，在此需要强调的是，肖像权的主体只能是特定的自然人，法人等团体或社会组织无法拥有肖像权。而且肖像权具备更多的财产利益，肖像中包含的艺术价值在市场交易中可以直接体现为一定的财产价值，这是由肖像权的人格利益转化而来的，不能改变肖像权的人格权属性。

肖像权的权利主体是肖像权人本人，其义务主体是其他任何自然人、法人、非法人组织。肖像权的义务主体负有的义务是不可侵义务，不得以丑化、污损或者利用信息技术手段伪造等方式侵害他人的肖像权。制作、使用和公开肖像，是肖像权人本人的权利，他人都不得实施，否则构成侵权。但为个人学习、艺术欣赏、课堂教学或者科学研究，在必要范围内使用肖像权人已经公开的肖像；为实施新闻报道，不可避免地制作、使用、公开肖像权人的肖像；为依法履行职责，国家机关在必要范围内制作、使用、公开肖像权人的肖像；为展示特定公共环境，不可避免地制作、使用、公开肖像权人的肖像；为维护公共利益或者肖像权人合法权益，制作、使用、公开肖像权人的肖像的其他行为都属于合理使用，则不需要经过肖像权人同意。

（三）肖像权的赔偿规则

案例：某公司使用来源网络的黄某的照片进行营利，未经过黄某同意，是否构成对黄某之肖像权的侵害？

法律分析：

《民法典》第 993 条规定了公开权，即民事主体可以许可他人使用姓名、名称、肖像等，但是依照法律规定或者根据其性质不得许可的除外。黄某是知名的影视演员，其肖像具有商业化的利用价值。公司使用黄某的照片进行宣传推广的行为侵害了黄某的肖像权，应当赔礼道歉、赔偿损失等。黄某可以按照自己肖像中所包含的经济利益受到的损失请求赔偿，也可以按照公司因此获得的利益来请求赔偿。这些被侵害的人格利益都是精神性人格利益，某公司未经权利人黄某同意而将权利人的姓名、名称、肖像、隐私、个人信息等人格利益予以公开，侵害了权利人的人格权，使权利人本人的人格利益包括财产利益受到损害，故行为人应当承担赔偿责任。

关联条文：《民法典》第 1182 条。

法治贴士：

侵害他人肖像权，应当承担停止侵害、消除影响、赔礼道歉、赔偿损失等民事责任。其中停止侵害、消除影响、赔礼道歉为非财产性责任方式，赔偿损失为财产性责任方式。法院根据侵权人的过错程度、侵权行为的具体情节、后果和影响确定其赔偿责任。侵害公开权造成财产利益损失的赔偿方法为：被侵权人受到实际财产损失的，侵权人按照被侵权人实际受到的损失或者侵权人因此获得的利益，承担赔偿责任，选择权在被侵权人；被侵权人因此受到的损失以及侵权人因此获得的利益难以确定的，被侵权人和侵权人可就赔偿数额进行协商，按照协商一致的方法确定赔偿责任；被侵权人和侵权人就赔偿数额协商不一致，向人民法院提起诉讼的，由人民法院根据实际情况确定赔偿数额。

四、名誉权、荣誉权和个人信息

（一）合理核实义务

案例：原告参加某杂志社组织的演出后，某杂志社自行决定给付了原告演出报酬。被告（某记者）撰写了《索价》一文，投稿发表，将其表述成"这位公众人物开价千元，少一分也不行"。原告诉至法院。法院认为：被告对无事实依据的传闻不做调查核实即撰文，报社在编稿时，预料该文发表后会给原告的名誉带来侵害，但未向有关单位调查核实，仅将文章题目中的原告姓名删掉，将"索取"改成"索价"，把文中原告改为"公众认为"，发表后给原告造成了不良影响，侵害了原告的名誉权。

法律分析：

本案中被告写成文章发表的行为，属于新闻报道范畴，报社作为新闻媒体负有合理审查义务。就记者而言，其写与事实不符的新闻内容并发表的行为，构成不实新闻报道，属于侵害名誉权。就报社而言，作为新闻媒体，在选用编辑稿件的过程中没有进行必要核实，没有发现记者的文章存在不实报道，将与事实不符或完全背离的事实作为新闻报道的对象，导致了原告的社会评价降低，属于新闻媒体未尽合理核实义务，导致受害人名誉受损，构成名誉权侵权，记者和报社都要承担相应的民事责任。

关联条文：《民法典》第 1025 条。

法治贴士：

合理核实义务，是指在从事新闻报道和舆论监督时，行为人依法应当负有必要的合理核实义务，违反此种义务，行为人应当承担法律责任。立法上之所以要确立合理核实义务，其目的在于有效协调新闻自由、舆论监督与人格权保护之间的关系。一方面，法律对人格权的保护要求相关的新闻媒体和其他行为人在从事新闻报道和舆论监督等过程中，应当尽到合理的核实义务，防止新闻报道和舆论监督的内容对他人人格权造成侵害。另一方面，实施新闻报道和舆论监督的主体所负有的核实义务必须在合理的范围内，不能强加给新闻媒体过重的核实义务，从而导致严重妨碍新闻自由和舆论监督。

正当的新闻报道和舆论监督等行为具有社会正当性，是履行媒体新闻批评职责的正当行为。如果媒体的新闻报道和舆论监督等新闻行为存在捏造、歪曲事实等故意利用新闻报道、舆论监督侵害他人名誉权的行为，则构成侵害名誉权。捏造事实是无中生有，歪曲事实是不顾真相而进行歪曲，这些都是故意行为；对他人提供的严重失实内容未尽到合理核实义务，使事实背离真相，是过失行为。对自己采制的新闻未尽必要注意义务而使新闻事实严重失实的，亦构成侵害名誉权。在新闻报道、舆论监督中，虽然没有上述两种情形，但是有使用侮辱性言辞等过度贬损他人名誉，对其人格造成损害的，也构成侵害名誉权。综上，这些因故意、过失或者偏激等行为，侵害他人名誉权行为的实施者均应当承担民事责任。

（二）侵犯隐私权行为

案例：丁某系已故著名漫画家丁甲、沈某夫妇独子。丁某发现北京古城堡图书有限公司（以下简称古城堡公司）经营的"孔夫子旧书网"上出现大量丁甲、沈某夫妇及其家人、朋友间的私人信件以及丁甲手稿的拍卖信息，涉及大量家庭内部的生活隐私，其中的 18 封书信和手稿由赵某拍卖。丁某将赵某与古城堡公司诉至法院。法院认为：名人与公共利益无关的私人信息应当受到充分保护，涉案书信中有一部分涉及丁甲及其家庭成员之间的亲密交流，属于个人隐私。赵某出售丁甲家信和手稿，完全基于营利目的，与社会公共利益无关，构成侵权。交易平台明知侵权行为而未加以审核、制止，应与侵权人承担连带责任。[1]

法律分析：

名人的隐私权可以被合理公开，但不等同于其私人生活可以被完全曝光，与公共利益无关的私人信息应当受到充分保护。丁甲是著名漫画家，是公众人物，但其被公众所知晓是由于其漫画成就，与其私人生活无关。本案被拍卖的书信手稿含有涉及丁甲及其家人隐私的内容，未经授权在交易平台公开展示他人书信及具有自我思想表达内容的手稿，构成对其隐私的侵害。赵某出售丁甲家信和手稿，完全基于营利目的，构成侵权。古城堡公司向交易双方收取成交价一定比例的佣金，并组织丁甲书信拍卖专场活动，应认定其对在平台出售的书信和手稿等涉及隐私属性的内容没有尽到相应的审核义务，故古城堡公司应对赵某的侵权行为承担连带责任。

关联条文：《民法典》第 1032 条。

法治贴士：

"隐"，本意是指隐避、隐藏，也就是指私人生活或私人信息不愿为他人所知道，不愿向社会公开。所谓"私"，本意指个人的私密、私生活。隐私是指与公共利益、群体利益无关的私人生活的安宁和当事人不愿他人知晓或他人不便知晓的私密信息，当事人不愿他人干涉或者他人不便干涉的私密活动，以及当事人不愿他人侵入或者他人不便侵入的私密空间。

---

〔1〕 改编自北京互联网法院成立一周年发布十大热点案件之九，北大法宝引证码：CLI. C. 86967361。

隐私本身源于自然人的精神活动，体现了对个人的尊重和对人格尊严的维护，因此，隐私权的主体限于自然人，通常认为，法人不是隐私权的主体。

隐私权的义务主体是权利人以外的其他所有自然人、法人和非法人组织。这些义务主体负有对自然人的隐私不可侵义务，即不得以刺探、侵扰、泄露、公开等方式侵害他人的隐私权。违反这些不可侵义务，构成对隐私权的侵害，行为人应当承担民事责任。任何组织或者个人作为隐私权的义务主体，都不得实施以电话、短信、即时通信工具、电子邮件、传单等方式侵扰他人的生活安宁；进入、拍摄、窥视他人的住宅、宾馆房间等私密空间；拍摄、窥视、窃听、公开他人的私密活动；拍摄、窥视他人身体的私密部位；处理他人的私密信息；以其他方式侵害他人的隐私权的行为。凡是侵害私密信息、私密活动、私密空间、身体私密部位、生活安宁等的行为，均构成侵害隐私权。

自己不愿意被别人知晓的私密活动，被采取隔离措施，拍摄、窥视、窃听、公开他人的私密活动；不管你获得别人的私密活动是公开获得还是偷偷获得，都不得公开。拍摄、窥视他人身体的私密部位属于核心的隐私，对掌握的照片或视频都应当销毁或者妥善保管，否则视为侵害隐私权。将掌握的别人的感情状况或者健康状况，予以公开属于侵害隐私权；打电话、发传单等干扰别人生活安宁的也属于侵害隐私权。总之，自然人享有隐私权，任何组织或者个人不得以刺探、侵扰、泄露、公开等方式侵害他人的隐私权。

（三）个人信息保护

案例：小李的手机号被某机构出售给第三方，造成骚扰电话不断，他应当怎样主张权利？

法律分析：

个人信息权，是指自然人依法对其本人的个人资料信息所享有的支配并排除他人侵害的人格权。个人信息权利是公民在现代信息社会享有的重要权利，明确对个人信息的保护对于保护公民的人格尊严，使公民免受非法侵扰，维护正常的社会秩序具有现实意义。小李手机号被某机构出售给第三方，造成骚扰电话不断，其可以向网络服务提供者要求删除有关信息或者采取其他必要措施予以制止；还可向公安部门、互联网管理部门、工商部门、消协、行业管理部门和相关机构进行投诉举报；还可依据民法典、消费者权益保护法、个人信息保护法等法律法规，通过法律手段进一步维护自己的合法权益，如要求侵权人赔礼道歉、消除影响、恢复名誉、赔偿损失等。

关联条文：《民法典》第111条、《个人信息保护法》第2条。

法治贴士：

个人信息权的权利包括：占有权、决定权、保护权、知情权、更正权、锁定权、被遗忘权。信息权的义务人应当承担的义务是：任何组织或者个人应当确保依法取得的个人信息安全，不得非法收集、使用、加工、传输他人个人信息，不得非法买卖、提供或者公开他人个人信息。负有保护自然人个人信息权的特别义务主体，是依法取得个人信息的任何组织或者个人，即依法取得个人信息的网络服务提供者、其他企业事业单位、国家机关及工作人员，以及其他任何组织或者个人。信息处理者不得泄露或者篡改其收集、存储的个人信息；未经自然人同意，不得向他人非法提供其个人信息，但是经过加工无法识别特定个人且不能复原的除外。

信息处理者应当采取技术措施和其他必要措施确保其收集、存储的个人信息安全，防止信息泄露、篡改、丢失；发生或者可能发生个人信息泄露、篡改、丢失的，应当及时采取补救措施，按照规定告知自然人并向有关主管部门报告。凡依法取得自然人个人信息的任何组织和个人，都负有确保自然人个人信息安全，防止信息泄露的义务，一旦发生或者可能发生信息泄露，都必须立即采取补救措施，防止扩大损害，如果未尽此义务，则构成不作为的侵权行为。

个人信息的处理包括个人信息的收集、存储、使用、加工、传输、提供、公开等。实践中的行为不限于此，还可能包括其他的类型，如个人信息的删除、销毁等。个人信息或个人数据保护立法就是针对现代网络信息科技发展而给个人信息或个人数据保护带来的挑战，因为在现代信息社会背景下，收集、使用、分享等处理个人信息或个人数据的能力与规模显著提高和增加，从而给自然人的人格自由与人格尊严乃至各种人身财产安全带来了巨大的风险，因此才需要专门的立法加以规制。至于那些纯粹私人活动或家庭社交活动中个人信息的收集、使用、分享等行为，并不需要通过个人信息或个人数据保护立法加以调整，完全可以交由民法的人格权法和侵权法规范即可。因此，在个人信息保护法或个人数据保护法中排除对私人或家庭社交活动中个人信息的处理。

"自然人的个人信息受法律保护"主要体现在自然人对自己的个人信息享有一系列权能，如知情同意权、查阅复制权、更正删除权等；处理他人个人信息的主体应当履行相应的义务，遵循一些基本原则和规则。网络运营者收集、使用个人信息，应当遵循合法、正当、必要的原则，公开收集、使用规则，明示收集、使用信息的目的、方式和范围，并经被收集者同意。网络运营者不得收集与其提供的服务无关的个人信息，不得违反法律、行政法规的规定和双方的约定收集、使用个人信息，并应当依照法律、行政法规的规定和用户的约定，处理其保存的个人信息。

另外，处理自然人个人信息应征得该自然人或者其监护人同意，但是法律、行政法规另有规定的除外。违反法律、行政法规的规定和双方的约定进行处理，都构成侵害个人信息权。合理实施处理自然人个人信息的行为，不构成侵害个人信息权，行为人不承担民事责任。在处理个人信息时要主动增强透明度，用通俗易懂、简洁明了的语言说明处理个人信息的目的、方式和范围，并将处理个人信息的规则予以公开。由于这些规则是由个人信息处理者单方制订的，属于格式条款，因此应当受《民法典》合同编和其他相关法律关于格式条款规定的规范。

任何组织或者个人要收集、处理自然人的个人信息，必须遵守法律确定的原则，同时告知个人信息被收集者并取得其同意。然后，履行完毕告知同意的程序后，信息控制者究竟在事实上收集了多大范围内的个人信息，实际上采取了何种方式处理这些个人信息，有无违反约定的目的和范围处理个人信息，对此，自然人一无所知。故此，法律上有必要赋予自然人查阅和复制个人信息的权利，以确保自然人对其个人信息的知情权保持应有的控制，避免因为非法收集、处理而致使其人身财产权益遭受侵害。虽然我国《民法典》将个人信息作为一种人格权益规定在人格权编，但是由于《民法典》没有明确规定个人信息权这一具体人格权，而其第995条又限于"人格权受到侵害的"情形，因而自然人是否享有上述人格权请求权，是值得怀疑的。但是，由于《民法典》第1167条规定，"侵权行为危及他人人身、财产安全的，被侵权人有权请求侵权人承担停止侵害、排除妨碍、消除危险等侵权责任"，这些侵权责任并不限于保护人格权、财产权，还是可以保护人身、财产安全的，故此，在认定侵害个人信息的侵权责任时，个人信息被侵害的自然人可以依据该条，要求侵权人承担停止侵害、排除妨碍、消除危险等侵权责任，其实际效果也与行使人格权请求权没有差别。

第五节 婚姻家庭

婚姻家庭关系是基于两性关系、血缘关系和扶养关系而形成的人与人之间的关系，调整的是婚姻家庭产生的民事法律关系，规定的是亲属身份关系的发生、变更和消灭，以及配偶、父母子女和其他一定范围的亲属之间的身份地位和权利义务关系。我国婚姻家庭法弘扬夫妻互敬、孝老爱亲、家庭和睦的中华民族传统美德，体现社会主义核心价值观，促进婚姻家庭关系和谐稳定，坚持婚姻自由、男女平等、一夫一妻等基本原则，特别保护妇女、未成年人和老年人合法权益。本节对婚姻家庭中有关残疾人权益保护、夫妻共同债务认定、婚姻存续期间共同财产的分割、子女抚养、无过错方损害赔偿请求权等问题进行阐释，为婚姻家庭部分法律制度的理解和适用提供借鉴和参考。

一、婚姻家庭一般规定

（一）离婚时残疾人的合法权益保护

案例： 小李与被告结婚后育有一女。小李突发疾病，造成残疾无法独立生活，需长期护理。小李与被告在当地民政局办理离婚登记。离婚协议约定："双方自愿离婚。女儿由男方抚养，并承担一切费用。现有住房归男方所有……"办理离婚登记后小李被其父母接走。后在家属的帮助下诉至法院请求撤销离婚协议书中相关内容，将房产判归女方小李所有，并请求对其他夫妻共同财产进行分割。法院经审理，撤销小李离婚协议相关内容，将房屋判归小李所有。[1]

法律分析：

夫妻间本有相互扶养的义务，小李与被告解除婚姻关系对无独立生活能力的女方小李极其不利。离婚后小李既无生活来源又无住房保障，该离婚协议对小李显失公平，故法院对小李诉请撤销离婚协议相关内容的请求予以支持。该案中妻子小李因身体残疾生活无法自理，需人长期陪护，却在未获得任何基本生活保障的情况下与被告签订对其极其不利的离婚协议后净身出户，有违常理。法院结合小李的实际情况，认定该离婚协议对小李显失公平，撤销了该离婚协议中关于财产分配的约定，判决将房产归女方所有。我国自古便有"糟糠之妻不下堂"的箴言，即不可抛弃患难与共的妻子，被告违背了我国《民法典》有关夫妻应当相互关爱、互相扶养的传统伦理导向。

关联条文：《民法典》第1041条。

法治贴士：

我国成年残疾人一经结婚即确立了婚姻关系。残疾人的婚姻效力同健全人一样始于男女

---

〔1〕 改编自重庆市璧山区人民法院（2019）渝0120民初6266号案件。

双方结婚，终于配偶一方死亡或离婚。男女双方或一方为残疾人，一经结婚而确立婚姻关系，夫妻双方就要遵守法律规定，依法行使权利和承担义务。家庭是社会的基本组成形态和社会的细胞，是以婚姻和血缘联系为基础的一定范围内的亲属所组成的共同生活的社会单位。它在人们的社会生活中居于十分重要的地位。残疾人在家庭关系中，离不开对其他亲属在物质、生活、抚养、赡养等方面的依赖和仰仗。养老育幼作为家庭的职能之一，在残疾人家庭中被赋予了更深的含义。《残疾人保障法》第9条规定："残疾人的扶养人必须对残疾人履行扶养义务。残疾人的监护人必须履行监护职责，尊重被监护人的意愿，维护被监护人的合法权益。残疾人的亲属、监护人应当鼓励和帮助残疾人增强自立能力。禁止对残疾人实施家庭暴力，禁止虐待、遗弃残疾人。"应当特别指出，在适用《民法典》婚姻家庭编的过程中，人民法院可以针对家事纠纷案件的具体情况直接援引《妇女权益保障法》《未成年人保护法》《老年人权益保障法》和《残疾人保障法》的具体规定作为处理家事纠纷案件的裁判依据，从而有效地保护妇女、未成年人、老年人和残疾人的合法权益。

家庭是人的主要生活场所，是人生的避风港，更是残疾人的主要生活场所和避风港。家庭对残疾人的关爱、关照和保护是一切社会福利政策不能取代的。保护残疾人历来是我国宪法、法律的一个基本原则。《民法典》在分则中明确了保护残疾人的合法权益，体现了加强对残疾人权益保护的价值取向。保护残疾人婚姻家庭权益，能够促进家庭和谐安定，体现了公平和正义，既有效维护了残疾人的合法权益，亦一定程度上弘扬了社会主义核心价值观，较好地实现了法律效果与社会效果的统一。

（二）婚姻家庭的倡导性规定

案例：原告与被告是合法夫妻，在婚姻关系存续期间被告与第三人发生不正当男女关系，并生育一子。原告与被告诉讼离婚后，向法院诉请被告赔偿其精神损害。法院认为，被告与原告存在婚姻关系期间与他人有不正当男女关系，并生育一子，导致离婚，此行为伤害了夫妻感情，被告应该承担相应的民事赔偿责任。[1]

法律分析：

家庭成员应当相互尊重，敬老爱幼，互相帮助，维护平等、和睦、文明的家庭婚姻关系，把家庭建设好，成为精神文明的基础。夫妻忠实义务既是婚姻关系中生理和伦理价值的反映，也是婚姻家庭关系的本质要求，属于配偶权的一项重要内容。一方有不忠实行为导致离婚的，受害的另一方可以主张损害赔偿。原被告系合法夫妻，婚姻存续期间被告与第三人发生不正当男女关系，并生育一子，给原告造成了极大的精神伤害，原告在与被告诉讼离婚后，向法院诉请被告赔偿其精神损害符合法律规定，适当的精神损害赔偿数额可以抚慰无过错方受到的精神伤害和情感打击。

关联条文：《民法典》第1043条。

法治贴士：

家庭是社会的细胞，家庭和睦是社会安定的重要基础，我国提倡文明婚俗，勤俭持家，互爱互助，邻里团结，共同建立和维护平等、和睦、文明的婚姻家庭关系，要求家庭应该树立优良家风，弘扬家庭美德，重视家庭文明建设，使之成为社会和谐、稳定的基础。忠实义

---

[1] 改编自江苏省徐州市中级人民法院（2017）苏03民终5626号案件。

务是配偶间专一性生活义务，要求配偶之间相互负有不为婚外性交的义务，是为保持爱情专一、感情忠诚而负担的义务，目的是忠实于配偶。该义务不仅约束配偶双方当事人，也约束配偶权的义务人。配偶权的权利主体以外的其他任何人，亦负有对配偶权的不可侵义务，与配偶一方通奸、破坏配偶一方的忠实义务，构成对配偶权的侵害。一方有不忠实行为导致离婚的，受害的另一方可以主张损害赔偿。维护平等、和睦、文明的婚姻家庭关系，既是对婚姻家庭关系进行法律调整的出发点，也是这种法律调整所追求的价值目标。

家庭文明建设的重点是紧密结合社会主义核心价值观，互相尊重，互相关爱，维系夫妻关系和谐、幸福，培育良好的夫妻关系。家庭成员间应当平等相待、和睦相处、文明互让。家庭成员具有平等的法律地位，不得恃强凌弱。家庭成员应当团结互助，避免和妥善处理家事纠纷。在婚姻家庭领域，调整婚姻家庭关系，强调弘扬社会主义核心价值观，强调法治和德治的结合，两者相辅相成、缺一不可，这是社会主义核心价值观与现代民法精神相辅相成，相得益彰的重要体现，也是新时代推进"德法共治"建设的具体举措。

（三）家庭成员

案例： 原告是某村村民，原告与丈夫登记结婚并生育一子。婚后，丈夫将户口迁入该村社，但该村社拒绝给原告三口分配集体经济收益。原告三人向法院提出诉求，要求该村向三人分配集体经济收益。法院认为，原告及其儿子出生于该村，自出生时就具有该村社集体经济组织成员资格，享有该村社集体经济收益的分配权；原告丈夫自登记结婚后，将户口迁入该村，取得了该村社的集体经济组织成员资格，有权要求分配集体经济收益。[1]

法律分析：

农村集体经济组织成员资格具有很强的身份性质，它可以因法定事件发生，如出生而取得，也可因合法行为如婚姻而取得。根据相关法律规定，家庭成员包括配偶、父母、子女和其他共同生活的近亲属。原告出生在该村社，户口亦在该村；其丈夫是原告的配偶，婚后将户口迁入该村社；原告儿子系婚生子女，是夫妻二人的血亲，原告三口是合法的家庭成员。原告及其儿子因出生取得了该村社集体经济组织成员资格，原告丈夫因结婚取得了该成员资格，原告三人有权请求该村向三人分配集体经济收益。

关联条文：《民法典》第 1045 条。

法治贴士：

亲属是指因婚姻、血缘和法律拟制而产生的人与人之间的特定身份关系，以及具有这种特定身份关系的人相互之间的称谓。我国亲属分为三个种类：①配偶，是因男女双方结婚而发生的亲属，是血亲的源泉、姻亲的基础。配偶的亲属身份始于结婚，终于配偶一方死亡或离婚。②血亲，是指有血缘联系的亲属，是亲属中的主要部分。血亲分为自然血亲和拟制血亲。自然血亲是指出于同一祖先、有血缘联系的亲属。拟制血亲是指本无血缘联系或者没有直接的血缘联系，但法律确认与自然血亲有同等权利义务的亲属。拟制血亲一般因收养而产生，在养父母养子女之间产生父母子女的权利义务关系。血亲还分为直系血亲和旁系血亲：直系血亲是指有直接血缘关系的亲属，包括生育自己和自己所生育的上下各代的亲属；旁系血亲是指有间接血缘关系的亲属，即与自己同出一源的亲属。③姻亲，是指以婚姻为中介而

---

〔1〕　改编自甘肃省张掖市中级人民法院（2017）甘 07 民终 1271 号案件。

产生的亲属，配偶一方与另一方的血亲之间如儿媳与公婆、女婿与岳父母等为姻亲关系。我国的姻亲分为三类：血亲的配偶，是指己身的血亲包括直系血亲和旁系血亲的配偶；配偶的血亲，是指配偶的直系血亲和旁系血亲；配偶的血亲的配偶，是指自己配偶的血亲的夫或者妻。

家庭成员，是指同居一家共同生活、相互具有法定权利义务关系的近亲属。并非所有的亲属都是家庭成员，如伯父、叔父、姑母、舅父、姨母与侄子女、外甥子女之间虽然是旁系血亲，但因其非同居一家共同生活，彼此不具有法定的权利义务关系，因而他们不是彼此的家庭成员。家庭成员仅是亲属中的极少部分，亲属的范围要广泛得多。因此，家庭成员一般具有亲属关系，而有亲属关系的并不一定都属于家庭成员。

配偶、父母、子女和其他共同生活的近亲属为家庭成员，家庭成员应是近亲属。有的近亲属如配偶、父母、子女，当然是家庭成员，即使已经不再在一起共同生活，也仍是家庭成员。其他近亲属，如兄弟姐妹、祖父母、外祖父母、孙子女、外孙子女，如在一个家庭中共同生活，应当属于家庭成员，如不在一起共同生活，就不属于家庭成员。这个"共同生活"，应是长久地同居在一起的共同生活，而不是短期的、临时性的共同生活。

二、婚姻关系

（一）婚姻关系撤销权

案例：

原告婚后发现被告患有淋病，遂以被告结婚登记前隐瞒不宜结婚的重大疾病且未如实告知为由，起诉到法院，要求判决撤销二人的婚姻关系。

法律分析：

男女结婚组成家庭后，开始了共同生活，夫妻互相依存、互相扶养，而且还承担着养育子女的义务。如果婚前患有医学上认为不应当结婚的疾病，结婚后则可能传染给对方，或者传染、遗传给下一代，不利于家庭的和睦幸福。因此，为了配偶和子女的身体健康，如果婚前患有重大疾病，就不能隐瞒，应当在结婚登记前如实告知另一方；结婚登记前不如实告知的，结婚登记后另一方可以向人民法院请求撤销婚姻。本案中，被告患有淋病，具有较强的传染性且难以治愈，在结婚登记前对原告未如实告知，原告在法定期间内以被告婚前隐瞒重大疾病为由主张撤销婚姻，事实清楚，于法有据，法院应予以支持。

关联条文：《民法典》第 1053 条。

法治贴士：

结婚是人生大事，结不结婚、和谁结婚是由当事人自己决定的事情，此也涉及婚姻自愿、婚姻自由的问题。如果当事人明知对方患病而仍愿意结婚，应当尊重当事人自己的意愿，尊重当事人的婚姻自主权。在缔结婚姻关系时，如果一方患有重大疾病，应当在结婚登记前如实告知另一方，对方当事人同意的，当然可以缔结婚姻关系。患病一方当事人如果不尽告知义务，或者不如实告知，即不告知或者虚假告知的，另一方当事人享有撤销权，可以向人民法院行使该撤销权，请求撤销该婚姻关系。因重大疾病未告知而提出撤销婚姻请求的撤销权受除斥期间的限制，除斥期间为一年，权利人自知道或者应当知道撤销事由之日起一年内提出。超过除斥期间，撤销权消灭，当事人不能再提出撤销婚姻的请求。

（二）无效婚姻

案例：原告与被告结婚后发现被告还有其他婚姻关系，随后原告起诉被告要求其赔偿损失，法院支持了原告的诉求。

法律分析：

重婚导致婚姻无效，无过错方有权请求侵权行为人赔偿精神损害，法院应依据法律规定确定赔偿金额。婚姻被确认无效或者被撤销，其直接的法律后果是当事人间的不合法婚姻关系溯及既往地消灭，即自始没有法律约束力。关于无过错方财产损害赔偿，当事人可以协商达成一致，在无法达成一致起诉至人民法院时，法院应严格落实举证责任的分配原则。对于物质损害赔偿请求，无过错方须承担举证责任，证明其物质损害事实，并且该损害事实是由侵权行为人造成的，若无法证明，法院将不予支持其损害赔偿请求。该重婚案件中，被告具有重大过错，因其违法行为导致婚姻没有法律约束力，严重侵害了无过错方的人格尊严，对其造成了严重的精神损害，应当承担赔偿责任。

关联条文：《民法典》第 1054 条。

法治贴士：

重婚，指有配偶者又与他人结婚的违法行为，即一个人在同一时间内存在两个或两个以上的婚姻关系。构成重婚须具备两个要件：当事人一方或者双方存在有效的婚姻关系和有配偶者与他人结婚。一是法律上的重婚，有配偶者又与他人登记结婚；二是事实上的重婚，虽未经结婚登记，但又与他人以夫妻关系同居生活。重婚行为违反一夫一妻原则，有悖于社会的公序良俗，是我国法律明令禁止的严重的婚姻违法行为。

重婚案件中，对无过错方精神损害的救济是必要的，可以维护无过错方的合法权益，发挥法律职能，减轻其在精神上的创伤与痛苦，有利于减少类似侵权行为的发生，进一步促进社会和谐与稳定。我国《民法典》对无效婚姻中无过错方请求赔偿制度的确立，有利于保护无过错方的合法权益，促进婚姻法律制度和体系进一步完善，彰显我国社会主义法治公平正义的法治理念。对于重婚造成无过错方的精神损害，权利人除了请求侵权行为人赔偿精神损失费之外，还可以请求其消除影响、恢复名誉和赔礼道歉。

三、家庭关系

（一）日常家事代理权

案例：小李在银行购买了 20 万元的大额存单，到期去支取时银行告知其配偶在一个月前已经拿着小李的身份证件提前支取了，小李与其配偶正在闹离婚，他想咨询一下，自己可不可以告银行违约？

法律分析：

夫妻日常家事代理权，是指夫妻一方因家庭日常生活需要而与第三方为一定民事法律行为时互为代理的权利，夫妻一方在日常家庭事务范围内，与第三方所实施的一定民事法律行为，视为依夫妻双方的意思表示所为的民事法律行为，另一方也应承担因此而产生的法律后果。家事代理权代理的事务限于家庭日常事务，夫妻间均有代理权，一方不得以不知情为由推卸共同的责任。在紧迫情形下，如果为婚姻共同生活的利益考虑，某业务不容延缓，并且配偶方因疾病、缺席或者类似原因，无法表示同意，则推定夫妻一方对超出日常事务代理权范围的其他事务的代理，为有代理权。对于配偶一方超越日常事务代理权的范围，或者滥用该代理权，另一方可以因违背其意思表示而予以撤销，但行为的相对人如为善意、无过失，则不得撤销，因为法律保护善意第三人的合法权益。小李在银行购买了 20 万的大额存单，其配偶拿着小李的身份证件和自己的身份证提前支取，属于日常事务代理范围，银行按照程序办理业务，不应当承担违约责任。

关联条文：《民法典》第 1060 条。

法治贴士：

在日常生活中，夫妻需要处理的家庭事务很多，参与社会经济生活非常频繁，需要实施不少民事法律行为。这些民事法律行为由夫妻双方共同处理当然更能充分体现其共同意愿，但如果要求所有民事法律行为都必须由夫妻双方共同实施，必然加大婚姻生活成本，加大社会经济活动成本，客观上是不必要也是不可能的。为了方便经济交往和婚姻家庭生活，保护夫妻双方和相对人的合法权益，维护社会交易安全，有必要赋予夫妻双方日常家事代理权。

日常事务代理权亦称家事代理权，是指配偶一方在与第三人就家庭日常事务为一定法律行为时，享有代理对方行使权利的权利。日常事务代理权行使的法律后果是，配偶一方代表家庭所为的行为，对方配偶须承担后果责任，配偶双方对其行为应当承担连带责任。家事代理与表见代理相似，适用表见代理的原理，其目的在于保护无过失第三人的利益，保障交易的动态安全。家事代理权为法定代理权中的一种，非有法定的原因不得加以限制，夫妻之间因其身份当然有此项代理权。

（二）夫妻共同债务

案例：小李与男方因感情不和协议离婚，离婚后，却被男方的同学小王诉至法院，要求小李与男方共同归还借款 100 万元。原来，在二人婚姻关系存续期间，男方曾以个人名义向小王借款 100 万元，小李对此并不知情，也未事后追认。后男方未能归还借款，小王认为男方所欠借款属于夫妻共同债务，遂诉至法院，法院经过审理，驳回了小王对小李还款的诉求。

法律分析：

男方以个人名义借款 100 万元，明显超出家庭日常生活所需，所负债务并非基于夫妻共同意思表示所负的债务，既没有夫妻双方的共同签名，也没有得到小李的事后追认，则男方以个人名义所负 100 万元的债务不能认定为夫妻共同债务，应认定为男方的个人债务。判断夫妻共同债务的标准有二：一是看借款行为是否基于夫妻合意，二是看借款有无用于夫妻共同生活。小王不能证明小李丈夫借款基于夫妻共同合意且该借款用于夫妻日常生活，故无权请求小李共同承担还款责任。本案由于小李丈夫的借款金额较大，超出了家庭日常生活需要范围，且小王不能证明该债务用于小李夫妻的共同生活，小李事后也没有追认该债务，故该债务不属于夫妻共同债务，小李无须承担还款责任。

关联条文：《民法典》第 1064 条。

法治贴士：

夫妻一方在婚姻关系存续期间以个人名义超出家庭日常生活需要所负的债务，如果债权人能够证明该债务用于夫妻共同生活、共同生产经营或者基于夫妻双方共同意思表示的，就属于夫妻共同债务，否则不属于夫妻共同债务。在此强调债权人的举证责任，债权人主张属于夫妻共同债务的，应当根据《民事诉讼法》的"谁主张，谁举证"原则，即"当事人对自己提出的主张，有责任提供证据"，对于夫妻一方以个人名义超出家庭日常生活所负的债务，举证证明该债务用于夫妻共同生活、共同生产经营或者基于夫妻双方共同意思表示。如果债权人不能证明，则不能认定为夫妻共同债务。该规定通过合理分配举证责任，有效平衡了债权人和债务人配偶的利益保护。需要债权人尽到谨慎注意义务，只需证明债务存在且符合家庭日常生活需要即可，夫妻一方有异议的，应举证证明该负债超出了"家庭日常生活需要"。对家庭日常生活需要范围的衡量应侧重于夫妻家庭生活需求的"日常性"与"合理性"。法律引导相关主体对于大额债权债务实行"共债共签"，体现了从源头上控制纠纷、更加注重交易安全的价值取向，也有利于强化公众的市场风险意识，从而平衡保护债权人和未举债夫妻一方的利益。

另外夫妻一方在婚姻关系存续期间以个人名义为家庭日常生活需要所负的债务也为夫妻共同债务，包括为配偶或其子女生活而发生的债务，根据配偶一方或债权人的请求确认为夫妻共同债务，如购置房屋等其他生活必需而负的债务。因此，向夫妻一方提供借贷的出借人，应当保留好夫妻双方共同意思表示或者将借款用于夫妻共同经营等证据，防止债务人配偶逃避夫妻共同债务。

（三）亲子关系异议之诉

案例：在离婚诉讼中，一方对亲子关系有异议且有正当理由的，父或者母可否向人民法院提起诉讼，请求确认亲子关系？

法律分析：

亲子关系确立制度，是指有关子女与父母之间是否确立亲子关系的制度，传统的亲子关系确立制度包括亲子关系的推定、否认认领和非婚生子女的准正等。对亲子关系有异议且有正当理由的，父亲或者母亲可以向人民法院提起诉讼，请求确定或者否定亲子关系。

亲子关系的否认不仅涉及特定当事人之间的私权，还事关社会秩序，启动亲子关系鉴定必须慎重、从严掌握。运用亲子关系鉴定处理亲子关系纷争，必须综合权衡各方当事人的利益，要注重保护相关人员的个人尊严及家庭的安定和谐，在尊重当事人私生活的同时尤其要考虑子女特别是未成年子女的利益。请求否认亲子关系归根结底属于身份权，身份权是指民事主体基于特定的身份关系产生并由其专属享有，以其体现的身份利益为客体，为维护该种关系所必需的权利。[1]因此，对亲子关系有异议且有正当理由的，父母可以向人民法院提起诉讼，请求确认或者否认亲子关系；对亲子关系有异议且有正当理由的，成年子女可以向人民法院提起诉讼，请求确认亲子关系。

关联条文：《民法典》第1073条。

法治贴士：

亲子关系，即父母子女关系。自然血亲的亲子关系是基于子女出生的法律事实而对亲子关系所做的一种分类，包括父母与婚生子女的关系、生父母与非婚生子女的关系。在现代社

---

[1] 参见王利明主编：《民法学》，复旦大学出版社2005年版，第146页。

会的婚姻关系中，由于婚外性行为不可能因法律或道德的否定而完全杜绝，婚生子女的推定有可能不是合法婚姻关系下的丈夫一方的子女。妻子在丈夫不知情的情况下，使丈夫误将与自己没有血缘关系的子女当作自己的亲生子女，并付出时间、金钱进行抚养、教育，是对丈夫生育权的一种侵害。为了维护婚生父母子女关系的血缘真实性，使法律推定与事实尽可能相一致，以保护当事人的权益，不致让应尽义务的真正生父逃避法律责任，实现法律的公正，允许提出对婚生子女的否认。

在婚姻家庭法律中，必须坚持兼顾血缘关系真实性与身份关系稳定性的原则，坚持儿童最大利益原则，涉及未成年子女的事宜，应一切从最有利于未成年子女的生存、保护和发展考虑。婚生子女推定是婚姻家庭法律中的一个非常重要的制度，即在合法婚姻关系存续期间孕育或出生的子女推定为婚生子女，享有婚姻法、继承法规定的权利，承担相应的义务。身份权与民事主体的人身紧密相连，具有专属性和排他性，只能由特定的民事主体自己享有和行使，不得转让，也不能由他人继承。基于身份权属性，有权提出否认亲子关系的权利主体仅限于有完全民事行为能力的父母与子女本人。提高此类诉讼的门槛，明确当事人需要有正当理由才能提起，以便更好地维护家庭关系和亲子关系的和谐稳定。

四、离婚关系

（一）离婚冷静期

案例：小李想离婚，他和配偶协议后是否就能领到离婚证？

法律分析：

"离婚冷静期"不同于简单的婚姻关系中感情破裂的冷漠相处，而是上升到法律意义上的冷静对待，可以是对婚姻关系是否继续存续的更切实、更审慎的思考期，也可以是对已经决定离婚的夫妻双方，就离婚相关事宜进行更深入、更妥善的协商期。离婚协议不同于一般民事合同，处理的是夫妻关系、子女的抚养、财产处理等复合型问题，离婚双方毕竟以夫妻关系的身份共同生活过一段时间，尤其是在有子女的情况下，除纯粹的利益考量外，在财产分割时难以避免地会包含一些感情因素。离婚不仅导致夫妻关系的终结，还会影响到未成年子女的健康成长，我国对夫妻离婚采取非常审慎的态度，因此，小李想离婚，他和配偶应当首先前往婚姻登记机关申请登记，由此开启 30 天"冷静期"。在这 30 天内，任何一方反悔的，都可以向婚姻登记机关请求撤回离婚登记申请。如果"冷静期"结束，双方都没有撤回离婚登记，则马上进入 30 天"行动期"。这 30 天内，双方应当亲自到婚姻登记机关申请发给离婚证，逾期不认领的，视为撤回申请。

关联条文：《民法典》第 1077 条。

法治贴士：

离婚冷静期制度，是指在坚持离婚自由原则的前提下，婚姻双方当事人申请自愿离婚时，在向婚姻登记机关提出离婚登记申请后的一定期限内，任何一方均可撤回离婚申请，期限届满后方可由双方亲自到婚姻登记机关申请发给离婚证。我国离婚冷静期规定，双方自愿离婚，到婚姻登记机关申请离婚，符合离婚条件的，暂时不发给离婚证，不马上解除婚姻关系。自婚姻登记机关收到离婚登记申请之日起 30 日内，任何一方不愿意离婚的，都可以向婚姻登记机关撤回离婚登记申请。30 天的冷静期届满后，在 30 日内，双方应当亲自到婚姻登记机关申请发给离婚证，婚姻登记机关应当发给离婚证，即解除婚姻关系。在冷静期届满后 30 天内，当事人未到婚姻登记机关申请发给离婚证的，视为撤回离婚登记申请，不发生离婚的后果。离婚冷静期制度通过为当事人设置冷静思考的期间，使夫妻双方有充分的时间进行慎重考虑，防止意气用事、草率地作出离婚决定。

离婚冷静期制度作为婚姻解除前的最后一道防线，是宪法保护婚姻、家庭的民法表达。在婚姻家庭法律制度领域，过分强调个人的自由散漫与随心所欲，是个人利益对于家庭利益的价值冲击，是与传统文化不相符合的。《民法典》婚姻家庭编对 2001 年修订的《婚姻法》和《婚姻登记条例》制定的协议离婚制度进行全面升级，通过新增协议离婚冷静期制度，确立了家庭价值的崇高性。

(二) 诉讼离婚情形

案例： 小李起诉离婚，法院判决不准离婚，小李该怎么办？

法律分析：

诉讼离婚是指夫妻一方当事人基于法定离婚原因，向法院提起离婚诉讼，法院依法通过调解或判决解除当事人之间的婚姻关系的离婚方式。判决离婚的基本事由是夫妻感情确已破裂，其含义是：夫妻之间感情已不复存在，已经不能期待夫妻双方有和好的可能。一审判决离婚的，当事人在判决发生法律效力前不得另行结婚。当事人不服一审判决，有权依法提出上诉，双方当事人在 15 天的上诉期内均不上诉的，判决书发生法律效力。二审人民法院审理上诉案件可以进行调解，经调解双方达成协议的，自调解书送达时起原审判决即视为撤销；二审人民法院作出的判决为终审判决。对于判决不准离婚或者调解和好的离婚案件，没有新情况、新理由，原告在 6 个月内又起诉的，人民法院不予受理。就本案来说，在法院判决驳回女方的离婚诉讼请求后，只要女方和男方再分居满 1 年，再次起诉离婚，法院就会依法判决解除婚姻关系。

关联条文：《民法典》第 1079 条。

法治贴士：

诉讼离婚，是婚姻当事人向人民法院提出离婚请求，由人民法院调解或判决而解除其婚姻关系的一项离婚制度。离婚诉讼绝不仅仅对离婚进行审理，还要对由于离婚而引起的其他法律后果进行审理，如子女抚养、财产分割、子女探望等。人民法院审理离婚案件，准予或不准离婚应以夫妻感情是否破裂作为区分的界限。判断夫妻感情是否确已破裂，应当从婚姻基础、婚后感情、离婚原因、夫妻关系的现状和有无和好的可能等方面综合分析。《民法典》在《婚姻法》（已废止）规定的五种调解无效应准予离婚情形的基础上，新增了一款法定离婚情形，即"经人民法院判决不准离婚后，双方又分居满一年，一方再次提起离婚诉讼的，应当准予离婚"。由此可见，《民法典》针对离婚诉讼中出现的"久调不判"的现象又给出了一条新的路径，降低了离婚诉讼双方的时间、经济成本，节约了司法资源。

(三) 离婚子女抚养问题

案例： 2 周岁以下子女离婚案件中抚养权归谁？

法律分析：

未成年子女利益在抚养关系变更案件中的地位不容忽视，如何更好地保护未成年子女的权益，给予未成年子女更多的关爱，也是司法机关的责任。对 2 周岁以上的未成年子女，由父亲还是母亲直接抚养，首先应由父母双方协议决定；当父母双方对由谁直接抚养未成年子女发生争议时，法院应当进行调解，尽可能争取当事人以协议方式解决。父母双方对抚养问题达不成协议的，由人民法院根据双方的具体情况，按照最有利于未成年子女的原则判决。子女抚养纠纷的处理方式是"从有利于子女身心健康，保障子女的合法权益出发，结合父母双方的抚养能力和抚养条件等具体情况妥善解决"，还应从遵循《民法典》诚实信用原则和探望权的规定，配合对方妥善行使探望权，让未成年人感受到来自父母双方的关爱。

处理离婚后子女抚养归属问题是以有利于子女身心健康、保障子女的合法权益、儿童利益最大化为基本原则，再结合父母双方的抚养能力和抚养条件等具体情况妥善解决。不满 2 周岁的子女多数还在母乳喂养期，从婴儿生长发育的利益考虑，夫妻离婚后，凡是正处于母乳喂养的子女，应由母亲直接抚养。而且 2 周岁以下的子女表达能力差，母亲与孩子有一种天然的联系与感觉，此时期孩子由母亲直接抚养为宜。但如果母亲有下列情形之一的，也可以由父亲直接抚养：一是母亲患有久治不愈的传染性疾病或其他严重疾病，子女不宜与其共同生活的；二是母亲有抚养条件不尽抚养义务，而父亲要求子女随其生活，并对子女健康成长没有不利影响的；三是因其他原因，子女确无法随母亲生活的，如母亲的经济能力及生活环境对抚养子女明显不利的，或母亲的品行不端不利于子女成长的，或因违法犯罪被判服刑不可能抚养子女的。

关联条文：《民法典》第 1084 条第 3 款。

法治贴士：

子女抚养问题解决得最理想的状态是引导离异父母通过同心协力将分离带来的负面影响降到最低，共同为子女创造良好的成长环境，通过抚养权与探望权的结合防止父母双方缺位。抚养权的确定与孩子自身权益密切相关，在实践中确定由谁来抚养子女，更应当尊重子女的真实意愿，以便更有利于未成年人的健康成长。实践中一些父母在离婚时存在为争夺财产利益将未成年人抚养权作为"武器"或"筹码"的情况，给未成年人身心造成了巨大伤害。

已满 8 周岁的子女属于限制民事行为能力人，已有一定的自主意识和认知能力，因此在离婚时，不管是父母协商确定由谁抚养，还是人民法院判决决定，都要事先听取 8 周岁以上子女的意见，在子女提出自己的意见后，再根据其年龄、社会经验、认知能力和判断能力等，探求、尊重其真实的意愿。鞋子是否合脚只有穿鞋的人知道，8 周岁以上未成年子女对父母的照顾关爱情况有相对直观的感受，对于有利于自己的成长环境也有一定的识别能力和判断能力，征询其意见，重视子女对其今后与何方共同生活的表达权非常重要。

离婚后，子女无论由父或母直接抚养，仍是父母双方的子女。父母对子女仍有抚养和教育的权利、义务。对于子女的抚育，应从有利于子女身心健康、保障子女的合法权益出发，结合父母双方的抚养能力和抚养条件等具体情况妥善解决。抚养权的归属直接决定了未成年子女在成年之前的生活状况，包括生活环境、学习环境、家庭成员等方面，这些都会对未成年子女的性格养成和学习质量产生影响。抚养案件中应将未成年子女最佳利益置于父母权利之上优先予以考虑，以充分体现司法对未成年人的人文关怀，促进未成年人的健康成长。

（四）离婚损害赔偿

案例：小李诉至法院要求与被告离婚，原因是被告长年存在婚外情，经常与不同异性发生一夜情，故主张与被告离婚，并要求其支付离婚损害赔偿金。小李的诉求能够得到支持吗？

法律分析：

离婚损害赔偿制度，是依法治国，完善社会主义法治的要求，可以填补无过错方的损失。通过损害赔偿，使无过错方得到救济和慰藉，保护无过错方的合法权益。损害赔偿作为侵权者应当承担的一种民事责任，还具有制裁实施重婚、有配偶者与他人同居、家庭暴力、虐待或遗弃家庭成员的当事人和预防违法行为的功能。本案中被告的行为符合离婚过错损害赔偿责任的构成要件，被告过错行为发生在离婚之前，婚姻存续期间多次与他人发生一夜情，违背了夫妻间的忠实义务，给小李身心造成了巨大损害。

离婚时夫妻的共同财产由双方协议处理；协议不成时，由人民法院根据财产的具体情况，在照顾子女和女方权益的原则的基础上，增加照顾无过错方权益。现实生活中，因一方过错导致的离婚情况较为突出，《民法典》加强了对婚姻中无过错方合法权益的保障，不仅在判决分割共同财产时倾向于对无过错方的保护，还扩大了离婚损害赔偿的情形。小李作为无过错方，亦可依据《民法典》的规定，请求被告承担损害赔偿责任。

关联条文：《民法典》第 1091 条。

法治贴士：

离婚损害赔偿制度，是国家对婚姻当事人予以救济的重要组成部分，是当代民法特别是亲属法中的公平原则、保护弱者原则在离婚问题上的必然要求，体现了《民法典》婚姻家庭编对人格尊严的保护，具有填补损害、精神抚慰、制裁和预防违法行为的功能。[1]在婚姻关系存续期间，当事人不起诉离婚而单独依据第 1091 条规定提起损害赔偿请求的，人民法院不予受理。在适用本条时，应当区分以下不同情况：①符合本条规定的无过错方作为原告基于本条规定向人民法院提起损害赔偿请求的，必须在离婚诉讼的同时提出；②符合本条规定的无过错方作为被告的离婚诉讼案件，被告不同意离婚也不基于本条规定提起损害赔偿请求的，可以在离婚后 1 年内就此单独提起诉讼；③无过错方作为被告的离婚诉讼案件，一审时被告未基于本条规定提出损害赔偿请求，二审期间提出的，人民法院应当进行调解，调解不成的，告知当事人在离婚后 1 年内另行起诉；④当事人在协议离婚时已经明确表示放弃该项请求，或者在办理离婚登记手续 1 年后提出的，不予支持；⑤人民法院判决不准离婚的案件，对于当事人基于本条提出的损害赔偿请求，不予支持。

离婚过错损害赔偿是夫妻一方因为过错实施法律规定的违法行为，妨害婚姻关系和家庭关系，导致夫妻离婚而应当承担的侵权损害赔偿责任。有过错的一方实施了侵害了配偶权利的行为，给配偶造成了人身损害和精神损害。实践中，除了原婚姻法规定的四种情形外，还存在很多导致离婚的过错，例如婚外情、一夜情、嫖娼、婚外生子等，这些行为对于无过错配偶一方无疑都会产生极大心理伤害。因此，《民法典》婚姻家庭编新增离婚损害赔偿兜底条款，充分保护无过错配偶方的权利，也为司法裁判提供了法律依据。离婚损害赔偿是过错方之过错行为侵害了无过错方配偶的权利而造成的损害赔偿。在离婚案件中无过错方对确实有过错的另一方是否行使赔偿请求权，由受损害的无过错方自行决定，法院不能主动判决离

---

〔1〕 参见夏吟兰：《婚姻家庭继承法》，中国政法大学出版社 2012 年版，第 144 页。

婚损害赔偿。

总之，婚姻中若遇到上述侵害或纠纷，为保护婚姻和家庭幸福，一定要拿起法律武器，依法捍卫自己的权利。

第六节　继　　承

继承是一项重要的民事权利，调整的就是因继承产生的民事关系。一般仅指自然人死亡后的财产继承，而不涉及身份继承。继承发生的前提就是自然人死亡且留有财产。遗产是自然人死亡时遗留的个人合法财产，主要有自然人的储蓄、房屋、文物、有价证券等法律允许自然人所有的生产和生活资料。继承要解决的核心问题就是所有权人死亡后私人财产的移转问题。继承人依法享有、能够无偿取得被继承人遗产的权利。本节涉及亲子关系认定、打印遗嘱效力认定等方面内容，以期为相关继承权法律保护的理解和适用提供借鉴。

一、继承一般规定

（一）继承开始时间

案例：甲乙系夫妻关系，二人在家中遇害身亡时，留下存款、债权及其他财物，无子女。丙丁分别系乙的父、母。甲的父母早年去世，甲有3个兄姐。丙丁诉请法院，要求依法继承女儿乙的遗产。法院经审理查明，二被害人夫妻，甲的死亡时间先于乙的死亡时间10分钟左右，故甲死亡后，其遗产由甲的继承人继承，因甲父母早年去世，甲的继承人只有乙，所有遗产应由乙继承。乙死亡后，其遗产应由第一顺序继承人即本案原告人丙丁继承。甲的兄姐系甲的第二顺序法定继承人，无权继承甲的遗产。

法律分析：

被继承人死亡意味着继承法律关系开始，被继承人死亡的时间直接决定继承人的确定，至关重要。死亡从法律上而言，包括自然死亡与宣告死亡。自然死亡时间的确定：以呼吸停止和心脏搏动停止为准，医院死亡证书中记载自然人死亡时间的，以死亡证书中的记载为准；户籍登记册中记载自然人死亡时间的，应当以户籍登记为准；死亡证书与户籍登记册的记载不一致的，应当以死亡证书为准；继承人对被继承人的死亡时间有争议的，应当以人民法院查证的时间为准。宣告死亡时间的确定：失踪人被宣告死亡的，依照《民法典》第48条的规定，人民法院宣告死亡的判决作出之日是为其死亡的日期；因意外事件下落不明而被宣告死亡的，意外事件发生之日为其死亡的日期。本案中，法院根据法医学鉴定意见，认定甲先于乙10分钟左右死亡。由于甲乙死亡时间有先后，故先死亡的甲的遗产只能由其第一顺序法定继承人乙继承，第二顺序继承人均不再享有继承权。乙死亡后，其遗产由丙丁继承。故本案中甲的第二顺序法定继承人自然无权继承遗产。

关联条文：《民法典》第1121条。

法治贴士：

继承是在自然人死亡时，其遗留的个人合法财产归死者生前在法定范围内指定的或者法定的继承人依法承受的制度。继承人，是在法定继承或者遗嘱继承中，有权获得被继承人遗产的自然人。继承人根据其继承的方式，分为法定继承人和遗嘱继承人。这是对继承人的基本分类。法定继承人，是对被继承人的遗产享有继承权的人。法定继承人的继承权直接来自法律规定，无须被继承人通过遗嘱予以指定。遗嘱继承人，是在遗嘱继承中存在，按照被继承人生前设立的合法、有效的遗嘱指定，而有权承受遗产的继承人。继承权，是指自然人按照被继承人所立的合法有效遗嘱或法律的直接规定而享有的继承被继承人财产的权利。

继承开始时间，是被继承人死亡的时间。对继承开始时间的确定，实际上是对被继承人死亡时间的确定。相互有继承关系的数人在同一事件中死亡的先后顺序应按照如下规则推定：①相互有继承关系的数人在同一事件中死亡，难以确定死亡时间的，推定没有其他继承人的人先死亡。这样推定的好处是，虽然同时死亡的死亡者相互有继承关系，但是，如果没有其他继承人的人是先死亡的人，那么，他因为没有继承人，又是先死亡者，即在继承关系发生前死亡，所以不发生继承，这就使继承关系简化，即只有后死亡者发生继承。由于后死亡者也已经死亡，因而他的继承人可以继承他的遗产。②都有其他继承人，辈分不同的，推定长辈先死亡；辈分相同的，推定同时死亡，相互不发生继承。理由是：相互有继承关系的数人在同一事件中死亡，都有其他继承人的，首先，如果他们的辈分不同，推定长辈先死亡，晚辈后死亡，因而存在正常的继承关系，即长辈先死亡，同一事件中死亡的晚辈就可以继承其遗产，而晚辈也死亡了，就由他的其他继承人继承他的遗产。其次，如果同一事件中死亡的人辈分相同，则推定他们同时死亡，因而使他们相互之间不发生继承关系，他们的遗产由他们各自的继承人分别继承。

（二）遗产范围

案例： 小李父亲意外离世，留有大量网络虚拟财产，小李咨询自己是否可以继承，应当怎样继承？

法律分析：

网络虚拟财产是指虚拟的网络本身以及存在于网络上的具有财产性的电子记录，是一种能够用现有的度量标准度量其价值的数字化的新型财产。广义的网络虚拟财产，是指一切存在于网络虚拟空间内的虚拟财产，包括电子邮箱、网络虚拟货币、网络游戏中虚拟物品及装备、经注册的域名等；狭义的网络虚拟财产，是指网络游戏中存在的虚拟财产，包括游戏账号的等级、游戏货币、游戏人物等。这些虚拟空间从事创造的所得可以转化为现实的财富，网上、网下进行的交易充分彰显网络虚拟财产的交换价值，网络用户通过账号密码设置防止他人修改、增删自己的网络虚拟财产，通过一定的程序买卖、使用、消费网络虚拟财产，实现对网络虚拟财产的占有和处分。本案中小李父亲意外离世，留有大量网络虚拟财产，小李完全可以进行继承。如果掌握虚拟财产的公司不予配合的话，小李可以通过诉讼确认自己的权利。

关联条文：《民法典》第 1122 条第 1 款。

法治贴士：

遗产，是继承法律关系的要素之一，是继承法律关系的客体，是继承人享有的继承权的标的。没有遗产就不存在继承法律关系。第 1122 条规定，遗产是在自然人死亡时遗留的个人合法财产，但是依照法律规定或者根据其性质不得继承的除外，这准确界定了遗产的范围。我国以"合法的财产"一言概之，扩大了遗产的范围。随着现代社会的发展，公民财产类型、财产形式日益丰富，虚拟财产等新型财产可纳入遗产范围。[1]《民法典》对于可以继承的财产，采取了负面清单的立法模式，简单来说就是，只要法律不禁止，均可继承，最大限度地保障了私有财产继承的需要。当然法律同时也规定了两类不得继承的遗产情形，这主要是与被继承人人身有关的专属性权利，如被继承人所签订的劳动合同上的权利义务，被继承人所签订的演出合同上的权利义务；还有一类是根据法律规定不得继承的遗产，民事主体从事民事活动不得违反法律，如果法律有明确规定某些财产是不得继承的，继承人自然不得继承。

依照法律规定或者根据其性质不得继承的财产不是遗产。依照法律规定不得继承的财产，自然人可以依法取得和享有，但不得作为遗产继承，继承人要从事被继承人原来从事的事业，应当重新申请并经主管部门核准，不能基于继承权而当然取得。如自留山、自留地的继续经营权和使用权。自留山和自留地是指农村集体经济组织分配给农民个人使用的少量的土地和山坡地或山岭地，农民个人享有使用权，并且具有专属性。在现实农村生活中，农村集体经济组织对自留山、自留地都是按家庭人口、劳动能力，以农户为单位分配的，一般不作过多调整，以保持其稳定性。家庭个别成员死亡，并不妨碍农户其他成员对自留山、自留地的继续经营权和使用权。但是这并不是继承，自留山、自留地的继续经营权和使用权不是遗产，只是家庭共同生活的人在继续经营和使用而已。根据其性质不得继承的财产，与自然人人身不可分离的具有抚恤、救济性质的财产权利，如抚恤金、补助金、残疾补助金、救济金、最低生活保障金等的财产权利，专属于自然人个人，不能作为遗产由其继承人继承。遗产须有财产性，非财产性的权利不能作为遗产。这些财产权利专属于自然人个人，随着符合救济条件而享有该财产权利的自然人死亡而终止，不能转移，不能作为遗产由其继承人继承，继续领取。该自然人生前已经根据此种权利而取得或应取得的部分，可以作为遗产继承。自然人因侵权行为而死亡的，虽然损害赔偿金作为遗产可以由其继承人予以继承，但损害赔偿中具有专属于特定人的具有救济性质的部分不得作为遗产，比如被扶养人生活费赔偿部分，应当作为个人财产直接给予需要扶养的未成年人或者丧失劳动能力又无其他生活来源的成年近亲属。

（三）继承的接受

案例：甲乙婚后无子女，协议离婚时，约定房屋归乙所有，由乙付折价款给甲。离婚后，乙与第三人丙同居。同居期间，乙立遗赠遗嘱并公证，将房屋遗赠给丙。乙死亡后，丙诉至法院，要求甲及时交付该房屋共有权证，以便自己对该房屋进行转户。法院认为：遗赠人乙生前对已有的财产，以公证遗嘱方式遗赠给丙，系其真实意思表示，该遗赠遗嘱合法有效。现丙要求甲交付该房屋共有权证的诉请合理合法，应予支持。

法律分析：

遗赠人乙与甲协议离婚时，双方已经通过协议对原属于夫妻共同财产的房屋作了处分，甲已经领取了共有房屋中属于自己的那一部分房屋产权的折价补偿款，其对争议房屋就不再具有所有权，立遗赠人乙取得诉争房屋的全部所有权，产权关系清楚。作为房屋所有人，乙有权依法对该房屋进行处分，且处分行为受法律保护。乙以公证遗嘱的方式将属于自己的房

---

[1] 参见杨立新：《〈中华人民共和国民法典〉条文精释与实案全析（下）》，中国人民大学出版社 2020 年版，第 275 页。

屋遗赠给丙，其意思表示真实，该行为也符合遗赠的法定构成要件，故该遗赠遗嘱合法有效。丙依遗赠人乙所立的公证遗赠遗嘱书取得诉争房屋的所有权，该取得房屋所有权的行为符合案发时有效的《继承法》关于接受遗赠的规定。故本案中丙要求甲交付该房屋共有权证的诉请合理合法，法院依法应予支持。

关联条文：《民法典》第 1124 条。

法治贴士：

接受继承，是指继承人在继承开始后、遗产分割前，以一定的方式作出愿意接受被继承人遗产的意思表示。放弃继承就是继承人作出不接受继承、不参与遗产分割的意思表示。放弃继承的继承人既可以是遗嘱继承人，也可以是法定继承人。放弃继承的意思表示可以是继承人本人作出，也可以通过其代理人作出。继承权是继承人依法享有的一种权利，继承人可以放弃，也可以不放弃，应当尊重继承人的内心意思，任何人不得胁迫、欺诈他人放弃继承。

我国采取明示方式，可以口头方式或书面方式向其他继承人作出。对继承权，承认或者放弃的规则是：继承开始后，继承人放弃继承的，应当在遗产处理前，作出放弃继承的表示。没有表示的，视为接受继承。对遗赠，承认或者放弃的规则是：受遗赠人应当在知道受遗赠后 60 日内，作出接受或者放弃受遗赠的表示。到期没有表示的，视为放弃受遗赠，这点与接受继承明显不同，还请特别注意。

（四）继承权的丧失

案例： 甲与乙系夫妻，有一婚生子，乙生前未曾留有遗嘱。乙死后，乙父母认为甲与乙结婚后长期与多名男子保持不正当关系，有欺骗、背叛丈夫乙的事实，属于对被继承人乙进行了精神的虐待，这导致甲丧失了继承权，故不愿与甲均分财产。甲及婚生子向法院提起诉讼，请求法院对有关财产依法处理。法院认为：甲与乙结婚后，有长期与多名男子保持不正当关系的行为，有欺骗、背叛丈夫乙的事实，但这并不构成对被继承人乙精神上的虐待。在被继承人乙没有以遗嘱的方式合法地剥夺甲继承遗产的机会时，甲依法可以法定继承的方式继承乙的遗产。

法律分析：

继承权丧失是指继承人因对被继承人或者其他继承人实施了法律所禁止的行为，而依法被取消继承被继承人遗产的资格。继承权丧失意味着继承人不再享有获得被继承人遗产的权利，继承人在继承开始后可以自主决定放弃继承权，但继承权丧失是法律规定取消继承权的情形。本案中甲与乙结婚后，有长期与多名男子保持不正当关系的行为，有欺骗、背叛丈夫乙的事实，但这并不构成对被继承人乙精神上的虐待。继承人虐待被继承人的，必须虐待情节严重，才丧失继承权，如果继承人虐待被继承人虽情节严重，但确有悔改表现，并且受虐待的被继承人生前又表示宽恕或者事后在遗嘱中将其列为继承人的，该继承人不丧失继承权。

本案中，被继承人乙并没有以遗嘱的方式合法地剥夺甲继承遗产的机会，故甲依法可以法定继承的方式继承乙的遗产。而本案中乙名下的房产属于甲和乙共同财产，依夫妻共同财产的分割规则，甲依法应先分得夫妻共同财产的一半，剩下的一半作为被继承人的遗产，由其第一顺序法定继承人依法继承。

关联条文：《民法典》第 1125 条。

法治贴士：

继承权丧失是指继承人因发生法律规定的事由而失去继承被继承人遗产的资格，故继承权的丧失又叫继承权的剥夺。继承权丧失分为绝对丧失和相对丧失。继承权绝对丧失是指因发生某种使某继承人丧失继承权的法定事由时，该继承人对特定被继承人的继承权便终局地丧失，该继承人再不得也不能享有对被继承人的继承权。继承权相对丧失是指虽发生某种法定事由使继承人的继承权丧失，在具备一定条件时继承人的继承权也可最终不丧失的继承制度，所以又叫继承权非终局丧失。

遗弃被继承人的，或者虐待被继承人情节严重的，或者伪造、篡改、隐匿或者销毁遗嘱情节严重的，或者以欺诈、胁迫手段迫使或者妨碍被继承人设立、变更或者撤回遗嘱情节严重的，确有悔改表现，被继承人表示宽恕或者事后在遗嘱中将其列为继承人的，即为宽宥，该继承人恢复继承权。宽宥作为被继承人的单方意思表示，不需要相对方即继承人作出任何意思表示便产生法律效力。

二、继承关系

（一）法定继承人范围扩大至侄、甥

案例：王某的叔叔王大爷生前是一名孤寡老人，没有配偶和子女，父母、兄弟姐妹等也均先于其去世。一直以来，王大爷的生活都由侄子王某照顾。王大爷突然去世，未留下任何遗嘱。王大爷的遗产应当归国家所有；还是可以由王某继承？

法律分析：

代位继承制度是法定继承中的一项重要制度，对于保障遗产在各支系中合理分配、实现财产的传承、发挥遗产育幼功能等方面具有重大作用。代位继承是指被继承人的继承人先于被继承人死亡时，由被代位继承人的继承人代替先亡的被代位继承人继承被继承人遗产的法定继承制度。本案，王某的叔叔王大爷生前是一名孤寡老人，没有配偶和子女，父母、兄弟姐妹等也均先于其去世，其没有直系血亲继承人，但一直以来，王大爷的生活都由侄子王某照顾。王大爷去世，由于被继承人的兄弟姐妹先于被继承人死亡的，依法王大爷的遗产可由被继承人的兄弟姐妹的子女王某代位继承。

关联条文：《民法典》第 1128 条。

法治贴士：

被继承人的子女先于被继承人死亡是代位继承发生的必要条件，只有出现这一条件时，才有可能适用代位继承。如果被继承人的子女于被继承人死亡后未表示放弃继承或接受继承而死亡，不适用代位继承，应当适用转继承。转继承，是指在继承开始后，继承人未放弃继承，并于遗产分割前死亡的，其所应继承的遗产份额由其继承人承受的继承制度。转继承是对遗产份额的再继承，而非继承权利的移转。按照《民法典》第 1124 条第 1 款"继承开始后，继承人放弃继承的，应当在遗产处理前，以书面形式作出放弃继承的表示；没有表示的，视为接受继承"的规定，继承人虽死亡，但明确表示过接受继承的，继承人的法律地位当然确定；即使是未表示的，也视为接受继承，继承人的法律地位得以确定，无法律地位尚不确定的问题。通说认为，继承开始，继承人只要没有放弃继承的意思表示，就取得了遗

产的所有权,遗产分割只是一种认定或宣示。所以,转继承只是对遗产份额的再继承,而非继承权利的移转。

被继承人的子女先于被继承人死亡,包括自然死亡和宣告死亡。代位继承权是代位继承人的固有权利,代位继承是继承顺序的提前,因此,代位继承人的应继份应根据被代位继承人的应继份确定,按房或支来分割遗产。若在同一支内有两个以上的代位继承人,则由他们按人数均分被代位继承人的应继份。

继承法规定的代位继承制度中,被代位继承人仅限于被继承人的子女,代位继承人仅限于被继承人子女的直系晚辈血亲。但我国法定继承人的范围狭窄,不利于遗产的流转,容易导致遗产因无人继承而收归国家或者集体所有,因此《民法典》扩大了被代位继承人的范围,即被继承人的兄弟姐妹的子女有代位继承权。让侄子女、甥子女继承遗产符合遗产向晚辈流转的原则,也符合民间传统上继承遗产的习惯,赋予侄子女、甥子女继承遗产的权利。

第1128条规定了两种代位继承:一种是被继承人的子女的直系晚辈血亲的代位继承,另一种是被继承人的兄弟姐妹的子女的代位继承。在代位继承中,被继承人的子女或者兄弟姐妹为被代位继承人,承继应继份的被继承人的子女或者兄弟姐妹的直系晚辈血亲为代位继承人。

(二)遗嘱继承

案例1:甲乙是夫妻关系,婚后无子女,收养一子王某。甲病重时立下书面遗嘱,将其所得的住房补贴金、公积金、抚恤金和卖房所获房款的一半赠与丙。丙系甲的同居情人,甲去世后,丙诉至法院,请求法院判令乙依遗嘱给付其遗赠财产。法院认为,甲的遗赠行为违反了法律规定和公序良俗,损害了社会公德,破坏了公共秩序,应属无效行为,对丙的主张不予支持。

法律分析:

本案中遗赠人甲在立遗嘱时具有完全民事行为能力,遗嘱也系其真实意思表示,且形式上合法,但遗嘱的内容违反法律规定和社会公共利益。甲与乙系结婚多年的夫妻,本应按照法律规定互相忠实、互相尊重,但甲无视夫妻感情和道德规范,与丙长期非法同居,其行为既违背了我国现行社会道德标准,又违反了"禁止有配偶者与他人同居"的法律规定,属违法行为。甲订立遗嘱,将其遗产和属于乙的财产赠与丙,以合法形式变相剥夺了乙的合法财产继承权,使丙实质上因其与甲之间的非法同居关系而谋取了不正当利益。甲的遗赠行为不符合法律之规定,应属无效民事行为,不能得到法律的支持。

关联条文:《民法典》第1133条。

法治贴士:

遗嘱继承是指于继承开始后,继承人按照被继承人合法有效的遗嘱,继承被继承人遗产的继承方式。在遗嘱继承中,具体的继承人、继承顺序、应继份、遗产管理、遗嘱执行等,都可由被继承人在遗嘱中指定,故遗嘱继承也被称作"指定继承",与法定继承相对应。在遗嘱继承中,生前立有遗嘱的被继承人称为遗嘱人或立遗嘱人,依照遗嘱的指定享有遗产继承权的人为遗嘱继承人,遗嘱继承所指向的客体为被继承人指定的遗产份额。在遗嘱继承中,自然人可以依照《民法典》的规定,用立遗嘱的方法,处分个人在死后的遗产,并且可以指定遗嘱执行人,由遗嘱执行人执行自己的遗嘱。自然人可以在遗嘱中将个人死后的遗产指定由法定继承人中的一人或者数人继承，为遗嘱继承人，而其他继承人不是遗嘱继承人，无权继承其遗产。自然人可以立遗嘱将个人财产赠给国家、集体或者法定继承人以外的人，即遗赠。设立遗赠也使其继承人丧失或者部分丧失继承被继承人遗产的权利。

另外，被继承人可以在生前设立遗嘱信托，处理自己的遗产。遗嘱信托，也叫死后信托，是指通过遗嘱而设立的信托，即遗嘱人（委托人）以立遗嘱的方式，把自己的遗产交付信托。设立遗嘱信托时，委托人应当预先以立遗嘱方式，将财产的规划内容，包括交付信托后遗产的管理、分配、运用及给付等，订立在遗嘱中。待遗嘱生效时，再将信托财产转移给受托人，由受托人依据信托的内容，管理、处分信托的遗产。遗嘱信托包括下列三方当事人：一是委托人即被继承人；二是受托人，即具有理财能力的律师、会计师、信托投资机构等专业人员或专业机构；三是受益人即继承人，可以是法定继承人的一人或者数人。遗嘱人可以将遗产受益人指定为法定继承人以外的人。遗嘱信托在遗嘱人（委托人）订立遗嘱后成立，并于遗嘱人去世后生效。遗嘱信托既能够很好地解决财产传承问题，也能够减少因遗产产生的纷争。

案例2： 李某留下打印遗嘱一份，其在打印店打印好遗嘱带回家签字时有2名邻居在场，但未在遗嘱上签字。遗嘱表明因大儿子放弃生意照顾自己，故从其房款中拿出一半优先补贴大儿子，余款再由其他子女共同继承。李某去世后，李某子女因继承纠纷诉至法院，要求分割遗产。

法律分析：

打印遗嘱是指遗嘱的内容由打印机器设备打印而成的遗嘱。随着科学技术的发展以及信息技术的普及，个人电脑及其各种产品进入普通人的生活，以其便利性、人性化的特点，部分替代了传统的书写方式。本案中李某的打印遗嘱是由李某口述、打印店工作人员代为打印的，从遗嘱的形成看，不符合自书遗嘱的法律要件，故不属于自书遗嘱。该打印遗嘱制作时如果有2个以上的合法见证人在场见证，且与遗嘱人一并在遗嘱的每一页签名，最终注明年、月、日，那么该遗嘱将会成为打印遗嘱这一新的遗嘱形式，且具有法律效力。本案中，李某的遗嘱既不是自书遗嘱，也不符合打印遗嘱效力，所以不能依据该遗嘱进行继承，只能视为李某没有遗嘱，进行法定继承。

关联条文：《民法典》第1136条。

法治贴士：

打印遗嘱有以下特征：打印遗嘱既可以由遗嘱人自己编辑、打印，也可以由遗嘱人表述遗嘱内容，他人代为编辑、打印，由于打印的文字缺乏与个人特征的关联性，仅凭打印的遗嘱内容难以判断打印遗嘱的具体制作人。因此，对于打印遗嘱区分是遗嘱人自己打印还是他人代为打印意义不大；即使是遗嘱人自己编辑和打印，体现其真实意思表示的遗嘱，也可能被他人通过技术手段篡改，尤其是在遗嘱有多页时，页面容易被替换。

打印遗嘱有严格的形式要件，要求有一定数量的见证人在场见证、在遗嘱的每一页由遗嘱人和见证人签名等，打印遗嘱实质上是一种书面遗嘱。遗嘱内容以数据电文形式存储在计算机等设备上的不构成遗嘱，遗嘱人须将遗嘱内容从电子数据形式通过打印机等转换为书面形式。即打印遗嘱有效成立须符合下列要件：一是打印遗嘱应当有2个以上见证人在场见证，见证人须符合《民法典》规定的资格、数量、在场见证等方面的要求。二是遗嘱人和见证人应当在遗嘱每一页签名，当遗嘱有多页时，如果仅在一页签名，其他页的内容容易被篡改或者替换，为了保证遗嘱的真实性，遗嘱人和见证人应当对遗嘱的每一页仔细核对并签名，对遗嘱的内容作出确认。如果遗嘱人、见证人只在遗嘱最后一页签名，没有在每一页签名，则不能认定打印遗嘱有效。三是注明年、月、日，由于遗嘱的设立时间为判断遗嘱有效性的重要因素，因此未注明年、月、日的打印遗嘱没有法律效力。

（三）遗嘱撤回

案例： 闫某去世后，其3个子女分别拿出了各自的自书遗嘱、录音遗嘱和代书遗嘱主张权利。他们因为执行哪份遗嘱产生纠纷，诉讼到法院，到底该执行哪个遗嘱？

法律分析：

遗嘱人从立遗嘱到遗嘱生效的这段时间，可能会因种种原因，改变其当初立遗嘱时的意愿。法律允许并保障遗嘱人撤回、变更自己所立的遗嘱，是遗嘱自由原则的必然要求，也是意思自治原则在继承领域的具体体现。遗嘱撤回的，自撤回生效时起，被撤回的遗嘱作废，依新设立的遗嘱来确定遗嘱的效力和执行。

遗嘱撤回后遗嘱人未设立新遗嘱的，视为被继承人未立遗嘱。遗嘱变更的，自变更生效时起，以变更后的遗嘱内容为遗嘱人的真实意思表示，应依变更后的遗嘱来确定遗嘱的有效或者无效，依变更后的遗嘱执行。即使变更后的遗嘱内容无效而原遗嘱内容有效的，也应按变更后的遗嘱内容确认遗嘱无效。立有数份遗嘱，内容相抵触的，应当视为后设立的遗嘱取代或者变更了原设立的遗嘱。因此，遗嘱人设立数份内容相抵触的遗嘱的，应当以最后设立的遗嘱为准，即"遗嘱设立在后效力优先"。本案中，闫某去世后，其3个子女分别拿出了各自的自书遗嘱、录音遗嘱和代书遗嘱主张权利，他们应执行设立在后的有法律效力的遗嘱。

关联条文： 《民法典》第1142条。

法治贴士：

遗嘱撤回是指遗嘱人在订立遗嘱后通过一定的方式取消原来所立的遗嘱。遗嘱变更是指遗嘱人在订立遗嘱后对遗嘱内容的部分修改。遗嘱人立有数份遗嘱且内容相抵触的，推定撤回、变更之前的遗嘱；遗嘱人生前的行为与遗嘱的内容相抵触的，推定遗嘱撤回、变更；遗嘱人故意销毁、涂销遗嘱的，推定遗嘱人撤回原遗嘱。

遗嘱撤回或者变更只要符合撤回或者变更的条件，自作出之时即发生效力，《民法典》删除公证遗嘱优先效力的规定，即对于遗嘱人所立的内容相抵触的数份遗嘱，以立遗嘱的时间作为认定遗嘱有效的判断标准，无论遗嘱形式如何，遗嘱人最后所立的遗嘱具有优先适用的效力。

（四）遗产管理人的选任

案例： 小李与小王系夫妻，婚后育有5个子女。后夫妻二人因病相继去世，生前均未留有遗嘱。五个子女听说需要有遗产管理人，但对于如何操作犯了难。

法律分析：

遗产管理人是在继承开始后遗产分割前，负责处理涉及遗产有关事务的人。被继承人死亡后，如何处理遗产不仅涉及继承人之间的利益分配，还涉及被继承人生前的债权人的利益，因此，需要有人妥善保管遗产，并在不同主体之间分配好遗产。本案中，若小李夫妻生前已设立遗嘱并在遗嘱中指定了遗嘱执行人，则继承开始后，指定的遗嘱执行人则为遗产管理人。但因其并未设立遗嘱，此时发生法定继承，那么遗产管理人则可以按照以下方式予以确定：由 5 个子女及时推选其中一人或多人为遗产管理人；若未推选的，由 5 个子女共同担任遗产管理人；若 5 个子女考虑到父母生前债务过多决定放弃继承的，则应当由父母生前住所地的民政部门或者村民委员会担任遗产管理人；若 5 个子女之间对遗产管理人的确定有争议的，利害关系人可以向人民法院申请指定遗产管理人。

关联条文：《民法典》第 1145 条。

法治贴士：

遗产管理人是指对死者的遗产负责保存和管理的人，继承开始后，遗嘱执行人为遗产管理人。被继承人在遗嘱中明确指定了遗产管理人的，法律自应尊重，继承人也应服从。遗嘱指定的遗产管理人未尽其义务或损害继承人及遗产债权人之利益的，利害关系人可以请求人民法院予以撤换。没有遗嘱执行人的，继承人应当及时推选遗产管理人。

继承人为一人的，则遗产直接转化为该继承人的个人财产，继承人为多人的，各继承人皆可为遗产管理人，但为了更好地进行遗产管理，全体继承人可以推选一人或数人作为遗产管理人，由其进行遗产的管理活动。继承人未推选的，由全体继承人共同担任遗产管理人。没有继承人或者继承人均放弃继承的，由被继承人生前住所地的民政部门或者村民委员会担任遗产管理人。法定继承人、村民委员会担任遗产管理人的，不得辞任，但继承人放弃继承权的除外。

遗产管理人应当履行清理遗产并制作遗产清单、处理被继承人的债权债务等职责。在遗产分割前，如果申请执行人死亡，其遗产管理人可以向法院申请变更自己为申请执行人；如果被执行人死亡，申请执行人也可以向法院申请变更对方的遗产管理人为被执行人。《民法典》将遗产管理人明确为被执行人，解决了当事人死亡时执行主体变更的问题，破解了同案不同执难题，不仅维护了债权人的胜诉权益，也捍卫了司法权威和公信力。

扫码查看本章案例关联条文

第三章　合法防范风险　提升维权意识

第一节　劳动纠纷风险防范

劳动是每一个公民的权利亦是义务，劳动过程中涉及工资、劳动合同的履行、劳动保护等问题。如果劳动者法律知识匮乏，不仅会阻碍其妥善解决劳动纠纷，还会引发新的法律问题。熟悉复杂多样的劳动关系，掌握规范的劳动法律关系，自觉接受《劳动法》《劳动合同法》的调整和约束，使劳动者各得其所、乐在其中，法治保障是关键。下面结合案例给大家普及一下应该如何防范劳动纠纷法律风险，依法维护自己合法权益。

一、签订劳动合同注意事项

（一）签订劳动合同前的注意事项

案例：小李是刚大学毕业的本科生，马上面临找工作，他在签订劳动合同前需要做哪些准备工作？

法律分析：

马克思在《资本论》中对劳动的一般含义作过精辟的阐述：劳动是劳动力的使用（消费），是制造使用价值的有目的的活动，"劳动首先是人和自然之间的过程，是人以自身的活动来中介、调整和控制人和自然之间的物质变换的过程"。[1]劳动法上的劳动是基于契约义务所为之职业上有偿的劳动。刚毕业的大学生要想找到自己心仪的工作，就应当对用人单位充分了解，而用人单位的规章制度和企业文化直接反映用人单位的经营理念和运作模式，所以小李作为刚毕业的大学生，在想进入某用人单位时，应当先做好功课，了解该公司的规章制度和相关职工福利待遇等。

关联条文：《劳动合同法》第4条。

法治贴士：

初入社会的大学生要从以下几个方面着手了解企业：首先，在签订劳动合同之前，应了解用人单位的规章制度和企业文化。劳动关系建立后，劳动者就会依照劳动合同的约定遵守用人单位的规章制度，受用人单位的管理，在用人单位的统一安排下从事相应的劳动。用人

---

〔1〕〔德〕卡尔·马克思：《资本论》第1卷，中共中央马克思恩格斯列宁斯大林著作编译局译，人民出版社2018年版，第207页。

单位的规章制度反映出其人力资源管理的理念和用人单位对劳动者的要求，劳动者应结合自身情况，分析自己达到用人单位要求的可能性。了解这些有助于提高自身就业的成功率，降低就业过程中的机会成本。其次，劳动者应详细研读用人单位提供的劳动合同文本。审查用人单位提供的劳动合同文本是否有违法条款，是否约定了对劳动者不利的合同条款。劳动合同是约束劳资双方如实、全面履行劳动权利义务的武器，也是解决劳动争议的主要依据之一。劳动者切忌觉得劳动报酬合适，见合同就签，从而使自己在将来遇到纠纷的时候处于不利地位。最后，了解企业涉及劳动者切身利益的规章制度和重大事项决定。用人单位的规章制度表现了企业文化，彰显了企业的管理模式，了解了这些也就深入地了解了企业，从而判定自己是否适合该企业的发展模式。

（二）审查劳动合同应注意内容

案例： 劳动者小李去乙公司应聘，应该怎样签劳动合同，注意哪些方面的内容？

法律分析：

劳动合同是劳动者与用人单位确立劳动关系、明确双方权利和义务的协议。劳动合同作为劳动者和用人单位确立劳动关系的基本法律形式，是稳定劳动关系、保障劳动过程平稳运行，维护劳动者和用人单位的合法权益，促进经济发展和社会进步的重要手段。劳动者签订劳动合同，加入用人单位，会成为用人单位的普通一员，劳动者必须服从用人单位的劳动纪律和规章制度，接受用人单位的管理和监督。劳动合同对于实现法律对劳动关系的调整，保障劳动过程的平稳运行，维护劳动者和用人单位的合法权益，加强企业的规范化运作，促进经济发展和社会进步都具有重要的作用。

小李与用人单位签订劳动合同应当遵循合法、公平、平等自愿、协商一致、诚实信用的原则，经过要约与承诺两个基本阶段。另外，订立劳动合同，签订者双方应当遵循先合同义务：用人单位如实向劳动者说明岗位用人要求、工作内容、工作时间、劳动报酬、劳动条件、社会保险、职业危害及其后果、职业病防治措施和待遇、规章制度等情况；用人单位不得以任何形式向劳动者牟取不正当利益，不得向劳动者收取抵押金、抵押物、定金或者其他财物，不得强迫劳动者集资入股，也不得扣押劳动者的身份证等证件。劳动者应当如实向用人单位提供本人身份证和学历、就业状况、工作经历、职业技能、健康状况等证明。用人单位必须尊重劳动者的个人隐私权，不可任意询问劳动者与应聘工作无关的个人情况，而且对因为招聘而获悉的劳动者个人信息，负有保密的义务。

关联条文：《劳动合同法》第 17 条。

法治贴士：

劳动者在与用人单位初签劳动合同时，应当注重以下几个签订的技巧，从以下几个方面对劳动合同进行全面审查：

1. 审查限制性条款：由于用人单位在劳动就业关系中处于优势地位，常会制订一些不合理的格式条款，比如不合理的服务年限、苛刻的劳动纪律等条款。这类条款片面强化劳动者的义务、回避用人单位的责任。这类限制性条款不仅会影响劳动者的人身、休息休假等权利行使，同时也是引发劳动纠纷的主要原因之一，因此劳动者在签约时应当注意审查、推敲相关条款，全面理解这类条款的真实含义，并对其中的不合理甚至违法的部分提出异议，避免日后吃亏。

2. 审查试用期条款：因试用期问题引发劳动纠纷较为常见。法律对试用期有较明确的规定，比如试用期应当包含在劳动期内，试用期内应当给劳动者缴纳社会保险，试用期的最长期限不得超过 6 个月（劳动合同期限 3 个月以上不满 1 年的，试用期不得超过 1 个月；劳动合同期限 1 年以上不满 3 年的，试用期不得超过 2 个月；3 年以上固定期限和无固定期限的劳动合同，试用期不得超过 6 个月）。同一用人单位与同一劳动者只能约定一次试用期。以完成一定工作任务为期限的劳动合同或者劳动合同期限不满 3 个月的，不得约定试用期。劳动合同仅约定试用期的，试用期不成立，该期限为劳动合同期限。但由于大多数劳动者不熟悉劳动法律法规，一些用人单位借此签订违法的试用期合同，或者在劳动合同中约定了过长的试用期，都直接侵犯了劳动者的合法权益。试用期长短涉及工资、转正、经济补偿金、培训费以及职工自行流动等问题，劳动者在签订合同时应予以重视。

3. 审查工作岗位、地点条款。实践中很多劳动争议案件，是劳动合同中对工作岗位、工作地点约定不明确引起的。用人单位提供什么样的工作岗位、地点直接影响到劳动合同的履行。因此，一些用人单位利用这个空子，故意不把工作岗位、地点写进劳动合同，以达到随时、随意变更劳动者的工作岗位、工作内容、工作地点的目的，无限度扩大用人单位的管理权。遇到此类情况时，劳动者往往会比较被动，甚至对于用人单位单方变更合同内容、故意刁难毫无办法，不得不主动辞职。因此，建议在签订劳动合同时，应当明确工作岗位、地点。

4. 审查违约条款：《劳动合同法》规定只有在依法约定的培训服务期以及竞业限制条款中，用人单位才能与劳动者约定违约金。除了这两种情形，用人单位不得与劳动者在劳动合同中约定违约条款。即便是在劳动合同中有约定，劳动者也可以以违反法律强制性规定，要求认定该条款无效。有了这样的劳动法律常识，即使被迫签订了不合理的劳动合同，也不用害怕，照样可以与用人单位解除合同。

5. 审查工资、补助和奖金条款：劳动合同中的工资金额，不仅是加班费的计算基数，也是经济补偿金、生活补助费等的计算依据，其重要性不言而喻。因此在约定工资数额时应当尽量争取把数额写清楚，以免在劳动仲裁、诉讼时无法举证而导致权益受损。年终奖金、出差补助、交通报销之类并不是法律强制规定发放的，所以劳动者应当要求在劳动合同中作出明确约定，不要轻信口头承诺，否则纠纷发生时经常会处在无法举证的被动地位。

6. 审查商业秘密和竞业条款：目前越来越多的用人单位开始重视商业秘密保护，在录用一些关键岗位的人员时均要求签订保密条款、竞业限制条款等。这类条款对劳动者而言，意味着加重自身义务，可能因此限制了择业自由和发展空间。应当注意的是，劳动者一旦违反此类条款，不仅涉及劳动法上的责任，还可能负上民法、刑法上的责任。因此，劳动者在签署此类条款时，一定要慎重考虑。关于保密条款，劳动者应当审查保密主体、保密范围、保密周期和泄密责任等几项内容。关于竞业限制条款，劳动者应当审查竞业补偿费、竞业年限和范围、违约责任以及违约金计算方式等几项内容。在此，特别提醒注意，竞业补偿费一般每月不低于本人原来工资的 50%，竞业年限一般不超过 2 年。

7. 审查培训条款：虽然用人单位有义务培训、提高劳动者的技能，但由于员工流动必然造成用人单位的资源损失，很多单位都规定培训不是免费的，因此劳动者提前解除劳动合同，培训费如何赔偿也成了双方争议的突出问题。近几年，因劳动者跳槽而赔偿培训费的案例越来越多，由于用人单位持有培训协议或劳动合同中有培训条款，因此劳动者最终被判令支付培训费在所难免。审查培训条款最关键看培训内容、服务期、培训费金额和赔偿计算方式等几个内容。劳动者具体可以依据《劳动合同法》第 22 条第 1、2 款："用人单位为劳动者提供专项培训费用，对其进行专业技术培训的，可以与该劳动者订立协议，约定服务期。劳动者违反服务期约定的，应当按照约定向用人单位支付违约金。违约金的数额不得超过用人单位提供的培训费用。用人单位要求劳动者支付的违约金不得超过服务期尚未履行部分所应分摊的培训费用。"由此可见，签署了服务期合同，支付违约金时也是有条件限制的，在此特别提醒注意以上法律规定。

8. 在签订劳动合同时一定不要空项，未填的部分一定要划掉。

（三）注意劳动关系与劳务关系的区别

案例：李某已经达到法定退休年龄，但未享受养老保险待遇，未领取退休金。李某从达到退休年龄之前就在 A 公司工作，已满 3 年，工资按月结算，未签劳动合同，李某和该用人单位之间是劳动关系还是劳务关系？

法律分析：

法定退休年龄，是指国家法律规定的正常退休年龄，即男年满 60 周岁，女工人年满 50 周岁，女干部年满 55 周岁。而对于从事井下、高空、高温、特别繁重体力劳动或其他有害身体健康工作，并符合其他条件的，退休年龄为男年满 55 周岁、女年满 45 周岁。《劳动合同法实施条例》第 21 条规定，劳动者达到法定退休年龄的，劳动合同终止。《劳动合同法》第 44 条第 2 项规定，劳动者开始依法享受基本养老保险待遇的，劳动合同终止。可见两者的相关规定有不一致之处，在司法实践中对于虽已达到法定退休年龄，但用人单位未与其解除劳动关系仍继续用工，未按规定办理退休手续的，仍按劳动关系处理，即劳动者达到法定退休年龄时，劳动合同并非自动终止。

2021 年 1 月 1 日起施行的《最高人民法院关于审理劳动争议案件适用法律问题的解释（一）》规定，用人单位与其招用的已经依法享受养老保险待遇或领取退休金的人员发生用工争议，向人民法院提起诉讼的，应按劳务关系处理。换言之，劳动合同是否因劳动者达到法定退休年龄而终止，应视具体情况而区别看待，对于达到法定退休年龄但未享受基本养老保险待遇的人员继续工作的，应认定其与用人单位之间系劳动关系，他们之间的权利义务受《劳动法》《劳动合同法》等法律法规调整，也只有这样才是符合社会保险尚未实现全覆盖的现状和保护劳动者的现实需要。

劳动关系谓以劳动给付为目的之受雇人与雇用人间之关系，[1]是劳动主体在实现集体劳动过程中彼此之间发生的各种社会关系，劳动关系自用工之日起建立。本案中，李某虽然达到了退休年龄，但未领取养老保险金待遇，从事 A 公司给其安排的工作，由用人单位提供生产资料，工资按月发放，符合劳动关系的特征，双方形成了事实劳动关系，但这种劳动关系是应该受到限制的，其不能要求用人单位为其缴纳社会保险，但用人单位应当给其缴纳工伤保险。

关联条文：《劳动合同法》第 10 条。

---

〔1〕 参见史尚宽：《劳动法原论》，正大印书馆 1978 年版，第 2 页。

法治贴士：

劳动关系是指在社会生产过程中，提供劳动力的劳动者与使用劳动力的用人单位之间，在劳动权利义务方面形成的关系。劳务关系是指在社会生产过程中，公民、法人或者其他组织等主体之间在提供劳务服务时形成的民事权利义务关系。确认用人单位和劳动者之间是否存在劳动关系，最直接的证据是看双方是否签订劳动合同，如果没有签订劳动合同，可以从以下几个方面综合判断：①双方当事人的主体是否特定，一方是劳动者，另一方是用人单位；用人单位和劳动者是否符合法律、法规规定的主体资格，双方是否签订有劳动合同。②双方之间的关系是否产生于劳动过程之中；劳动者是否接受用人单位的管理。③用人单位是否向劳动者按期支付工资报酬。④劳动者的工作是否是用人单位安排从事的劳动，生产资料是否由用人单位提供。⑤劳动是否必须由劳动者本人完成。⑥劳动者提供的劳动是否是持续性的。⑦用人单位是否为劳动者缴纳社会保险费用。

在此提醒，劳资双方产生纠纷的时候一定要区分是劳动关系还是劳务关系，因为两者适用的法律规定不同，劳动关系受《劳动法》《劳动合同法》等专门性的劳动法律法规制约。发生劳动纠纷时，依据《劳动争议调解仲裁法》，实行劳动仲裁前置程序，当事人必须先申请劳动争议仲裁，对劳动仲裁结果不服的才可向法院提起诉讼。而劳务关系则受《民法典》《民事诉讼法》等法律法规的制约，产生劳务纠纷时，依据《民事诉讼法》，当事人可以直接向法院提起民事诉讼。

（四）注意审查用人单位的合法经营资格

案例： 李某未办理登记手续开设工厂，拐骗十几人，雇用帮手强迫被骗人员从事长期劳动，给少量报酬。被骗人员和该厂是劳动关系吗？

法律分析：

用人单位是我国对劳动法律关系中与劳动者相对的一方主体的独特称谓，在许多国家里通常将之称为雇主或雇用人。用人单位既包括中国境内的企业、个体经济组织、民办非企业单位、依法成立的会计师事务所、律师事务所等合伙组织和基金会等，也包括与劳动者建立劳动关系的国家机关、社会团体和事业单位。李某的工厂没有进行合法登记，依照劳动法规定，李某及他的工厂不具备和劳动者成立劳动关系的条件，但为了保护劳动者的合法权益，《最高人民法院关于审理劳动争议案件适用法律问题的解释（一）》第 29 条规定应当将用人单位或者其出资人列为当事人。本案中，劳动者可以依照《劳动合同法》的规定通过起诉李某和李某的工厂维护自己的合法权益，另外李某雇用帮手强迫别人劳动亦构成《刑法》上的强迫劳动罪，劳动者可以向相关部门反映追究李某的刑事责任。

关联条文：《劳动合同法》第 93 条规定。

法治贴士：

用人单位是指依法招用和管理劳动者，并按法律的规定或劳动合同的约定向劳动者提供劳动条件，进行劳动保护，并支付劳动报酬的劳动组织。用人单位作为劳动法律关系的一方当事人，也必须具备一定的条件，并取得劳动行为能力和劳动权利能力。劳动权利能力是指用人单位依法享有用人权利和承担用人义务的资格，它是用人单位参与劳动关系成为合法主体的前提条件。对用人单位的基本要求：首先，要有必要的可独立支配的财产，最主要的是生产资料，单位占有一定的生产资料是吸收劳动力的先决条件；其次，要有一定的工作场所和组织机构，这样才能将劳动力在一定分工和协作的条件下与生产资料相结合，并遵循统一的劳动规则，从而顺利完成劳动过程。

二、劳动合同履行

（一）双倍工资的支付

案例： 小李入职 12 个月，公司未与其签订劳动合同，小李提出辞职并主张公司支付 2 倍工资，小李的诉求能够得到支持吗？

法律分析：

双倍工资制度是《劳动合同法》中确立的一项新制度，是对用人单位不签订书面劳动合同的惩罚性制度，目的是督促用人单位尽快依法与劳动者签订劳动合同，维护劳动关系的和谐稳定。《劳动合同法实施条例》第 7 条规定，用人单位自用工之日起满 1 年未与劳动者订立书面劳动合同的，自用工之日起满 1 个月的次日至满 1 年的前 1 日应当依照《劳动合同法》第 82 条的规定向劳动者每月支付 2 倍的工资，并视为自用工之日起满 1 年的当日已经与劳动者订立无固定期限劳动合同，应当立即与劳动者补订书面劳动合同。因此，公司与小李没有签订书面的劳动合同，应当承担相应的法律风险，应当支付未订立劳动合同的 11 个月 2 倍工资。

关联条文： 《劳动合同法》第 82 条第 1 款。

法治贴士：

未签订劳动合同支付双倍工资属于惩罚性赔偿。用人单位支付双倍工资的前提是存在违法行为，用人单位自用工之日起超过 1 个月不满 1 年未与劳动者订立书面劳动合同的，应当依照《劳动合同法》第 82 条的规定向劳动者每月支付 2 倍的工资，并与劳动者补订书面劳动合同；劳动者不与用人单位订立书面劳动合同的，用人单位应当书面通知劳动者终止劳动关系，并依照《劳动合同法》第 47 条的规定支付经济补偿。用人单位向劳动者每月支付两倍工资的起算时间为用工之日起满 1 个月的次日，截止时间为补订书面劳动合同的前 1 日，即双倍工资的计算期间以 11 个月为上限。

双倍工资的计算基数应以双方约定的正常工作时间月工资来确定，如果双方对月工资没有约定或约定不明，引发争议的，用人单位与劳动者可以重新协商；协商不成的，适用集体合同规定；没有集体合同或者集体合同未规定劳动报酬的，实行同工同酬；没有集体合同或者集体合同未规定劳动条件等标准的，适用国家有关规定。

（二）签订欺诈劳动合同的处理

案例： 小李到某公司应聘，填写录用人员情况登记表时，隐瞒了其正在被追究刑事责任的事实，与公司签订了 3 年期限的劳动合同。时隔 3 日，该公司收到当地检察院对小李不起诉决定书，经调查得知，因小李盗窃数额少认罪态度好，故不起诉。该公司以此认为小李不符合本单位录用条件，与小李解除了劳动关系，问该公司解除劳动关系是否合理？

法律分析：

劳动当中的欺诈是员工故意告知虚假事实或故意隐瞒事实，导致用人单位陷入错误认识，因此作出错误的民事行为。被依法追究刑事责任，是指被人民法院判处刑罚或被人民法院免予刑事处罚，不仅包括在劳动过程中被依法追究刑事责任，也包括在劳动过程以外被依法追究刑事责任。劳动者涉嫌违法犯罪被侦查机关拘留或逮捕或采取其他强制措施的不属于被追究刑事责任，用人单位在劳动者被限制人身自由期间，可暂时中止劳动合同的履行，但不应解除合同。中止履行期间，用人单位和劳动者双方暂停履行劳动合同的有关义务。对依照《刑法》处以管制、拘役、宣告缓刑以及被免予刑事处罚者，虽然立法规定可予辞退，但是在这些情况下，劳动者仍有履行劳动合同的行为自由，所以在实践中，根据各个单位的具体情况分别处理。

小李在填写录用人员情况登记表时，隐瞒了自己正受刑事处罚的事实，小李采用欺诈的手段与该公司签订劳动合同，违背了诚实信用原则，根据《劳动合同法》第39条第6项规定，"被依法追究刑事责任的"，用人单位可以解除劳动合同，但不是必须解除劳动合同，所以用人单位有最终的选择权。

关联条文：《劳动合同法》第39条。

法治贴士：

用人单位单方解除劳动合同，必须符合法定条件和按照法定程序进行。用人单位单方解除劳动合同可以分为以下几类：

1. 过错性辞退，指用人单位可以不必依法提前预告而立即解除劳动合同的行为。用人单位的过错性辞退，应注意以下问题：①以试用不合格对劳动者作出的辞退，必须是在试用期届满后，而且必须是有证据表明劳动者不符合录用条件，并必须由用人单位对此提出合法有效的证明；②严重违反劳动纪律和用人单位规章制度；③严重失职，营私舞弊，对劳动力使用者利益造成重大损害的，此种情况必须是劳动者既存在着失职行为，同时又给用人单位造成了重大损害后果，二者缺一不可；④被依法追究刑事责任，是指被人民法院判处刑罚或被人民法院免予刑事处罚，不仅包括在劳动过程中被依法追究刑事责任，也包括在劳动过程以外被依法追究刑事责任。

2. 非过错性辞退：非过错性辞退是指劳动者虽无过错，但由于客观情况发生了变化或劳动者患病、非因公伤残等，用人单位在采取弥补措施无果的情况下，法律赋予用人单位在履行特定程序后解除劳动合同的权利。

3. 经济性裁员：因经济性原因，企业濒临破产，被人民法院宣告进入法定整顿期间，或因生产经营发生严重困难，达到当地政府规定的严重困难企业标准而难以正常经营的状况下，通过裁员从而达到增效目的。它是预告辞退或无过错辞退的一种特殊形式。

（三）经济补偿金的支付

案例：小李与甲电脑公司签订劳动合同，被聘为技术员，聘期2年。因电脑公司拖欠小李2个月的工资，小李向当地劳动争议仲裁委员会申请仲裁，要求解除劳动合同；补发2个月工资，给付经济补偿金。

法律分析：

经济补偿金是劳动合同解除或者终止后，用人单位一次性支付给劳动者的经济上的补偿，体现了劳动立法对劳动者的倾向性保护。本案中，电脑公司无故拖欠小李的工资，违反了《劳动合同法》第38条第1款第2项未及时足额支付劳动报酬的法律规定，小李可以解除劳动合同，要求用人单位补齐工资，并根据《劳动合同法》第46条的规定，向电脑公司主张经济补偿金。经济补偿的月工资按照劳动者应得工资计算，包括计时工资或者计件工资以及奖金、津贴和补贴等货币性收入。劳动者在劳动合同解除或者终止前 12 个月的平均工资低于当地最低工资标准的，按照当地最低工资标准计算。劳动者工作不满 12 个月的，按照实际工作的月数计算平均工资。

关联条文：《劳动合同法》第 38 条。

法治贴士：

合同解除后，用人单位负有如下几方面的义务：

1. 支付经济补偿金的义务。劳动合同解除的经济补偿是指用人单位在协议解除劳动合同或者非过错性辞退、经济性裁员的情况下，按照法律的规定支付给劳动者的补偿金。有下列情形之一的，用人单位应当向劳动者支付经济补偿：①劳动者依照《劳动合同法》第 38 条规定解除劳动合同的；②用人单位依照《劳动合同法》第 36 条规定向劳动者提出解除劳动合同并与劳动者协商一致解除劳动合同的；③用人单位依照《劳动合同法》第 40 条规定解除劳动合同的；④用人单位依照《劳动合同法》第 41 条第 1 款规定解除劳动合同的；⑤除用人单位维持或者提高劳动合同约定条件续订劳动合同，劳动者不同意续订的情形外，依照《劳动合同法》第 44 条第 1 项规定终止固定期限劳动合同的；⑥依照《劳动合同法》第 44 条第 4 项、第 5 项规定终止劳动合同的；⑦法律、行政法规规定的其他情形。关于经济补偿金的支付标准，《劳动合同法》第 47 条第 1、2 款规定，经济补偿按劳动者在本单位工作的年限，每满 1 年支付 1 个月工资的标准向劳动者支付。6 个月以上不满 1 年的，按 1 年计算；不满 6 个月的，向劳动者支付半个月工资的经济补偿。劳动者月工资高于用人单位所在直辖市、设区的市级人民政府公布的本地区上年度职工月平均工资 3 倍的，向其支付经济补偿的标准按职工月平均工资 3 倍的数额支付，向其支付经济补偿的年限最高不超过 12 年。

2. 违法解除劳动合同的经济赔偿。劳动合同解除的经济赔偿是指劳动合同当事人违反劳动法有关劳动合同解除的规定，所应支付给受损害方的赔偿金。

3. 其他义务。用人单位应当在解除或者终止劳动合同时，出具解除或者终止劳动合同的证明，并在 15 日内为劳动者办理档案和社会保险关系转移手续。用人单位出具的解除、终止劳动合同的证明，应当写明劳动合同期限、解除或者终止劳动合同的日期、工作岗位、在本单位的工作年限。用人单位对已经解除或者终止的劳动合同的文本，至少保存 2 年备查。

三、工伤纠纷

（一）工伤的认定

案例：小李在下班途中被机动车撞伤，截掉了小腿，他该怎么维护自己的权利？

法律分析：

职工在上下班途中，受到机动车事故伤害或者按照《职业病防治法》规定被诊断、鉴定为职业病，所在单位应当自事故伤害发生之日或者被诊断、鉴定为职业病之日起 30 日内，向统筹地区劳动保障行政部门提出工伤认定申请。遇有特殊情况，经报劳动保障行政部门同意，申请时限可以适当延长。

用人单位未按上述规定提出工伤认定申请的，工伤职工或者其直系亲属、工会组织在事故伤害发生之日或者被诊断、鉴定为职业病之日起1年内，可以直接向用人单位所在地统筹地区劳动保障行政部门提出工伤认定申请。用人单位应在规定的时限内提交工伤认定申请，在此期间发生符合《工伤保险条例》规定的工伤待遇等有关费用由该用人单位负担。职工发生工伤，经治疗伤情相对稳定后存在残疾、影响劳动能力的，应当进行劳动能力鉴定。根据劳动能力鉴定等级劳动者可以向用人单位主张相应的劳动工伤待遇。

小李在上下班途中受到非本人主要责任的交通事故伤害，只要属于《最高人民法院关于审理工伤保险行政案件若干问题的规定》第6条规定的"上下班途中"，应当认定为工伤，可以要求单位给其申报工伤，单位拒绝申报的话，其也可以自行申报。工伤认定后，再向当地劳动鉴定部门申请工伤等级认定，如果单位缴纳的有工伤保险，由工伤基金支付相关费用，如果单位未能缴纳工伤保险，则由单位按照《工伤保险条例》标准向小李支付相应费用。当然小李也可以向肇事方要求人身损害赔偿，不过如果选择了交通事故赔偿，第三方已经赔偿的医疗等费用，工伤保险将不再予以支付。如果选择了工伤赔偿就不能再要求人身损害赔偿，工伤基金支付了工伤保险以后，获得向第三方的追偿权。

关联条文：《工伤保险条例》第14条、《最高人民法院关于审理工伤保险行政案件若干问题的规定》第6条。

法治贴士：

工伤是一种特殊的侵权行为，我国《劳动法》规定了工伤侵权责任是无过错责任，并对工伤认定情形、视同工伤情形和不认定工伤情形进行了明确规定。用人单位与劳动者或者劳动者直系亲属对于是否构成工伤发生争议的，由用人单位承担举证责任。劳动者及劳动者直系亲属仅对劳动关系存在的事实要件和人身伤害事实要件承担客观证明责任，而用人单位对否定工伤法定事由、发生事实与劳动者人身伤害存在因果关系事实承担证明责任。

申请工伤时，劳动者及直系亲属需要提交工伤认定申请表，写明事故发生的时间、地点、原因等工伤发生的过程。提交证据证明如下事实：劳动关系存在的事实，人身伤害的事实，认定工伤法定事由的发生，法定事由与人身伤害存在因果关系的事实。除证明劳动者存在不认定为工伤的法定情形外，如人身伤害是由劳动者自杀、自残、酗酒、吸毒所致等情形造成的，用人单位应承担工伤赔偿责任。

工伤，是劳动者在生产、工作过程中因意外事故所造成的负伤、致残、死亡或患职业病。职工所在用人单位应依法缴纳工伤保险，如果用人单位未缴纳工伤保险，发生工伤事故的，由用人单位支付工伤保险待遇。用人单位不支付的，从工伤保险基金中先行支付。从工伤保险基金中先行支付的工伤保险待遇应当由用人单位偿还。用人单位不偿还的，社会保险经办机构可以依照《社会保险法》第63条的规定追偿。工伤保险是国家和社会为在生产、工作中遭受事故伤害和患职业性疾病的劳动者提供医疗救治、生活保障、经济补偿、医疗和职业康复等物质帮助的一种社会保障制度。工伤保险实行无过错补偿原则，无论职业伤害的责任是在雇主或第三人或本人，受伤害者均会得到一定的经济补偿，用人单位应承担工伤赔偿责任。这是以现代损害赔偿理论作为理论依据的，存在高度危险来源的场合发生损害事故时，用人单位本身就是高度危险来源拥有者，就该承担赔偿责任，而不必考虑赔偿责任者有无过错。在机器生产和现代化生产条件下，职业危险属于高度危险来源的危险，工伤是以高度危险来源为基础的一种特殊侵权行为。因此，用人单位的工伤赔偿责任不以过错为要件，而坚持无过错责任原则。

（二）实习受伤不能享受工伤待遇

案例： 小李在大学实习期间受伤，住院治疗后，其以工伤待遇争议为由，向劳动争议仲裁委员会申请仲裁。其诉求能否得到支持？

法律分析：

大学生实习不属于《劳动法》调整的劳动争议案件，但属于《民法典》调整的一般的民事人身损害赔偿案件。小李在实习过程中受伤，可以向人民法院起诉请求人身损害赔偿。本案中，劳动争议仲裁委员会以双方未形成劳动关系、该争议不属于劳动争议为由裁决不予受理。因此大学生在进行实习时，实习单位应与学校、实习生订立三方协议，明确各自的权利与义务，必要时可考虑购买商业保险降低风险。

关联条文：《工伤保险条例》第30条第1款。

法治贴士：

学校学生按照专业培养目标要求和人才培养方案安排，由学校安排或者经学校批准自行到企（事）业等单位进行专业技能培养的实践性教育教学活动，包括认识实习、跟岗实习和顶岗实习等形式。认识实习是指学生由学校组织到实习单位参观、观摩和体验，形成对实习单位和相关岗位的初步认识的活动。跟岗实习是指不具有独立操作能力、不能完全适应实习岗位要求的学生，由学校组织到实习单位的相应岗位，在专业人员指导下部分参与实际辅助工作的活动。顶岗实习是指初步具备实践岗位独立工作能力的学生，到相应实习岗位，相对独立参与实际工作的活动。

根据《劳动法》的规定，实习生不是劳动法意义上的劳动者，他们和用人单位之间没有建立事实或者法律上的劳动关系；实习生的身份仍是学生，不是劳动者，不具备工伤保险赔偿的主体资格，在实习过程中受伤不享受工伤保险待遇，但因其也付出了劳动，根据为谁工作谁应当负责的原则，其所受损害可以按一般民事侵权纠纷处理。

（三）用人单位替代责任纠纷

案例： 王某驾驶自己小轿车与尹某驾驶的无号牌三轮车相撞，造成小轿车车体损坏。王某、尹某承担本起道路交通事故同等责任。王某驾驶的小轿车实际所有人为王某，尹某系环卫处环卫工人。事故发生于午休时间。法院认为，午休期间属于劳动者法定的休息时间，本案不存在尹某中午加班工作或单位委派其执行工作任务等情形，故不属于因执行工作任务造成他人损害的情形，损害的责任只能由尹某个人承担。[1]

法律分析：

尹某受聘于住建局下设环卫处，属于用人单位的工作人员，作为一名环卫工人，其工作主要任务是对用人单位指定的区域进行清扫，而事发当天尹某在午休期间发生交通事故。午休期间属于劳动者法定的休息时间，尹某亦无证据证明存在中午加班工作或单位委派其执行工作任务等情形。用人单位为劳动者承担替代责任的前提是工作人员因执行工作任务而造成他人损害。因此，其驾驶行为与职务活动欠缺必然联系，故无法被认定为执行工作任务，因

---

[1] 改编自吉林省吉林市中级人民法院（2018）吉02民终279号案件。

其过错造成另一驾驶人王某的损害无法由用人单位承担替代责任，而只能由尹某自己承担责任。

关联条文：《民法典》第1191条。

法治贴士：

我国对用人单位采取的是无过错责任，只要工作人员实施侵权行为造成他人损害的，用人单位就要首先承担赔偿责任，用人单位不能通过证明自己在选任或者监督方面尽到了相应的义务来免除自己的责任。当然，用人单位承担侵权责任后，可以向有故意或者重大过失的工作人员追偿。用人单位承担侵权责任的前提是工作人员的行为与"执行工作任务"有关，工作人员应当按照用人单位的授权或者指示进行工作。与工作无关的行为，即使发生在工作时间内，用人单位也不承担侵权责任，该责任由工作人员自己承担。

四、劳动纠纷中的违约责任

（一）竞业限制

案例：小李入职甲公司，双方签订了劳动合同和竞业限制协议。协议中约定：小李如离职，公司应按竞业限制期限支付一定数额的竞业限制经济补偿，补偿从离职次月开始按月支付。若小李违反竞业限制约定，则需向公司支付违约金2万元。小李辞职，多次要求公司按期支付竞业限制经济补偿，但公司迟迟没有回应。4个多月后，小李无奈下向公司递交了解除双方竞业限制协议的函，并找到了一份与公司相同行业企业的工作。该公司得知消息后，要求小李履行竞业限制协议或赔付公司违约金，遭到拒绝，双方因此产生纠纷。

法律分析：

竞业限制，又称竞业禁止，是指负有特定义务的员工在任职期间或者离开岗位后一定期限内不得自营或为他人经营与其所任职的企业同类经营的一种法律制度。对负有保密义务的劳动者，用人单位可以在劳动合同或者保密协议中与劳动者约定竞业限制条款，并约定在解除或者终止劳动合同后，在竞业限制期限内按月给予劳动者经济补偿。劳动者违反竞业限制约定的，应当按照约定向用人单位支付违约金。

本案中公司与小李签订了竞业限制协议并约定了竞业限制经济补偿，协议合法有效，双方均应如约履行。小李离职后多次要求公司按期支付竞业限制经济补偿，但公司未能如约支付，也未能举证证明系小李过错而导致公司未能履约，故公司应当承担相应法律后果。小李有权单方面解除竞业限制约定，通知自送达公司时生效，双方均不再承担竞业限制义务与权利。

关联条文：《劳动合同法》第24条。

法治贴士：

竞业限制是指劳动者在离职后的一定期限内，不得到与本单位生产或者经营同类产品、从事同类业务的有竞争关系的其他用人单位工作，或者自己开业生产或者经营同类产品、从事同类业务。用人单位未按照约定在劳动合同终止或者解除时向劳动者支付竞业限制经济补偿的，竞业限制条款失效。当事人在劳动合同或者保密协议中约定了竞业限制和经济补偿，劳动合同解除或者终止后，因用人单位的原因导致3个月未支付经济补偿，劳动者请求解除竞业限制约定的，人民法院应予支持。

实践中，竞业限制协议往往在员工入职时就已经签署，但当其离职时，因历经时间较长，企业原有的保密情形可能发生变化，该员工接触的保密信息可能已经公开或者因其他原因导致离职后的竞业限制已无实际意义。当离职竞业限制协议生效后，即使双方未就竞业限制补偿金作出约定，劳动者履行了竞业限制义务，用人单位也应当支付经济补偿金；同时，用人单位有权单方解除该竞业限制协议，但需向劳动者支付额外3个月的竞业限制补偿金。反之，如用人单位3个月未支付竞业限制补偿金，劳动者也可通过明示行为解除此协议。因此在员工离职时，企业应当权衡是否要求继续履行竞业限制协议，如认为无必要，应当及时书面告知员工解除竞业限制协议，以避免不必要的成本支出和诉累。

（二）保密协议

案例：小李曾是甲科技公司的员工，在进入公司后签订了保密协议，约定客户名单为公司的经营信息，并领取了保密费用。不久小李离职自己创业。公司发现，小李在公司任职期间，违反保密协议及保密制度，利用公司的知识产权帮助公司竞争对手，侵害了公司的商业秘密，遂提起诉讼。

法律分析：

保密义务来自雇员对雇主的忠诚义务，乃是劳动关系中劳动者的主要义务。本案中，小李作为科技公司员工，对其任职单位具有忠实义务，且双方已签订了保密协议。但其在任职期间利用原单位的知识产权，擅自以原单位竞争对手的名义与原单位客户签订协议，牟取非法利益的行为涉嫌泄密，侵犯了原单位的知识产权，科技公司有权要求小李停止侵权行为并赔偿相关经济损失。在此提醒，劳动者只在保密协议范围和约定的保密时间范围内承担保密责任。

关联条文：《劳动合同法》第23条。

法治贴士：

商业秘密，是不为公众所知悉、能为权利人带来经济利益，具有实用性并经权利人采取保密措施的技术信息和经营信息。据此，商业秘密主要包括两类：一是生产配方、工艺流程、技术诀窍、设计图纸等技术信息；二是管理方法、产销策略、客户名单、货源情报等经营信息。保密义务不等同于竞业限制义务，劳动者只在用人单位支付竞业限制补偿的前提下才承担竞业限制义务；而对于保密义务，只要公司划定了保密范围，无论是否给予保密费用，劳动者都必须承担保密义务。

（三）违约金

案例：小李在单位每天加班4小时，一个月后，他感觉实在太累，要求不再加班。单位声称合同中有约定不加班就要支付违约金。公司的说法正确吗？

法律分析：

违约金是由当事人约定或法律规定，在一方当事人不履行或不完全履行合同时向另一方当事人支付的一笔金钱或其他给付。《劳动合同法》规定除违反服务期和违反竞业限制约定的两种情形外，用人单位无权要求劳动者支付违约金，即使双方自愿在劳动合同中对违约金作出了明确约定，也因为违反《劳动合同法》强制性条款规定而归于无效。小李单位的加班时间超出了国家法律规定的最高时限，影响了职工的身体健康，属于违法行为。即便单位的劳动合同中有约定，小李也不用支付违约金，因为该约定违反法律规定，属于无效约定。

关联条文：《劳动合同法》第 25 条。

法治贴士：

违约金是承担违约责任的主要形式，违约金具有惩罚性和赔偿性双重性质。从民法理论看，当事人双方自愿在劳动合同中约定双方的权利义务，并约定违约责任，有利于规范劳动用工、规范市场秩序。但从劳动用工的实际情况看，由于劳动者往往处于弱势地位，在劳动合同签订中往往缺乏话语权，签订的劳动合同更多的也是约定劳动者的违约责任，对劳动者作出过多的责任限制，这样会加重用工领域的不公平。为了维护劳动者的合法权益，《劳动合同法》第 25 条明确规定，除违反服务期和竞业限制约定情形外，用人单位不得与劳动者约定由劳动者承担违约金，否则属于无效条款。

五、劳动争议处理

（一）双重劳动关系

案例：小李是某企业下岗待岗人员，后被甲公司聘用，小李存在双重劳动关系，他能否享有双重社会保险呢？

法律分析：

小李这类企业停薪留职人员、未达到法定退休年龄的内退人员、下岗待岗人员以及企业经营性停产放长假人员等，存在双重劳动关系的劳动者很多，目前来看其不可以享有双重社会保险。我国《社会保险法》规定，一个劳动者只能开设一个社保账户，用人单位不可以为劳动者重复缴纳社会保险（除工伤保险），所以小李可以选择其中一家单位缴纳社会保险，劳动者所应享有的其他权益在其签订的劳动合同中可以全面予以保护。如发生工伤，由职工受到伤害时其工作的单位依法承担工伤保险责任。因此，实践中对于双重劳动关系中的劳动者，即使现用人单位可以不为其缴纳其他社会保险，也应为其缴纳"多重劳动关系工伤保险"，否则一旦该劳动者发生工伤，现用人单位将要承担巨额的工伤保险赔偿责任。

关联条文：《社会保险法》第 58 条。

法治贴士：

对于招聘已经到达退休年龄的劳动者、停薪留职、下岗等特殊人员，用人单位应当注意以下几个问题：①招聘时应审查清楚该劳动者具体情况，包括是否已经享受养老保险待遇、是否与其他用人单位存在劳动关系并且该单位是否正常为该劳动者缴纳社会保险等问题，尽量要求劳动者出具书面证明。在查清劳动者具体情况的基础上确定用人单位与该劳动者将产生怎样的法律关系。如果属于劳务关系，应当与该劳动者签订劳务协议；如果属于劳动关系，应签订劳动合同，并应当明确告知劳动者可以为其缴纳何种类型的保险，不能为其缴纳什么保险，避免日后就此问题发生争议。②对于存在双重劳动关系的劳动者，即使现用人单位不为其缴纳相关社会保险，但是解除、终止劳动合同也应依据相关劳动法律法规进行，包括解除、终止劳动合同的理由、通知程序、经济补偿标准等。③对于存在双重劳动关系的劳动者，现用人单位虽无法为该劳动者缴纳其他社会保险，为避免劳动者工伤而给企业带来的风险也一定要为其缴纳"多重劳动关系工伤保险"。

（二）劳动纠纷举证责任分配

案例： 小李加班，单位没有给其支付加班费，他想找用人单位要个说法，他该提供什么证据？

法律分析：

举证责任是诉讼过程中，当事人负有向审理机关提交证据证明其主张的义务。劳动关系存续期间，劳动者与用人单位之间产生的许多法律事实都是以书面的形式确定下来的，如劳动合同书、单位规章制度、工资单、用工证明、考勤表等。劳动者在履行劳动合同期间，为了证明自己履行了劳动合同规定的义务，要注意收集与保存能够证明自己履行义务的各种证据。如证明自己的出勤情况的考勤卡，证明自己工资数额的工资单、银行卡等。在没有发生劳动争议时也许大多数劳动者将收集证据视为多余或累赘，而在诉讼时感到冤屈的，大部分就是因为劳动者平时不注意收集证据，等到需要时已经无法再取得证据而造成的，在此提醒劳动者养成保留必要证据的习惯。小李加班向单位索要加班费，他就需要提供其加班的证据，以及证明自己加班时间的材料，如果其有证据证明加班材料在用人单位处保管，那么举证责任倒置，由用人单位来提供证据。

关联条文：

《最高人民法院关于审理劳动争议案件适用法律问题的解释（一）》第42条：劳动者主张加班费的，应当就加班事实的存在承担举证责任。但劳动者有证据证明用人单位掌握加班事实存在的证据，用人单位不提供的，由用人单位承担不利后果。

法治贴士：

当事人对自己提出的诉讼请求所依据的事实或者反驳对方诉讼请求所依据的事实有责任提供证据加以证明。没有证据或者证据不足以证明当事人的事实主张的，由负有举证责任的当事人承担不利后果。人民法院应当向当事人说明举证的要求及法律后果，促使当事人在合理期限内积极、全面、正确地完成举证。当事人因客观原因不能自行收集的证据，可申请人民法院调查收集。

发生劳动争议，与普通民事诉讼基本一致，当事人对自己提出的主张，有责任提供证据，但与争议事项有关的证据属于用人单位掌握管理的，用人单位应当提供；用人单位不提供的，应当承担不利后果。劳动者主张加班费的，应当就加班事实的存在承担举证责任。但劳动者有证据证明用人单位掌握加班事实存在的证据，用人单位不提供的，由用人单位承担不利后果。

（三）一裁终局的劳动争议案件

案例： 小李向当地仲裁委员会提出申请，要求用人单位支付拖欠他的6个月工资，仲裁委员会作出了裁决，用人单位对裁决结果不服，还可以去法院起诉吗？

法律分析：

一裁终局是指劳动争议经劳动仲裁部门裁决后即行终结，裁决书自作出之日起生效的制度。一裁终局能让大量的劳动争议案件在劳动仲裁阶段解决纠纷，有效节约了当事人的诉讼成本，提高了劳动争议纠纷解决的效率，快捷有效地保护了当事人的合法权益。小李向当地仲裁委员会提主张，要求用人单位支付拖欠的 6 个月工资，该裁决书内容涉及追索劳动报酬不超过当地月最低工资标准 12 个月金额的争议，属于一裁终局范围。但如果小李一方面请求未超过当地月最低工资标准 12 个月劳动报酬，另一方面又要求用人单位调整工作岗位等的，则整个案件构成非终局案件，法院应当根据司法解释规定作出非终局裁决事项处理。

关联条文：《劳动争议调解仲裁法》第 47 条。

法治贴士：

虽然一裁终局从法律规定而言体现了对劳动者的倾斜保护，但立法也赋予了用人单位相应的救济路径。用人单位有证据证明仲裁裁决有下列情形之一，可以自收到仲裁裁决书之日起 30 日内向劳动争议仲裁委员会所在地的中级人民法院申请撤销裁决：①适用法律、法规确有错误的；②劳动争议仲裁委员会无管辖权的；③违反法定程序的；④裁决所根据的证据是伪造的；⑤对方当事人隐瞒了足以影响公正裁决的证据的；⑥仲裁员在仲裁该案时有索贿受贿、徇私舞弊、枉法裁决行为的。人民法院经组成合议庭审查核实裁决有前款规定情形之一的，应当裁定撤销。仲裁裁决被人民法院裁定撤销的，当事人可以自收到裁定书之日起 15 日内就该劳动争议事项向人民法院提起诉讼。

第二节　人身权利保护风险防范

公民享有的人身权是其最基本的权利，切实保护公民的人身权，才能保障公民正常参与各项民事活动。人身权利是我们每个人最重要的权利之一，这些权利受到法律的保护，任何人不能侵犯。本节介绍一些常见的人身损害赔偿类型，给大家普及一下应该如何保护自己的人身权利，如何及时运用法律手段维护自己的合法权益，避免法律风险。

一、侵权责任一般规定

（一）自甘风险

案例：小李参加足球比赛活动受到损害，组织者是否应承担赔偿责任？

法律分析：

在自甘风险制度中，受害人对其参加的文体活动、自己的竞技水平和身体健康情况以及可能存在的风险是知晓的，只是不能预测自己参加活动是否一定会遭受损害、遭受多大程度的损害。小李的损害到底是组织者的过错形成的，还是意外形成的，还是其他参与者形成的，应根据案件实际情况来确定由谁来承担赔偿责任。参加文体活动，参加者必须意识到所参加的文体活动的风险，这些活动的固有危险已经为社会一般人所知晓，对于参加文体活动的这些固有风险由参与者自己承担责任。而固有风险之外的意外损害，则从当事人双方、活动组织者是否有过错以及过错程度等各方面从严认定和把握。

关联条文：《民法典》第 1176 条。

法治贴士：

文体活动指文化活动和体育活动两类活动。所谓风险，是指从事某类活动发生意外人身伤害等事故的危险性。凡事故率较高的为高风险，不出事故或者事故率低的为零风险或者低风险。自甘风险作为违法阻却事由，免除加害人责任，尤其适用于那些危险较高的活动，自甘风险发生的场景往往是"具有一定风险的文体活动"。受害人自愿参加具有一定风险的文体活动，因其他参加者的行为受到损害，受害人不得请求其他参加者承担侵权责任，但是其他参加者对损害的发生有故意或者重大过失时除外。自甘风险危险活动的组织者，如果有故意或重大过失，构成违反安全保障义务的侵权责任，或者学校组织未成年学生参加文体活动，造成未成年学生人身伤害的，组织者因故意或者过失，未尽到安全保障义务造成受害人损害的，应当承担赔偿责任。在法律中确立"自甘风险"规则，对于自愿参加对抗性、风险性较强的体育活动，以及学校等机构组织开展体育课等活动，在明确责任界限上对组织者是有利的。

（二）自助行为

案例：车祸发生后，肇事方想逃逸，受害方司机把肇事车辆的钥匙扣留，并不许肇事者离开，双方发生肢体矛盾引发纠纷，司机的做法是否正确？

法律分析：

"自助行为"制度赋予公民在一定条件下的自我保护权利，是对国家权力在维护社会秩序和保护公民权益不及时情况下的有益补充。即情况紧迫且不能及时获得国家机关保护，不立即采取措施将使其权益受到难以弥补的损害，在保护自己合法权益范围内对侵权人实施扣留财产或者限制人身自由的行为。本案中，车祸发生后肇事方想逃逸，如果不把车辆或钥匙扣留，会使司机自己的合法权利遭受损害，司机采取扣留钥匙、不允许肇事方离开的措施是合法的。行为人在实施自助行为、权益得到保障后，应及时解除相应措施，如果仍需继续采取上述措施的，应当立即请求有关国家机关依法处理。受害人采取自助行为的措施不适当，造成他人损害的，应当承担侵权责任，赔偿损失。

关联条文：《民法典》第 1177 条。

法治贴士：

自助，是指受害人于情况紧急无法求助于国家机关保护自己的合法权益时，而对他人（通常是债务人）的财产或者人身自由采取合理限度的强制措施以保护自己的合法权益的行为。自助作为民法确认的侵权责任抗辩事由，其抗辩效果在于：受害人在紧急情况下在必要范围内采取合理的措施自力救济保护其合法权益，不对因此等自助行为给侵权人（债务人）造成的损害承担侵权责任。自助属于"私力救济"，即民事主体以自己的能力而不是以国家的公权保护其合法权益。自助属于临时性的强制措施，在实施自助行为之后应当立即请求国家机关处理相关纠纷，通过公权保护其合法权益。

对侵权人（债务人）实施自助行为，不得超过必要范围和合理限度。如果是对其财物实施扣留措施，以足以保护被侵权人（债权人）的权益（如与债务的数额相当）为限，不得超出这一范围和限度扣留更多的财物；如果是对其人身自由实施强制，以足以控制其不能脱逃为限。自助超过必要范围和合理限度，或假借自助行为趁机损坏侵权人（债务人）的财产、加害其人身，行为人均应承担相应的侵权责任，不能主张自助而免于对其所造成的损失之侵权责任。受害人（债权人）对侵权人（债务人）于紧急情况在必要范围内采取扣留侵权人的财物等合理措施，属于临时性的措施，应当立即请求有关国家机关处理。是否达到"立即"的要求，有法定标准的依法定标准判断；无法定标准的，按照习惯或者理性人的正常处理方法和速度判断。

自助的积极意义是毋庸否认的。在紧急情况下，受害人或者可能的受害人通过采取临时的强制措施比如扣留侵权人的财物，能够有效保护自己免受损失。法律给予这种有限的私力救济一定的空间，对于保护受害人的合法权益、维护社会秩序的和谐稳定具有积极意义。

（三）人身损害赔偿范围

案例： 沈某驾驶小型客车与张某发生交通事故，致张某受伤、车辆受损。沈某承担事故全部责任，张某无责任。事故发生后，张某向法院诉请沈某赔偿损失。法院认为：沈某驾驶机动车造成张某人身损害，应当赔偿损失。张某的损失包括医疗费、住院伙食补助费、后续治疗费、营养费、误工费、护理费、精神损害抚慰金、伤残赔偿金、交通费、鉴定费等。[1]

法律分析：

人身损害赔偿是指行为人侵犯他人的生命健康权益造成伤、残、死等后果，而承担金钱赔偿责任的一种民事法律救济制度。受害人因受伤害造成残疾的，侵权人除赔偿上述费用之外，还应当赔偿辅助器具费和残疾赔偿金。辅助器具费是伤残者身体功能丧失应予配置的辅助器具的购置费和维护费。残疾赔偿金实际上是对受害人因受到伤害造成残疾、丧失劳动能力而失去的工资收入的赔偿。张某因机动车交通事故而残疾，其身体权与健康权均遭受了损害，因而有权请求人身损害赔偿。人身损害赔偿的具体范围包括医疗费、护理费、交通费、营养费、住院伙食补助费、误工费、残疾辅助器具费以及残疾赔偿金等。

关联条文：《民法典》第 1179 条。

法治贴士：

人身损害赔偿是侵害生命权、身体权、健康权造成的损害，分为一般伤害、造成残疾和造成死亡共三种类型的损害。侵权行为造成他人人身一般伤害的，侵权人应当赔偿医疗费、护理费、交通费、营养费等为治疗和康复支出的合理费用，以及因误工减少的收入。医疗费是治疗人身伤害的治疗费、医药费、检查费等费用；护理费是对受到伤害的受害人进行护理的费用；交通费是受害人因就医、转desprecial治疗等而支出的本人及护理人员的交通费；营养费是受到伤害的人在治疗和康复期间需要补充营养的费用；住院伙食补助费是在住院期间餐费的支出；误工损失是因伤残等耽误工作所减少的收入。其他因治疗和康复而支出的合理费用，也在赔偿范围之内。

受害人因受伤害造成残疾的，侵权人除赔偿上述费用之外，还应当赔偿辅助器具费和残疾赔偿金。辅助器具费是伤残者身体功能丧失应予配置的辅助器具的购置费和维护费。残疾赔偿金实际上是对受害人因受到伤害造成残疾、丧失劳动能力而失去的工资收入的赔偿。

受害人因伤害而死亡的，侵权人还应当赔偿丧葬费和死亡赔偿金。丧葬费是处理死者丧葬事宜所应支付的费用，应当按照最高人民法院的司法解释的规定予以赔偿，对死亡赔偿金采取一次性赔偿 20 年的固定标准计算。

受害人受到人身或财产损害，因就医治疗支出的各项费用以及因误工减少的收入都可以要求赔偿义务人给予赔偿。索要赔偿标准如下：①医疗费：根据医疗机构出具的医药费、住

---

〔1〕 改编自北京市高级人民法院（2017）京民终 331 号案件。

院费等收款凭证，结合病历和诊断证明等相关证据确定。赔偿义务人对治疗的必要性和合理性有异议的，应当承担相应的举证责任。②误工费：误工费根据受害人的误工时间和收入状况确定。误工时间根据受害人接受治疗的医疗机构出具的证明确定。受害人因伤致残持续误工的，误工时间可以计算至定残日前一天。受害人有固定收入的，误工费按照实际减少的收入计算。受害人无固定收入的，按照其最近 3 年的平均收入计算；受害人不能举证证明其最近 3 年的平均收入状况的，可以参照受诉法院所在地相同或者相近行业上一年度职工的平均工资计算。③住院伙食补助费：住院伙食补助费可以参照当地国家机关一般工作人员的出差伙食补助标准予以确定。受害人确有必要到外地治疗，因客观原因不能住院，受害人本人及其陪护人员实际发生的住宿费和伙食费，其合理部分应予赔偿。④护理费：护理费根据护理人员的收入状况和护理人数、护理期限确定。护理人员有收入的，参照误工费的规定计算，护理人员没有收入或者雇佣护工的，参照当地护工从事同等级别护理的劳务报酬标准计算。护理人员原则上为 1 人，但医疗机构或者鉴定机构有明确意见的，可以参照确定护理人员人数。护理期限应计算至受害人恢复生活自理能力时止。受害人因残疾不能恢复生活自理能力的，可以根据其年龄、健康状况等因素确定合理的护理期限，但最长不超过 20 年。受害人定残后的护理，应当根据其护理依赖程度并结合配制残疾辅助器具的情况确定护理级别。⑤残疾赔偿金：残疾赔偿金根据受害人丧失劳动能力程度或者伤残等级，按照受诉法院所在地上一年度城镇居民人均可支配收入或者农村居民人均纯收入标准，自定残之日起按 20 年计算。但 65 周岁以上的，年龄每增加 1 岁减少 1 年；75 周岁以上的，按 5 年计算。受害人因伤致残但实际收入没有减少，或者伤残等级较轻但造成职业妨害严重影响其劳动就业的，可以对残疾赔偿金作相应调整。⑥残疾用具费：残疾辅助器具费按照普通适用器具的合理费用标准计算。伤情有特殊需要的，可以参照辅助器具配制机构的意见确定相应的合理费用标准。辅助器具的更换周期和赔偿期限参照配制机构的意见确定。⑦被扶养人生活费：被扶养人生活费根据扶养人丧失劳动能力程度，按照受诉法院所在地上一年度城镇居民人均消费性支出和农村居民人均年生活消费支出标准计算。被扶养人为未成年人的，计算至 18 周岁；被扶养人无劳动能力又无其他生活来源的，计算 20 年。但 60 周岁以上的，年龄每增加 1 岁减少 1 年；75 周岁以上的，按 5 年计算。被扶养人是指受害人依法应当承担扶养义务的未成年人或者丧失劳动能力又无其他生活来源的成年近亲属。被扶养人还有其他扶养人的，赔偿义务人只赔偿受害人依法应当负担的部分。被扶养人有数人的，年赔偿总额累计不超过上一年度城镇居民人均消费性支出额或者农村居民人均年生活消费支出额。⑧交通费：交通费根据受害人及其必要的陪护人员因就医或者转院治疗实际发生的费用计算。交通费应当以正式票据为凭；有关凭据应当与就医地点、时间、人数、次数相符合。⑨营养费：营养费根据受害人伤残情况参照医疗机构的意见确定。⑩住宿费：按照医疗事故发生地国家机关一般工作人员的出差住宿补助标准计算，凭据支付。⑪死亡赔偿金：按照受诉法院所在地上一年度城镇居民人均可支配收入或者农村居民人均纯收入标准，按 20 年计算。但 60 周岁以上的，年龄每增加 1 岁减少 1 年；75 周岁以上的，按 5 年计算。⑫丧葬费：按照受诉法院所在地上一年度职工月平均工资标准，以 6 个月总额计算。⑬精神损失费：受害人或者死者近亲属遭受精神损害，赔偿权利人向人民法院请求赔偿精神损害抚慰金的，适用《最高人民法院关于确定民事侵权精神损害赔偿责任若干问题的解释》予以确定。精神损害抚慰金的请求权，不得让与或者继承。但赔偿义务人已经以书面方式承诺给予金钱赔偿，或者赔偿权利人已经向人民法院起诉的除外。

（四）侵害特定物品精神损害赔偿

案例： 王某居住的房屋被拆除，造成物品下落不明。王某向法院起诉，请求法院判令拆迁公司赔偿财产损失以及精神损害抚慰金。法院认为，因该房屋曾由王某爷爷居住使用，室内存放的一些物品可能年代较久，具有一定的人格象征意义，综合考虑本案，酌定赔偿精神损害抚慰金。

法律分析：

精神损害赔偿是受害人因人格利益或身份利益受到损害或者遭受精神痛苦而获得的金钱赔偿。涉案房屋内存放的王某爷爷生前留下的物品，寄托了王某对爷爷的哀思，是具有人身意义的特定物。拆迁公司在拆迁过程中，未尽到审慎的注意义务，致使上述物品毁损灭失，具有重大过失。侵权行为侵害了自然人的人身权益造成严重精神损害的，行为人应当承担精神损害赔偿责任。对于造成财产损失的，一般不以承担精神损害赔偿责任的方法进行救济，但如果故意或者重大过失侵害自然人具有人身意义的特定物造成严重精神损害的，由于该特定物中包含人身利益，对该特定物的损害会造成被侵权人的严重精神损害，故被侵权人有权请求精神损害赔偿，侵权人应当对此特定物的财产损害而造成的被侵权人的精神损害承担赔偿责任。

关联条文：《民法典》第 1183 条。

法治贴士：

精神损害是指自然人因人身权益遭受侵害而产生的精神痛苦、肉体疼痛或其他精神严重反常情况。在我国目前法律规定框架下，死亡、残疾属于人身损害，不属于精神损害。但是死亡事实可能导致近亲属精神损害，残疾后果可能导致被侵权人精神损害。精神损害从受害的主体上划分，可以分为被侵权人的精神损害与其近亲属的精神损害。我国法律对二者都予以救济，从程度上可以划分为轻微精神损害、一般精神损害与严重精神损害，我国法律仅对严重精神损害予以救济。《民法典》第 1183 条规定，仅自然人的人身权益受到侵害或者其具有人身意义的特定物受到侵害的，作为被侵权人的自然人有权提出精神损害赔偿的请求。其他民事主体，包括法人和非法人组织，不得提出精神损害赔偿请求。法人和非法人组织不具有自然人的思想情感，不可能出现类似于自然人精神损害的痛苦、疼痛等，因此不得请求精神损害赔偿。但是法人或非法人组织在其名称权、名誉权、荣誉权、商誉和信用等受到他人侵害而导致财产损失时，得以请求财产上的损害赔偿。

"具有人身意义的特定物"的范围，在实践中主要涉及的物品类型为与死者相关的特定纪念物品，如遗像、骨灰盒、遗物等；与结婚礼仪相关的特定纪念物品，如录像、照片等；与家族祖先相关的特定纪念物品，如祖坟、祠堂等。这些物品对被侵权人具有人身意义，侵权人的过错程度、侵害手段、场合、行为方式、侵权行为所造成的后果的，是确定被侵权人精神损害程度的重要因素。越是故意甚至恶意的主观状态、在公开场合、以恶劣的加害手段侵害被侵权人，对被侵权人造成严重后果，则被侵权人所受精神损害的程度就越深，侵权人应承担的赔偿数额也就越高。因此精神损害赔偿的数额，在具体案件中，应结合个案情况灵活处理。而随着社会经济的发展变化，精神损害赔偿的数额也会相应发生变化。

二、责任主体的特殊规定

（一）委托监护责任

案例： 孙某5岁，沈某9岁，两人长期寄住于丁某开设的托管班。孙某与沈某在丁某家中玩耍时，沈某扔铅笔盒将孙某的眼睛弄伤。法院认为：被告丁某以家庭为场地、以家庭成员为工作人员开设托管班，为包括孙某、沈某在内的学生提供食宿、接送和辅导作业等服务，孙某、沈某的监护人每月支付费用，故双方存在委托托管关系。被告丁某允许孙某、沈某在无人管理的情形下玩耍，造成孙某眼睛受伤，且未及时告诉孙某的监护人，存在过错。丁某没有履行委托托管的安全保护义务，应承担赔偿责任。被告沈某系限制民事行为能力人，其监护人应承担相应的责任。根据各方当事人的过错程度，确定被告丁某承担原告孙某经济损失的50%，被告沈某承担40%，原告孙某承担10%。[1]

法律分析：

委托监护是指监护人委托他人代行监护职责，是一种双方的民事法律行为，是被监护人的监护人与受托人之间关于受托人为委托人履行监护职责、处理监护事务的协议，须有监护人委托与受托人接受委托的意思表示一致才能成立。委托监护当事人之间的委托协议一旦成立，受托人即负有依约定为委托人履行监护职责的义务，委托人负有依约定支付必要费用的义务，委托人和受托人任何一方违反义务，都应当向对方承担违约责任。

本案中，作为加害人的沈某为未成年人，虽由丁某在托管班进行委托监护，但其监护人仍应对其加害行为承担侵权责任。而丁某作为委托监护的受托人，对沈某负有教育、管理和保护的义务，由于存在未尽监护职责的过失，丁某应当就其过失造成的损失，承担相应的责任。综上，沈某的法定监护人和委托监护的受托人丁某作为责任主体，承担赔偿责任，委托监护的孙某未尽到选择安全托管机构的义务，所以三方主体按份承担相应的责任。

关联条文：《民法典》第1189条。

法治贴士：

委托监护责任，是无民事行为能力人或者限制民事行为能力人造成他人损害，监护人将监护职责委托他人，监护权人与受托人分担责任的特殊侵权责任。无民事行为能力人或者限制民事行为能力人在受托人的监护下，而不是在监护权人的监护下。被监护的无民事行为能力人或者限制民事行为能力人实施的行为，造成了被侵权人的损害，对监护权人推定其存在未尽监护职责的过失，至于受托人的过失，应当由被侵权人举证证明。

虽监护人可将未成年人委托他人代为照管，但监护职责并不因委托关系的存在而转移或减轻。监护人为未成年人选择托管机构时，应注意对托管机构的经营条件、人员配备、管理经验等情况予以适当、合理地审查；平时也应尽可能加强对未成年人的教育、沟通和照顾，而不能将监护、照管、保护未成年人的职责完全转嫁给他人。无民事行为能力人、限制民事行为能力人造成他人损害，监护人将监护职责委托给他人的，监护人应当承担侵权责任。除了监护人外，如果受托人有过错的，要承担相应的责任，具体承担责任的范围，由司法机关结合具体案件情况依法裁量。

---

[1] 改编自江苏省淮安市洪泽区人民法院（2017）苏0813民初1783号案件。

（二）个人劳务损害责任

案例： 王某雇佣李某搬运玻璃，约定一次性支付报酬300元。在搬运过程中，李某因未能扶稳玻璃砸伤自己左腿。法院认为：双方系临时雇佣关系。雇工在从事雇佣活动中受伤，雇主依法应承担赔偿责任。

法律分析：

劳务损害适用过错推定原则，推定接受劳务一方有监督、选任不当的过失，接受劳务一方对受害人的损害承担赔偿责任。如果提供劳务一方在造成他人损害时有故意或者重大过失，则接受劳务一方在承担了赔偿责任之后，有权向提供劳务一方进行追偿。本案中王某掌握了对现场的控制权，即搬运活动如何进行是由王某支配和指挥的，李某只是按照王某的要求进行具体活动，所以双方之间构成雇佣关系而非承揽关系，且属于个人之间的劳务关系，雇工在从事雇佣活动过程中遭受人身损害，雇主应当承担赔偿责任。

关联条文：《民法典》第1192条。

法治贴士：

个人劳务关系，是指自然人个人之间的雇佣与被雇佣、接受劳动服务与提供劳动服务的民事法律关系。在这种民事法律关系中，雇佣者或者说接受劳动服务者为"接受劳务一方"，被雇佣者或者提供劳动服务者为"提供劳务一方"。这种民事法律关系为有偿关系，前者支付报酬，后者接受报酬。个人劳务关系可以是较长时间的雇佣关系如住家保姆，也可以是临时雇用的钟点工。在这种民事法律关系中，接受劳务的一方对另一方有指导、指示的权利，提供劳务一方接受前者的指导、指示。因此，个人劳务关系不同于承揽关系，承担侵权责任的规则也不一样。劳务关系的建立可以采取书面形式，也可以采取口头或者其他形式。个人劳务损害责任是提供劳务一方在提供劳务过程中，因自己的劳务提供行为造成他人损害。

在提供劳务期间，提供劳务一方因劳务自己受到损害的，根据双方各自的过错承担相应的责任。此等损害，有些类似于"工伤损害"，不是严格意义上的对他人造成损害情况下的替代责任的适用对象。这一规定采用了过错责任原则以及比较过失规则：接受劳务一方有过错的，应当承担侵权责任；如果双方都有过错的，比较过错的大小承担相应的责任或者分担相应份额的损失。

在提供劳务期间，第三人给提供劳务一方造成损害的，提供劳务一方有权选择第三人或者选择接受劳务的一方给予补偿。选择造成损害的第三人承担侵权责任，是因为第三人造成了此等损害，按照自己责任和过错责任原理，其承担侵权责任天经地义。选择接受劳务的一方给予补偿，则是出于提供劳务一方的诉讼便利及使其更可能获得救济的考虑。本质上，接受劳务的一方没有承担此等侵权责任的法理基础，其所承担的"补偿"既不是对自己行为造成损害的责任，也不是对他人行为造成损害的替代责任，而是一种基于诉讼便利或者弱者保护考虑的"代负责任"。如果接受劳务一方代替造成损害的第三人给予了补偿，有权向该第三人全额追偿。需要指出的是提供劳务一方此处的两个请求权是竞合的或者相互排斥的：如果选择向造成损害的第三人主张损害赔偿，就不得向接受劳务的一方请求补偿；反之亦然。

（三）定作人指示过失责任

案例：王某由于未带安全绳，在进入某公司电动门检修口时不慎跌下致左腿骨折。法院认为：根据双方以往先修理后付费的交易习惯，认定双方之间属承揽关系。公司未选择有资质的单位，而选择个人修理，且在检修口天花板存在质量问题的情况下，未向王某作出告知提醒，仍让其进入修理，应承担指示、选任过失责任。王某作为长期从事维修工作的相对专业的人员，在高空作业中对于可能存在的安全隐患未尽充分的检查和注意义务，也未积极采取措施确保人身安全，应对损害后果承担相应的责任。综合考虑双方的过错程度，法院判定公司负次要责任、王某负主要责任。[1]

法律分析：

承揽合同是承揽人按照定作人的要求完成工作，交付工作成果，定作人给付劳动报酬的合同。承揽包括加工、定作、修理、复制、测试、检验等工作。王某系专职从事电动门修理工作的人员，以通过为他人修理电动门而收取修理费为目的，双方系典型的承揽关系。承揽人在完成工作过程中对第三人造成损害或者造成自身损害的，定作人不承担侵权责任。但是，定作人对定作、指示或者选任有过错的，应当承担相应的责任。公司在检修口存在质量问题的情况下，将电动门交由王某修理，未向王某作出告知提醒，存在定作、指示过失，应承担相应的侵权责任。但王某作为专业修理人员，应当知道高空作业的危险性而未注意维修安全，这是发生损害事故的直接原因，较公司的定作、指示过失更为严重，故确定由公司承担次要责任、由王某承担主要责任是合理的。

关联条文：《民法典》第1193条。

法治贴士：

承揽关系由承揽合同确定。在承揽合同中，完成工作并交付工作成果的一方为承揽人，接受工作成果并支付报酬的一方为定作人。建设工程合同是最典型、最常见的承揽合同。由于其典型性和普遍性，合同法对此等合同作出了专门规定。在承揽关系中，一方面，定作人有选人、指示和提出定作要求等方面的权利，这一权利对承揽人完成具体工作产生宏观层面的影响；另一方面，承揽人有独立完成工作、交付工作成果的权利和义务，因此在完成工作中，并不需要在细节上听命于定作人。正因为如此，承揽人在完成工作中，对第三人造成损害或者造成自身损害的，定作人不承担责任。定作人对定作、指示或者选人有过错的，才应当承担相应的责任。

行为人对自己的过错行为造成的损害应当承担侵权责任。定作人虽然原则上不对承揽人在完成工作过程中造成的对他人的损害或者自己的损害承担责任，但是如果有特定的过错，也应当依据《民法典》第1193条规定承担相应的侵权责任。该条规定的定作人过错应当理解为过失，具体包括定作人的定作过失、指示过失和选人过失这三种过失。"定作过失"是指项目上的过失，比如发包一个违法违章建设项目，定作某种标的违法的工作成果，以及在监督、检查等方面存在过失。"指示过失"是指定作人对承揽人发出错误或者违规违法的具体执行或操作指令，如指示承揽人违反安全保护规范要求野蛮施工。"选人过失"也称为"选任过失"，是指定作人选择承揽人不当，比如选择了没有相应资质的建设施工单位。定

---

[1] 改编自江苏省淮安市中级人民法院（2018）苏08民终114号案件。

作人有以上过失之一，且该过失对损害的发生有原因力的，即应承担相应的过错责任。定作人有上述过错的，应当承担相应的责任：如果是第三人受到损害，向第三人承担责任；如果是承揽人受到损害，向承揽人承担责任。承担责任的大小，取决于过错、程度以及原因力大小。

（四）经营者、管理者责任

案例： 小王在宾馆住宿，因为宾馆没有完善的保安措施，导致小王被外来人员殴打住院治疗，造成十级伤残。小王将宾馆起诉到法院。法院认为：被告酒店作为提供住宿服务的企业，应在合理限度内确保消费者的人身安全，避免因管理、服务瑕疵而引发人身损害。被告酒店未认真履行保安职责，提供服务过程中造成原告身体受损，故酒店应承担民事赔偿责任。

法律分析：

酒店作为提供住宿服务的企业，属于"经营场所的经营者"，负有保护客户不在其经营场所遭受损害的注意义务，即负有对事发场所的管理义务。其未尽合理限度范围内的安全保障义务致使原告小王遭受人身损害，应当依法承担违反安全保障义务的侵权责任。需要注意的是，第三人的侵权责任和安全保障义务人的补充责任有先后顺序，先由第三人承担侵权责任，在无法找到第三人或者第三人没有能力承担全部赔偿责任时，才由安全保障义务人承担补充责任。如果第三人已经承担全部侵权责任，则安全保障义务人不再承担责任。

小王在宾馆住宿，因为宾馆没有完善的保安措施，导致小王被第三人殴打造成十级伤残。被告酒店未认真履行保安职责，确保消费者的人身安全，在提供服务过程中造成小王受到损害，如果第三人能够承担全部赔偿责任，则酒店不再承担责任，如果第三人不能或者不能承担全部赔偿责任，则酒店承担补充责任。

关联条文： 《民法典》第 1198 条。

法治贴士：

安全保障义务，是指宾馆、商场、银行、车站、机场、体育场馆、娱乐场所等经营场所、公共场所的经营者、管理者或者群众性活动的组织者，所负有的在合理限度范围内保护他人人身和财产安全的义务。安全保障义务是一项作为义务，即安全保障义务人必须为积极的作为，保障公众的人身安全和财产安全。具体而言，就是要有符合法律、法规要求或者行业惯例的相关保障措施。安全保障义务人不采用符合安全规范要求的设施或设备，不采取适当的安全措施，不设置必要的警示或不进行必要的劝告、说明，不配备适当的保安或救生员等，均属于违反安全保障义务的行为。

安全保障义务的目的在于保护他人的人身和财产安全，其主要内容是要求义务人必须采取一定的行为来维护他人的人身或者财产免受侵害。如经营者、管理者或者组织者对经营场所、公共场所、群众性活动场所未尽安全保障义务，造成他人损害的应承担赔偿责任。由此可见，安全保障义务人负有不因自己的行为而直接损害他人的安全保障义务，即义务人应遵守法律规定或者约定，尽到谨慎注意义务，确保不因自己的行为或管理、控制下的物件及人员给他人造成损害。

（五）校园伤害事故中第三人责任

案例： 王某与被告李某均10岁，在一个补习班学习。两人在课间打闹时由于李某不小心导致王某两颗门牙脱落。法院认为：王某对损害发生有一定过错；李某的行为是造成损害的原因，也存在一定的过错，应承担相应的侵权责任。被告父母作为李某的监护人，对李某的侵权行为承担相应的侵权责任。教育机构明知学员打闹追逐是存在危险的，但却未尽到教育、管理职责，依法应当承担相应的补充责任。

法律分析：

本案是最为典型的未成年学生在教育机构学习、生活期间，相互之间发生侵权行为的案例。王某受伤是在与同学课间休息时追逐玩耍时发生的，属于同一学校内部的同学之间发生人身侵害的情形，此时学校的管理职责在于对学生的打闹行为采取监督、制止等措施，若未如此则存在过错，侵权责任应当在加害人的法定代理人和未尽到管理职责的教育机构之间分担。具体的分担规则是，受害人可以向直接侵害的第三人主张侵权责任，向间接侵害的教育机构主张补充责任。教育机构作为补充责任人承担了侵权责任后，可就超出其过错程度的部分向直接侵害的第三人追偿。也就是说，在最终效果上教育机构实际上是根据过错和原因承担按份责任。

关联条文：《民法典》第 1201 条。

法治贴士：

幼儿园、学校或者其他教育机构之外的第三人造成在幼儿园、学校或者其他教育机构学习、生活期间的无民事行为能力人或者限制民事行为能力人人身损害的，由该第三人承担侵权责任。这一侵权责任为过错责任，贯彻过错原则，侵权人对自己有过错的行为承担侵权责任。尽管《民法典》第 1201 条后半段规定了幼儿园、学校或者其他教育机构的补充责任，但是这两种侵权责任既不构成按份关系，也不构成连带关系。在被侵权人选择幼儿园、学校或者其他教育机构承担补充责任的情形中，就此部分构成不真正连带关系，但是只存在单向追偿权：如果被侵权人做此等选择，则不能向作为侵权人的第三人对此部分主张损害赔偿。如果被侵权人不选择幼儿园、学校或者其他教育机构承担相应补充责任而是选择作为侵权人的第三人承担全部赔偿责任，该第三人则应当承担全部赔偿责任。

如果未成年人在幼儿园、学校或者其他教育机构学习、生活期间遭受人身损害，是幼儿园、学校或者其他教育机构本身的人员的行为或者幼儿园、学校或者其他教育机构未尽到教育、管理职责造成的，该教育机构就要承担责任。如因学校的教学和生活设施、设备不符合安全标准或者管理、维护不当引起学生人身损害；因学校提供的食品、药品、饮用水、教学用具或者其他物品不合格引起的学生人身损害；因学校教师或者其他工作人员体罚、变相体罚学生或者其他侮辱学生人格尊严的行为引起的学生人身损害；学生之间互相嬉戏、玩耍，教师管理不当造成学生人身损害的，学校都应当承担相应的责任。

幼儿园、学校或者其他教育机构以外的人员进入校园内或者在幼儿园、学校、其他教育机构组织学生外出活动期间直接造成学生人身伤害，如社会人员进入学校殴打学生，校外车辆在校园内撞伤学生等，该幼儿园、学校或者其他教育机构以外的人员的侵权行为直接造成人身损害后果的发生，其作为侵权人就应当依法承担侵权责任。无民事行为能力或者限制民事行为能力的学生在校园受到第三人实施的侵权行为侵害，造成人身损害后果，第三人承担侵权责任，赔偿受害人的损害；校方如果存在未尽管理职责的过失的，应当承担相应的补充责任，即在自己过失所致损失的范围内，就第三人不能承担的赔偿责任，承担补充性的赔偿损失责任。校方承担了相应的补充责任之后，还可以就其损失向第三人追偿。如果第三人已经承担全部侵权责任，则幼儿园、学校或者其他教育机构不再承担侵权责任。

三、机动车交通事故责任

机动车交通事故是机动车之间、机动车与非机动车之间以及机动车与行人之间在道路上发生的交通事故。机动车交通事故责任是指对于机动车交通事故所承担的侵权责任，主要包括责任主体的确定，赔偿范围的划定等。如果肇事车辆参加了机动车第三者责任强制保险，一旦发生交通事故导致他人人身伤害或者财产损失，肇事车辆属于责任一方的，保险公司就应当在机动车交通事故责任强制保险责任限额范围内予以赔偿。道路交通事故社会救助基金对于被侵权人抢救费用的先行垫付适用无过错责任。设立道路交通事故社会救助基金的目的主要在于救济被侵权人，在肇事者无赔偿能力、没有投保交通事故责任强制保险或者无法找到肇事者的情况下，被侵权人的损失很可能得不到赔偿，只能通过道路交通事故社会救助基金进行救济。道路交通事故社会救助基金是对交通事故责任强制保险的有力保障，两者相结合能更好地实现保护被侵权人的目标。因此，道路交通事故社会救助基金对于被侵权人抢救费用的先行垫付应该适用无过错责任，这与该基金设立的目的相一致。机动车之间的交通事故责任适用过错责任。双方都有过错时适用过错相抵，按照双方的过错比例分担责任。机动车与非机动车驾驶人、行人之间的交通事故适用无过错责任。在机动车与非机动车驾驶人、行人之间发生交通事故时，非机动车驾驶人、行人没有过错的，由机动车一方承担责任；在被侵权人存在过失或者故意时，可以适当减轻或者免除机动车一方的责任。

（一）挂靠机动车交通事故责任

案例： 孙某驾驶挂靠的货车与王某驾驶的电动三轮车发生碰撞，致使王某受伤，两车受损。王某向法院起诉，请求判令孙某、挂靠公司赔偿损失。法院认为，因孙某与被告挂靠公司系挂靠关系，故被告挂靠公司应当对被告孙某的赔偿责任承担连带支付责任。[1]

法律分析：

机动车挂靠从事运输经营活动，是指为了交通营运过程中的方便，将车辆登记为某个具有运输经营权资质的经营主体名下，以该主体的名义进行运营，并由挂靠者向被挂靠主体支付一定的费用。被挂靠主体接受车辆挂靠，应当对该车辆有没有从事运输活动的能力进行核查和负责，从而控制风险；并且与挂靠机动车人明确约定机动车发生交通事故造成损害时责任如何承担。涉案肇事车辆是孙某挂靠在公司的，发生机动车交通事故时，孙某与公司对损害的发生承担连带责任。采用连带责任的方式，不仅能够周全保护受害人的合法权益，及时填补受害人的经济损失，还能够以此监督挂靠行为规范运转。

关联条文：《民法典》第 1211 条。

法治贴士：

机动车挂靠经营一般是指个人或企业出资购买机动车，经具有运输经营资质的运输企业同意将车辆登记在该企业名下，以该运输企业名义从事运输经营的行为。其中，出资购车人和实际经营者被称为挂靠人，有资质接受他人挂名经营的运输企业被称为被挂靠人。机动

---

〔1〕　改编自河南省郑州市中级人民法院（2018）豫 01 民终 2582 号案件。

挂靠经营的权利义务关系，一般是由挂靠人与被挂靠人缔结挂靠协议而定。挂靠人一般是不具有运输经营资质的个人或企业，之所以要以被挂靠人的名义从事经营活动，是因为运输行业市场准入较为严格，需得到行政许可方能从业。因此，所谓机动车挂靠经营，更为确切的表述应为运输经营权的挂靠。

以挂靠形式从事道路运输经营活动的机动车运营是比较普遍的现象，原因是从事机动车运营需要政府管理部门核准资质，而政府只给法人或者非法人组织办理运营资质，不给个人颁发运营资质，因而个人要从事机动车运营活动，只能挂靠到有运营资质的单位。挂靠机动车发生交通事故造成他人损害，属于该机动车一方责任的，其责任分担的方式是挂靠一方和被挂靠一方共同承担连带责任。

（二）擅自驾驶他人机动车交通事故责任

案例：徐某醉酒后无证驾车逆行与赵某驾车相撞，致赵某的车辆受损。徐某承担事故全部责任。因涉案肇事车辆为王某所有，赵某便向法院起诉请求判令徐某、王某赔偿损失。法院认为：被告王某作为肇事车辆所有人对车辆管理不善应负相应民事责任。根据被告过错程度，酌定被告徐某、王某分别承担80%、20%的民事赔偿责任。[1]

法律分析：

徐某承担赔偿责任自不待言，问题在于王某是否具有过错并承担相应的赔偿责任。结合本案所查明的事实可知，徐某未经王某允许擅自驾驶其机动车，该行为背离了机动车所有人王某的意志。但是，王某未对车辆及其钥匙尽到审慎的监管义务，对车辆管理不善，致徐某醉酒后无证驾驶其车辆发生交通事故，王某应负相应的过错责任，故其应当承担相应的赔偿责任。

关联条文：《民法典》第1212条。

法治贴士：

未经允许驾驶他人机动车，是指行为人未经机动车的所有人或者管理人的允许私自驾驶他人机动车的行为。实践中该行为常常表现为：行为人未经机动车的所有人或者管理人的允许私自驾驶他人停放在停车场等处的机动车和行为人未经机动车的所有人或者管理人的允许私自驾驶他人放置在机动车修理厂或者年检场地的机动车。

未经允许驾驶他人机动车，属于临时性无权占有和使用他人之物的侵权行为，但是不以取得机动车的所有权或者永久使用权为目的。因此，未经允许驾驶他人机动车在性质上不同于盗窃、抢劫或者抢夺他人机动车等犯罪行为。未经允许驾驶他人机动车发生交通事故造成机动车所有人、管理人之外的他人人身伤亡、财产损害，属于机动车一方责任的，由机动车使用人依据《民法典》第1212条承担责任。造成机动车毁损等损失的，使用人也应当依据《民法典》第1165条第1款和第1184条承担损害赔偿责任。

《民法典》第1212条明确规定出现交通事故，由机动车使用人承担赔偿责任；机动车所有人、管理人对损害的发生有过错的，承担相应的赔偿责任，但是法律另有规定的除外。这里需注意以下几点：一是未经允许驾驶他人机动车，发生交通事故造成损害，属于该机动车责任的，由机动车使用人承担赔偿责任，未经允许驾驶他人车辆，车主对此不知情，一般

---

[1] 改编自山东省济宁市中级人民法院（2017）鲁08民终5579号案件。

不应承担侵权责任，由机动车使用人承担；二是机动车所有人、管理人对损害的发生有过错的，即机动车所有人、管理人没有履行一般人应有的谨慎注意义务的，应承担相应的赔偿责任。

（三）盗抢机动车交通事故责任

案例：吴某与申某发生交通事故，导致两车受损。吴某负事故全部责任。吴某驾驶的车辆系盗窃所得，该车辆登记所有权人为黄某，且在某保险公司投保了机动车交通事故责任强制保险。申某向法院起诉，请求判令吴某、黄某、某保险公司赔偿损失。法院认为：原告申某的损失应由被告吴某承担赔偿责任，故判决吴某赔偿原告申某车辆修理费，黄某、某保险公司无须承担赔偿责任。[1]

法律分析：

驾驶盗窃所得的机动车，与机动车所有人的意志完全背离，此时机动车所有人既无法完成实际的运行支配，也没有对机动车享有利益；盗窃者才是机动车的运行支配者以及运行利益享有者。本案中吴某盗窃了黄某的机动车，发生交通事故，应当由吴某承担机动车交通事故责任，黄某不承担任何责任。

关联条文：《民法典》第1215条。

法治贴士：

盗窃、抢劫或者抢夺他人的机动车，是侵害他人财产的违法犯罪行为，在占有该机动车行驶中发生交通事故造成他人损害的，盗窃人、抢劫人或者抢夺人应当承担损害赔偿责任，机动车所有人、管理人不承担侵权责任。盗窃人、抢劫人或者抢夺人与机动车使用人不是同一人，发生交通事故造成损害，属于该机动车一方责任的，由盗窃人、抢劫人或者抢夺人与机动车使用人承担连带责任。盗窃人、抢劫人、抢夺人将非法占有的他人机动车交给使用人使用，形成非法占有人与使用人并非同一人的情形，其中既包括交给他人使用，也包括将非法占有的机动车有偿或者无偿转让给他人使用。在这种情形下发生交通事故致人损害，属于该机动车一方的责任的，盗窃人、抢劫人、抢夺人与机动车使用人承担连带责任，非法占有人不能因已经将机动车转让而不承担责任。

在此需注意，盗窃、抢劫、抢夺的他人机动车发生交通事故致人损害，在找不到侵权责任主体时，保险人应当在机动车强制保险责任限额范围内垫付抢救费用，如果找到了侵权责任主体，保险人有权向其进行追偿。

（四）好意同乘规则

案例：王某免费搭乘钱某驾驶的小型普通客车与李某驾车相撞，造成两车及道路设施损坏、王某死亡。李某负事故主要责任，钱某负事故次要责任。钱某在某保险公司投保了机动车交通事故责任强制保险和商业第三者责任险。李某所驾车辆车主系某公司，李某系该公司的法定代表人，车辆由其实际使用。王某的丈夫、儿子向法院起诉，请求被告李某、保险公司、钱某、某公司连带赔偿原告丧葬费、死亡赔偿金等损失。法院认为王某无偿搭乘钱某所驾驶的车辆而发生交通事故，应适当减轻钱某的赔偿责任。[2]

---

〔1〕　改编自贵州省贵阳市中级人民法院（2017）黔01民终6389号案件。
〔2〕　改编自江苏省南京市玄武区人民法院（2016）苏0102民初1002号案件。

法律分析：

好意同乘主要是指非营运机动车的驾驶人基于亲情或者友情在上下班、出游途中无偿搭载自己的亲朋好友、邻居同事的情形，好意同乘可以缓解交通压力、实现资源最大化利用、节约资源等。在本案中，"道路交通事故认定书"认定李某负事故主要责任，钱某负事故次要责任。可见，钱某在机动车交通事故中不存在故意或者重大过失。因而，钱某承担对王某近亲属的赔偿责任时，应当适当减轻其赔偿数额。这样不仅能够继续弘扬我国乐于助人的良好社会道德风尚，还将督促机动车使用人对搭乘人尽到合理的安全注意义务。

关联条文：《民法典》第 1217 条。

法治贴士：

无偿搭乘也称"好意同乘"，本质上是机动车使用人给搭乘人提供的一种具体免费便利的恩惠行为。民法上的恩惠行为不存在对价：一方给予对方恩惠，对方不支付报酬或者价款。因此，恩惠行为也被认为是无对价的行为。一般认为，实施具有对价的行为或者在具有对价的民事法律关系中，行为人对相对人应当达到较高的注意程度，比如达到一个理性人应当达到的注意程度；否则，将会被认定是有过错的。相反，在实施没有对价的行为或者在没有对价的民事法律关系中，行为人的注意程度要相对低一些，对相对人的人身、财产安全的注意只需要达到如同对行为人自己的人身、财产安全的注意程度即可。《民法典》第 1217 条确定的责任规则，是以无对价行为的注意标准为理论基础的：由于无偿搭乘没有对价，因此在发生交通事故造成无偿搭乘人损害时，机动车使用人（施惠人）承担的责任应当减轻。

在此需注意该条款所说的须为无偿搭乘他人机动车，被搭乘的是他人的非营运机动车，而不是营运的机动车；发生交通事故造成搭乘人的损害，须构成机动车一方的责任，即被搭乘人的责任。好意同乘是善意地为他人提供方便的行为，是利他行为，即使造成无偿搭乘人的损害，被搭乘人也不应当承担全部赔偿责任，应减轻其赔偿责任。但如果造成交通事故致无偿搭乘人受损害，是机动车使用人故意或者重大过失所致，则机动车一方应当承担全部赔偿责任。

（五）常见交通事故损害赔偿案件

案件 1：交通事故罪、交通损害与工伤赔偿竞合案件

小李乘坐本单位车辆出差，由于司机疲劳驾驶车辆开到隔离墩上，造成司机受伤，小李死亡，在该交通事故中，司机承担全部责任，小李的家属该怎么主张自己的权利？

法律分析：

小李在出差的路途中因受到非本人主要责任的交通事故死亡，按照法律规定应当认定为工伤。但小李的死亡引发了三个法律关系，因交通事故死亡，作为无过错的乘坐人，他的家属可以向车主要求赔偿，小李的死亡是司机的疲劳驾驶行为造成的，司机构成了交通肇事罪，除了要承担刑事责任，还需要承担刑事附带民事赔偿责任。本案件中，比较巧的是司机和小李是一个单位的职工，驾驶的车辆是单位的车辆，也就是说交通事故损害赔偿的主体和工伤赔偿的主体都是小李的用人单位。而用人单位也没有给小李缴纳工伤保险，那么小李既可以向用人单位主张交通事故损害赔偿，也可以向单位主张工伤赔偿。法律规定要给受损害方合理的补偿，但绝非使受害人在赔偿中获利，所以小李家属可以在三个法律关系中选择一个主张赔偿，不能重复主张赔偿。

关联条文：《最高人民法院关于审理工伤保险行政案件若干问题的规定》第 8 条。

法治贴士：

人身损害发生，往往受害人自己参加的也有商业保险，商业保险和工伤保险的赔偿按照如下规定确定：①商业保险赔偿和工伤保险赔偿的竞合，员工在因第三人侵权（包括交通事故和其他暴力伤害等）而发生工伤时，商业保险赔偿与工伤保险赔偿一般不冲突，员工可同时获得商业保险和工伤保险的理赔。②商业保险赔偿和人身损害赔偿的竞合，员工可请求第三人进行人身损害赔偿，且这并不妨碍商业保险公司承担商业保险的赔偿责任。在发生事故后，员工先行向商业保险公司索赔也不妨碍事后再向第三人索要人身损害赔偿。③工伤保险赔偿和人身损害赔偿竞合，我国现行法律自始没有对工伤保险赔偿和人身损害赔偿发生竞合时如何适用法律进行专门的、统一的明确规定。相同并重复的项目中，工伤保险与人身损害赔偿不可重复计赔；在计赔过程中，相同并重复项目下采用"就高足额赔偿的原则"进行赔付。

案例 2：机动车强制保险、商业保险与侵权人承担责任顺序

赵某驾车与任某驾车相撞，致使其受伤，两车受损，赵某、任某负事故同等责任。赵某系白某雇用的司机，其驾驶的车辆实际车主为白某，挂靠于运输公司名下，运输公司为登记车主。车辆投保有机动车交通事故责任强制保险和商业第三者责任险。任某向法院起诉，要求各方承担责任。法院认为：应由保险公司先行在机动车交通事故责任强制保险各分项限额内承担责任，不足部分由保险公司在商业第三者责任险的保险金额内就赵某承担责任的部分承担赔偿责任。仍有不足部分或不属于保险公司赔偿部分，由被告白某和运输公司承担连带赔偿责任。保险公司不服一审判决，提起上诉，主要理由是任某醉驾致使发生交通事故，认为保险公司不应赔偿商业第三者责任险。二审法院认为，保险公司与运输公司所签订的保险合同系对合同双方的约束，任某非合同当事人，不受该合同约束，故保险公司应就运输公司应承担的责任进行赔偿。[1]

法律分析：

同时投保机动车第三者责任强制保险和第三者责任商业保险的机动车发生交通事故造成损害，当事人同时起诉侵权人和保险公司的，人民法院应当按照下列规则确定赔偿责任，先由承保第三者责任强制保险的保险公司在责任限额范围内予以赔偿；不足部分，由承保第三者责任商业保险的保险公司根据保险合同予以赔偿；仍有不足的，依照《道路交通安全法》和《民法典》侵权责任编的相关规定由侵权人予以赔偿。

在本案中，涉案肇事车辆在保险公司处投保了机动车交通事故强制保险和商业第三者责任险，应当先由保险公司在机动车交通事故强制保险限额内承担责任，不足部分由保险公司在商业第三者责任险的保险金额内承担责任。仍有不足以及不属于保险公司承保范围内的部分，由侵权人来承担责任。赵某系白某雇用的司机，赵某驾驶车辆发生交通事故，应由白某承担雇主责任。白某将涉案肇事车辆挂靠于运输公司名下，应由运输公司与白某对保险限额外以及不属于保险范围内的损失承担连带责任。

关联条文：《民法典》第 1213 条。

---

〔1〕 改编自河南省郑州市中级人民法院（2018）豫 01 民终 1939 号案件。

法治贴士：

机动车所有人对于自己的机动车，每年都须投保机动车强制保险，还可以投保相应的机动车商业保险。当机动车发生交通事故造成损害时，属于该机动车一方责任的，被侵权人同时请求保险人和侵权人承担赔偿责任时，承担保险责任和侵权责任的顺序是：机动车强制保险优先，由其在机动车强制保险责任限额范围内承担赔偿责任；强制保险赔偿不足部分，商业保险优先，对于机动车强制保险限额范围赔偿不足的部分，商业保险人按照商业保险合同约定的保险范围承担赔偿责任；商业保险赔偿仍然不足的部分，或者根本就没有投保商业保险的，侵权人承担赔偿责任。

凡是商业保险也不能理赔的部分，由应当承担责任的机动车一方的所有人、管理人或者使用人予以赔偿，他们按照相关的责任形式及规则承担赔偿责任。这种保险前置、侵权人托底的规定，充分体现了保险的作用和及时救济受害人、分散机动车使用人风险的目的，符合强制保险的赔偿替代性和商业保险的补充性的性质，也最大程度地平衡了强制保险、商业保险和侵权人的责任与义务。

案例 3：同一侵权行为造成多人死亡的死亡赔偿金确定

韩某驾驶的货车由徐某受让后管理、使用，挂靠于某公司，并在人寿财险郑州公司投保了机动车交通事故责任强制保险和商业第三者责任险。某日，韩某驾驶货车与宋某驾驶的小型轿车相撞，造成两车损坏，宋某及其车上乘坐人王某死亡。宋某、韩某负事故的同等责任。王某的近亲属请求徐某、某公司、人寿财险郑州公司承担侵权责任、赔偿损失。关于王某的死亡赔偿金，法院认为，本次事故造成多人死亡，宋某的死亡赔偿金依据城镇标准进行计算，王某虽为农村户籍，其死亡赔偿金也应按照城镇标准计算。[1]

法律分析：

王某、宋某均是因同一起机动车交通事故而死亡，可以统一确定死亡赔偿金。应当说明的是，对于同一侵权行为造成多人死亡的情形，适用统一的标准来计算死亡赔偿金本身就表达了对生命价值的同等尊重，具有良好的社会效果。尽管立法用语是可以，但是在具体适用过程中，仍然应当在符合条件的情形下统一计算，以充分保障相同的生存权益。以同一数额确定死亡赔偿金，既能迅速救济原告，也防止了原告之间相互攀比，避免同一事故中的众多原告之间因赔偿数额差距过大引发社会争论。

关联条文：《民法典》第 1180 条。

法治贴士：

在因同一侵权行为造成多人死亡引发的众多诉讼中，对众多的损害项目和考虑因素逐一举证会比较繁琐，而且有时证明较为困难。法律规定以相同数额确定死亡赔偿金既可以避免原告的举证困难，防止因此而导致的诉讼迟延，能及时有效地获得赔偿。而且可以使法院免于考虑每个死者的具体情况分别计算死亡赔偿金，可以使法院摆脱较为沉重的审理负担，有利于节约司法资源。以相同数额确定死亡赔偿金不但可将受害人及其亲属受到的肉体、社会生活、精神赔偿等损害覆盖其中，而且可以更好地保护受害人利益，减轻法院负担，维护社会稳定。因同一侵权行为造成多人死亡的，可以对"死亡赔偿金"以相同数额确定，但对

---

[1] 改编自河南省安阳市中级人民法院（2018）豫 05 民终 1370 号案件。

死者在死亡前产生的医疗费、护理费等合理费用支出，以及丧葬费支出，还是要根据实际支出情况单独计算，损失多少，赔偿多少。

案例4：租赁、借用机动车交通事故责任

熊某驾车撞到行人刘某、章某，造成二人死亡。事故发生后，熊某弃车离开事故现场。交警大队认定熊某负本次事故的全部责任。交通事故车辆的登记车主为某公司，熊某与某公司系租赁关系。该车在九江人保公司投保了机动车交通事故责任强制保险，在漳州太平洋公司投保了第三者责任险。死者的近亲属向法院请求熊某、某公司、九江人保公司、漳州太平洋公司赔偿损失。关于赔偿主体的确定，法院经审理认为：本案交通事故中，熊某负本次事故全部责任，根据车辆的投保情况，法院判决应先由九江人保公司在机动车交通事故责任强制保险死亡伤残赔偿限额内先予赔偿，熊某弃车离开事故现场的行为，不适用保险公司免除赔偿责任，漳州太平洋公司作为商业第三者责任险的保险人应对熊某承担部分赔偿责任，超出部分由熊某赔偿。[1]

法律分析：

某公司作为肇事车辆的登记车主，根据车辆租赁合同将该车交付给具有合法驾照的熊某使用，已完成其法定合同义务，对本案交通事故的发生不存在过错。原告方亦未提供证据证明某公司向熊某交付车辆时，租赁物存在缺陷和安全隐患。故某公司在本案中不应承担赔偿责任，应由实际侵权人熊某承担赔偿责任。机动车驾驶人发生交通事故后弃车离开现场，该机动车参加强制保险的，由保险人在机动车强制保险责任限额范围内予以赔偿；熊某弃车离开事故现场的行为，法庭经审理没有认定为逃逸，认为漳州太平洋公司作为商业第三者责任险的保险人应对熊某承担部分赔偿责任，不适用免除赔偿责任，超出保险限额部分由熊某自行承担。

关联条文：《民法典》第1209条。

法治贴士：

租赁或者借用机动车，发生交通事故造成损害，机动车的所有人、管理人与使用人不一致时，属于机动车一方责任的，由机动车使用人承担赔偿责任，机动车所有人、管理人对损害的发生有过错的，往往表现为出租给不具有驾驶资格的人或者交付了不符合质量标准的车辆等情形，则机动车所有人、管理人也应当承担相应的赔偿责任。

上路行驶的车辆发生交通事故后，应当先由保险公司在机动车事故强制责任保险的责任限额内，对被保险机动车造成受害人的人身伤亡、财产损失予以赔偿，机动车参加的商业第三者责任险的保险人对强制保险之外的部分承担赔偿责任，超出限额部分由机动车使用人承担责任。

案例5：买卖机动车未过户的交通事故责任

吉某驾驶电动车与姚某停在路口的轿车尾部发生碰撞，造成吉某受伤、两车损坏。吉某负事故主要责任，姚某负事故次要责任。姚某驾驶的车辆是从某汽修处购买的，尚未变更登记，但已经交付使用。吉某向法院起诉，请求判令姚某、某汽修公司赔偿损失。法院认为，

---

[1]　改编自江西省抚州市中级人民法院（2018）赣10民终235号案件。

姚某与某汽修公司间就涉案车辆成立买卖合同关系且姚某实际占有、使用涉案车辆，故某汽修公司不承担赔偿责任。[1]

法律分析：

根据本案查明的事实可知，在交通事故发生之前，姚某已经从某汽修处购买了涉案肇事车辆，成立了买卖合同关系。某汽修处已经将车辆交付于姚某，完成了买卖合同约定的义务，所有权已经发生转移。只因未办理所有权变更登记，名义所有权人与实际所有权人不一致，此时发生交通事故，由受让人承担赔偿责任。涉案肇事车辆的实际所有权人姚某享有运行利益，能进行运行支配，故其应当对机动车交通事故承担责任。

关联条文：《民法典》第 1210 条。

法治贴士：

当事人之间已经以买卖或者其他方式转让并交付机动车，但是未办理登记，发生交通事故造成损害，属于该机动车一方责任的，由受让人承担赔偿责任。机动车属于动产，其所有权转移以交付为标志，而非以登记为标志，故如果在交通事故中属于该机动车一方责任，则应由机动车受让人承担责任。

四、医疗损害责任

（一）医疗技术过失推定事由

案例： 孟某被家属送至首钢医院急诊，接着又转至某市中医医院重症医学科就诊，办理出院后死亡。孟某家属刘某等向法院起诉，请求判决首钢医院赔偿损失。法院认为：刘某至首钢医院病案室复印病历时，病案室未给其复印病历，其对急诊病历质疑是合理的。在未能排除患者危重时首钢医院不作积极处置与患者死亡间之关联性的情形下，判定首钢医院承担一定的责任是合理的。[2]

法律分析：

违反法律、行政法规、规章以及其他有关诊疗规范的规定，是医疗机构存在过错的表面证据，并且是一种很强的表面证据。

本案涉及的是医疗技术损害责任中医疗机构的过失推定问题。一般而言，应当由患者证明医疗机构存在过错。为了平衡医患关系，减轻受害人的举证负担，医疗机构应当提供病历等基本医疗档案材料。该案中，首钢医院存在隐匿急诊病历资料的情形，法院推定首钢医院有过错。这样的推定不仅可以解决医患纠纷，而且对其他医疗机构及其医务人员也是一种督促，要求其积极配合司法机关提供有关证据。

关联条文：《民法典》第 1222 条。

法治贴士：

医疗损害，是指患者在诊疗活动中因医疗机构或者医务人员的过错而遭受的损害。医疗损害既包括对患者生命、健康的损害（死亡、健康受到损害），也包括对患者及其家属的财

---

〔1〕 改编自江苏省淮安市中级人民法院（2018）苏 08 民终 252 号案件。
〔2〕 改编自北京市第一中级人民法院（2018）京 01 民终 1220 号案件。

产的损害，还应包括精神损害。对于患者的重大精神损害或者因行为人的故意、严重过失所引起的精神损害，应当列入损害后果，并给予民法上的救济。这样，既有利于保护受害人，也有利于促进医疗机构及医务人员谨慎行医。在医患关系中，单纯的财产权益纠纷比如过度医疗产生的费用、医药费用的计算等问题，属于诊疗合同调整范围，不属于医疗损害以及相关的赔偿责任。

医疗技术损害责任适用过错责任原则，原告负有举证责任。直接推定医务人员有医疗技术过失，原告不必举证证明的情形如下：①违反法律、行政法规、规章以及其他有关诊疗规范的规定。证明医务人员的医疗技术过失，就是要证明医务人员在客观上违反了应当遵循的法律、行政法规、规章以及其他有关诊疗规范的规定，只要有确定的证据，就能够证明医务人员在主观上违反了当时的医疗水平，为有过失。②隐匿或者拒绝提供与纠纷有关的病历资料。这是指医疗机构及医务人员在发生医疗损害之后，当需要有关病历资料证明医务人员是否存在医疗技术过失时，医疗机构采取不作为的方式，拒绝提供与纠纷有关的病历资料的，直接推定医务人员有过失，不必再举证证明。医务人员拒绝提供自己掌控的有关病历资料的证据，就相当于负有举证责任而拒绝举证，因而依法向相反方向推定，推定医务人员有过失。③遗失、伪造、篡改或者违法销毁病历资料。在医疗损害责任纠纷发生后，只要医疗机构及其医务人员遗失、伪造、篡改或者违法销毁病历资料，无论是故意还是过失，都使医疗损害责任纠纷的责任确定失去客观的书证。这也是对所有医疗机构及其医务人员的警示，在发生医疗损害后千万不要干傻事，意图借此推诿责任，而实际效果正好相反。

（二）泄露患者隐私责任

案例： 符某因咳嗽、呕吐到某医院输液治疗后，病情忽然加重，抢救无效后死亡。某医院接受采访时宣称符某的死亡与其生前受到性侵害有关。符某的亲属等认为某医院违反了对患者的保密义务，遂向法院起诉，请求赔偿损失。法院认为，医院的医护人员未经公安机关的侦查结论，即向媒体声称被害人存在被性侵的可能，已对被害人的隐私及亲属构成侵害，应当承担侵权责任。[1]

法律分析：

患者到医院就医，医务人员要对患者进行治疗，首先要了解患者的病情与既往病史，会对患者的身体进行接触和观察，通过与患者的沟通，会掌握患者的隐私和个人信息，这些信息仅限于为患者制作门诊或住院病历，不能对外进行泄露。本案中，医院在符某就诊期间知晓其过往病史以及病患情况，应当尽到高度的保密义务，妥善保管其病历资料，不应泄露或者未经患者同意就公开其相关的隐私和个人信息。但医院未经符某同意，向媒体公开其根据病历资料所推测的患者隐私，违反了保密义务，所以应当承担侵权责任。而且医院向媒体宣称死者有受性侵的可能，对死者的名誉造成了损害，还应当承担侵害死者名誉的侵权责任。

关联条文：《民法典》第 1226 条。

法治贴士：

泄露患者隐私和个人信息或者未经患者同意公开其病历资料，应当承担侵权责任。此等侵权责任适用过错责任原则，即医疗机构或者医务人员对于实施加害行为存在过错。隐私是指自然人的私人生活安宁和不愿意为他人知晓的私密空间、私密活动和私密信息。涉及患者隐私的往往是其私密信息。病历资料大多属于患者的私密信息，是隐私权保护的内容。

隐私权有一个很重要的法律特征，即作为权利主体的自然人对其保护的内容之支配性。基于这一支配性，自然人可以同意向特定的或者不特定的人公开部分私密信息，同意他人介入自己的私人生活、介入自己的私人空间或者了解自己的私人活动。对于私密信息而言，作为权利主体的自然人有权决定是否公开、向谁公开、可否进一步传播等。在其同意范围和限度内，公开和传播其私密信息，不构成侵权。在诊疗过程中，为使医务人员准确诊断病情，患者会将自己隐私和个人信息告知医生，医生记录患者诊疗过程所形成的病历资料，本身就是患者的隐私和个人信息。医疗机构和医务人员负有保密义务，对患者的隐私、个人信息和病历资料不得泄露和公开。泄露患者隐私、个人信息或者擅自公开患者病历资料的行为，都是侵害患者隐私权、个人信息权的行为，行为人应当承担赔偿责任。受害人还享有要求停止侵害、排除妨碍、消除危险、消除影响、恢复名誉、赔礼道歉的请求权，而且不适用诉讼时效的规定。

（三）医疗损害赔偿纠纷

案例：小李在医院治疗时，被医生误诊，误切了半个胃，经鉴定机构鉴定医务人员存在医疗过失，小李经鉴定为 9 级伤残，他到底该怎么维权？

法律分析：

小李在医院治疗被医生误诊切除了半个胃，其人身权受到了侵害，构成医疗纠纷。医疗机构或者医务人员之一有过错，医疗机构均需要承担赔偿责任。在本案中，经鉴定机构鉴定医务人员存在医疗过失，医疗过失造成小李 9 级伤残，医院的医疗过失行为与小李的伤残之间存在一定的因果关系，故医院需要承担损害赔偿责任。

关联条文：《民法典》第 1218 条。

法治贴士：

医疗事故是指医疗机构及其医务人员在医疗活动中，违反医疗卫生管理法律、行政法规、部门规章和诊疗护理规范、常规，过失造成患者人身损害的事故。医务人员在诊疗活动中未向患者说明病情和医疗措施；需要实施手术、特殊检查、特殊治疗的，医务人员未及时向患者具体说明医疗风险、替代医疗方案等情况，并取得其明确同意；不能或者不宜向患者说明的，未向患者的近亲属说明，并取得其明确同意，造成患者损害的，医疗机构应当承担赔偿责任。

患者在诊疗活动中受到损害，除了医疗机构及其医务人员有过错的条件外，医疗机构或者其医务人员的过错还要与患者的损害具有因果关系，医疗机构才承担赔偿责任。损害赔偿的数额可以协商具体的支付方式，首选应当是一次性支付，便于尽早了结侵权赔偿法律关系。如果一次性赔偿有困难，也可以采用分期支付的方法，按照约定，按期支付赔偿金。分期支付存在风险，因此，在赔偿责任人分期支付时，应当提供担保，防止出现意外，使被侵权人的赔偿权利落空。一次性赔偿便于了结侵权赔偿法律关系，但存在某些不公平的问题；分期赔偿比较公平，但存在风险。权利人可以自行选择一次性赔偿，也可以选择分期赔偿，如果选择分期赔偿的，最好要求侵权人事先提供担保。

五、其他损害赔偿责任

(一) 环境侵权赔偿责任

案例：张某、李某开办养猪场，未取得"排污许可证"就将废水排放在蓄粪池内。该蓄粪池系在张某、李某租用的莫某的责任田内。莫某的责任田与下游范某田地虽隔有其他责任田，但之间有缺口。范某下班后到田内施肥，随后被诊断为钩端螺旋体病。范某向法院提起诉讼，请求判决张某、李某赔偿范某因病所受的损失。法院认为，原告范某所举证据能够证明被告张某、李某养殖猪排放的污染物与其患钩端螺旋体病之间存在关联。被告张某、李某所举证据不能证明其符合不承担责任或者减轻责任的情形以及其行为与损害之间不存在因果关系，应承担赔偿责任。[1]

法律分析：

张某、李某开办养猪场时，在未取得"排污许可证"的情况下向外排放污染物和养殖废水，经沼气池处理后进入净化池，再经过管道排放到未经防渗漏的水田。张某、李某明知排放污水需要取得"排污许可证"，在未获得"排污许可证"时就排放污水，是故意违反法律规定实施污染环境的行为。该行为不仅造成了严重的环境污染后果，还导致范某感染钩端螺旋体病，健康受到了严重的损害。张某、李某的排污行为符合环境侵权惩罚性赔偿责任的构成要件，张某、李某应当对范某承担惩罚性赔偿责任。这样一来，不仅能够填补受害人范某的损失，还能惩罚张某、李某两个不法行为人，督促其积极纠正违法行为，并进一步吓阻其他不法行为人。

关联条文：《民法典》第 1229 条、第 1232 条。

法治贴士：

环境是人类赖以生存的各种自然因素的总体，切实保护和改善环境关系到人民群众生命健康、社会和谐安定和中华民族的持续发展。绿水青山就是金山银山，我国对环境保护越来越重视，对不顾生态环境盲目决策、造成严重后果的必追究其相应的责任。生态是指一切生物的生存状态，以及生物之间、生物与无机环境之间环环相扣的关系。自然界的生态，追求物种多样性，以此来维持自然生态系统的平衡发展。人类处在整个自然界的生态系统中，对生态进行保护以维持自然生态系统的平衡发展，也是对人类生存和发展环境的保护。

环境污染既包括对生活环境的污染，也包括对生态环境的污染。因环境污染造成损害的，污染者应当承担侵权责任。环境污染责任作为一种特殊的侵权责任，其特殊性表现在其适用了无过错责任原则。根据这一原则，只要受害人有损害事实发生，污染者的行为与损害事实存在因果关系，不论污染者有无过错，都应当承担侵权责任。因此，只要实施了污染行为，损害了社会公共利益，就必须承担相应的侵权责任。故意污染环境、破坏生态承担惩罚性赔偿责任的要件是：侵权人实施了损害生态环境的行为；侵权人违反法律规定故意损害生态环境，即明知法律禁止损害生态环境而执意为之；侵权人故意实施的损害生态环境的行为造成的损害后果严重，表现为受害人死亡或者健康严重损害。符合上述要件的，被侵权人有权向侵权人请求承担相应的惩罚性赔偿。

---

[1]　改编自四川省资阳市中级人民法院 (2016) 川 20 民终 447 号案件。

（二）教育机构的过错责任

案例：5 周岁的张某在英语班学习过程中摔伤。学校提交的事故发生时的录像中无法看到张某，但可以看到事故发生时老师在教室门口站立。法院认为，事故发生时张某仅为无民事行为能力人，在培训班上课期间受伤，学校提交的证据不足以证明其已经尽到了教育、管理职责，故应就张某的损失承担赔偿责任。

法律分析：

法律、法规和规章已经确定的教育机构的教育和管理职责中包括组织学生参加教学或校外活动时，对学生进行安全教育并采取安全管理措施的义务，因此，学校应在张某在教室内活动时采取相应的安全管理措施，从而确保其免受损害。老师仅站立在教室门口，不足以发挥安全管理的作用，因而也就没有尽到教育和管理职责，该学校应当对张某的损害承担直接侵权责任。

无民事行为能力学生在校园受到损害的侵权责任，适用过错推定原则，若能够证明无民事行为能力的学生在校园受到损害，直接推定校方存在未尽教育、管理职责的过失。实行举证责任倒置，校方可以举证证明自己已尽教育、管理职责，能够证明者，不承担侵权责任；不能证明者，推定成立，校方应当承担侵权赔偿责任。

关联条文：《民法典》第 1199 条、第 1200 条。

法治贴士：

教育机构对无民事行为能力人承担直接侵权责任时，承担的是过错推定责任，即教育机构承担侵权责任的原因在于其没有尽到教育、管理职责而存在过错，只不过对过错要件的证明，实行举证责任倒置，由教育机构举证证明其尽到了教育、管理职责，从而不存在过错。未成年人天性好动，喜欢玩耍，但其对行为的性质和后果又往往缺乏认识，因此，教育机构要承担相应的教育和管理职责。

而限制民事行为能力人在学校受到人身损害，确定责任适用的是过错责任原则，受到人身损害的限制民事行为能力学生主张校方承担赔偿责任，须证明学校的侵权事实，并符合侵权责任构成要件，特别是校方有未尽教育、管理职责的过失。这样的规定体现了对无民事行为能力学生和限制民事行为能力学生保护的程度不同。教育机构对限制民事行为能力人承担直接侵权责任适用的是过错责任原则，即教育机构承担侵权责任的原因在于没有尽到教育、管理职责，教育机构存在过错的举证责任由被侵权人承担。

（三）产品生产者责任

案例：朱某购买红酒若干，购买后发现上述酒品的酒瓶外包装说明书上均是英文，没有中国代理商的名称、地址及联系方式，也没有检验合格证书等资料。法院认为：消费者有权以食品不符合食品安全标准为由向商家 10 倍索赔，但食品的标签、说明书存在不影响食品安全且不会对消费者造成误导的瑕疵的除外。案涉红酒虽无中文标签，但朱某并未提供证据证明案涉红酒存在食品安全问题，其亦确认未饮用，并未因此造成损害，故对惩罚性赔偿不予支持。[1]

---

〔1〕 改编自广东省江门市中级人民法院（2017）粤07民终2849号案件。

法律分析：

惩罚性赔偿的适用范围，即在被侵权人死亡或者健康受到严重损害的范围内适用，除此之外的其他损害不适用惩罚性赔偿。案涉红酒的标签虽然不符合食品安全标准，但并未对朱某造成人身损害。涉案红酒产品的酒瓶外包装上没有中文标签，违反《食品安全法》关于进口预包装食品的标签规定，故涉案红酒产品为不符合食品安全标准的产品。销售者对于进口产品的标签不符合法律规定应当是明知的，换言之，案涉红酒没有中文标签仅仅构成标识有瑕疵，而该瑕疵并不影响食品安全。但是，产品责任中惩罚性赔偿责任适用的前提是"造成他人死亡或者健康严重损害"，本案因不符合该构成要件而无法适用惩罚性赔偿责任。

关联条文：《民法典》第 1207 条。

法治贴士：

惩罚性赔偿（punitive damages）是指损害赔偿中，超过被侵权人或者合同的守约一方遭受的实际损失范围的额外赔偿。即在赔偿了实际损失之后，再加罚一定数额或者一定倍数的赔偿金。惩罚性赔偿是依附于补偿性赔偿的。《民法典》第 179 条第 2 款规定："法律规定适用惩罚性赔偿的，依照其规定。"本条即属于"法律规定适用惩罚性赔偿的"条文。此外，《民法典》第 1185 条规定："故意侵害他人知识产权，情节严重的，被侵权人有权请求相应的惩罚性赔偿。"第 1207 规定："明知产品存在缺陷仍然生产、销售，或者没有依据前条规定采取有效补救措施，造成他人死亡或者健康严重损害的，被侵权人有权请求相应的惩罚性赔偿。"第 1232 条规定："侵权人违反法律规定故意污染环境、破坏生态造成严重后果的，被侵权人有权请求相应的惩罚性赔偿。"以上条文也都是有关惩罚性赔偿的规定。

惩罚性赔偿责任的主要目的在于对侵权人进行惩罚、遏制，从而弥补补偿性损害赔偿责任在威慑与遏制功能上的不足。根据《食品安全法》的规定，消费者有权以食品不符合食品安全标准为由向商家 10 倍索赔，但食品的标签、说明书存在不影响食品安全且不会对消费者造成误导的瑕疵的除外。惩罚性赔偿的主要目的不在于弥补被侵权人的损失，而在于惩罚有主观故意的侵权行为，并遏制这种侵权行为的发生，其主要作用在于威慑，其次才是补偿。

（四）饲养动物损害责任

案例：原告下班回家途经被告的养蛇场时，被突然蹿出的大狗咬伤右大腿并摔伤，后被被告的儿子送入医院治疗，被告垫交了住院费等费用。原告诉请法院判令被告赔偿损失。法院认为：本案中被告不能举证证明原告被狗咬伤及撞倒摔伤不是自己饲养的狗所为，故被告应承担民事赔偿责任。原告知道被告的养蛇场中养有大狗且知道发生过狗咬人事件，却没有尽到注意义务，其本身也存有过错，应承担本案一定的责任。综上，原告承担 20% 的责任，被告承担 80% 的责任。[1]

法律分析：

饲养动物损害责任适用无过错责任归责原则，即当动物的加害行为造成损害事实发生时，动物的饲养人或者管理人应当承担侵权责任。本案中，被告所饲养的狗咬伤了原告，原告右下肢损伤，被评定为 9 级伤残。法院根据优势证据原则并结合日常生活经验法则综合认

---

〔1〕　改编自四川省内江市中级人民法院（2018）川 10 民终 252 号案件。

定了原告的损害与被告所饲养狗的加害行为之间具有因果关系。

饲养动物损害责任的减免事由是受害人有故意或者重大过失。原告明知该条道路上有恶狗咬人，存在严重的安全隐患，但没有尽到审慎的注意义务，存在重大过失。法院结合本案的具体事实酌定被告承担80%的责任，于法有据，合情合理。

关联条文：《民法典》第1245条。

法治贴士：

动物是人类的朋友，为饲养家庭增添了不少乐趣。特别随着人民生活水平的提高及空巢老人的增多，越来越多的家庭开始饲养宠物。"饲养的动物"是指处于人的饲养、管束之下的动物。动物是具有生命且可以自主活动之物。一方面，它区别于不可自主活动之植物，它可以自己独立地实施某种加害举动；另一方面，它又区别于作为民事法律关系之主体的人，动物只能成为民事法律关系的客体而非主体，它只能实施某种加害举动而非加害行为。因此，动物造成他人损害责任既不同于树木等造成他人损害责任，也不同于无民事行为能力人等造成他人损害责任。

公民的饲养宠物的行为不能干扰到他人，特别是犬吠打扰邻居休息、随地排泄污染环境、恶犬伤人吓坏路人等，直接影响了城市文明和社会和谐，影响了社区居民的邻里关系。当然，如果是被侵权人的故意或者重大过失导致损害，则动物饲养人或管理人不承担责任或者减轻责任。因第三人的过错致使动物造成他人损害的，被侵权人可以向动物饲养人或者管理人请求赔偿，也可以向第三人请求赔偿，动物饲养人或者管理人赔偿后，有权向第三人追偿。总之，饲养动物是公民个人的权利，但管理好自己饲养的动物，文明饲养也是饲养者的义务，每个人都应当遵守法律法规，尊重社会公德，不得妨碍他人生活。

第三节　知识产权风险防范

中共中央、国务院印发了《知识产权强国建设纲要（2021-2035年）》，该纲要的总体发展目标是到2025年，知识产权强国建设取得明显成效，知识产权保护更加严格，社会满意度达到并保持较高水平，知识产权市场价值进一步凸显，品牌竞争力大幅提升，专利密集型产业增加值占GDP比重达到13%，版权产业增加值占GDP比重达到7.5%，知识产权使用费年进出口总额达到3500亿元，每万人口高价值发明专利拥有量达到12件（上述指标均为预期性指标）。到2035年，我国知识产权综合竞争力跻身世界前列，知识产权制度系统完备，知识产权促进创新创业蓬勃发展，全社会知识产权文化自觉基本形成，全方位、多层次参与知识产权全球治理的国际合作格局基本形成，中国特色、世界水平的知识产权强国基本建成。[1]为实现这一目标，对知识产权保护加强教育引导，培养公民自觉尊重和保护知识产权的行为习惯，自觉抵制侵权假冒行为。倡导创新，弘扬诚信理念和契约精神，引导公民自觉履行尊重和保护知识产权的社会责任，培养新时代知识产权保护意识，推动知识产权与法治、创新和公民道德修养融合共生、相互促进，塑造尊重知识、崇尚创新、诚信守法、公平竞争的知识产权理念至关重要。本节结合最高院的指导案例，给大家普及如何维护自己合

---

〔1〕 参见"中共中央　国务院印发《知识产权强国建设纲要（2021-2035）》"，载中国政府网，http：//www.gov.cn/zhengce/2021-09/22/content_5638714.htm，最后访问时间：2022年1月13日。

法权益，防范知识产权风险。

一、著作权保护

（一）抵制盗版

案例：小王购买了盗版的软件，他是否侵犯了著作权人的著作权？

法律分析：

盗版是指在未经版权所有人同意或授权的情况下，对其复制的作品、出版物等进行由新制造商制造跟源代码完全一致的复制品、再分发的行为。盗版行为的存在，不利于民族文化产业的发展，不利于调动民族文学艺术工作者创作的积极性。如果盗版行为盛行，会严重损害正常的市场经营秩序，打击作者创作热情，不利于我国版权行业可持续发展。本案中小王作为盗版软件的购买者，是否构成侵权，要从两个方面进行分析：①看小王是否明知自己购买的是盗版软件；如他认为自己购买的是正版，结果买的是盗版，则不承担赔偿责任。根据《著作权法》的规定，只需停止侵权、销毁非法复制品即可。②如小王明知盗版而购买，则构成侵权。因小王购买盗版软件的行为存在主观故意，明知道是盗版还予以购买，并复制使用，依法应当承担赔偿责任。

关联条文：《著作权法》第3条。

法治贴士：

知识产权是权利人依法就作品、发明、实用新型、外观设计、商标、地理标志、商业秘密、集成电路布图设计、植物新品种、法律规定的其他客体享有的专有的权利。著作权亦称版权，是文化领域最重要的一项知识产权，是作者或其他著作权人依法对文学、艺术或科学作品所享有的各项专有权利的总称。根据我国《著作权法》规定，广义的著作权分为著作权与邻接权两大部分。著作权是作品创作者的权利，诸如文学家、音乐家、艺术家、软件设计者对所创作的文学、艺术和科学作品都享有著作权。这是一种狭义的著作权，法律规定17种权利，既包括人身权利，比如说署名权、发表权、作品的完整权、作品的修改权；也包括财产权利，即复制权、发行权、广播权、上演权、摄制权、改编权、翻译权以及信息网络传播权等。邻接权是作品传播者的权利，包括表演者权、音像制作者权、广播组织权。这种权利是以他人创作为基础而衍生的一种专有权，虽不同于著作权，但又与之相关，故称邻接权。著作权客体的作品承载着传播科学文化、宣扬社会正能量等社会功能，加强对它的保护尤为重要。

2021年最高人民法院发布的《人民法院知识产权司法保护规划（2021-2025年）》中指出："加强著作权和相关权利保护……促进文化和科学事业发展与繁荣。"保护知识产权人人有责，为了让国家更富强、社会更进步、人们的生活更美好，我们要自觉抵制盗版产品，增强尊重知识、崇尚科学和保护知识产权的意识，在全社会营造鼓励知识创新和保护知识产权的法律环境。

（二）著作权诉前行为保全的适用条件

案例：申请人A是手机游戏《王者荣耀》的研发者，对《王者荣耀》游戏及全部游戏内元素享有著作权。经A授权，B、C公司享有《王者荣耀》游戏著作权许可使用权和以自己名义维权的权利。被申请人字节跳动公司与其邀请合作的金V认证用户"嗨氏"未经授权，在"今日头条"APP通过信息网络向公众大量传播以《王者荣耀》游戏连续画面为主要内容的游戏录制视频。字节跳动公司经申请人多次通知后，拒绝履行"通知—删除"义务，除申请人授权的今日头条号"王者荣耀""王者荣耀职业联赛KPL"发布的游戏视频外，"今日头条"APP每天仍在持续大量新增《王者荣耀》视频，侵害申请人享有的著作权。被申请人用户"嗨氏"在其运营的52PK下载中心向用户提供"今日头条"APP的下载服务，扩大了侵权范围及侵权损害后果，构成共同侵权。被申请人的侵权行为已经给申请人造成了巨大的经济损失，如果不及时制止，势必会给申请人造成难以弥补的损害，故A、B、C三公司申请字节跳动公司等被申请人诉前停止侵犯著作权行为。[1]

法律分析：

A提供了《王者荣耀》游戏软件及游戏元素的著作权登记证书及授权书，故A、B、C提起保全申请具有权利基础。有证据显示，用户"嗨氏"未经涉案游戏著作权人许可，在"今日头条"传播被控侵权游戏视频的行为，具有侵权性。申请人两次向被申请人发送举报邮件要求删除在今日头条上传的被控侵权游戏视频，但被申请人均未采取合理措施，其主观上具有过错，亦具有侵权性。"今日头条"国内月活跃用户人数达到8亿，包括"嗨氏""游戏达人团成员"等在内的众多用户在"今日头条"上传了大量《王者荣耀》游戏视频，且相关游戏视频的数量还在增加。如不及时制止，将显著增加申请人的维权成本和维权难度。采取保全措施并不会影响被申请人运营的"今日头条"其他业务，不会对社会公共利益造成任何损害。故人民法院依法裁定被申请人字节跳动公司立即停止通过"今日头条"APP、toutiaoimg.cn域名传播（以非直播方式）用户"嗨氏"发布的全部《王者荣耀》游戏录制视频，效力维持至本案判决生效日止；被申请人字节跳动公司立即删除在"今日头条"APP传播（以非直播方式）的带有"王者荣耀"名称的游戏录制视频，效力维持至本案判决生效日止。[2]

关联条文：《著作权法》第56条。

法治贴士：

游戏运行画面的创作过程体现创作者对美术、人物英雄设定、技能、战斗主题等元素的思想表达与个性选择，具有独创性，因游戏玩家操作所呈现的游戏画面效果均是游戏开发者开发游戏时预设的结果，游戏玩家的操作并不具有著作权法意义上的独创性，不产生新的作品。网络游戏具有游戏研发、推广、运营成本高，盈利周期短的特点，如不及时制止侵权行为将导致权利人的市场份额减少和市场机会的丧失，使权利人的合法权益受到难以弥补的损害。短视频平台不仅涉及游戏短视频，还有其他类型短视频业务，且诉前禁令也并非对所有游戏短视频的禁止，故从当事人利益平衡的角度来说，采取诉前禁令对公司造成的损害有限。因此在涉网络著作权诉前行为保全中，认定"难以弥补的损害"通常应以"权利人市场份额明显减少"来认定；而认定损害衡平性通常应以采取诉前保全措施对该网络运营者是否造成实质损害来认定；认定是否损害社会公共利益通常应以采取诉前保全措施是否对该网络行业的具体运营以及相关消费者利益造成影响来认定。

---

〔1〕 改编自重庆自由贸易试验区人民法院（2019）渝0192行保1号之二案件。

〔2〕 参见国家法官学院、最高人民法院司法案例研究院编：《中国法院2021年度案例·知识产权纠纷》，中国法制出版社2021年版，第154页。

（三）直播平台侵权责任

案例：网络主播在被告斗鱼公司经营的直播平台进行在线直播，其间播放了歌曲《恋人心》（播放时长1分10秒）。直播结束后，主播将直播过程制作成视频并保存在斗鱼直播平台上，观众可以通过直播平台进行观看和分享。网络主播与被告签订的《直播协议》约定，主播在直播期间产生的所有成果均由被告享有知识产权。原告由歌曲《恋人心》词曲作者授权，可对歌曲《恋人心》行使著作权。原告认为，被告的直播平台侵害了其对歌曲享有的信息网络传播权，请求法院判令被告赔偿其著作权使用费、律师费、公证费等合理开支。[1]

法律分析：

根据斗鱼公司提交的《斗鱼直播协议》，主播与直播平台之间不存在劳动或劳务关系，双方约定主播在直播期间产生的所有成果均由斗鱼公司享有全部知识产权、所有权和相关权益，这里面的"所有成果"当然包括涉案视频在内的上传并存放于斗鱼直播平台的视频。虽然主播是视频的制作者和上传者，但因为主播并不享有对这些视频的知识产权和所有权，所以根据权利义务相一致的原则，其不应对视频中存在的侵权内容承担侵权责任。斗鱼公司是这些成果的权利人，享有相关权益，其自然应对因该成果产生的法律后果承担相应责任。而被告斗鱼公司不仅是网络服务的提供者，还是平台上音视频产品的所有者和提供者，并享有这些成果所带来的收益，在这种情况下，虽然其在获悉涉案视频存在侵权内容后及时删除了相关视频，但也不能就此免责。海量的注册用户及直播的即时性和随意性亦不能成为斗鱼公司的免责理由。不能援引《最高人民法院关于审理侵害信息网络传播权民事纠纷案件适用法律若干问题的规定》第8条第2款、第3款之规定免责。斗鱼公司应对其平台上的涉案视频承担相应的侵权责任。

关联条文：《著作权法》第8条第1款、第10条。

法治贴士：

避风港规则的出现为网络服务提供者提供了额外的保护，免除互联网平台内容审查的要求，推动了互联网产业的创新发展。然而，互联网平台在给社会公众带来获取作品便利的同时，也使得侵权作品的传播速度更快、影响范围更大。直播平台与直播的主播签订《直播协议》，在协议中约定双方的权利义务、服务费用及结算以及直播方应承担的违约责任，最重要的是约定了直播平台公司虽不参与创作，但直播方成果的权利属于直播平台公司，这说明直播平台公司不仅是网络服务的提供者，还是平台上音视频产品的所有者和提供者，并享有这些成果所带来的收益，在这种情况下，虽然其如在获悉涉案视频存在侵权内容后及时删除了相关视频，但也不能就此免责。既然直播平台公司与每一位在平台上注册的直播方约定直播方在直播期间的所有成果的全部知识产权及相关收益均由平台公司享有，那么其当然应对直播成果的合法性负有更高的注意义务和审核义务。海量用户的存在会带来巨大的影响和收益，直播平台公司不应一方面享受利益，另一方面又以直播注册用户数量庞大及直播难以监管而逃避审核、放弃监管，放任侵权行为的发生，拒绝承担与其所享有的权利相匹配的义务。因此，海量的注册用户及直播的即时性和随意性亦不能成为直播平台公司的免责理由。

---

　[1]　改编自北京知识产权法院（2019）京73民终1384号案件。

（四）网络侵权责任

案例1：原告系小说《大明王朝1566》的作者，享有该作品的著作权。该作品曾拍摄成《大明王朝1566》电视剧，在各大卫视及网络平台热播，具有较高知名度。被告未经原告许可，擅自在其管理运营的"UC头条"应用程序向用户提供《大明王朝1566》有声读物的在线收听服务。[1]

法律分析：

朗读者对文字作品的朗读进行录音而成的有声读物，其对文字单纯的朗读，形成的是原作品的录音录像制品，其创造性尚不足以使其构成独立的作品。朗读行为并未改变原作品独创性的表达，不属于对原作品的演绎行为。涉案有声读物实为朗读作品文字内容并进行录音后形成的录音制品，是对于原作品的复制，不属于对作品进行演绎后产生的新作品。在网站上向公众提供有声读物，使得公众可在其个人选定的时间和地点进行收听，该行为属于信息网络传播行为，应受信息网络传播权控制。故涉诉小说《大明王朝1566》的有声版本属于原作品的录音制品，原告有权主张权利、提起诉讼。被告未经许可通过网络向公众提供涉案作品，使公众可以在其个人选定的时间和地点获得涉案作品，构成侵害涉案作品信息网络传播权的行为，应承担民事侵权责任。

关联条文：《著作权法》第48条、第49条。

法治贴士：

有声读物是近年来新兴的一种文化娱乐方式，但对有声读物的归属如何界定，在线提供有声读物在《著作权法》上如何定性，尚没有明确的裁判规则。判断有声读物是属于对原作品的录音录像制品还是构成新的演绎作品，关键在于有声读物是否具有"独创性"这一外在表达。独创性有两种情况：一是作品完全由自己独立创造；二是作品在他人作品的基础上进行创造。《著作权法》的独创性远远低于《专利法》中对创造性的要求，作品只要能体现一定的智力创作即可。只有经过劳动创造后具备"独""创"两方面的外在表达才能构成作品，否则只是对于作品的复制行为。另外，即使有声读物构成演绎作品，被告以有线方式向公众提供涉案有声读物也需经过演绎作品作者和原作品著作权人的双重许可。实践中科技一直在发展，未来随时可能出现各种新兴形式的作品，在法律法规或司法解释无法及时制定相应的规定的情况下，要对其作出归属划分的前提是把握好作品"独创性"这一根本特征。

案例2：原告经授权，获得涉案影视作品《大鱼海棠》独家、专有的信息网络传播权，并有权以自己名义向侵权人提起侵权指控。经查，"天天视频"安卓手机客户端APP被诉软件由叭咕叭咕公司开发、运营，拥有庞大用户群。经公证证据保全，叭咕叭咕公司通过该被诉软件向用户公开提供了涉案影视片的在线网络播放服务。叭咕叭咕公司为该被诉软件开发者，未经原告授权，通过该软件向公众提供涉案该片的在线播放服务，主观上存在过错，给原告造成较大的经济损失。故原告向法院提起诉讼，请求叭咕叭咕公司立即停止提供涉案影视作品《大鱼海棠》网络传播服务、赔偿原告经济损失及合理费用。[2]

---

[1] 改编自湖南省高级人民法院（2019）湘民终40号案件。
[2] 改编自湖北省高级人民法院（2019）鄂民终24号案件。

法律分析：

原告经过影视片出品人授权，继受取得涉案《大鱼海棠》影视片独家、专有的信息网络传播权，其权利来源合法、有效，应受法律保护。叽咕叽咕公司设计开发"天天视频"APP，并将该 APP 在应用商店中进行加推。手机终端在移动联网状态下，下载涉案 APP 进行安装，根据软件提示，可以搜索并点击播放包括涉案《大鱼海棠》在内的多部影视片。叽咕叽咕公司通过架设在联网状态下的 APP 商店，搭建一个带有影视内容的影视播放平台，可供公众随意下载、安装，实现选定影视节目内容的播放功能。公众亦可通过该播放软件浏览、观看、下载选定网络影视信息内容，该播放软件具有帮助公众实现获得信息网络内容进行传播的功能。该软件登记信息显示，叽咕叽咕公司为该软件的开发者，亦实际运营该软件，是该被诉软件播放平台法律责任的承担主体。且被诉软件播放的涉案影片在剧情、内容等方面均与原告涉案权利作品相同，两者为同一影片，被诉软件播放平台提供的该片为原告权利作品的复制品。叽咕叽咕公司作为涉案软件开发者，涉案播放软件具有影视资源播放功能，投放公开平台运营后，存在侵犯他人著作权的法律风险，叽咕叽咕公司对此明知，但未予充分注意，仍将涉案软件架设于相关的应用平台，任由不特定的公众下载、使用，以期获得更多软件用户，故其主观上存有明显故意，客观上侵犯了原告涉案该片的信息网络传播权。因此，叽咕叽咕公司应该承担侵权责任。[1]

关联条文：《著作权法》第 24 条。

法治贴士：

未经影视作品权利人许可，利用 APP 软件在线播放他人影视作品行为为侵犯著作权人信息网络传播权的行为。我国《著作权法》第 10 条第 12 项规定著作权人享有作品的信息网络传播权，即以有线或者无线方式向公众提供作品，使公众可以在其个人选定的时间和地点获得作品的权利。《最高人民法院关于审理侵害信息网络传播权民事纠纷案件适用法律若干问题的规定》第 2 条对信息网络定义为"以计算机、电视机、固定电话机、移动电话机等电子设备为终端的计算机互联网、广播电视网、固定通信网、移动通信网等信息网络，以及向公众开放的局域网络"，第 3 条对侵害信息网络传播权的具体表现进行细化规定为"网络用户、网络服务提供者未经许可，通过信息网络提供权利人享有信息网络传播权的作品、表演、录音录像制品"，或者"通过上传到网络服务器、设置共享文件或者利用文件分享软件等方式，将作品、表演、录音录像制品置于信息网络中，使公众能够在个人选定的时间和地点以下载、浏览或者其他方式获得的"。

我国《著作权法》第 54 条规定了确定侵犯著作权的赔偿数额的计算方法，依次为权利人的实际损失、侵权人的违法所得、法院酌定赔偿数额。以上规定遵循了侵权责任的填平原则，首先考虑权利人在侵权中遭受的实际损失，损失无法确定再考虑以侵权人通过侵权的违法所得作为替代，以上均不能确定的，由法院根据侵权行为的情节酌定 50 万元以下赔偿。酌定因素需要考虑客体权利的价值，涉案影片编剧、导演等演艺人员知名度，荣获国内外奖项，公众评价口碑，是否有较高的知名度，行为情节和造成的损害结果，侵权人主观上是否明知等方面进行考虑。

---

〔1〕参见国家法官学院、最高人民法院司法案例研究院编：《中国法院 2021 年度案例·知识产权纠纷》，中国法制出版社 2021 年版，第 186 页。

案例 3：华纳横店公司拥有电影《疯狂的石头》在中国大陆的包括复制权、发行权和信息网络传播权等在内的相关著作权，其授权新传公司为期 3 年专有性使用该作品的信息网络传播权。土豆网的注册用户将该电影上传至网站供公众在线播放。法院认为，土豆网属于通过网络帮助他人实施侵犯著作权行为，主观上具有过错，应当承担相应的侵权民事法律责任。[1]

法律分析：

所谓"红旗原则"，是指当侵权事实在网络空间中像红旗一样明显时，我们便可以根据侵权事实发生的具体环境推定网络服务提供者对侵权事实应当知晓并要求其承担采取必要措施制止侵权行为的义务。尽管网络服务提供者不可能也无力识别所有的利用其网络服务进行的侵权行为，但就某些网络侵权行为的识别与监控，无论是从常识、法律规定的角度还是从技术可行性的角度出发，网络技术服务提供者可以做到。若未尽到相应的义务，则网络服务提供者应当与实施具体侵权行为的网络用户一起承担连带责任。

在本案中，从常识角度出发，一个专业的视频网站经营者应当知道影视剧的著作权人不可能在网络上免费提供其享有著作权的作品，当其网站链接至可以免费观看影视剧的网页时，其有合理的理由知道存在侵权行为。全国各大影院上映的热门影片上传至专业的视频共享网站，网站很难说不知道。因此，土豆网未尽应尽的审查和删除义务显属怠为行为，土豆网应当与实施侵权行为的网络用户承担连带责任。

关联条文：《民法典》第 1197 条。

法治贴士：

网络空间治理是一个系统工程，既需要权利人积极行使权利，同时也需要网络服务提供者在技术和能力允许的范围内积极作为，共同打击侵权信息。"红旗原则"是指网络用户在网络服务提供者提供的网络上实施侵权行为，侵害他人民事权益的事实非常明确，网络服务提供者知道或者应当知道而不采取必要措施的，即应承担侵权责任的规则。适用"红旗原则"的后果是，明知或者应知网络用户在自己的网站上实施侵权行为的网络服务提供者对该侵权信息没有采取必要措施，须与实施侵权行为的网络用户一起，对被侵权人造成的损害承担连带赔偿责任。

二、商标权保护

（一）商标在先使用抗辩成立条件

案例：A 公司向国家工商行政管理总局商标局申请注册"轻管家"商标，申请服务为第 45 类。该公司经核准注册第 1797××××号"轻管家"商标，核定服务项目第 45 类：临时看管房子；临时照料宠物；家务服务；社交陪伴；开保险锁；在线社交网络服务；域名注册（法律服务）；计算机软件许可（法律服务）；计划和安排婚礼服务；安全保卫咨询（截止）。注册有效期自 2016 年 11 月 7 日至 2026 年 11 月 6 日。2016 年 1 月 25 日，B 公司向国家工商行政管理总局商标局申请注册"轻管家"商标，申请商品/服务为第 45 类：侦探服务；社交陪伴；家务服务；服装出租；交友服务；计划和安排婚礼服务；在线社交网络服

---

[1] 改编自上海市高级人民法院（2008）沪高民三（知）终字第 62 号案件。

务；计算机软件许可（法律服务）；殡仪；安全及防盗警报系统的监控。2017 年 5 月 14 日，B 公司经核准注册第 1897××××号"轻管家"商标，核定服务项目第 45 类：服装出租；殡仪，其余申请项目（包括家务服务）均被驳回。2018 年 7 月 13 日，浏览 B 公司的网站，可见该网站首页左上角名称为"小马管家"，右侧分为首页、轻管家、元气介护、服务集市等菜单；首页下拉页面可见"轻管家服务"字样，所使用字体大于页面其他所有文字使用的字体；点击菜单栏"轻管家"进入页面，可见"小马管家轻管家服务"字样位于页面中上方位置，下拉页面可见"我叫轻管家""我用轻管家""我是轻管家套餐"字样，以不同颜色、不同字体进行显示，区别于页面其他内容。用电脑与手机分别登入 B 公司的"小马管家"微信公众号页面，首页均可见"轻管家""轻管家 PLUS"图标，滚动内容亦可见"轻管家 PLUS"字样。点击进入"轻管家"，可见"为什么选择轻管家"字样，内容介绍为"清洁服务""家务打包"等，下方为"预约轻管家"选项；进入"轻管家 PLUS"，可选择"立即预订"；内容介绍为"星级服务家务全包"等。基于以上事实，A 公司以 B 公司侵害商标权为由提起诉讼。[1]

法律分析：

商标在先使用抗辩成立的条件是使用人先于商标注册人使用商标，使用人的此种使用行为使商标已经具有一定影响。此种"有一定影响"的判断应当结合商标使用的宣传、使用行为的持续时间、使用程度、地域范围、使用规模、销售额等综合判定。本案中，虽然证据能够证明被告使用该商标的时间早于原告申请注册商标的时间，但只能证明 2015 年 8 月 26 日被告召开一次新闻发布会发布"轻管家"服务、2015 年 11 月被告"轻管家"模式被一家刊物报道的事实。其中，刊物刊发时间晚于原告申请注册商标的时间 2015 年 9 月 24 日，故该次宣传不应作为认定在先权利的依据。而仅就新闻发布会而言，无论是从宣传的频次、时间持续，还是从宣传报道的范围、主体来说，该次发布会的宣传报道不足以使被告使用的商标达到"有一定影响"的程度。此外，从召开新闻发布会至原告 2015 年 9 月 24 日申请注册商标，期限较短，并无证据表明期间被告持续使用"轻管家"商标并取得了一定影响，因此其未经许可在相同服务上使用"轻管家"商标，构成商标侵权。

关联条文：《商标法》第 57 条。

法治贴士：

商标在先使用抗辩的法律依据为我国《商标法》第 59 条第 3 款的规定："商标注册人申请商标注册前，他人已经在同一种商品或者类似商品上先于商标注册人使用与注册商标相同或者近似并有一定影响的商标的，注册商标专用权人无权禁止该使用人在原使用范围内继续使用该商标，但可以要求其附加适当区别标识。"商标在先使用作为一种抗辩权而非请求权，其设立的目的主要在于倡导商标注册制度，同时捍卫在先使用者已经形成的商业声誉和商品信誉。即一方面需要依据诚实信用保护在先权利，另一方面又要防止在先权保护过度对商标注册制的冲击，赋予在先权利人对抗损害赔偿和停止侵害救济的权利。商标在先使用抗辩要件：首先，从字面上理解《商标法》相关规定，在先使用并有一定影响的时间早于商标注册申请日即可，但是从衡平两方利益、稳定相关市场的立法意旨角度分析，不宜给予在

---

〔1〕 改编自北京知识产权法院（2019）京 73 民终 2025 号案件。

先权利人过度保护，因此，如果双方均表明自己在申请注册日期之前有使用行为，则应由法院依据证据确定双方的最早使用时间，以确定谁更早使用该商标。在先使用人不仅需要证明其在商标权人申请注册之前就已经使用，还需要进一步证明其最早使用时间早于商标权人。其次，我国虽然采用商标注册制，但是仍然依据未注册商标的使用范围、时间、影响力大小给予不同程度的保护，在先使用抗辩成立就需要使用人证明，此种使用行为使商标已经具有一定影响。善意的使用才是正当的市场信誉和利益，才是在先使用抗辩保护的对象。商标在先使用抗辩旨在稳定市场、衡平利益，这一本意贯穿抗辩成立的具体要件的分析过程。[1]

（二）侵害注册商标专用权的惩罚性赔偿

案例：世界著名时尚品牌卡尔文·克雷恩（中国）取得对 CK 等商标的注册商标专用权。商标托管发现 L 公司在天猫的"L 服饰专营店"大量销售侵犯卡尔文·克雷恩商标托管注册商标专用权的服装。R 公司为 L 公司的上述销售行为提供发票，陈某为该公司唯一自然人股东。卡尔文·克雷恩诉至法院，请求 R 公司、L 公司与陈某停止侵权并赔偿损失。法院认为：被告 L 公司、R 公司构成共同侵权，应当承担连带责任。[2]

法律分析：

侵害知识产权的惩罚性赔偿责任的构成要件是：故意侵害他人知识产权，侵害他人知识产权的情节严重。符合这两个要件要求的，被侵权人有权请求相应的惩罚性赔偿。在本案中，L 公司的销售行为以及宣传推广行为，都侵犯了卡尔文·克雷恩的注册商标专用权。卡尔文·克雷恩是驰名商标，为普通大众所知悉。同时，L 公司的销售行为以及宣传推广行为严重降低了卡尔文·克雷恩的注册商标专用权的价值，造成了巨大的损失与消极影响，应当构成情节严重。R 公司为 L 公司的上述销售行为提供发票，两公司构成共同侵权，应当承担连带责任。

关联条文：《民法典》第 1185 条。

法治贴士：

惩罚性赔偿也称惩戒性赔偿，是侵权人给付被侵权人超过其实际受损害数额的一种金钱赔偿。我国现行法律对惩罚性赔偿的具体规定主要体现在《消费者权益保护法》《食品安全法》《商标法》《电子商务法》等单行法中，民法总则对惩罚性赔偿作了原则性规定。《民法典》对于侵害他人知识产权的惩罚性赔偿责任的计算方法没有规定，可以借鉴《电子商务法》第 42 条第 3 款规定的方法，增加赔偿实际损失的 1 倍。因为侵害知识产权造成的损害就是财产损害，而《消费者权益保护法》《食品安全法》规定的惩罚性赔偿责任适用于明知不符合相关规定而向消费者提供商品或者服务造成受害人死亡或者健康严重损害的情形，故侵害他人知识产权的惩罚性赔偿确定为 1 倍的惩罚性赔偿责任比较适当。

（三）在先姓名权保护

案例：2013 年 8 月 5 日，李某向原国家工商行政管理总局商标局申请注册了第 1302×××
×号"金龟子"商标，经核准使用于第 41 类的教育、培训等服务上，商标专用权期限至

---

〔1〕 参见国家法官学院、最高人民法院司法案例研究院编：《中国法院 2021 年度案例·知识产权纠纷》，中国法制出版社 2021 年版，第 52 页。

〔2〕 改编自山东省青岛市中级人民法院（2015）青知民初字第 9 号案件。

2025 年 8 月 13 日。2017 年 10 月 11 日，刘某以损害其在先姓名权为由，向原国家工商行政管理总局商标评审委员会针对诉争商标提出了无效宣告请求。商标评审委员会经过审理，支持了刘某的理由，并作出商评字〔2018〕第 158090 号关于第 1302××××号"金龟子"商标无效宣告请求裁定，裁定对诉争商标予以无效宣告。

法律分析：

在先姓名权的保护客体不仅限于当事人的法定姓名，还包括笔名、艺名等特定名称。同时还应满足其主张的笔名、艺名等特定名称在相关领域具有一定知名度，与该自然人建立了稳定的对应关系，相关公众以其指代该自然人。本案中，刘某提交的证据可以证明刘某自主决定并认可"金龟子"作为其艺名，相关公众亦以"金龟子"指代刘某，且"金龟子"在少儿节目相关领域具有较高知名度，并与刘某建立起稳定的对应关系。依据上述事实，"金龟子"属于刘某的艺名，刘某亦可就"金龟子"主张姓名权。刘某主持的少儿类节目多为寓教于乐性质的节目，与诉争商标核定使用的"教育、培训"等服务的目的、内容、方式、对象等方面存在较大重合和关联性，尤其是上述服务的相关公众多为少年儿童和他们的家长，其中不乏看过刘某所主持的少儿节目的观众，故易使公众误认为标注诉争商标的相关服务系经刘某许可或与其存在某种特定联系；且根据刘某提交的部分媒体报道，诉争商标在实际使用中已导致部分公众对服务来源误认。刘某的艺名"金龟子"在诉争商标申请日之前在少儿类节目中已建立知名度，原告在申请注册诉争商标时，应当知晓"金龟子"系刘某艺名这一事实，却仍然在与该艺名具有知名度的相关服务上注册诉争商标，损害了刘某对"金龟子"享有的在先姓名权。据此，诉争商标的注册违反了申请商标注册不得损害他人现有的在先权利的规定。结合刘某主持的少儿节目及其艺名"金龟子"的知名度，诉争商标核定使用的"教育、培训"等服务的相关公众在看到"金龟子"商标时，容易认为标有"金龟子"商标的服务系经过刘某许可或者与刘某存在特定联系，特别是考量诉争商标核定使用的服务对象、内容与"金龟子"艺名赖以知名的领域具有较高的重合度，且李某未能对其使用"金龟子"申请注册诉争商标作出合理解释。在此情况下，可以推定李某在申请注册诉争商标时，明知"金龟子"系刘某的艺名这一事实，具有较为明显的主观恶意。因此，诉争商标的申请注册损害了刘某在先的"金龟子"艺名的合法权益，违反了《商标法》第 32 条的规定。[1]

关联条文：《商标法》第 32 条。

法治贴士：

《商标法》所述的"在先权利"，包括《民法典》和其他法律规定的属于应予保护的合法权益，其不仅涵盖了"姓名"所承载的自然人的人格权，也涉及《反不正当竞争法》层面上通过规制行为人明知他人姓名而采取盗用、冒用等手段，造成公众对商品或服务来源发生混淆误认的不正当竞争行为进而保护的"姓名权益"。前者强调了对自然人人格尊严的保护，后者侧重于对造成公众混淆的不正当竞争行为的规制。故在商标确权行政案件中，在先姓名权益的保护应当从以下几个方面综合考量：一是相关公众是否能够将所涉的姓名、艺名、绰号等主体识别标志与特定自然人建立起对应关系；二是相关公众是否容易认为标有诉

---

〔1〕　参见国家法官学院、最高人民法院司法案例研究院编：《中国法院 2021 年度案例·知识产权纠纷》，中国法制出版社 2021 年版，第 126 页。

争商标的商品或服务系经过该自然人许可或者与该自然人存在特定联系；三是诉争商标申请人是否具有明知他人姓名而盗用、冒用的主观恶意。

（四）假冒注册商标

案例： 2011 年 4 月，小米科技公司注册了"小米"商标，核定使用商品包括手提电话、可视电话等。此后还陆续申请注册了"智米"等一系列商标。小米科技公司、小米通讯公司自 2010 年以来，先后获得行业内的多项全国性荣誉，各大媒体对小米科技公司、小米通讯公司及其小米手机进行持续、广泛的宣传报道。2011 年 11 月，被告申请注册"小米生活"商标，2015 年被核准注册，核定使用商品包括电炊具、热水器、电压力锅等。2018 年"小米生活"注册商标因"系通过不正当手段取得注册"被宣告无效。此外，在被告注册的 90 余件商标中，有多件与小米科技公司"小米""智米"标识近似，小米起诉被告商标侵权。[1]

法律分析：

"小米"商标为驰名商标，具有较高的知名度、美誉度和市场影响力。被告通过多家电商平台、众多店铺在线上销售，网页展示的侵权商品多种多样，数量多、侵权规模大。在诉讼期间持续宣传、销售被诉侵权商品，具有明显的侵权恶意。法庭以涉案 23 家店铺的销售额、网店商品的评论数作为认定商品交易量的参考依据，纳入本案侵权获利额的计算范围，而且被诉侵权商品被上海市市场监督管理局认定为不合格产品，部分用户亦反映该侵权商品存在一定的质量问题。被告实施的侵权行为导致小米科技公司、小米通讯公司良好声誉受到损害，应当加大惩处力度，以侵权获利额为赔偿基数，认定惩罚性赔偿的"恶意""情节严重"要件以及确定基数和倍数的方法，既考虑到被诉侵权商品销售特点，又全面分析了影响惩罚倍数的相关因素，确定了与侵权主观恶意程度、情节恶劣程度、侵权后果严重程度相适应的倍数，为惩罚性赔偿制度的适用提供了实践样本，体现了严厉打击严重侵害知识产权行为的导向。

关联条文：《商标法》第 13 条第 1 款、第 63 条第 1 款。

法治贴士：

商标的作用是功能选择，是区别产品来自何处、产自何人，产品质量和品质特定的一种区别标志，老百姓购买商品主要是认牌子。老牌商标、驰名商标，就是商誉、质量的保证和象征。商标权的内容，包括使用权和禁止权两个方面。使用权是商标权人对自己核准注册的商标有充分支配和完全使用的权利。即商标可以自己使用，也可以转让许可他人使用。禁止权是商标权人有权禁止他人未经允许擅自使用商标。这是一种排他性的权利，就是我们平常说的防止商标混同。商标权是市场经营中的一项合法垄断权。商标权的取得、利用和保护，有助于维系和发挥品牌的效用，使商标所指定使用的商品占有最大的市场份额，从而为经营者获取市场竞争优势。驰名商标是指经过长期使用或大量商业推广与宣传，在市场上享有很高知名度并为相关公众所熟知的商标。《商标法》对驰名商标的特殊保护如下：①对未注册的驰名商标也给予保护，禁止他人在同一种商品和类似商品上抢注。②凡是注册的驰名商标在非类似商品上也享有禁止权。知名品牌既是企业的重要无形资产，也是城市乃至国家拥有

---

[1] 改编自江苏省高级人民法院（2019）苏民终 1316 号案件。

经济实力和核心竞争力的表现，所以国家给予特殊保护。

三、专利权保护

（一）专利权的归属

案例： 原告诉称自己公司主要从事高层疏散逃生系统的研发。2013年3月，被告公司成立，其拥有第"20141028××××.1"号名为"一种高层建筑物逃生系统"的发明专利。被告公司与原告接触之前，不具备任何高楼逃生疏散系统的技术和研发能力，既未生产过同样产品，也没有相关产品的国内市场。2013年4月至12月，被告为引进原告技术，与原告签订备忘录，由原告负责型号为AMES-2的样品的研制生产并提供了样品的全套技术文件。原告与被告公司签订《中外合资经营企业合同》，决定建立中外合资经营企业有限公司。合同签订后，原告将涉案样品以及样品的全套技术文件、涉案样品的用户手册交付被告公司。涉案样品运抵中国后，被告委托国家消防装备质量监督检验中心进行了样品的安装测试，并出具了检验报告。由于被告原因，合资公司未设立。后原告发现，被告由原告处获得涉案样品以及全套技术文件和用户手册后，擅自将英文原版手册翻译成中文并注明版权归其所有，同时在上述检验报告中，被告将生产单位标注为自己。原告向中华人民共和国国际经济贸易仲裁委员会提出仲裁申请，请求解除合资合同。2015年7月，仲裁裁决解除合资合同，裁决书中明确认定原告研制生产出样品，并将样品交付被告。涉案专利的技术方案实质上就是原告发往被告公司的技术资料、图纸所载的技术方案。被告并未对涉案专利的实质性特点作出创造性的贡献，涉案专利的专利权应归属于原告。[1]

法律分析：

原告与被告双方曾存在商业上的合作关系，曾召开高楼逃生设施项目的投资合作商谈会，并签订了备忘录，双方一致同意在中国共同进行研发、生产、销售、推广及升级产品的开发。根据备忘录的约定，被告进行出资，原告提供了生产涉案样品，并由被告进行检验，被告也委托国家消防装备质量监督检验中心进行检验并出具了《检验报告》。根据检验结果，涉案样品与涉案专利的技术方案基本上能够一一对应，仅拉杆机构、钩挂件、第二销杆及由节点控制滑道本体打开长度的特征无法从涉案样品中示出。但根据涉案样品检测时所拍摄的照片，可确定以下情况：涉案样品"L"形的把手部件原连接有拉杆；舱门下部一侧原有一片状部件；"U"形部件可通过螺钉固定飘带端部的固定圈；存储舱顶板外侧设置原有两个中空的凸棱。由此可推断，涉案样品原有的很多部件均已被拆除，因此不能排除涉案样品原本具有拉杆机构、钩挂件等部件的可能性。根据查明事实，涉案样品舱门内部设置有一外方内圆的框架及一中间略凹的板形框架，两者相连接，整体呈"L"形。外方内圆的框架和板形框架的交接处设置有转轴，两者可绕该转轴翻转一定角度。因此，从双方存在商业上的合作关系、涉案样品于涉案专利申请日前由原告研制并交付被告进行检测、涉案样品与涉案专利的技术方案基本能够一一对应、涉案样品部分原有部件明显已被拆除、被告提交的证据不能证明涉案专利系其自主研发的情况下，法院根据优势证据原则，确认涉案专利的专利

---

〔1〕改编自北京市高级人民法院（2019）京民终190号案件。

权应归属于原告。[1]

关联条文：《专利法》第2条。

法治贴士：

专利权是指公民或企业对其发明创造在一定期限内依法享有独占实施的权利，它是科技领域最重要的一项知识产权。所谓技术创新、技术成果交流、技术产业发展的主要法律制度，就是专利权。专利权作为技术领域里的专有财产权，包括了独占性的制造、使用、销售、进口等各项权利。在我国专利分为三类，即发明专利、实用新型专利、外观设计专利。涉及专利权属纠纷分为专利申请权纠纷和专利权权属纠纷。专利权权属纠纷是针对授权专利的确认之诉。《专利法》第6条第2款、《专利法实施细则》第13条对专利权人、发明人进行了规定。在纠纷处理中，根据"谁主张、谁举证"原则，利用优势证据原则来决定当事人的权属。

优势证据原则是对双方所举证据的证明力进行判断所确立的规则，属于采信原则。当证明某一事实存在或不存在证据的证明力比反对的证据更具有说服力，或者比反对的证据可靠性更高，由法官采用具有优势的一方当事人所列举的证据认定案件事实。如果负有举证责任的一方和相对方提供的证据所支持的事实均不能达到优势证据程度，人民法院应当依据证明责任的分配规则作出裁判，由负有证明责任的一方当事人承担举证不能的不利后果。

专利权体现了市场经济条件下的合法垄断。专利权人获得了一定期限的技术垄断的权利，同时也付出了公开相关技术信息的对价。具体来说，专利权制度规定权利人享有专利技术范围内的专有权利，凡是权利要求书所限定的，其他人未经同意就不得实施，而专利权人则丧失了对技术的保密性和永远占有该技术的可能性。由此可见，专利权制度的作用，一是给发明创造人以权利保护，利于激励创新；二是通过技术公开，防止重复开发；三是赋予权利期限，力促专利实施，最终达到推动技术创新、产业发展的目的。《专利法》既是科技创新促进之法，也是科技产业发展之法。

（二）避风港原则的反通知规则

案例： 嘉易烤公司系"红外线加热烹调装置"的发明专利权人。金仕德公司在天猫商城销售一款3D烧烤炉。嘉易烤公司针对该产品向淘宝网知识产权保护平台上传了包含专利侵权分析报告和技术特征比对表在内的投诉材料，天猫公司审核不通过并提出提供购买订单编号或双方会员名的要求。嘉易烤公司认为金仕德公司销售的产品落入其专利权的保护范围；天猫公司在收到投诉后未采取有效措施，应与金仕德公司共同承担侵权责任。一审法院认为：金仕德公司的产品侵犯嘉易烤公司的专利权，嘉易烤公司提交的投诉材料符合天猫公司的格式要求，天猫公司仅对该材料作出审核不通过的处理，并未尽到合理的审查义务，也未采取必要措施防止损害扩大，天猫公司应对损害扩大的部分与金仕德公司承担连带责任。二审法院认为：嘉易烤公司的投诉符合《侵权责任法》规定的"通知"的基本要件，属于有效通知。天猫公司接到投诉后未及时采取必要措施，一审判令其就损失的扩大部分承担连带责任并无不当。[2]

---

〔1〕 参见国家法官学院、最高人民法院司法案例研究院编：《中国法院2021年度案例·知识产权纠纷》，中国法制出版社2021年版，第21页。

〔2〕 改编自浙江省高级人民法院（2015）浙知终字第186号案件。

法律分析：

网络服务提供者接到反通知后，立即产生转送义务，应当及时将反通知转送发出通知的权利人，让权利人及时知道网络用户提出了抗辩；同时履行告知义务，让权利人知晓应当及时向有关部门投诉或者向法院起诉，以解决纠纷。网络服务提供者接到通知后所应采取的必要措施包括但不限于删除、屏蔽、断开链接，应遵循审慎、合理的原则，根据所侵害权利的性质、侵权的具体情形和技术条件等综合确定。在专利侵权并非显而易见的情形下，若机械适用"通知—删除"规则，容易导致权利人滥用投诉机制进行不正当竞争。本案中二审法院对"必要措施"的类型进行了拓展性解释，将《信息网络传播权保护条例》中的"通知—转通知—反通知"的投诉机制类推适用于专利领域，认为"转通知"亦是其中一种。

关联条文：《民法典》第 1196 条。

法治贴士：

网络服务提供者在转送声明到达权利人后的合理期限内，未收到权利人已经投诉或者提起诉讼通知的，应当及时终止所采取的措施。网络用户的声明到达权利人后，权利人应当作出适当反应，可以表示认可，也可以表示反对；可以明示，也可以默示。如果在合理期限内，权利人通知网络服务提供者，其已经向有关部门投诉或者向法院起诉，表明权利人以明示方式对反通知的内容表示反对，网络服务提供者应当继续维持此前采取的必要措施，直至有关部门或者法院有进一步指令。如果权利人在合理期限内没有投诉或者起诉，表明权利人默示认可反通知，网络服务提供者应当及时终止所采取的措施，恢复相关信息。

适用避风港原则有两个重要规则：一是通知规则，二是反通知规则。这样的规则配置，是为了平衡网络表达自由利益，不论是权利人的通知权还是网络用户的反通知权，其义务主体都是网络服务提供者，网络服务提供者负有满足通知权人或者反通知权人权利要求的义务。需要说明的是，通知与反通知程序只是为了快速应对纠纷而采取的一种程序性救济手段，网络服务提供者并非司法机关，其没有能力具体判断当事人之间的争议，即便权利人在合理期限内没有采取相应的法律行动，也不影响其实体权利，权利人仍然可以在合理期限届满后向有关部门投诉或者向法院起诉。

四、知识产权的保护期限和维权路径

（一）知识产权的保护期限

案例：小王咨询专利、商标、著作权的保护期限有哪些规定？

法律分析：

版权是作者有生之年加死后 50 年，超过保护期限，使用者就不需要支付任何的版权使用费了。发明专利权的期限为 20 年，实用新型专利权的期限为 10 年，外观设计专利权的期限为 15 年，均自申请日起计算。通过下面的案例给大家提示一下了解知识产权保护期限的重要性。我国某企业生产保温瓶，花了 6 年时间攻关，花了近百万元投资，研发了一个以镁代银技术，节约了材料，减少了工艺周期，企业准备申请国家发明。在申请发明的文献检索过程中，发现一个重要信息，这个以镁代银的工艺，早在 1926 年已经由英国一家公司做出并曾取得专利。这就是说，以镁代银工艺是个公知技术、已知技术，任何人都可以自由而无偿使用，因为专利权保护期是 20 年。由此可见，企业由于不了解法律，既浪费了精力和金钱，还浪费了时间，滞后了企业的发展。另外还有一些企业老板因为缺乏知识产权法律知识，花重金购买人家已经失效的专利技术，造成了企业直接损失，这些都是惨痛的教训。

关联条文：《著作权法》第23条，《专利法》第42条，《商标法》第39条、第40条。

法治贴士：

知识产权的基本特点为独占性、地域性和时间性。独占性具有绝对性的特点，即对于自己的财产，可以独立支配，不受他人干扰。地域性是指知识产权的效力在一国授权的范围内有效，也就是说它要受到地域的限制，是在本国领土范围内发生效力。时间性即知识产权不是一种永恒的权利，它有时间限制，也叫法定保护期。比如说著作权，一般作品的著作权是作者有生之年加死后50年，而软件作品、音像制品、电影作品的保护期为50年；专利权保护期较短，发明专利20年，实用新型10年，外观设计15年。只有商标是个例外，商标权可以通过续展来延长它的保护期。我们国家商标的注册保护期是10年，到期的时候你可以通过续展使得商标保护权不断地延续。商标权有"有限时间保护，无限物质财富"的特点。

（二）知识产权维权路径

案例：小王发现他人侵犯了自己的著作权，他该怎么维权？

法律分析：

小王在自己著作权被侵害时，要有运用法律去维护自己合法权益的法律意识，主动将损失降到最低，避免再次被侵权。作为著作权人其应当给侵权人发通知，表明自己著作权人的身份、所享有何种权利、权利状态、侵权人侵犯了自己的何种著作权及相关证据以及对涉嫌侵权人的主张，并明确要求对方立即停止侵害。随着现代科技的发展，著作权侵权呈现出许多新的特征，侵权手段越来越高明，侵权形式越来越多样，侵权方式越来越隐蔽，故侵权事实有时候很难证明。特别是网络传播速度快，经过多轮转载或传播，很难确定第一个侵权人。原告在搜集侵权证据时会面临一定困难，但如果对方在接到通知、警告后，仍继续实施侵权行为，小王可以固定证据确定侵权人侵害知识产权的故意和侵权的事实。如果侵权人作出伪造、毁坏或者隐匿侵权证据的行为，那么就可以更加确定对方的侵权故意和主观恶性。所以，小王应当在第一时间向侵权人发出通知和警告，维护自己的合法权益。

关联条文：《著作权法》第60条、《商标法》第60条、《专利法》第65条。

法治贴士：

引起知识产权纠纷，当事人可以先协商解决，不愿协商或者协商不成的，常见的几条法律途径如下：①向专利局、工商局等有关部门进行举报。在发现自己的商标权或专利权、著作权等知识产权被侵犯时，首先应当准备相应的侵权证据，明确侵权企业的名称、固定被侵权的证据，最好先委托鉴定，拿到鉴定书等材料后向工商局、专利局、版权局等相关部门进行申请，要求查处并对侵权者进行处罚及责令赔偿。②向公安局报案。遇见较为复杂的侵权案件时，工商局及专利局等相关部门无法直接责令侵权人停止侵害的，可以直接向公安局求助，请求公安机关协助，要求侵权方立即停止侵权行为，申请警方进行调查，从根本上遏止侵权源头，保护自身知识产权的合法权益。③向人民法院起诉。在发现侵权事实时，如果自己不知道如何收集证据，需要聘请专业律师帮助收集侵权证据，对侵权事实进行了解，如固定具体的侵权时间、侵权事实以及侵权后的态度，委托律师联合当地工商部门进行查处，由律师形成诉讼文书，向人民法院提出诉讼，要求侵权人停止侵权行为并赔偿损失。④向海关、质检局等其他职能部门举报。如果被侵犯的知识产权属于边境知识产权，工商局、专利局不便进行调查和管理，需要走另一个法律途径，向海关处举报。我国在2008年就已经制定了有关海关知识产权保护方面的备案，也就是对进出境的知识产权进行检查和保护，避免企业或个人的知识产权受损。我国在知识产权方面的保护在不断地完善，只要我们多了解法律，知道相应的法律保护途径，一定可以维护自己合法权益。

知识产权强调知识是有价和有偿的，对于知识创造者注重个性发挥，鼓励独立思考和自主创新。当前我国公民知识产权意识薄弱，尊重他人知识产权、维护自身合法权益的意识和能力普遍缺乏，关于知识产权保护的宣传教育不到位，因此我国的立法进程与国民意识的提高存在脱节，公民对知识产权保护缺乏一种较为清晰的共识。在知识经济时代，经济增长更加依赖于知识的积累与更新，知识也已经成为经济活动中最重要的生产要素。知识产权是市场经济发展的制度产物，同时也是世界市场经济体制的基本规则。在全球化的今天，无论国内市场还是国际市场，我国经济的发展都离不开对知识产权的有效保护，唯有加强对知识产权的保护，才能形成健康有序的市场环境，才能使经济发展实现良性循环。

第四节 投资纠纷风险防范

当前，大众创业、万众创新的理念正日益深入人心。各种新产业、新模式、新业态不断涌现，有效激发了社会活力，释放了巨大创造力，成为经济发展的一大亮点。投资创业存在一定的成本和风险。对创业者而言，如何合理选择企业形态是首要的问题。创办企业之后，又会涉及出资、股权、法定代表人、公司解散和清算等一系列的法律问题；创业者需要清晰了解有关的法律规则，以便有效防范风险。

一、企业形态选择

（一）企业的登记注册

案例：甲乙丙丁戊等5人，分别出资2万元、6万元、10万元、6万元及10万元，组成"兴业有限责任公司"，经营食品零售业务，但该公司未依法定程序向市场监督管理机关申请注册登记，擅自开始营业，历经半年。适逢食品行业经济不景气，该公司经营不善，拖欠巨额债务。其中由甲、乙以"兴业有限责任公司"的名义与己签订购买原料合同，欠己18万元。

法律分析：

甲乙丙丁戊等5人拟设立"兴业有限责任公司"，但未向市场监督管理机关申请注册登记，"兴业有限责任公司"并未成立。因公司未成立，甲乙丙丁戊等5人以公司名义开展经营活动，是无证无照经营，会被依法予以查处。对以"兴业有限责任公司"的名义与己签订购买原料合同而欠己的18万元，因甲乙丙丁戊等5人之间类似于合伙关系，该18万元由甲乙丙丁戊等5人承担连带偿还责任。

关联条文：《公司法》第6条第1款、第7条第1款、第210条，《无证无照经营查处办法》第12条、第13条、第14条、第15条。

法治贴士：

2021 年 4 月 14 日，国务院第 131 次常务会议通过《市场主体登记管理条例》，该条例于 2022 年 3 月 1 日起施行。《市场主体登记管理条例》适用于下列主体：①公司、非公司企业法人及其分支机构；②个人独资企业、合伙企业及其分支机构；③农民专业合作社（联合社）及其分支机构；④个体工商户；⑤外国公司分支机构；⑥法律、行政法规规定的其他市场主体。由此，包括公司在内的所有市场主体的登记，合并在同一个行政法规中统一规定，不同企业形态的登记管理单独分散立法的情况宣告终结。

公司作为市场主体，其设立、变更、注销，均需依法向市场监督管理机关办理登记手续。如果未经登记，擅自开张营业，是无照经营行为；依据《无证无照经营查处办法》第 14 条，会被施以相应的处罚。如果经营的项目，依据法律行政法规的规定，需要经过审批，例如经营卷烟、雪茄烟、烟丝须经烟草专卖局批准，经营烟花爆竹、旧金属回收须经公安机关审批。在没有经过审批的情况下，经营卷烟、雪茄烟、烟丝、烟花爆竹、旧金属回收等项目即无证经营行为；依据有关法律行政法规，会被施以处罚。无证无照经营行为，被市场监督管理机关认定且处罚后，还会被记入信用记录；在信用体系日益健全的今天，信用记录的污点会导致一系列行为受限。在无照经营期间所欠的债务，需要由投资人承担连带责任；由此会导致投资人承担全部的经营风险。

（二）个人独资企业与一人公司

案例： 张三有 100 万元资金，准备单独投资设立一个企业。张三初步了解法律规定的单独投资的企业形态有个人独资企业和一人公司，但困惑于选择个人独资企业还是选择一人公司。

法律分析：

张三拟单独投资创办企业，可以选择个人独资企业或一人公司。这两种企业形态，关键的区别有两点：①个人独资企业并非独立的企业法人，而是《民法典》规定的非法人组织；企业没有独立的财产，不能承担独立的责任，投资人以其个人财产对企业债务承担无限责任。一人公司是独立的企业法人，有独立的财产，能承担独立的责任；一人公司的投资人以其认缴的出资额为限对公司债务承担有限责任。②个人独资企业并非《企业所得税法》规定的纳税主体，企业所得作为投资人经营收入，由投资人缴纳个人所得税；一人公司作为独立的企业法人是企业所得税的纳税主体。对张三而言，选择个人独资企业意味着承担无限责任，企业债务不但要企业偿还，张三亦有偿还责任，其经营风险巨大，一旦企业经营失败，可能导致个人倾家荡产；然而，因张三仅需就企业经营收入缴纳个人所得税，其税负较轻。如张三选择一人公司，其仅是在认缴的出资额范围内承担有限责任，公司债务由公司独立承担，张三无需以其个人财产替公司偿还债务，其经营风险较小；然而，一人公司的所得，需要缴纳企业所得税，张三由公司取得的分红，又需要缴纳个人所得税，张三面临的是双重征税，其税负较重。

关联条文：《个人独资企业法》第 2 条，《公司法》第 3 条、第 57 条第 2 款、第 58 条，《企业所得税法》第 1 条。

法治贴士：

自然人单独投资创办企业，选择个人独资企业还是选择一人公司，需要投资人对这两种企业形态进行比较分析、衡量利弊，确定最适合于自己的企业形式。法人单独投资创办企业，则只能选择一人公司这种企业形式。自然人单独投资除了选择个人独资企业或一人公司外，还可以选择个体工商户。《个体工商户条例》第2条第1、2款规定："有经营能力的公民，依照本条例规定经工商行政管理部门登记，从事工商业经营的，为个体工商户。个体工商户可以个人经营，也可以家庭经营。"第28条规定："个体工商户申请转变为企业组织形式，符合法定条件的，登记机关和有关行政机关应当为其提供便利。"由此，个体工商户是区别于个人独资企业的另一种经营形式。当然，个体工商户的经营者和个人独资企业的投资人一样，承担的都是无限责任。一般而言，个体工商户的经营规模要小于个人独资企业。

（三）合伙企业与公司

案例：甲乙丙三人协商共同出资，设立一经营食品的企业，并订立了书面合伙协议。甲乙均已在合伙协议上签名、盖章，丙因有急事未在合伙协议上签名、盖章，便急忙去外地办事。甲乙积极筹备前期事宜，寻找经营场地、置办设施，并将该合伙企业取名为"康利食品有限公司"。首先，甲乙丙三人订立的合伙协议是否有效？其次，该合伙企业是否合法？

法律分析：

甲乙丙三人拟设立合伙企业，订立合伙协议，但因合伙协议仅有甲乙签字，丙未签字，不符合《合伙企业法》第19条第1款中"合伙协议经全体合伙人签名、盖章后生效"的规定，所以合伙协议不生效，也就没有法律效力。合伙企业的名称为"康利食品有限公司"，因甲乙丙三人拟设立的是合伙企业，其名称中不得带有"有限公司"或"有限责任公司"的字样，所以违反了企业名称确定的基本规则。

关联条文：《公司法》第8条，《合伙企业法》第2条、第6条、第19条第1款。

法治贴士：

两个或两个以上的自然人、法人或非法人组织投资创办企业，可以选择合伙企业或公司。这两种企业形态，关键的区别有两点：①合伙企业并非独立的企业法人，而是《民法典》规定的非法人组织；合伙企业没有独立的财产，不能承担独立的责任，合伙人以其个人财产对企业债务承担无限连带责任；当然，有限合伙中的有限合伙人除外，有限合伙人承担的也是有限责任。公司是独立的企业法人，有独立的财产，能承担独立的责任；公司的股东以其认缴的出资额为限对公司债务承担有限责任。比较而言，合伙人经营风险较大，公司股东经营风险较小。②合伙企业并非企业所得税的纳税主体，企业所得作为投资人经营收入，由投资人缴纳个人所得税；公司作为独立的企业法人是企业所得税的纳税主体。比较而言，合伙人仅需缴纳个人所得税，税负较轻，公司要缴纳企业所得税，股东又要缴纳个人所得税，税负较重。

（四）股东的有限责任

案例：某教育咨询公司于2014年10月注册成立，成立时的股东为李某和吕某夫妻二人。2014年12月26日，该公司以某早教中心名义与程某签订了服务协议，约定该早教中心为程某之子彭某提供"2年VIP"服务，包括96节课、2年"探索世界"、2年"童乐天地"，程某交纳15 800元。2015年5月1日，程某和该公司再次签订服务协议，约定该公司为彭某提供"大桶戏水100次"服务，期限为3年，程某支付5000元。

2016年7月13日，涉案早教中心因与房屋所有权人的纠纷而停止经营。程某96节课剩余 44 节课未上，100 次戏水剩余 85 次未使用。因商谈未果，程某诉至法院，要求解除涉案两份协议，公司与李某、吕某等连带返还课程服务费 11 491 元。此外，案件审理时有七十余位家长持与程某相似的请求诉至法院。吕某主张其已与李某离婚，根据二人约定，涉案债务应由李某承担。

自涉案公司成立时起至 2016 年 3 月 20 日，公司账户共发生过 7 笔资金入账，总额 42 300 元，余额 494.32 元。李某、吕某经营期间，服务费主要进入吕某个人账户。

法律分析：

首先，本案中吕某、李某经营期间公司不存在与股东财产清晰可辨、可归其独立支配的公司财产，亦不存在独立于股东个人身份的财务运行制度；其次，公司仅有账面 494.32 元及一些教具、家具等资产，难以认定其具备独立的偿还能力；最后，李某、吕某滥用股东权利的行为损害了众多债权人的利益，总体需退还服务费数额较大，与公司的偿还能力形成较大差距。因此，根据吕某、李某经营期间公司的财务状况、公司对外承担债务的能力、涉案债务及同期案件的情况，李某、吕某的行为符合《公司法》第 20 条第 3 款的规定，二人应对其经营期间产生的债务与公司承担连带责任。

关联条文：《公司法》第 20 条。

法治贴士：

股东的有限责任并不是绝对的。《公司法》第 3 条规定，公司是企业法人，有自己独立的财产，承担独立的责任；公司股东以其认缴出资额为限对公司承担有限责任。公司作为市场主体，其经营风险的存在是必然的，公司股东承担有限责任，其经营风险限定在特定范围之内，公司的经营风险变相转嫁给了公司的债权人。为平衡公司股东、公司债权人的利益，《公司法》第 20 条第 3 款规定，股东滥用公司的独立人格或股东的有限责任，逃避债务，严重损害公司债权人利益的，应当对公司债务承担连带责任。这就是公司法中的公司人格否认制度。该制度让滥用股东权利的股东承担责任是从公平角度对交易关系和交易秩序的保护，以免产生滥用股东权利、侵害债权人利益，从而逃避法律责任的现象。公司法人人格否认制度不是对法人人格的整体否认、彻底否认，个别股东滥用股东权利的行为导致公司人格否认的法律后果仅及于该股东，并不影响其他股东的有限责任。

二、股东出资纠纷

（一）股与债的辨别

案例：2012 年 1 月 17 日，刘某某作为甲方、殷某某作为乙方、田某作为担保方签订了一份《投资入股协议书》。该协议书约定："①乙方作为新的投资人，参与甲方（长城有限公司）与南方航空公司经营活动成为该股东。②乙方以货币的方式出资，出资金额为 5 万美元。③乙方不参与甲方与南方航空公司的经营活动。如因甲方经营不善，乙方不需承担亏损责任。④此入股协议书期限为 2012 年 3 月至 2014 年 3 月，共计 24 个月。⑤甲方需每月 15 号支付乙方利润 7500 美元，共支付 24 个月。从 2012 年 3 月 15 日起支付。⑥南方航空公司与长城有限公司的协议到期，甲方需协助担保与南方航空公司签署协议。⑦如果甲方向乙方延长或不能支付本合同第五条所述款项，由担保方支付。⑧如果由于甲方的原因导致本合同不能履行，需向乙方支付违约金 30 万美元。"

同日，刘某某向殷某某出具一份收条，收条载明："今收到殷某某投资入股长城有限公司与南方航空公司经营活动股金 50 000 美元。之后，因刘某某未支付利润，殷某某向法院起诉，请求刘某某偿还殷某某借款本金人民币 350 000 元及利息。"

法律分析：

本案中，殷某某持有的究竟是股权还是债权，涉及股与债的辨别。虽然殷某某、刘某某签订的是《投资入股协议书》，协议中"乙方作为新的投资人""成为该股东""以货币的方式出资"等内容表明系"投资"，但是协议中"如因甲方经营不善，乙方不需承担亏损责任""甲方需每月 15 号支付乙方利润 7500 美元，共支付 24 个月""如果甲方向乙方延长或不能支付本合同第 5 条所述款项，由担保方支付"等内容又表明系"借贷"。"投资"与"借贷"的差别是投资即"收益共享，风险共担"，而借款是"固定回报，不担风险"。可见，对二者的区分不是仅根据形式而定，而应从实质上进行认定。

法治贴士：

投资产生的是股权，借贷产生的是债权。"投资"还是"借贷"，应做明确约定。如果只有口头约定，很容易产生争议。在只有转账凭证且无备注或备注不明的情况下，认定为"借贷"的概率较高，难以认定为"投资"。因口头约定的变数较大，双方的风险也大，建议采用书面的方式约定。以书面方式约定的，内容应明确是"投资"还是"借贷"。如是"投资"，应为"收益共享，风险共担"。其实投资人与投资项目或公司处于一条船上，一荣俱荣，一损俱损。如是"借贷"，应为"固定回报，不担风险"，约定借款期限、利息标准等。在书面协议中，不要混杂着"投资"或"借贷"的内容，含糊不清将带来较大的法律风险。

（二）股权代持的风险

案例：赵某为 ZL 科技公司 40% 股权的实际出资人，该比例股权由第三人赵金某代为持有。赵某根据其与赵金某签订的股权代持协议，向法院起诉，主张其持有 ZL 科技公司 40% 的股权，即赵某为该比例股权的实际出资人，要求 ZL 科技公司向公司登记机关办理前述股权变更登记。在该案的审理过程中，赵金某确认涉案 40% 的股权系其代赵某持有，赵某为该比例股权的实际出资人。ZL 科技公司的其他股东即第三人杨某在庭审中明确表示不同意赵某成为公司股东，ZL 科技公司亦不同意办理股东变更登记手续。

一审法院经审理后作出民事判决：对于赵某要求 ZL 科技公司将登记在赵金某名下的 ZL 科技公司的 40% 股权办理工商变更登记并过户至赵某名下的诉讼请求，不予支持。宣判后，ZL 科技公司不服，向上海市第二中级人民法院提起上诉。上海市第二中级人民法院作出民事判决：驳回上诉，维持原判。

法律分析：

本案中，当事人约定以一方名义出资（显名投资）、另一方实际出资（隐名投资）的，该约定对公司并不产生效力。实际出资人不得向公司主张行使股东权利，只能首先提起确权诉讼。最高人民法院《关于适用〈中华人民共和国公司法〉若干问题的规定（三）》第 24 条第 3 款规定，隐名股东主张变更股东、要求公司签发出资证明书、记载于股东名册、记载于公司章程及要求办理工商登记的，应当经过公司其他股东过半数同意。在隐名股东无法提供公司其他过半数股东同意的相关证据时，即使该隐名股东是涉案股权的实际出资人，对于其要求公司办理股东工商变更登记的诉讼请求，法院难以支持。

关联条文： 《最高人民法院关于适用〈中华人民共和国公司法〉若干问题的规定（三）》第24条。

法治贴士：

股权代持协议如无合同无效的法定情形，一般会被认定为合法有效。虽然最高人民法院的司法解释的规定允许股权代持，但股权代持中名义股东和实际出资人均有法律风险。首先，对名义股东而言，如果债权人依法请求股东对公司债务承担责任时，名义股东面临承担清偿责任的风险；名义股东还可能会面临难以退出公司的风险。其次，对实际出资人而言，其作为隐名股东，主张股东身份（显名）需经其他股东过半数同意，主张行使股东权利可能存在法律障碍；代持股权被转让或被质押的，善意第三人将优先于隐名股东受保护；名义股东成为被执行人时，为保护债权人，代持股权可以作为被执行财产。[1]

（三）未按约出资的责任

案例： 某厂以房产出资，张某以货币出资设立飞龙有限公司，但某厂的房产虽交付使用，却未办理转让登记。在张某携款外逃、公司无力偿债的情况下，债权人可否请求法院执行某厂的房产来清偿债务？

法律分析：

本案中，某厂作为股东应全面履行其出资义务，不仅应将其作为出资的房产交付给公司，还应向公司办理过户登记手续。某厂将房产交付给公司使用，未办理过户登记，其出资义务并未履行完毕。该房产因未过户给公司，其所有权并不归属于公司。依据《最高人民法院关于适用〈中华人民共和国公司法〉若干问题的规定（三）》第13条的规定，某厂是违反出资义务的股东，其应在未出资的本息范围内对公司债务不能清偿部分承担补充赔偿责任；虽然未过户的房产还是某厂所有的房产，但因某厂需对公司债务不能清偿部分承担补充赔偿责任，债权人可以请求法院执行某厂的该房产来清偿债务。

关联条文： 《最高人民法院关于适用〈中华人民共和国公司法〉若干问题的规定（三）》第13条第2款。

法治贴士：

股东未按约定出资，包括完全未出资和未全面出资；涉及出资期限、出资种类、出资手续等，只要出现逾期出资、不按约定种类出资或未履行法定的出资手续，均属未按约定出资。对未按约定出资的股东，首先，公司或其他股东有权请求其向公司依法全面履行出资义务；其次，公司债权人有权请求未履行或者未全面履行出资义务的股东在未出资本息范围内对公司债务不能清偿的部分承担补充赔偿责任。当前，公司注册资本实行认缴制，且对股东实缴出资的比例未做限制。对公司的投资者而言，认缴的出资额即是其对公司承担责任的范围；如果公司无财产，债权人在对公司提起的诉讼或者执行中有权将未实缴出资的股东追加为被告或被执行人，要求其对公司债务在其认缴和实缴出资的差额范围内承担责任。由此，公司的注册资本越高，意味着股东担负的责任越重；注册资本的确定应根据公司经营业务的

---

[1] 参见"上海市二中院：《股权代持纠纷案件审判白皮书》"，载上海市高级人民法院网，http://www.hshfy. sh.cn/css/2017/06/27/20170627/04/12791.doc，最后访问时间：2022年4月15日。

需要，由股东根据自身的经济实力和承担责任的能力来确定。

三、股东权益纠纷

（一）股东的分红权

案例： 广州某一保洁公司由 A、B 两位股东出资设立，其中 A 占有 51% 的股份，为公司执行董事，B 占有 49% 的股份，不在公司任职。A、B 为夫妻关系。2018 年，双方关系僵化，并正式离婚，离婚时双方并没有对该公司股份进行处理。自此 A 再也没有向 B 分红，并声明公司设立时出资都是由 A 一人出资，公司实际与 B 毫无关系。B 拟提起诉讼，要回自己的股份分红。

法律分析：

本案中，根据公司的章程及工商档案，B 是公司的股东，持股比例为 49%。依据《公司法》第 34 条的规定，B 有权要求公司将税后利润按照自己的实缴出资比例进行分配，这是 B 作为公司股东享有的分红权。如果 A 认为 B 未出资，且提供相关证据，有权要求 B 缴付出资；在 B 缴付出资之前，有权要求限制 B 从公司分配利润。如果 A 没有证据证明 B 未出资，其无权剥夺或限制 B 的分红权。

如果 B 提起诉讼，主张其分红权，应当向法院提供公司就分红事项已经形成的股东会决议。如果 B 不能提供关于分红事项的股东会决议，法院将不会支持 B 的诉讼请求。当然，如果 B 能够提交证据证明公司不分配利润的原因是 A 滥用股东权利导致公司无法就分红事项形成股东会决议，法院将会支持 B 所提出的分红请求。

关联条文：《公司法》第 34 条、第 74 条，《最高人民法院关于适用〈中华人民共和国公司法〉若干问题的规定（三）》第 16 条，《最高人民法院关于适用〈中华人民共和国公司法〉若干问题的规定（四）》第 13 条、第 14 条、第 15 条。

法治贴士：

股东通过法院起诉，要求判令公司分红，通常情况下，前提条件是公司召开股东会会议且已形成分红方案的决议。《最高人民法院关于适用〈中华人民共和国公司法〉若干问题的规定（四）》这样规定的原因是"商业的归公司，法律的归法院"，原则上是否分红以及如何分红属于公司的商业事项，法院不能越俎代庖。对股东而言，在公司连续盈利的情况下，首先，可以选择搜集、提供证据，证明是大股东在滥用权利，导致公司未能分配利润；其次，如果公司连续 5 年盈利而未向股东分配利润，股东可以选择要求公司回购自己的股权，然后退出公司。公司法领域中，实行的原则是"入股自愿，退股禁止"；但在《公司法》第 74 条规定的例外情形下，股东有权向公司要求退股。

（二）股东的知情权

案例： 原告李某、吴某、孙某、王某诉称：四人为被告佳德公司合法股东。因佳德公司在经营形势大好的情况下拖欠大量债务，四人作为股东对佳德公司情况无法知悉，故依法要求行使股东知情权，了解公司的实际情况，但佳德公司对此非法阻挠，严重侵犯了四人作为股东的合法权益。请求判令四人对佳德公司依法行使知情权，查阅、复制佳德公司的会计账簿、议事录、契约书、通信、纳税申报书等（含会计原始凭证、传票、电传、书信、电话记录、电文等）所有公司资料。

被告佳德公司辩称：佳德公司从未不同意四原告查阅、复制公司章程、股东会会议记录和财务会计报告，但鉴于四原告具有不正当目的，请求驳回其要求查阅、复制佳德公司会计账簿的诉讼请求。

本案争议的争议焦点是：①四原告行使知情权的范围是否有法律依据，②四原告要求查阅、复制公司会计账簿是否具有不正当目的。

法律分析：

股东知情权是指股东享有了解和掌握公司经营管理等重要信息的权利，是股东依法行使资产收益、参与重大决策和选择管理者等权利的重要基础。股东知情权是股东固有的、法定的基础性权利。无合理根据证明股东具有不正当目的，不应限制其行使该权利。账簿查阅权是股东知情权的重要内容。本案中，股东要求查阅公司会计账簿，但公司怀疑股东查阅会计账簿的目的是为公司涉及的其他案件的对方当事人收集证据，并以此为由拒绝提供查阅。二审法院认定，公司拒绝股东查阅公司资料的理由、依据不足，没有支持公司方面拒绝查阅的主张。至于查阅的前提条件，二审法院认定，四股东向公司提出查阅相关文件的请求至其向一审法院起诉时公司尚未作出书面回复，但一审庭审时公司在庭审答辩中亦明确表明拒绝；此时不宜再以四上诉人起诉时 15 天答复期未满而裁定驳回其起诉，而应对本案作出实体处理，以免增加当事人不必要的讼累。至于查阅的范围，二审法院认定，股东查阅权行使的范围应当包括会计账簿（含总账、明细账、日记账和其他辅助性账簿）和会计凭证（含记账凭证、相关原始凭证及作为原始凭证附件入账备查的有关资料）。至于能否复制财务会计账簿，二审法院认定，《公司法》第 33 条第 1 款将股东有权复制的文件限定于公司章程、股东会会议记录、董事会会议决议、监事会会议决议和财务会计报告。第 2 款仅规定股东可以要求查阅公司财务会计账簿，但并未规定可以复制，而公司章程亦无相关规定，因此四股东要求复制公司会计账簿及其他公司资料的诉讼请求既无法律上的规定，又超出了公司章程的约定，不予支持。

关联条文：《公司法》第 33 条，《最高人民法院关于适用〈中华人民共和国公司法〉若干问题的规定（四）》第 7 条、第 8 条。

法治贴士：

股东行使知情权时，既可查阅又可复制的材料包括：公司章程、股东会会议记录、董事会会议决议、监事会会议决议和财务会计报告。查阅、复印以上材料无需说明理由，也无书面形式的要求。但针对公司"会计账簿"仅可主张查阅，不可以复制，并且有书面形式和查阅目的说明的要求。

股东可以要求查阅公司会计账簿。股东要求查阅公司会计账簿的，应当向公司提出书面请求，说明目的。公司有合理根据认为股东查阅会计账簿有不正当目的，可能损害公司合法利益的，可以拒绝提供查阅，并应当自股东提出书面请求之日起 15 日内书面答复股东并说明理由。公司拒绝提供查阅的，股东可以请求人民法院要求公司提供查阅。在股东未向公司提出书面申请的前提下，直接向法院起诉要求查阅公司会计账簿的，法院不予受理，已受理的裁定驳回。[1]

---

[1] 参见薛强："从真功夫案看股东知情权纠纷"，载新浪博客网，http://blog.sina.com.cn/s/blog_737c8e4d0102-wrtd.html，最后访问时间：2022 年 1 月 13 日。

（三）股东的表决权

案例： 李某于2015年8月至2016年2月，通过二级市场增持某路桥工程股份公司的股份。李某增持中存在违反相关信息披露及法定期限内停止买入规定的情况，中国证监会四川监管局先后对其采取了两次监管措施。2016年3月，某路桥工程股份公司股东大会作出了限制违规增持者表决权的决议，并在同年3月、12月两次股东大会表决中拒绝将李某表决情况计入有表决权股份总数。李某遂提起了本案诉讼，要求确认某路桥工程股份公司2016年3月股东大会决议的相关内容无效，并撤销其后该公司两次股东大会的决议。

一审法院认为：四川某监管部门《关于对李某采取出具警示函措施的决定》《关于对李某采取责令改正措施的决定》责令整改的内容已由李某整改完毕，在无其他证据证实的情况下，当前李某不具有丧失表决权的事由。《公司法》的具体规定显示，公司章程可自行议定的内容包括公司法定代表人的选举、对外投资等，但均不包括剥夺股东基本权利的内容，公司股东会或者股东大会、董事会的决议内容违反法律、行政法规的无效。综上，判决某路桥工程股份公司2016年3月股东大会决议的相关内容无效，并撤销其后该公司两次股东大会决议。

二审法院认为：公司法规定的股东参与重大决策权和选择管理者的权利属于股东的固有权利，非依据法律规定或股东自行放弃，不得以章程或股东大会决议予以剥夺或限制。虽然《证券法》规定违规增持者改正前不得行使股东表决权，但违规增持者改正违法行为后，表决权受到限制的前提条件就不存在，其应享有完整的股东权利。某路桥工程股份公司股东大会决议中永久性限制违规增持股东表决权的决议内容违反法律的规定，应为无效；两次临时股东会议中的表决方式剥夺了李某的表决权，属于表决方式违反法律规定，应予撤销。据此，二审判决驳回某路桥工程股份公司的上诉，维持原判。[1]

法律分析：

依据《公司法》上述规定，股东的表决权是股东通过出席股东会会议，并在会议上对议决事项进行投票表决的权利。投票表决权是股东参与公司重大决策和选择公司管理者的基本方式。就公司章程自治的角度而言，虽然公司股东大会经法定程序表决具有订立、修改章程的自由，但股东的表决权、参与重大决策权和选择管理者的权利属于《公司法》赋予股东的法定权利，非依据法律规定或股东自行放弃，不应以资本多数决的方式剥夺。本案中，某路桥工程股份公司通过股东会决议的方式永久性限制李某的表决权，显然严重侵犯了李某的权益，被法院认定违法而被确认无效；此后的两次股东会决议因剥夺李某的表决权，而被法院以决议方式违法予以撤销。

关联条文：《公司法》第41条、第42条、第43条。

法治贴士：

公司股东会会议决议主要存在无效、可撤销、不成立三类瑕疵，具体法律规定见《公司法》第22条及《最高人民法院〈中华人民共和国公司法〉若干问题的规定（四）》第1~5条的规定。无效的适用情形为公司股东会或者股东大会、董事会的决议内容违反法律、行

---

[1] "案例2017年十大典型案例（七）：李某诉某路桥公司确认公司股东大会决议无效案"，载搜狐网，https://www.sohu.com/a/227713254_99998872，最后访问时间：2022年1月13日。

政法规规定；可撤销的适用情形为股东会或者股东大会、董事会的会议召集程序、表决方式违反法律、行政法规或者公司章程，或者决议内容违反公司章程。不成立的适用情形为：①公司未召开会议，但依据《公司法》第 37 条第 2 款或者公司章程规定可以不召开股东会或者股东大会而直接作出决定，并由全体股东在决定文件上签名、盖章的除外；②会议未对决议事项进行表决的；③出席会议的人数或者股东所持表决权不符合《公司法》或者公司章程规定的；④会议的表决结果未达到《公司法》或者公司章程规定的通过比例的；⑤导致决议不成立的其他情形。

四、股权转让纠纷

（一）公司章程与股权转让

案例： 吴某、刘某、叶某共同投资设立了一家有限责任公司。公司章程规定："除继承外，股东不得转让其所持有的公司股权。"之后吴某因筹集继续资金，从而欲将其持有的股权转让给第三人赵某。其他股东均表示反对，但是也不同意受让吴某的股权，并且强调公司章程规定"除继承外，股东不得转让其所持有的公司股权"。迫于无奈，吴某向人民法院提起诉讼，要求确认股权转让有效。法院最终认定本案涉及的公司章程规定："除继承外，股东不得转让其所持有的公司股权"，为变相禁止股权流动，违反了有限责任公司股权流动性的原则，应为无效，支持了原告的诉讼请求。

法律分析：

依据《公司法》第 71 条第 4 款的规定，有限责任公司的章程可以对股权转让，包括对内和对外转让，设定一定的限制条件。但是该限制条件不能导致股东没有其他转让或者救济方式，这样就会导致有限责任公司股权丧失流动性，侵害到股东转让股权的权利。公司章程可以设置股权流动限制性条款，但应当与异议股东股权回购请求权、有限责任公司股权回购条款相结合，为股东设定相应的退出机制。这样才能保证其有效性，同时也可以有效降低公司股权变动对公司治理和经营管理模式的影响，促进有限责任公司可持续性健康发展，维护全体股东的合法权益。

关联条文：《公司法》第 71 条。

法治贴士：

有限责任公司具有人合性和资合性的双重特性。因此，为了兼顾双重特性，有限责任公司的大门，并不是向不特定人群开放。一般只有志趣相投的投资者才能走到一起，成为有限责任公司的股东。正因如此，《公司法》在有限责任公司股权转让的一般性规定以外，赋予了"公司自治权"，即公司章程对股权转让另有规定的，从其规定。但另一方面，公司章程在股权转让另行设定规则时，应兼顾公司自治与股东权益，否则公司章程相关内容会被法院确认无效。

（二）股权转让的通知规则

案例： A 公司为有限责任公司，股东为 B 公司和甲某。2015 年，B 公司与 C 公司签订股权转让协议，约定 B 公司将其在 A 公司持有的 80% 股权转让给 C 公司，签署协议当天，C 公司向 B 公司支付了股权转让费，但未办理股权变更登记。甲某知晓该事项后 30 日内向法院起诉，认为 B 公司未保障其优先购买权，主张按照同等条件购买该转让股权。

法院经审理认为，有限责任公司的股东向股东以外的人转让股权，未就其股权转让事项征求其他股东意见，损害了其他股东的优先购买权，其他股东主张按照同等条件购买该转让股权，予以支持。[1]

法律分析：

依据《公司法》第71条和《最高人民法院关于适用〈中华人民共和国公司法〉若干问题的规定（四）》第17条、第21条的规定，本案中，A公司是有限责任公司，其股东B公司向股东以外的C公司转让其80%的股权，因为涉及C公司的加入和股东合作基础的变化，应当提前通知其他股东，且经其他股东甲某同意，B公司方可转让其股权。对B公司拟转让的股权，甲某享有优先购买权。B公司未通知甲某，就将其股权转让给C公司，并且办理了股权变更登记，违反了股权转让通知规则，侵害了甲某的优先购买权。甲某有权向人民法院主张行使优先购买权，要求购买B公司转让的股权。对C公司而言，其与B公司签订了股权转让合同，但因甲某主张优先购买权而未能取得股权，可以要求B公司承担违约责任。

关联条文：《最高人民法院关于适用〈中华人民共和国公司法〉若干问题的规定（四）》第17条、第21条。

法治贴士：

有限责任公司股东对外转让股权，应当遵循的股权转让通知规则可以概括为：①股东应就其股权转让事项书面或者以其他能够确认收悉的合理方式通知其他股东征求同意，股权转让事项包括转让股权的数量、价格、支付方式及期限等要素。②其他股东自接到书面通知之日起满30日未答复的，视为同意转让。其他股东半数以上不同意转让的，不同意的股东应当购买该转让的股权；不购买的，视为同意转让。③有限责任公司的股东主张优先购买转让股权的，应当在收到通知后，在公司章程规定的行使期间内提出购买请求。公司章程没有规定行使期间或者规定不明确的，以通知确定的期间为准，通知确定的期间短于30日或者未明确行使期间的，行使期间为30日。④经股东同意转让的股权，在同等条件下，其他股东有优先购买权。两个以上股东主张行使优先购买权的，协商确定各自的购买比例；协商不成的，按照转让时各自的出资比例行使优先购买权。

五、公司法定代表人行为风险

（一）挂名法定代表人的风险

案例：A公司成立于2015年8月25日，工商登记的股东与法定代表人均为程某。2015年8月27日，A公司股东程某作出《股东决定》，内容为免去程某担任的公司执行董事、法定代表人、经济职务，委派沈某为A公司的执行董事、经理、法定代表人，并于当日向工商登记机关提交了《公司登记（备案）申请书》，申请将A公司的法定代表人由程某变更登记为沈某，沈某在该申请书的"法定代表人"栏目签字。2015年9月2日，市场监督管理局出具了《准予变更登记通知书》。2015年10月12日，A公司经工商变更登记，公司类型

---

〔1〕 "北京一中院：《公司类纠纷案件审判白皮书》"，载搜狐网，https：//www.sohu.com/a/423543384_100017-141，最后访问时间：2022年1月13日。

由一人有限公司（自然人独资）变更为有限公司（国内合资），沈某在"法定代表人"栏目签字。

2016年11月29日，沈某向A公司及其股东发出《告知函》，要求辞去A公司的法定代表人、执行董事、经理等与实际身份不符的职务，并要求A公司到工商登记机关办理法定代表人变更登记手续。

因A公司未配合办理相应的变更登记，沈某于2017年11月15日将A公司诉至法院，要求A公司向市场监督管理局涤除沈某作为A公司法定代表人的登记事项，将A公司的法定代表人由沈某变更为程某。沈某诉称其并非A公司员工，未参与公司的实际经营和管理，也未从A公司处领取过任何报酬，A公司由程某实际掌握。

法律分析：

依据《公司法》第13条的规定，公司法定代表人由董事长、执行董事或者经理担任，要参与公司的经营管理。一个不参与公司经营管理的人，不可能也不应成为公司的法定代表人，因为其根本就不具备对外代表法人的基本条件和能力。本案中，沈某于2013年12月至2016年9月在B公司工作，没有参与过A公司的日常经营管理，且A公司实际由股东程某控制，因此这种情况下由沈某担任A公司名义上的法定代表人显然背离了我国《公司法》第13条的立法宗旨。

同时，民事主体从事民事活动，应当遵循公平原则，合理确定各方的权利和义务。本案沈某既非A公司的股东，亦非A公司的员工，除了在《公司登记（备案）申请书》的"法定代表人签字"栏目签过字外，A公司没有任何证据能够证明沈某实际参与过A公司的经营管理，沈某亦未从A公司领取过任何报酬。但是，沈某作为A公司名义上的法定代表人，却要依法承担其作为法定代表人的相应责任，这显然有失公允。

从法律关系上分析，沈某与A公司之间构成委托合同关系，内容为沈某受A公司的委托担任A公司的法定代表人。沈某在起诉前曾发函给A公司，要求辞去A公司的法定代表人、执行董事、经理等与实际身份不符的职务，并要求A公司到工商登记机关办理法定代表人变更登记手续，故依据我国《合同法》[1]第410条的规定，沈某有权要求解除其与A公司之间的委托合同关系。合同既然解除，A公司理应涤除其在登记机关登记的法定代表人事项。但是，关于沈某要求将A公司的法定代表人由沈某变更登记为程某的诉请事项，因为具体由谁担任A公司的法定代表人属于A公司的内部治理事项，法院不会支持该项诉请。

关联条文：《公司法》第13条。

法治贴士：

挂名法定代表人即仅在工商登记上显示为公司的法定代表人，但实际上并不享有法定代表人的权利，亦不履行公司董事长、执行董事或经理的职务与职权。原则上，公司的法定代表人要参与公司的经营管理，公司法人对外开展民事活动须通过其法定代表人进行。但是实践中，工商登记仅做形式审查，而不做实质审查，导致挂名法定代表人的乱象丛生。

挂名法定代表人在法律层面上与实际的公司法定代表人无异，须承担与公司法定代表人

---

〔1〕 该案件改编自2017年的现实案件，故法律分析仍依据当时有效的《合同法》相关规定。《民法典》施行后，原《合同法》相关内容已纳入民法典规定。

同样的法律风险：首先，法定代表人须承担某些行政责任。法定代表人对外代表公司，体现公司的意志；对内负有对公司的管理与监督义务。在行政管理领域，针对某些公司实施的不合法、不合规行为，行政管理部门是有权对公司的法定代表人采取行政强制措施或处罚措施的，尤其是在公司工商登记与税务缴纳领域。其次，法定代表人须承担某些民事责任。原则上，法定代表人的行为可以代表公司行为，由此产生的法律责任应由公司来承担。但特殊情况下，法定代表人也可能成为被追责的主体，主要包括一人有限公司中法人人格否认和公司法定代表人越权这两种情形。除此之外，法定代表人还可能具有股东、董事或高管的职务。如果法定代表人滥用股东、董事或高管的权利损害公司、公司股东或债权人的利益，法定代表人须对自己的个人行为承担民事法律责任。最后，法定代表人还可能承担某些刑事责任。我国《刑法》规定了对某些单位犯罪实施"双罚制"，即除对单位进行处罚外，还须追究"直接负责的主管人员和其他直接责任人"的刑事责任。[1]

（二）公司对外担保的规则

案例： A 公司为有限责任公司，甲公司系 A 公司的股东。甲公司与乙公司签署《借款协议》，约定甲公司向乙公司借款 1 亿元。A 公司与乙公司签署《担保合同》，承诺为甲公司的上述债务承担无限连带责任，《担保合同》上加盖有 A 公司公章，A 公司法定代表人肖某亦签字确认。后甲公司未按时足额清偿债务，乙公司起诉要求甲公司承担清偿责任，A 公司承担连带保证责任。A 公司主张《担保合同》未经股东会或董事会决议，应认定无效。

法院经审理认为，A 公司系为其股东甲公司提供的关联担保，根据现有证据，乙公司在订立合同时未对 A 公司的股东会决议进行审查，乙公司存在过错，并非善意，因此《担保合同》不发生效力。关于各方的责任分担，可按照《民法典》及担保制度司法解释关于担保无效的规定处理。[2]

法律分析：

公司对外提供担保需要由股东会或董事会形成决议，如果公司为本公司股东或实际控制人提供担保，需要由股东会形成决议且接受担保的股东或实际控制人支配的股东不得参与表决。本案中，A 公司为其股东甲公司提供担保，在未经股东会决议的情况下，其法定代表人肖某代表公司，在《担保合同》上加盖 A 公司公章并由其本人签字确认，这显然是超越其法定代表人权限的行为。乙公司没有提供证据证明其已对 A 公司股东会决议进行了合理审查，无法确认其构成善意。因此，法院认定案涉《担保合同》不发生效力。即便是《担保合同》不发生效力，除非 A 公司对此无过错，否则 A 公司依然要对因甲公司不能清偿的部分给乙公司造成的损失承担赔偿责任。

关联条文：《公司法》第 16 条。

法治贴士：

《公司法》第 16 条对公司法定代表人的代表权进行了限制，并对关联担保和非关联担保的决议机关作出了区别规定。担保不是法定代表人能单独决定的事项，必须以公司股东

---

〔1〕 李慧："挂名法定代表人被'限高'后，该如何救济？"，载百度百家号网，https://baijiahao.baidu.com/s？id=1699062739245770534&wfr=spider&for=pc，最后访问时间：2022 年 1 月 13 日。

〔2〕 "北京一中院：《公司类纠纷案件审判白皮书》"，载搜狐网，https://www.sohu.com/a/423543384_1000171-41，最后访问时间：2022 年 1 月 13 日。

会、董事会等的决议作为授权的基础。为公司股东或实际控制人提供关联担保，必须由股东（大）会决议；为公司股东或实际控制人以外的人提供非关联担保，则由公司章程规定是由董事会决议还是股东（大）会决议。法定代表人未经授权擅自为他人提供担保的，构成越权代表。

对公司而言，其法定代表人越权提供担保，给公司带来的风险如下：如果接受担保的相对方是善意的，担保发生效力，公司需要承担担保责任；如果接受担保的相对方是非善意的，担保不发生效力，公司可能需要承担赔偿责任。

六、公司解散清算纠纷

（一）公司僵局的处理

案例：王某、马某、付某三人是关系不错的朋友。2017 年 3 月，三人在石家庄市成立一家广告公司，公司认缴注册资金 500 万元，三人实际出资 100 万元，剩余 400 万注册资金在公司成立 10 年内出资到位。王某实际出资 60 万，持股 60%，马某实际出资 10 万，持股 10%，付某实际出资 30 万，持股 30%。三人合议：由付某担任公司法定代表人，掌管财务，保管公司公章、财务章等印鉴资料，负责日常经营管理以及人事任免。同时，付某提出，在公司章程中约定马某放弃 10% 的表决权，由王某行使 60% 的表决权，付某行使 40% 的表决权。王某、马某没有意识到股东表决权的重要性，便答应了付某的要求。

可是，王某和马某万万没有想到，公司成立才短短 1 个月，付某就巧立名目，通过各种途径将公司经营资金 100 万元花光，而业务却没有任何进展。王某、马某想马上注销广告公司，不再继续经营，避免扩大损失。但根据《公司法》第 43 条的规定，解散公司必须经代表 2/3 以上表决权的股东表决通过。而王某、马某二人表决权比例加起来仅 60%，不足 2/3，如果付某不同意解散公司，他们二人是不能通过开股东会解散公司的。王某、马某二人如何做，才能解散广告公司？[1]

法律分析：

依据《公司法》第 182 条和《最高人民法院关于适用〈中华人民共和国公司法〉若干问题的规定（二）》第 1 条的规定，持有公司全部股东表决权 10% 以上的股东享有诉请解散公司的权利。该项权利行使的前提是公司经营管理发生严重困难，且通过其他途径无法解决，即出现"公司僵局"。本案中的广告公司成立后，自身业务没有任何进展，付某利用其职务之便掏空公司，涉嫌职务侵占，有可能构成刑事犯罪；公司股东会、董事会运转机制失灵，继续存续会使得王某、马某的利益遭受重大损失。此时，股东王某、马某有权向法院提起诉讼，请求法院判令解散公司。

关联条文：《公司法》第 182 条、《最高人民法院关于适用〈中华人民共和国公司法〉若干问题的规定（二）》第 1 条。

法治贴士：

《公司法》第 182 条将"公司经营管理发生严重困难"作为股东提起解散公司之诉的

---

〔1〕 李景娜："从一个真实案例，看股东表决权的重要性"，载知乎网，https://zhuanlan.zhihu.com/p/342467606，最后访问时间：2022 年 1 月 13 日。

条件之一。判断"公司经营管理是否发生严重困难"，应从公司组织机构的运行状态进行综合分析。无论公司是否处于盈利状态，其股东会机制长期失灵，内部管理有严重障碍，已陷入僵局状态，可以认定为公司经营管理发生严重困难。对于符合《公司法》及相关司法解释规定的其他条件的，人民法院可以依法判决公司解散。通过解散公司的诉讼，小股东可以对大股东霸占公司的行为提出强有力的反击，借此及时止损，有效维护自身合法权益。

（二）公司的强制清算

案例： A 公司为有限责任公司，股东为甲、乙、丙三人，三人分别担任公司的高管，参与公司的经营管理。2016 年，A 公司被吊销营业执照，并被要求在清算后注销登记，甲、乙、丙三人并未在法定期限内成立清算组进行清算。B 公司系公司债权人，经法院生效判决确认债权，在执行过程中并未获得足额清偿。2017 年，B 公司起诉甲、乙、丙三人，认为甲、乙、丙作为公司股东，至今怠于履行清算义务，导致公司清算不能，故应当对 A 公司的债务承担连带清偿责任。

法院经审理认为，因甲、乙、丙未及时组成清算组进行清算，怠于履行义务，导致 A 公司主要财产、账册、重要文件等灭失，无法进行清算，其应对公司全部债务承担连带清偿责任。[1]

法律分析：

有限公司解散后 15 日内，由股东成立清算组，如果股东逾期未成立清算组，公司的债权人或股东有权向法院申请指定清算组。股东自行成立清算组对公司进行清算，是任意清算。法院指定清算组对公司进行清算，是司法强制清算。本案中，因甲、乙、丙三个股东均未在法定期限内组成清算组，未及时履行其清算义务，作为债权人的 B 公司有权向法院申请指定清算，对 A 公司进行强制清算。因甲、乙、丙作为清算义务人未及时履行其清算义务，且由此导致 A 公司主要财产、账册、重要文件等灭失，无法进行清算，债权人 B 公司有权要求作为清算义务人的甲、乙、丙对由此给自己造成的损失承担连带清偿责任。

关联条文：《公司法》第 183 条，《最高人民法院关于适用〈中华人民共和国公司法〉若干问题的规定（二）》第 7 条、第 18 条。

法治贴士：

股东在公司出现解散事由后未依法履行清算义务，属于滥用股东法人独立地位和股东有限责任，严重损害公司债权人利益的行为。因此，《公司法》及其司法解释设定了两项制度：一是规定司法强制清算制度，赋予债权人启动司法强制清算的申请权；二是规定作为清算义务人的股东应承担相应的赔偿责任或连带清偿责任。

有限责任公司股东承担连带赔偿责任应满足以下两点：①"怠于履行义务"。股东在法定清算事由出现后，在能够履行清算义务的情况下，故意拖延、拒绝履行清算义务，或者因过失导致无法进行清算。但股东已经举证证明为履行清算义务采取了积极措施，或小股东举证证明其既不是公司董事会或监事会成员，也没有选派人员担任该机关成员，且从未参与公

---

[1]　"北京一中院：《公司类纠纷案件审判白皮书》"，载搜狐网，https://www.sohu.com/a/423543384_1000171-41，最后访问时间：2022 年 1 月 13 日。

司经营管理的，不构成"怠于履行义务"。②具有因果关系，"怠于履行义务"的消极不作为与"公司主要财产、账册、重要文件等灭失，无法进行清算"的结果之间存在因果关系。公司债权人以此为依据，请求有限责任公司的股东对公司债务承担连带清偿责任的，3年的诉讼时效期间自其知道或应当知道"公司主要财产、账册、重要文件灭失，无法进行清算"之日起计算。

扫码查看本章案例关联条文

第四章 依法规制行为 强化规则意识

第一节 避免危险行为

随着科技的发展，全世界范围内的国家、社会、人类个体在全球一体化趋势的过程中联系更加紧密，人类文明发展效率极速提升。然而，发展效率极速提升的同时伴随着的是"人为风险"的增加和扩大。党的十九大报告提出，我国经济已由高速增长阶段转向高质量发展阶段，要把安全发展理念贯穿于国家发展各领域和全过程，形成统筹发展和安全的新局面。安全和发展是一体之两翼、驱动之双轮，统筹安全与发展具有同等重要意义。高质量发展，就是能够很好满足人民日益增长的美好生活的需要的发展，就是不断提升人民群众获得感、幸福感和安全感的发展。高质量发展关系全体社会成员的共同利益，增强风险意识，树立底线思维，充分履行谨慎义务和注意义务以避免危险行为，是每一个公民应当承担的基本责任。

一、筑牢国家安全意识

（一）优厚兼职的陷阱

案例：2019 年 3 月，在校大学生庄某在某 QQ 兼职群中寻找兼职。一位群内成员主动添加庄某为好友，并向其提供"某军港附近地图信息采集和沿街商铺拍摄"的兼职工作，要求"每天工作 3 小时，一周工作 3 天，日工资 200 元"。庄某按对方要求，先后 8 次在小区楼顶制高点、公园及医院附近，拍摄军港及附近街道店铺、路况等，每次拍摄 100 张~200 张照片，通过邮箱发送给对方。庄某还应境外间谍情报人员要求，通过网上购买长焦镜头观测及租船出海抵近观察等方式，先后 10 次赴我某海军舰队实施预警观察搜集。在此期间，境外间谍情报机关还对庄某进行了安全培训，要求以"观察记录为主、拍照为辅"的方式搜报军舰舷号。2019 年 12 月，人民法院以为境外非法提供国家秘密罪判处庄某有期徒刑 5 年 6 个月，剥夺政治权利 1 年。

法律分析：

本案中行为人受高额酬劳引诱，应聘兼职后应要求拍摄照片。对方要求拍摄内容的关键词为"军港""军事目标""海军舰队""军舰舷号"等，已经充分暴露了对方刺探军事秘密的意图。接受此要求即可确定行为人"明知"拍摄行为系刺探军事秘密，接受境外安全培训更明确了行为人刺探军事秘密的目的。因此，行为人明知自己拍摄观察到的军港情况、军舰舷号等信息属于国家的军事秘密，为获取高额酬劳而传递给境外机构的行为，已经构成为境外非法提供国家秘密罪。

关联条文：《刑法》第111条。

法治贴士：

国家安全是指国家政权、主权、统一和领土完整、人民福祉、经济社会可持续发展和国家其他重大利益相对处于没有危险和不受内外威胁的状态，以及保障持续安全状态的能力[1]。2015年7月1日，第十二届全国人民代表大会常务委员会第十五次会议审议通过的《国家安全法》开始施行，对国家安全的指导思想、基本原则、全面义务、法律责任等作出了全面规定。

为境外窃取、刺探、收买、非法提供国家秘密、情报罪主要有四种行为表现方式：一是窃取，是指通过盗取文件或者使用计算机、电磁波、照相机等方式取得国家秘密或者情报；二是刺探，是指使用探听、侦察、搜集、骗取等方式获取国家秘密或者情报；三是收买，是指利用金钱、物质或其他利益换取国家秘密或者情报；四是非法提供，是指违反法律规定，直接或者间接地使境外机构、组织或者个人知悉国家秘密、情报的内容或者通过邮件、电话、电报、传真、互联网等方式将国家秘密或者情报非法发送给境外的机构、组织、个人。本罪的行为对象是国家秘密或者情报。国家秘密是关系国家安全和利益，依照法定程序确定，在一定时间内只限一定范围的人员知悉的事项。详言之，涉及国家安全和利益，泄露后可能损害国家在政治、经济、国防、外交等领域的安全和利益的下列事项属于国家秘密：国家事务重大决策中的秘密事项；国防建设和武装力量活动中的秘密事项；外交和外事活动中的秘密事项以及对外承担保密义务的秘密事项；国民经济和社会发展中的秘密事项；科学技术中的秘密事项；维护国家安全活动和追查刑事犯罪中的秘密事项；经国家保密行政管理部门确定的其他秘密事项。情报，是指关系国家安全和利益、尚未公开或者依照有关规定不应公开的事项。

近年来，境外间谍情报机关在网络上以求职招聘、学术研究、商务合作、交友婚恋等各种名义为掩护，巧言令色，欺骗、勾连我国社会人员甚至在校学生窃取、出卖国家秘密。尤其是利用部分大学生生活来源单一，又盲目追求时尚、高消费的不正确心理，通过高额报酬引诱、腐蚀，使其放松警惕甚至自甘堕落，进而危害国家安全。因此，每一个公民都必须树立安全意识，一方面要坚定思想，避免被引诱、腐蚀而丧失底线，一方面也要提高警惕，在日常工作生活中不贪图小利，不相信天上掉馅饼，尤其要对明显超高回报的信息反复甄别，避免因大意而落入隐藏的陷阱。

（二）金钱拉拢的诱惑

案例：张某系某国防军工研究所高级工程师，研究领域涉及我国重要军事武器装备、尖端武器研发。2011年11月至2012年11月，在张某被公派出国学习期间，某国间谍情报人员为掩护身份，经相关学者介绍，通过感情拉拢和金钱诱惑等方式与张某接触，后表明身份，将张某策反。张某向对方提供了我国军工科研院所、军工研究领域及相关武器装备等情况，收取对方情报报酬。回国后，张某继续利用工作便利，搜集了一大批我国重要武器装备

---

[1] 参见《刑法学》编写组：《刑法学》（下册·各论），高等教育出版社2019年版。

研究、生产等情报，计划借出国学术研讨的机会向境外传递。张某出国前被抓捕到案。

法律分析：

本案中行为人明知境外间谍情报人员的身份，仍根据其要求向其提供我国军工研究领域的情报，其行为符合间谍罪三种行为方式中接受间谍组织及其代理人的任务的行为方式，因此构成间谍罪的既遂。如果行为人不知对方是间谍组织人员，则其行为涉嫌为境外窃取、刺探、收买、非法提供国家秘密、情报罪。

关联条文：《刑法》第 110 条。

法治贴士：

间谍罪是行为犯，不以事实上发生危害结果作为成立要件，只要行为人实施了参加间谍组织或者接受间谍组织及其代理人的任务，或者为敌人指示轰击目标的行为，即构成本罪的既遂。客观上具体包括三种行为方式：一是参加间谍组织。"间谍组织"，主要是外国政府或者境外的敌对势力建立起来的组织，其成立的意义就是收集情报或者国家秘密，有组织地进行间谍活动和秘密进行颠覆破坏等活动。"参加间谍组织"，是指行为人主动申请或者被邀请加入间谍组织，成为间谍组织的成员。二是接受间谍组织及其代理人的任务。"间谍组织代理人"，是指受间谍组织或者其成员的指使、委托、资助，进行或者授意、指使他人进行危害中华人民共和国国家安全活动的组织和个人。"接受间谍组织及其代理人的任务"，是指虽然没有加入间谍组织，但接受间谍组织及其代理人的指使、命令或者委托，窃取、刺探我国秘密或情报，建立间谍组织或者网络，或者进行颠覆破坏活动等任务。三是为敌人指示袭击目标的行为。"为敌人指示袭击目标"，是指行为人通过各种联络方式，向敌人指示其所要发击的目标，以使敌人能够准确地击中我方目标。[1]

随着我国前所未有地接近实现中华民族伟大复兴的目标，间谍情报组织的情报窃密活动更加猖獗，手段无所不用其极。间谍情报组织以党政机关、军队和军工企业、国防科研院所等作为重点渗透目标，千方百计进行拉拢策反，刺探我国内政、外交、国防军事、武器装备等核心机密情报，威胁我国政治安全和国家核心秘密安全、军事安全。

作为科研人员，必须深刻认识到，虽然科研无国界，但科学家有祖国。

（三）出国滞留的危险

案例：苗某曾任我国某国防军工研究院技术人员，其工作性质和内容涉及多项国防军工秘密。2003 年 10 月，苗某擅自携妻儿离境赴某西方国家滞留不归，并于 2007 年加入该国国籍。2018 年 3 月，苗某以外籍身份回国探亲时被国家安全机关抓获。2019 年 11 月，经人民法院依法审理，苗某犯叛逃罪被判处有期徒刑 2 年。

法律分析：

苗某作为国防军工研究院的技术人员，具有国家工作人员身份，并且因工作性质掌握大量的国防军工秘密，故苗某的身份属于掌握国家秘密的国家工作人员。其擅自离境滞留不归并加入外国国籍的行为，属于叛逃罪中掌握国家秘密的国家工作人员叛逃境外的行为。因苗某的叛逃行为，国家多项国防军工秘密被泄露或存在泄露风险，使国家安全和利益遭受严重损害。因此，对苗某应当以叛逃罪追究其刑事责任。

---

〔1〕　参见高铭暄、马克昌主编：《刑法学》，北京大学出版社、高等教育出版社 2019 年版。

关联条文：《刑法》第 109 条。

法治贴士：

国家机关工作人员，是指在国家机关中从事公务的人员，包括在各级国家权力机关、行政机关、司法机关、军事机关、监察机关中从事公务的人员。2002 年 12 月 28 日发布并实施的《全国人民代表大会常务委员会关于〈中华人民共和国刑法〉第九章渎职罪主体适用问题的解释》中明确规定，在依照法律、法规规定行使国家行政管理职权的组织中从事公务的人员，或者在受国家机关委托代表国家机关行使职权的组织中从事公务的人员，或者虽未列入国家机关人员编制但在国家机关中从事公务的人员，在代表国家机关行使职权时，也视为国家机关工作人员。在乡（镇）以上中国共产党机关、人民政协机关中从事公务的人员，视为国家机关工作人员。

国家工作人员，是指一切国家机关、国有企业、事业单位和其他依照法律从事公务的人员，包括在国家各级权力机关、各级行政机关、各级司法机关、各级军事机关，国有公司、企业、事业单位、人民团体中从事公务的人员，以及国家机关，国有公司、企业、事业单位委派到非国有公司、企业、事业单位、社会团体中从事公务的人员。

国家机关工作人员包含在国家工作人员的范围内，国家工作人员依法从事公务，本质上是受人民的委托管理国家公共事务。因此，国家工作人员应当具有高度的责任意识，兢兢业业履行职业义务，筑牢维护国家安全利益的坚强防线。

叛逃罪，是指国家机关工作人员在履行公务期间，擅离岗位，叛逃境外或者在境外叛逃的行为，以及掌握国家秘密的国家工作人员，叛逃境外或者在境外叛逃的行为。叛逃罪视主体不同有两种表现形式，一是以国家机关工作人员为主体的情况，即国家机关工作人员在代表国家履行职务期间或者执行某项工作任务期间，未经批准而擅自离开自己的工作岗位或者虽然经过批准，但超过批准时限无正当理由不归岗，非法出境或在合法出境后在境外投奔境外组织或机构的成立叛逃罪；二是以掌握国家秘密的国家工作人员为主体的情况，即掌握国家秘密的国家工作人员只要叛逃境外或者在境外叛逃，就构成叛逃罪，不以在履行公务期间，擅离岗位为必要。需要特别注意的是，叛逃境外中的"境外"，并不是仅指我国边境以外的其他国家领土，还包括外国基于外交关系在我国境内设立的使领馆等外国驻华机构。

（四）违法群聊的责任

案例：张某出于好玩心理，在微信中使用"本·拉登"的照片做头像。某日张某加入一个有三百多成员的微信群，该微信群内某网友说了句"看，大人物来了"，张某就顺着这句话发了一句"跟我加入 ISIS"。之后大家没有任何回应，继续聊其他话题。随后公安机关依法传唤张某，以其涉嫌宣扬恐怖主义、极端主义罪将其抓获归案。经查，除了在该微信群里发布的那句话之外，张某没有其他关于恐怖主义的言论。最后，法院判决张某犯宣扬恐怖主义、极端主义罪，判处有期徒刑 9 个月，并处罚金 1000 元。

法律分析：

张某在超过 300 人的微信群内散布号召、鼓动加入恐怖主义组织的话语，虽然未得到回应，但其行为客观上起到了宣扬恐怖主义、极端主义的作用。宣扬恐怖主义、极端主义罪属于行为犯，只要实施相关宣扬行为即可构成，不要求宣扬行为必须得到响应，更不要求必须产生特定后果，即该宣扬行为本身就具有极大的社会危害性。从犯罪构成的责任层面看，张某作为成年人，对使用本·拉登头像号召加入恐怖组织的行为性质是有充分认识的，虽然其没有其他关于恐怖主义的言论，无法确定其存在期望他人通过其宣传加入恐怖组织的直接故意，但放任的责任心态是可以认定的，因此其主观上存在间接故意。该公共微信群成员有三百多人，虽然只是一句话，但不能认定为情节显著轻微，因此，其行为构成宣扬恐怖主义、极端主义罪。

关联条文：《刑法》第120条之三。

法治贴士：

《反恐怖主义法》第3条明确界定了恐怖主义。恐怖主义是指通过暴力、破坏、恐吓等手段，制造社会恐慌、危害公共安全、侵犯人身财产，或者胁迫国家机关、国际组织，以实现其政治、意识形态等目的的主张和行为。极端主义，是指歪曲宗教教义和宣扬宗教极端，以及其他崇尚暴力、仇视社会、反对人类等极端的思想、言论和行为。恐怖主义和极端主义是全人类的公敌，是当今世界和平发展当中的一大毒瘤，威胁着世界各国家、地区的安全与全球人类的安宁生活。反恐怖主义、去极端化是国际社会的共同责任，也是保障人类生存权和发展权的必要措施。

公民应当对恐怖主义和极端主义的危害保持清醒的认识，不受恐怖主义、极端主义的蛊惑，同时注意规范自身的言行，不散布、宣扬恐怖主义、极端主义的言论，不穿着、佩戴带有恐怖主义、极端主义的服饰、标志，不观看保存包含恐怖主义、极端主义内容的图书、音频视频资料或者其他物品。

根据中国互联网络信息中心2022年2月发布的第49次《中国互联网络发展状况统计报告》显示，截至2021年12月，我国网民规模达10.32亿，其中手机网民规模10.29亿[1]，移动网络交流成为最主要的沟通交流方式。随着网络的普及与发达，网络秩序成为社会安全与秩序的主要方面，规范网络行为，推动网络空间法治化成为保障国家安全和社会秩序的重中之重。2017年9月7日，国家网络安全和信息化委员会办公室发布了《互联网群组信息服务管理规定》，明确规定了互联网群组信息服务提供者和使用者不得利用互联网群组传播法律法规和国家有关规定禁止的信息内容。互联网群组建立者、管理者应当履行群组管理责任，依据法律法规、用户协议和平台公约，规范群组网络行为和信息发布，构建文明有序的网络群体空间。互联网群组成员在参与群组信息交流时，应当遵守法律法规，文明互动、理性表达。公民在网络交流过程中，应当坚守国家利益和法律法规底线，自发、自觉维护网络秩序，共同营造天朗气清的网络环境。

《国家安全法》将每年的4月15日设定为全民国家安全教育日，虽然国家安全教育日每年只有一天，但国家安全问题却每时每刻都值得高度重视。在我们面临百年未有之大变局的今天，更应当对当前错综复杂的国际形势有足够的清醒认识。日常工作和生活中，必须提高自觉抵制诱惑的意识，做到面对诱惑毫不动摇，提高警惕意识，绝不能为一己私利而危害国家安全。

---

〔1〕　参见"第49次《中国互联网络发展状况统计报告》"，载中国互联网信息中心网，http://www.cnnic.net.cn/hlwfzyj/hlwxzbg/hlwtjbg/202202/p020220407403488048001.pdf，最后访问时间：2022年4月15日。

二、增强公共安全意识

（一）出行安全

案例 1：2008 年 12 月 14 日，孙某酒后无证驾驶发生追尾事故，逃逸过程中，孙某驾车越过黄色双实线，先后撞向对面正常行驶的 4 辆轿车，共造成 4 人死亡、1 人重伤、公私财产损失共计 5 万余元。2009 年 7 月 23 日，成都市中级人民法院一审认定其以危险方法危害公共安全罪，判处其死刑，剥夺政治权利终身。2009 年 9 月 8 日上午，四川省高院二审终审，改判无期徒刑，剥夺政治权利终身。

案例 2：2019 年 7 月 3 日，谭某酒后驾车连续剐蹭停在路边的 6 辆汽车后，不顾劝阻，驾车强行冲出逃逸，高速追尾正等待通行信号的 1 辆轿车，致使轿车起火燃烧，造成车内 2 人死亡、1 人重伤，共造成他人车辆损失 10 余万元。2020 年 11 月 6 日，河南省商丘市中级人民法院以危险方法危害公共安全罪，判处被告人谭某无期徒刑，剥夺政治权利终身。

法律分析：

两案例中行为人的行为均涉及酒后驾驶，对其行为的评价应当分为两个阶段，交通肇事过程为第一阶段，肇事后逃逸过程为第二阶段。对此两个阶段应当分别进行分析定性。

在第一阶段交通肇事的过程中，其行为性质为一般的交通肇事行为或涉嫌构成危险驾驶罪、交通肇事罪的行为。根据国家质检总局、国家标委会 2004 年 5 月 31 日发布的《车辆驾驶人员血液、呼气酒精含量阈值与检验》标准规定，饮酒驾车是指车辆驾驶人员血液中的酒精含量大于或者等于 20mg/100ml，小于 80mg/100ml 的驾驶行为；醉酒驾车是指车辆驾驶人员血液中的酒精含量大于或者等于 80mg/100ml 的驾驶行为。饮酒驾车违反《道路交通安全法》，醉酒驾车则违反《刑法》，涉嫌构成危险驾驶罪。

交通肇事罪，是指违反交通运输管理法规，因而发生重大交通事故，致人重伤、死亡或者使公私财产遭受重大损失的行为。2000 年 11 月 10 日通过的《最高人民法院关于审理交通肇事刑事案件具体应用法律若干问题的解释》规定，违反交通运输管理法规，发生重大交通事故，在分清事故责任的基础上，定罪处罚。交通肇事具有下列情形之一的，以本罪论处：①死亡 1 人或者重伤 3 人以上，负事故全部或者主要责任的；②死亡 3 人以上，负事故同等责任的；③造成公共财产或者他人财产直接损失，负事故全部或者主要责任，无能力赔偿数额在 30 万元以上的。交通肇事致 1 人以上重伤，负事故全部或者主要责任，并具有下列情形之一的，以交通肇事罪定罪处罚：①酒后、吸食毒品后驾驶机动车辆的；②无驾驶资格驾驶机动车辆的；③明知是安全装置不全或者安全机件失灵的机动车辆而驾驶的；④明知是无牌证或者已报废的机动车辆而驾驶的；⑤严重超载驾驶的；⑥为逃避法律追究逃离事故现场的。

两案例中的前一阶段交通肇事行为均未造成严重后果，因此不涉嫌构成交通肇事罪。案例 1 因为是发生在危险驾驶罪入刑之前，根据法不溯及既往原则，亦不构成危险驾驶罪。案例 2 中谭某的血液酒精含量检测为 167.66mg/100ml，达到了醉酒驾车的标准，涉嫌构成危险驾驶罪。

两案例的肇事逃逸阶段，行为人为不履行交通肇事后的救助义务，逃避法律追究，在明知醉酒驾车会危害公共安全的情况下，肇事后继续驾车冲撞，造成重大伤亡，说明行为人主观上对持续发生的危害结果持放任态度，具有危害公共安全的故意，客观上造成了重大人员伤亡和财产损失，已经构成了以危险方法危害公共安全罪。

关联条文：《道路交通安全法》第 91 条，《刑法》第 133 条、第 133 条之一、第 115 条。

法治贴士：

醉酒驾车导致的严重危害和法律责任，任何人都无法承受其重。从危险驾驶到危害公共安全仅一念之差、一步之遥，"喝酒不开车，开车不喝酒"应当成为每一位公民自觉遵守的行为规范，任何人都不能抱有侥幸心理以身试法，否则必将受到法律的惩处。在日常生活中，难免要参加一些亲朋好友的聚会，"开车不劝酒，才是真朋友"，对酒后驾车的人一定要坚决劝阻、制止。如果他人醉驾造成了危害后果，共同饮酒者也可能要承担相应的法律责任，甚至会被追究刑事责任。

醉驾入刑后，酒后驾驶行为大大减少，然而饮酒引发的民事、刑事纠纷仍屡见报端，酒后犯罪已经成为不容忽视的社会问题。虽然在实际生活中，不少醉酒的人往往表现为神志不清、行为反常，辨认和控制能力减弱甚至丧失，但《刑法》第 18 条第 4 款明确规定，"醉酒的人犯罪，应当负刑事责任"。《刑法》这样规定，一方面是基于醉酒的人对于醉酒后果应该有所预见，另一方面是基于醉酒是一种人为的、可戒除的行为。规定醉酒的刑事责任有利于从长远上减少酒后犯罪，维护安定的社会秩序。我国有着流传了几千年的"酒文化"，可以说酒中浓缩着中华民族历史文化的精华，然而在社会变迁的过程中，"酒文化"的传承和发展也应与时俱进，存其精华而去其糟粕，纠正和禁止被恶性放大和扭曲了的劝酒、斗酒"文化"，科学传承传统"酒文化"的精髓，形成文明饮酒的氛围，遏制因酒违法、因酒犯罪事件的发生。

除了酒后驾驶之外，危险驾驶的行为还包括"追逐竞驶""毒驾""营运车辆严重超员、超速""违规运输危险品"等情形。危险驾驶行为轻则触犯《道路交通安全法》，重则可能涉嫌构成危险驾驶罪甚至其他更严重的犯罪。尤其需要注意的是，维护交通出行安全是所有参与交通出行主体的共同责任，不仅仅是机动车驾驶人违反交通安全规则会构成违法，行人、非机动车驾驶人等其他交通出行参与主体也是如此。在交通事故中，行人、非机动车驾驶人存在过错的，也要根据过错的程度、比例承担事故责任，符合交通肇事罪立案标准的，也会因涉嫌构成交通肇事罪而被追究刑事责任。因此，所有参与交通出行的主体，都应当充分履行注意义务，遵守交通安全管理法律法规，安全出行。

案例 3：2021 年 5 月，被告人覃某从福建泉州乘坐长途客车返家，该长途客车上共有 32 名乘客。客车行驶至沪渝高速长阳县境内某出口约 1 公里处时，覃某要求下车，驾驶员邓某某以道路状况不安全为由，未靠边停车。随后覃某为发泄心中不满，先后 4 次抢夺邓某某手中的方向盘，致使客车在高速路上产生剧烈摆动和明显偏移，危及公共安全。经人民法院审理判决，被告人覃某犯妨害安全驾驶罪，处有期徒刑 6 个月，并处罚金人民币 1000 元。

法律分析：

覃某在正在行驶的长途客车上抢夺方向盘，导致客车在高速公路上剧烈摆动和明显偏移，其行为不仅危及客车上 32 名乘客与司机的人身安全，同时也危及到高速公路上通行的其他车辆安全，致使不特定多数人的生命财产安全发生危险，属于危害公共安全，符合安全驾驶罪违法要件中"在行驶中的公共交通工具中抢控驾驶操纵装置，干扰公共交通工具正常行驶，危及公共安全"的要件要求。在责任层面上，覃某具有明知行为可能的危险后果而放任的间接故意，因此，其行为构成妨碍安全驾驶罪。

关联条文：《刑法》第133条之二。

法治贴士：

近年来，在行驶中的公共交通工具上抢夺方向盘、殴打驾驶人员等干扰公共交通工具正常行驶的行为时有发生，严重威胁道路交通安全和司机、乘客、人民群众的人身安全，成为不容忽视的公共安全问题。为加强对公共交通安全的刑法保护，《刑法修正案（十一）》将此类行为写入《刑法》，以期从法治层面建立和谐互重的司乘关系，营造安全有序、宽容平和的公共交通安全环境。

刑法意义上的妨碍安全驾驶行为包括对行驶中的公共交通工具的驾驶员使用暴力、抢夺驾驶操纵装置、行驶中的公共交通工具驾驶员与他人互殴或殴打他人三种类型，此三类行为具有高度危险性，严重危及公共安全，必须从刑法意义上加以禁止。

除了这三类高度危及公共安全的妨碍安全驾驶行为之外，《道路交通安全法实施条例》第62条中还规定了其他八种妨碍安全驾驶的行为：①在车门、车厢没有关好时行车；②在机动车驾驶室的前后窗范围内悬挂、放置妨碍驾驶人视线的物品；③拨打接听手持电话、观看电视等妨碍安全驾驶的行为；④下陡坡时熄火或者空挡滑行；⑤向道路上抛撒物品；⑥驾驶摩托车手离车把或者在车把上悬挂物品；⑦连续驾驶机动车超过4小时未停车休息或者停车休息时间少于20分钟；⑧在禁止鸣喇叭的区域或者路段鸣喇叭。这些妨碍安全驾驶的行为同样具有危险性，只是在危险程度上相对要小于刑法意义上的三类高度危险性行为。因此，在驾驶机动车的过程中，实施上述八种妨碍安全驾驶的行为，影响行车安全的，属于违反《道路交通安全法》的违法行为，将会受到相应的行政处罚。

（二）高空抛物

案例1：管某的车辆在停放期间被高空掉下的花盆砸坏。报警后，公安机关出警，无法查明侵权人。管某遂向法院诉请刘某等该楼的住户对其车辆维修费予以全额补偿。法院认为：无法确定具体侵权人，应由可能实施侵权行为的业主对其所受损害予以补偿。管某的车辆紧靠居民住宅楼随意停放，自身存在一定过错。综合确定管某对其自身过错承担40%的责任，由可能实施侵权行为的住户承担60%的责任。

法律分析：

随着我国城镇化进程的加快，高层建筑越来越多，从建筑物抛掷物品、坠落物品造成他人损害的情形时有发生，甚至造成他人重伤、死亡。本案中，公安机关出警后，仍然无法查明花盆来源于哪家业主，无法确定具体的侵权人。为了救济受害人，法院判决由可能加害的住户刘某等人来补偿管某的损失。本案若是发生在《民法典》生效之后，刘某等人仍然需要进行补偿。不过，刘某等人在承担补偿责任后，根据《民法典》规定，有权向真正的加害人追偿；如果该小区的物业管理人未尽到安全保障义务致使高空坠物的现象发生，物业管理人也需要承担违反安全保障义务的侵权责任。

关联条文：《民法典》第1254条。

法治贴士：

高空抛物、坠物行为被称为"悬在城市上空的痛"，危害极大，防不胜防，严重威胁着人民群众的生命财产安全。有研究数据表明，一个30克的鸡蛋从4楼抛下就会让人头起肿包；从8楼抛下就可以让人头皮破损；从18楼抛下就可以砸破行人的头骨；从25楼抛下可使人当场死亡。为更好地保障人民群众的生命财产安全，《民法典》第1254条明文规定"禁止从建筑物中抛掷物品"，将高空抛物列为法律禁止性行为。该规定不仅从道德上，更是从行为规范和法律层面确立了抛掷物品的不法性，对该严重威胁公共安全和他人合法权益的行为作出否定性评价。条文中还细化了高空抛物致人损害的承担责任主体，明确了高空抛物行为造成他人损害的，首先，应当由直接行为人承担赔偿责任。其次，确立了公安等机关的调查责任。高空抛物问题最大的难题在于，受害人因举证能力的局限和调查权限的欠缺，无法提供确定侵权人的证据，进而导致维权困难。公安等侦查机关的介入，既增加了警示行为人从事高空抛物的威慑力，又能通过公安机关专业的调查能力、多样的调查手段，最大概率地查清责任人，方便受害者及时获得救济。再次，明确了可能加害建筑物使用人的追偿权。在发生抛物、坠物事故后，经公安机关调查难以确定具体侵权人的，出于对受害人救济、督促发现真正的行为人和有效预防高空抛物行为的考虑，在责令可能加害的建筑物使用人给予补偿的同时，增加了"可能加害的建筑物使用人在补偿后，有权向侵权人追偿"的内容，进一步明确可能加害人承担的是一种垫付责任，在承担补偿义务后享有对侵权人的追偿权。这样让侥幸暂时开脱的真正侵权人承担法律责任，免于可能加害人的"连坐责任"，真正彰显司法的公平。最后，还进一步规定了物业服务企业的安全保障义务。受害人除了可以请求直接侵权人、可能加害人承担责任外，物业服务企业等建筑物管理人未采取必要的安全保障措施防止建筑物抛掷物品、坠落物品的，也应当对损害后果依法承担未履行安全保障义务的侵权责任。

《民法典》对高空抛物、坠物的规定，可以促进人们对相关问题的关注，依法通过各种途径减少或者避免类似情形的发生，改善整体的生活环境，形成良好的生活秩序。物业服务企业等建筑物管理人应当通过安装监控设备、加强巡逻、张贴告示标语等方式加强管理，增强业主的意识，减少从建筑物中抛掷物体的行为。

发生从建筑物中抛掷物品或者建筑物上坠落的物品造成他人损害案件后，公安等有关机关应当及时立案调查，查明责任人，维护社会稳定和人民安全。相关机关应当严格执法，依法明确各方责任，综合运用民事、行政和刑事手段，遏制此类事件的发生。

案例2： 2020年5月，江某在某小区4楼一住房内与女友因琐事发生争吵，激动中把一个重达8.32千克的行李箱从4楼的客厅窗户扔出，使其坠落至楼下街面人行道。2021年3月17日，成都市温江区人民法院公开开庭审理此案，法院认为，被告人江某的高空抛物行为虽未造成人身伤害或重大财产损失的严重后果，但其在建筑物高空抛掷物品的行为已构成高空抛物罪。鉴于被告人江某认罪认罚，到案后如实供述犯罪事实，依法从宽处理。依照《刑法》第291条之二的规定，以被告人江某犯高空抛物罪，判处有期徒刑6个月，并处罚金3000元。[1]

---

〔1〕　改编自成都市温江区人民法院（2021）川0115刑初69号案件。

法律分析：

此案是"高空抛物罪"入刑后四川省首例判决。本案虽然未造成严重后果，但从行为人抛掷物品的体积、重量以及坠落的位置看，已经达到了情节严重的程度，对正常的社会管理秩序产生了妨碍，也对公共安全造成了一定程度的危险。《刑法修正案（十一）》从2021年3月1日起正式实施，其中新增的第291条之二规定了高空抛物罪。此前，对高空抛物危害公共安全的，大多以以危险方法危害公共安全罪进行定罪量刑。虽然此案发生时《刑法修正案（十一）》尚未出台，但案件审判时间发生在《刑法修正案（十一）》生效之后。行为人的行为同时涉嫌构成以危险方法危害公共安全罪和新增的高空抛物罪，根据刑法"从旧兼从轻"的溯及力原则，原则上应当适用行为时的法律，即按照以危险方法危害公共安全罪定罪量刑，但因为修正后新增的高空抛物罪量刑要轻于以危险方法危害公共安全罪，以修正后新增的高空抛物罪定罪量刑。

关联条文：《刑法》第291条之二、第114条第1款。

法治贴士：

除了《民法典》从侵权责任承担角度对高空抛物作了详细规定外，2021年3月1日开始实施的《刑法修正案（十一）》新增了高空抛物罪，进一步从刑事角度守护人民群众的头顶安全。《民法典》基于侵权责任对高空抛物的规定，在没有产生侵权损害后果的情况下无法适用，但即便是高空抛物行为未造成严重损害，也严重妨碍了正常的社会管理秩序。高空抛物行为的入罪，弥补了民事规则的不足，意味着从法治角度对"头顶上的安全"全方位的保护。

同时，《刑法》第291条之二第2款，也就高空抛物行为造成严重后果追究更重的刑事责任作出了规定。如果高空抛物行为严重危害了公共安全，或者虽未严重危害公共安全，但造成他人伤亡或者重大财物损失的，可以以危险方法危害公共安全罪、故意杀人罪、故意伤害罪、过失致人重伤、死亡罪、故意毁坏财物罪等定罪量刑。

（三）生活安全

案例1： 2020年8月8日，南京某小区一栋高层住宅楼发生火灾，火灾造成3人死亡。经消防部门事故勘察，火灾系陈某违规从4楼飞线给停放在楼道口的电动车充电，电线老化发热引起明火，电动车电池受热变形，电解液泄露迅速燃烧导致。

法律分析：

高层民用住宅安全出口处禁止停放电动自行车和禁止飞线为电动车充电，这不仅仅是法律的明确规定，也是日常消防安全提醒的重要内容，公民应当对此违法行为的危害耳熟能详。但日常生活中仍有不少人认为引发火灾是小概率事件，抱着侥幸心理，为图方便而故意为之。陈某的行为即是如此，其明知飞线给电动车充电有引发火灾的危险，却心存侥幸，认为不可能发生火灾的心理属于刑法意义上典型的过于自信的过失。其过失行为导致火灾发生，造成3人死亡和大量财产损失的严重后果，给自己和社区带来惨痛的代价，除了要赔偿火灾造成的损失之外，陈某还应承担失火罪的刑事责任。

关联条文：《高层民用建筑消防安全管理规定》第37条第1款、《刑法》第115条。

法治贴士：

过失与故意都是刑事犯罪中的责任形式，《刑法》第 15 条第 1 款规定："应当预见自己的行为可能发生危害社会的结果，因为疏忽大意而没有预见，或者已经预见而轻信能够避免，以致发生这种结果的，是过失犯罪。"犯罪过失，是指应当预见自己的行为可能发生危害社会的结果，因为疏忽大意而没有预见或者已经预见而轻信能够避免，以致发生这种结果的心理态度。[1]过失违反了注意义务和结果回避义务，即行为人原本能够预见行为的结果，但因为疏忽而没有预见，或者行为人在预见了结果的前提下，过高估计自身能力或结果不会发生的有利条件，进而实施了行为导致结果发生；如果谨慎行事，就不会实施该行为，就能避免结果发生。《刑法》对过失犯罪的处罚正是基于行为人没有履行注意义务和结果回避义务。

失火罪属于过失犯罪，以危害结果的发生作为必要的犯罪构成要件，即过失引起了火灾，并造成了他人重伤、死亡或者使公私财物遭受重大损失，危害了公共安全。根据立案标准，具有下列情形之一的，符合失火罪的结果要件：①造成死亡 1 人以上，或者重伤 3 人以上的；②造成公共财产或者他人财产直接经济损失 50 万元以上的；③造成 10 户以上家庭的房屋以及其他基本生活资料烧毁的；④造成森林火灾，过火有林地面积 2 公顷以上，或者过火疏林地、灌木林地、未成林地、苗圃地面积 4 公顷以上的；⑤其他造成严重后果的情形。失火罪的责任形式为过失，即对发生火灾导致的重伤、死亡或者公私财产重大损失的结果在主观上疏忽大意或者过于自信。前述案例中，行为人作为心智正常的成年人，对电动车电池充电过程中可能存在泄漏、爆炸而引发火灾的危险都是有认识的，也都明知充电地点和方式选择不当可能导致重大事故的发生，却因为疏忽大意未意识到或者过于自信认为不会发生事故，因此行为人对火灾导致的重大损害结果存在过失。

案例 2：2019 年 9 月，邓某私自将家中厨房内的燃气表出气口改接一个三通阀门，使用橡胶管将天然气接入相邻的出租房。2020 年 8 月，邓某再次将三通阀门改装至燃气表进气口处，使天然气能够不经计量使用。2020 年 9 月，燃气公司安检发现后报警。人民法院审理后以破坏易燃易爆设备罪判处邓某有期徒刑 2 年，缓刑 2 年。[2]

法律分析：

天然气管道、计量表等属于易燃易爆设备，直接关系燃气安全。燃气用户对户内燃气设施实施安装、改装、拆除作业时，必须委托具备资质的单位或者燃气经营企业实施，并应当按照国家有关工程建设标准规范施工，任何个人或单位不得擅自安装、改装、拆除户内燃气设施和燃气计量装置。私自改装行为是对燃气设备的破坏，存在燃气泄漏引发火灾、爆炸的危险，直接危及公共安全。所以，邓某的行为构成破坏易燃易爆设备罪。同时，邓某将三通改装到燃气表进口处，不经过燃气计量表计量而使用燃气，其行为还具有盗窃性质。本案中，邓某盗用燃气时间较短，盗用燃气的价值未达到盗窃罪的立案标准，因此，在刑事责任上未对其盗窃行为进行评价，但燃气管理部门应当对其盗窃燃气的行为进行行政处罚，同时邓某还需承担民事赔偿责任。假设本案中邓某盗用燃气价值达到盗窃罪的立案标准，那么其行为还会同时构成盗窃罪，按照《刑法》中"想象竞合犯"的处罚原则，一个行为同时触

---

〔1〕　参见高铭暄、马克昌主编：《刑法学》，北京大学出版社、高等教育出版社 2019 年版。
〔2〕　改编自湖南省湘潭市岳塘区人民法院（2021）湘 0304 刑初 154 号案件。

犯数个罪名的，按照处罚较重的罪名处罚，要在破坏易燃易爆设备罪和盗窃罪中视哪个处罚更重选择哪个罪名认定其行为性质。

关联条文：《城镇燃气管理条例》第 49 条、《刑法》第 118 条。

法治贴士：

燃气安全在城市安全保障中具有非同寻常的地位，燃气事故极易引发火灾、爆炸，严重危及公共安全。燃气使用必须正确、规范，遵守燃气使用安全管理规定。然而在现实生活中，很多人对燃气易燃易爆的危险性认识不足，有的贪图小利通过私接管道、私改燃气设施等行为偷盗燃气，有的为了节省空间、追求房屋视觉上的美观而对室内的燃气管道随意改造。这些行为存在极大的安全隐患，同时也构成了违法甚至犯罪。

（四）危险品管理

案例 1：湖南株洲渌口当地逢年过节和"白喜事"有放铳"接老爷"的习俗，放铳的民俗传统至少有超过百年的历史。2021 年 9 月 30 日，株洲市渌口区人民法院微信公众号发布了题为《因"白喜事"放铳，制造、买卖、储存黑火药获三年以上有期徒刑》的文章。文章中提到渌口区人民法院集中审理的 3 起非法制造、买卖、运输、储存爆炸物的刑事案件，"放铳人"罗某义、张某强、彭某 3 人分别涉嫌构成非法制造、买卖、存储爆炸物罪，被依法判处 3 年有期徒刑。

法律分析：

我国历来对爆炸物品实施严格管控，因为爆炸物属于高危产品，一旦处置不当，极易给社会造成严重后果，直接影响人民群众的生产、生活安全。尽管"放铳"是当地的民俗，但是会导致民间自行制造、买卖、运输、储存黑火药等一系列违法犯罪行为的发生。同时，民间自制黑火药因为生产过程缺乏安全保障，成品性质不稳定，后续又缺乏适宜的保存条件等，存在较大的安全隐患。一旦发生爆炸，造成的社会危害将无法预计。所以为"放铳"自制、买卖、储存黑火药的行为，触犯了《刑法》第 125 条非法制造、买卖、运输、邮寄、储存枪支、弹药、爆炸物罪的规定，涉嫌构成非法制造、买卖、储存爆炸物罪。非法制造、买卖、运输、邮寄、储存枪支、弹药、爆炸物罪属行为犯，不是结果犯，即不论有无发生爆炸伤亡结果，一旦有上述行为，都会触犯《刑法》。

关联条文：《刑法》第 125 条第 1 款。

法治贴士：

当民俗与法规产生冲突时，一道认知上的"断层"清晰可见。民俗是文化的重要组成部分，是一个民族或社会群体在长期的生产实践和社会生活中逐渐形成并世代相传、较为稳定的文化事项。我国的传统民俗具有浓厚的农耕文化特色，但随着社会经济的发展，人口流动加剧，传统的乡土社会结构被打破，农耕文化影响下长期形成的习俗难免与现行的法律、法规、政策发生冲突。法治社会的基本要求是宪法法律至上，这是社会治理的普遍原则。作为非物质遗产重要内容的民俗文化，传承和发展也必须遵循法治的要求，要留其精华去其糟粕，保留和弘扬其中蕴涵的丰富文化内涵，体现其中传统美德的价值，摒弃其中低俗、落后、与社会主义精神文明建设要求不符，甚至涉嫌违法犯罪的内容。然而，受普法宣传力度不足和信息闭塞的影响，加上大多"传统手艺人"年龄普遍偏大、文化水平偏低等原因，这些"传统手艺人"不知晓在传承这些传统手艺的过程中，一些方式方法可能涉嫌违法甚至是犯罪。

刑法的罪名有四百八十多个，认知的局限性是客观存在的，但法律认知不足和法律意识淡薄并不能构成无罪或者从轻处罚的条件。违法犯罪事实的发生与法律的普及度密切相关。以酒后驾驶为例，为什么醉酒驾驶触犯《刑法》广为所知？因为酒后驾驶发生的频率比较高，媒体、网络以及其他宣传渠道的宣传也比较多，所以认知度高。人们都知道酒后驾驶违法，酒后驾驶行为自然就明显减少。因此，在类似"放铳"等民俗领域以及其他民众认知度偏低的领域，广泛开展普法宣传尤为必要，而且要采取行之有效的宣传方式。在前述案例中，渌口区人民法院微信公众号的这篇文章阅读量未过百，当地镇政府的工作人员曾将这篇文章转到村干部群里，要求他们向村民转发，但当地从事放铳和制作黑火药的手艺人大多是60岁以上的农村老年人，基本上没有使用智能手机和从互联网获取信息的能力和习惯。所以，如何结合宣传受众对象的特点展开行之有效的宣传，是普法工作的重点所在。

案例 2：郑某系某化工厂职工，住在某居民楼 2 楼。因家中下水道堵塞，郑某从本单位提了一桶 5 升的浓盐酸回家，用于疏通下水管道。当晚 11 时许，郑某将盐酸倒入下水管道，倒入下水管道内的盐酸挥发出大量气体，并顺管道从 3 楼邻居张某室内下水管道口漏出，致使张某夫妇睡眠过程中吸入大量盐酸挥发气体后引起窒息和中枢神经系统抑制而死亡。

法律分析：

浓盐酸属于腐蚀性物品，具有高度挥发性，吸入大量盐酸挥发气体会刺激和腐蚀人的呼吸黏膜，严重时会导致窒息死亡。郑某作为化工厂职工，对浓盐酸的挥发性有充分认识。同时，居民楼下水道互通是基本的生活常识，郑某应当预见到使用浓盐酸疏通下水道会导致浓盐酸挥发气体通过下水道散发而危及公共安全，但因其疏忽大意未能预见，导致张某夫妇大量吸入盐酸挥发气体而窒息死亡。郑某对张某夫妇的死亡存在疏忽大意的过失。因此，郑某的行为构成过失投放危险物质罪。同时，郑某作为化工厂的职工，明知盐酸的使用安全管理规定而违反，发生重大事故并造成二人死亡的严重后果，又符合危险物品肇事罪的犯罪构成。郑某的一个行为同时触犯两个罪名，这种情况不同于前述燃气安全中提及的想象竞合。这种行为在《刑法》条文中同时被规定在过失投放危险物质罪和危险物品肇事罪的两个条文中，这种情形被称为"法条竞合"。"法条竞合"的处理原则是特别法优于一般法。相对于过失投放危险物质罪和危险物品肇事罪两个条文，过失投放危险物质罪属于一般法，过失投放危险物质行为的范围要大于危险物品肇事行为的范围，危险物品肇事行为只是过失投放危险物质行为的一种特殊表现形式，因此，危险物品肇事罪是特别法，郑某的行为应当被定性为危险物品肇事罪。

关联条文：《刑法》第 136 条。

法治贴士：

各种危险物品是引发重大、特大生产安全事故的重要因素。《安全生产法》第 39 条规定："生产、经营、运输、储存、使用危险物品或者处置废弃危险物品的，由有关主管部门依照有关法律、法规的规定和国家标准或者行业标准审批并实施监督管理。生产经营单位生产、经营、运输、储存、使用危险物品或者处置废弃危险物品，必须执行有关法律、法规和国家标准或者行业标准，建立专门的安全管理制度，采取可靠的安全措施，接受有关主管部门依法实施的监督管理。"目前我国已有一些相关法律、法规对此作出了规定，如《危险化学品安全管理条例》《民用爆炸物品管理条例》《易制爆危险化学品治安管理办法》等。从事生产、经营、运输、储存、使用危险物品的企业和个人，应当牢固树立危险物品安全管理意识，避免安全意识淡漠导致的疏于管理，更要杜绝明知危险而违规冒险作业的情况，最大程度保障危险物品使用安全，避免发生重大事故危及人员生命健康和公私重大财产损失。

第二节　治理社会行为

不断满足人民日益增长的对美好生活的需要是党和国家的根本任务，社会公共生活的安宁稳定与和谐，是满足人民美好生活需要的社会基础。加强和创新社会治理是适应社会发展的必然要求，社会治理关乎国家长治久安和广大人民群众切身利益，社会治理实践直接影响着人民群众的获得感、幸福感与安全感。坚持在法治轨道上全面推进国家治理体系和治理能力现代化，对推动经济社会持续健康发展、维护社会和谐稳定具有十分重要的意义。从公民角度而言，运用法治思维和法治方式规范行为则必须遵循必要的社会管理秩序，遵守社会交往和公共生活中的基本行为准则，为法治社会建设目标的实现身体力行。

一、推动社会诚信

（一）使用虚假证明文件

案例： 为疫情防控需要，海南省人民政府发布命令，在全省所有港口、车站、码头实行管控措施，凭个人健康码绿码通行。2021 年 8 月 7 日 15 时许，李某乘坐班车来到海口新海港，准备乘船出岛，在进入客运大厅时，客运大厅工作人员发现其健康码为黄码，不让其进入客运大厅。李某随即借到一同行男子的手机，并利用其健康码进入客运大厅。17 时 45 分，李某在客运大厅内被派出所民警查获。防疫组工作人员当场对李某进行体温检查，其体温达到 37.5℃，防疫组工作人员依据相关工作规定对李某隔离观察并将其送至省人民医院发热门诊进行核酸检测。同时，新海港派出所民警和新海港客运站工作人员按疫情防控实施要求对新海港客运站进行封控，禁止旅客进出客运站长达 5 个小时。港航公安局依据《治安管理处罚法》对李某处以行政拘留 10 日的处罚。

法律分析：

人民政府有权在紧急状态下发布命令、决定。李某隐瞒自己发热症状并冒用他人健康码的行为属于使用虚假证明文件，其使用虚假证明文件逃避防疫工作人员检查，进入客运大厅的行为，严重违反了政府在紧急状态下发布的关于疫情防控的命令，并导致新海港客运站停运超过 5 个小时。李某的行为属于《治安管理处罚法》规定的拒不执行人民政府在紧急状态情况下依法发布的决定、命令的行为，应当依法对李某进行行政处罚。

关联条文：《治安管理处罚法》第 50 条、《刑法》第 280 条之一。

法治贴士：

诚信是中华民族的光荣传统，也是中国传统道德的基础和根本，是社会主义核心价值观的重要内容。使用虚假证明文件是严重有失诚信的行为，不仅违反道德要求，严重时还会构成违法甚至犯罪。例如，《居民身份证法》规定，冒用他人居民身份证或者使用骗领的居民身份证的，处 200 元以上 1000 元以下罚款，或者处 10 日以下拘留。《刑法》规定，在依照国家规定应当提供身份证明的活动中使用虚假身份证件，情节严重的，构成使用虚假身份证件罪，依法追究刑事责任。根据《居民身份证法》的规定，公民在办理常住户口登记项目变更、兵役登记、婚姻登记、收养登记、申请办理出境手续等事项时，应当出示居民身份证。根据《出入境管理法》的规定，公民出境入境时应当向出入境边防检查机关交验本人的护照或者其他旅行证件等出入境证件。根据《反洗钱法》的规定，金融机构在与客户建立业务关系或者为客户提供规定金额以上的现金汇款、现钞兑换、票据兑付等一次性金融服务时，应当要求客户出示真实有效的身份证件。在上述活动中使用虚假证件，情节严重的，均可能构成使用虚假身份证件罪。在各类国家考试中，为代替考试使用虚假身份证件的，则可能同时涉嫌构成使用虚假身份证件罪和代替考试罪。

为了弘扬诚信传统美德，增强社会成员诚信意识，加强个人诚信体系建设，褒扬诚信，惩戒失信，提高全社会信用水平，营造优良的信用环境，于 2016 年 12 月 23 日印发的《国务院办公厅关于加强个人诚信体系建设的指导意见》规定，以培育和践行社会主义核心价值观为根本，大力弘扬诚信文化，加快个人诚信记录建设，完善个人信息安全、隐私保护与信用修复机制，健全守信激励与失信惩戒机制，使守信者受益、失信者受限，让诚信成为全社会共同的价值追求和行为准则，积极营造"守信光荣、失信可耻"的良好社会氛围。

（二）冒名顶替

案例： 罗某霞与王某俊于 2004 年同时参加高考，王某俊的父亲王某嵘为使女儿能上大学，通过特殊关系使罗某霞被贵州某大学降分定向补录之后，伪造罗某霞的户口迁移证明和学籍档案，使王某俊以罗某霞的名义冒名顶替到贵州该校就读直至毕业，获得姓名为罗某霞的毕业证书、学位证书、教师资格证。因身份信息被冒用，2009 年 7 月，罗某霞大学毕业时无法办理毕业证、教师资格证等相关证件。2007 年，王某嵘因其他受贿行为构成受贿罪，被判处有期徒刑 3 年，缓刑 5 年。2009 年 10 月，人民法院一审以王某嵘犯伪造国家机关证件罪，判处其有期徒刑 2 年，与原犯的受贿罪所判处的有期徒刑 3 年刑罚数罪并罚，决定执行有期徒刑 4 年。

法律分析：

王某嵘为使其女儿冒名顶替他人上本科大学，采取冒用他人身份信息及高考成绩信息等资料、伪造被冒用者的户口迁移证及学生学籍档案等手段，并通过其他途径使其女儿以被冒用者的身份就读大学。其行为影响了公安机关对人口户籍管理的正常活动，损害了国家机关的名誉和声誉，扰乱了社会管理秩序，造成了严重的社会影响，构成了伪造国家机关证件罪。

本案发生在 2004 年，案件审理在 2009 年，当时的《刑法》尚未规定冒名顶替罪。根据罪刑法定原则，对王某俊的冒名顶替行为无法通过《刑法》进行评价，因此当时仅对王某嵘按照伪造国家机关证件罪进行了处罚。后罗某霞就冒名顶替事件提起民事诉讼，经人民法院调解，王某俊与王某嵘赔偿罗某霞 4.5 万元。

关联条文：《刑法》第 280 条、第 280 条之二。

法治贴士：

《宪法》规定，公民有受教育的权利，但之前针对被冒名顶替侵犯受教育权的行为，缺乏刑法规制，只能通过民事侵权赔偿的方式进行维权。《刑法修正案（十一）》新增了冒名顶替罪，填补了受教育权和就业权刑法保障的空白，有助于净化社会风气，提升法律的威慑力。

冒名顶替罪是指盗用、冒用他人身份，顶替他人取得高等学历教育入学资格、公务员录用资格、就业安置待遇的行为。从行为方式上看，包含三种情形：①顶替他人高等学历教育入学资格，如专科学历、本科学历、研究生学历等。行为人通过非法的手段剥夺他人受教育的权利。②顶替公务员录取资格。公务员录取要经过笔试、面试、体检、政审等一系列的程序，行为人通过冒用他人的身份，从而剥夺他人工作的资格，代替他人取得了录用资格。这种行为不仅侵犯公民的就业权利，同时也违反了《公务员法》的相关规定。③冒名顶替就业安置待遇。一般主要是冒名顶替退伍军人的就业安置待遇。退伍军人退伍之后会享受一些优厚的待遇，如在税收、考试加分、工作招录等方面的优惠待遇。行为人通过冒名顶替退伍军人的方式来享受只有退伍军人才能享受的一些优厚待遇。所谓盗用他人身份，是指未经姓名权人的同意或者授权，擅自以姓名权人的身份开展相关的民事活动。冒用他人身份，是指使用他人的姓名身份，声称自己就是被代替的人，从而代替他人从事相关的活动。盗用或冒用他人身份的行为手段可能同时涉嫌伪造、变造国家机关公文、证件罪，伪造、变造身份证件罪和使用虚假身份证件、盗用身份证件罪等罪名。同时构成以上罪名的，应当依法数罪并罚。

罪刑法定原则是《刑法》的生命，是《刑法》的基本原则之一，《刑法》第3条规定："法律明文规定为犯罪行为的，依照法律定罪处刑；法律没有明文规定为犯罪行为的，不得定罪处刑。"罪刑法定原则要求法律不溯及既往，禁止事后法，依此建立了我国《刑法》"从旧兼从轻"的溯及力原则。原则上《刑法》不具有溯及力，即不能依据新设的法律规定对设立生效之前的行为进行处罚，只能依照行为当时的法律定罪处罚，当时的法律不认为是犯罪的，依照当时的法律不认定为犯罪。只有当行为时法律规定为犯罪而行为后的新法规定不是犯罪，或者新法规定比行为时的旧法处罚轻，才能依照行为后的新法处理。新法实施之前已经依照旧法作出的裁判合法有效，以保持法律的稳定性。

罪刑法定是法治在刑事司法领域的基本要求，也是实现法律社会规制功能的基本要求。只有罪刑法定，才能充分实现法律的行为指引作用，规范公民的行为，进而充分保障公民的合法权利和自由。

（三）代替考试

案例： 赵某因参加机动车驾驶证科目二考试未通过，遂请求其朋友李某代替其参加考试。李某遂于2019年8月29日、9月10日代替赵某参加了机动车驾驶证考试中的科二、科三考试，考试成绩均合格。2019年10月15日，二人在公安局车辆管理所进行考试成绩确认时，被民警发现替考行为而案发。

法律分析：

考试是通过标准程序和方式检验特定知识和能力的重要手段，尤其是在各类国家考试中，更是公平竞争、资格准入、人才选拔的重要机制。替考、作弊行为违反诚信原则，严重破坏考试制度的公正性，在侵害其他考生公平竞争权的同时，也使考试的公正评判功能遭受破坏性影响和扭曲。本案中，李某代替赵某参加机动车驾驶证考试，一方面是对国家机动车驾驶证申领制度的破坏，另一方面，如果因其替考行为使实际上不具备安全驾驶机动车能力的赵某获得机动车驾驶证，赵某驾驶机动车将对交通安全产生极大的风险隐患，甚至有发生严重交通事故致人员伤亡和财产损失的可能。根据公安部《机动车驾驶证申领和使用规定》，机动车驾驶证考试属于依照法律由中央或者地方主管部门以及行业组织的国家考试。李某代替赵某参加机动车驾驶证考试的行为，涉嫌构成代替考试罪。

关联条文：《刑法》第 284 条之一。

法治贴士：

考试是人才选拔的重要途径。保持考场风清气正、维护考试公平，事关社会公平正义，事关社会诚信与和谐稳定。考试作弊破坏人才选拔制度，破坏公平竞争，败坏社会风气，具有严重的社会危害性。近年来，考试作弊高发、多发，特别是利用信息技术手段实施的有组织的考试作弊活动持续蔓延，危害日益严重。为严厉惩治考试作弊犯罪，《刑法》规定了组织考试作弊罪、非法出售、提供试题、答案罪和代替考试罪。根据《最高人民法院、最高人民检察院关于办理组织考试作弊等刑事案件适用法律若干问题的解释》的规定，法律规定的国家考试包括四类：①普通高等学校招生考试、研究生招生考试、高等教育自学考试、成人高等学校招生考试等国家教育考试；②中央和地方公务员录用考试；③国家统一法律职业资格考试、国家教师资格考试、注册会计师全国统一考试、会计专业技术资格考试、资产评估师资格考试、医师资格考试、执业药师职业资格考试、注册建筑师考试、建造师执业资格考试等专业技术资格考试；④其他依照法律由中央或者地方主管部门以及行业组织的国家考试。上述规定的考试涉及的特殊类型招生、特殊技能测试、面试等考试，也属于法律规定的国家考试。此四类国家考试中，前三类考试名称确定，范围明确，第四类属于兜底类型，常见的大学生英语四、六级考试，机动车驾驶证考试，消防工程师资格考试，房地产经纪人资格考试等都属于第四类国家考试。

代替考试行为滋长的舞弊现象使国家教育考试制度形同虚设，破坏了国家考试管理秩序，动摇了社会诚信道德基础，严重损害了国家考试制度公信力，违反了公平竞争原则，使考试评判考生专业素质的功能遭受破坏性影响和扭曲，严重影响了社会人才评价、选报机制的正常运行。同时，代替考试行为不仅侵害他人参与公平竞争的合法权益，还会毒化社会风气，破坏和谐有序的社会环境。因此，对代替考试行为苛以刑罚，有助于消除弊病，防止引发社会诚信危机。

二、维护社会秩序

（一）聚众斗殴

案例：2020 年 10 月 18 日下午，赵某在饭店与谢某发生口角进而产生肢体冲突，后赵某电话邀约朱某、张某等五人持木棍，谢某纠集裴某、杨某等七人前来帮忙打架。傍晚双方人员到达约定现场后，赵某与谢某二人动手互殴，朱某等人未动手，其间赵某用同伙携带的木棍击打谢某，谢某用随身携带的匕首戳伤赵某臀部，经鉴定赵某的损伤程度构成轻伤二级。

法律分析：

赵某和谢某发生冲突后，各自纠集同伙约架，双方都有互殴的故意。双方共纠集十几人参与约架，尽管最终只有赵某和谢某实际参与斗殴，但十几人手持木棍、匕首等械具，在公共场合聚众闹事，其行为已经严重侵犯社会公共秩序，并且对社会公共秩序的侵犯并非仅由赵谢二人的互殴造成，而是由聚众双方多人的共同行为造成，聚众双方的行为应当作为一个整体判断。因此，该行为构成聚众斗殴罪，赵某、谢某持木棍、匕首互殴的行为，属于聚众斗殴罪中"持械斗殴"的情节加重犯。因聚众斗殴罪只处罚参与聚众斗殴的首要分子和积极参加者，本案对赵某和谢某二人应当按照聚众斗殴罪中的持械聚众斗殴定罪处罚，其他到场未实际参与互殴的按照《治安管理处罚法》依法处以拘留或并处罚款。

关联条文：《治安管理处罚法》第 26 条、《刑法》第 292 条。

法治贴士：

聚众斗殴是严重扰乱社会秩序的行为，破坏社会安宁的同时还严重威胁他人的生命健康。在聚众斗殴罪中，聚众是斗殴的方式，多人聚集在一起斗殴影响社会秩序安宁是聚众斗殴罪主要的社会危害。因此，《刑法》分则将其规定在妨害社会管理秩序罪中，并且规定了四种情节加重犯。其中，"多次"是指三次以上聚众斗殴；"人数多，规模大，社会影响恶劣"要根据案件具体情况判断，三个条件要同时具备；"公共场所或者交通要道"主要指在人群聚集的公共场所或者车辆、行人频繁通行的道路上聚众斗殴，造成公共场所秩序严重混乱，交通严重堵塞等情形；"持械"是指使用凶器斗殴，包括为斗殴携带凶器并向对方显示凶器的情形。聚众斗殴罪致人轻伤或者造成他人财产损失，同时触犯故意伤害罪与故意毁坏财物罪的，属于想象竞合犯，择一重罪处罚；致人重伤、死亡的，按照故意伤害罪、故意杀人罪定罪处罚。

虽然《刑法》规定对聚众斗殴罪只处罚首要分子和积极参加者，但只要参与聚众斗殴，即便只是围观、起哄、声援、助威，也是违反《治安管理处罚法》的行为，会被处以拘留、罚款等行政处罚。并且在聚众的场合，参与者很容易受现场气氛影响产生冲动行为，由一般参与者转变为积极参加者，从而构成犯罪。因此，公民应当约束行为，不主动纠集他人进行互殴，同时，不能为了朋友感情或面子，接受邀约参加聚众斗殴。

（二）寻衅滋事

案例1：学习舞蹈的艺校女生高某怀疑同宿舍的吕某与自己男朋友关系暧昧，于是纠集3名女同学在宿舍内教训吕某，四人一起辱骂、殴打吕某，还逼迫吕某下跪并自行抽打耳光，时间长达2个多小时，致使吕某身体受到伤害，精神出现应激障碍。

案例2：某寄宿学校高中生小虎（16岁），平日喜欢模仿港台影视中"古惑仔"的行为举止，在校园里飞扬跋扈，欺负同学。其多次趁同学们周日返校身上现金较多时，在校园内、学校周边拦截年龄较小的同学，通过言语威胁索要钱财。致很多学生"谈虎色变"，人人自危。

法律分析：

案例1中高某仅因自己的怀疑就纠集多人对同学吕某进行辱骂、殴打，具有随意殴打他人的性质。行为持续时间超过2个小时，并造成了吕某身体轻微伤，精神应激障碍的后果，属于情节恶劣。因此，高某四人的行为符合寻衅滋事罪中"随意殴打他人，情节恶劣的"犯罪构成，构成寻衅滋事罪。

案例2中小虎的行为属于强拿硬要，其目的除了索要财物之外，更主要是意图通过这种方式表现其逞强称霸、追求刺激从而得到满足的心理。其行为导致多名学生的恐慌，严重影响了学校正常的教学管理秩序，属于情节严重。该行为符合寻衅滋事罪中"强拿硬要或者任意损毁公私财物，情节严重"的情形。小虎年满 16 周岁，具备刑事责任能力，因此，其行为构成寻衅滋事罪。

关联条文：《刑法》第 293 条。

法治贴士：

《刑法》规定寻衅滋事罪，旨在保护公共秩序或社会秩序，包括社会一般交往中的个人身体安全，公民在公共生活、公共活动中的行动自由、名誉与意思活动自由，与财产有关的社会生活的安宁和平稳，以及不特定人或多数人在公共场所从事活动的自由与安全。

寻衅滋事罪包含四种表现形式，2013 年 7 月 15 日发布的《最高人民法院、最高人民检察院关于办理寻衅滋事刑事案件适用法律若干问题的解释》中，对四种情形的具体认定作出规定。"随意殴打他人，情节恶劣的"中的情节恶劣包括：①致 1 人以上轻伤或者 2 人以上轻微伤的；②引起他人精神失常、自杀等严重后果的；③多次随意殴打他人的；④持凶器随意殴打他人的；⑤随意殴打精神病人、残疾人、流浪乞讨人员、老年人、孕妇、未成年人，造成恶劣社会影响的；⑥在公共场所随意殴打他人，造成公共场所秩序严重混乱的；⑦其他情节恶劣的情形。"追逐、拦截、辱骂、恐吓他人，破坏社会秩序"中的情节恶劣包括：①多次追逐、拦截、辱骂、恐吓他人，造成恶劣社会影响的；②持凶器追逐、拦截、辱骂、恐吓他人的；③追逐、拦截、辱骂、恐吓精神病人、残疾人、流浪乞讨人员、老年人、孕妇、未成年人，造成恶劣社会影响的；④引起他人精神失常、自杀等严重后果的；⑤严重影响他人的工作、生活、生产、经营的；⑥其他情节恶劣的情形。"强拿硬要或者任意损毁、占用公私财物，破坏社会秩序"中的情节严重包括：①强拿硬要公私财物价值 1000 元以上，或者任意损毁、占用公私财物价值 2000 元以上的；②多次强拿硬要或者任意损毁、占用公私财物，造成恶劣社会影响的；③强拿硬要或者任意损毁、占用精神病人、残疾人、流浪乞讨人员、老年人、孕妇、未成年人的财物，造成恶劣社会影响的；④引起他人精神失常、自杀等严重后果的；⑤严重影响他人的工作、生活、生产、经营的；⑥其他情节严重的情形。"在公共场所起哄闹事"应当根据公共场所的性质、公共活动的重要程度、公共场所的人数、起哄闹事的时间、公共场所受影响的范围与程度等因素，综合判断是否造成公共场所秩序严重混乱。

寻衅滋事罪是《刑法》中相对特殊的一个罪名，其前身是我国 1979 年制订的《刑法》中规定的"流氓罪"。当时的条文内容规定过于简单，规制行为的涵盖面过宽，无法形成准确的行为指引，导致法条内容缺乏确定性，不能充分体现罪刑法定原则。因此，1997 年对 1979 年《刑法》进行修改时，将"流氓罪"具体拆分为聚众斗殴罪、寻衅滋事罪、强制猥亵、侮辱妇女罪、聚众淫乱罪等多个罪名，通过细化罪名的方式强化了上述几个罪名的行为内容确定性，以提高法条对行为的指引和规制作用。通过拆分，几个罪名的行为确定性大大增强，法条的行为规制功能得以充分实现。

常见的寻衅滋事行为的大多数起因都是在现实社会生活中寻求刺激、发泄情绪、无事生非、逞强耍横等。需要注意的是，网络也不是法外之地，在网络上实施寻衅滋事行为也可能涉嫌构成寻衅滋事罪。《最高人民法院、最高人民检察院关于办理利用信息网络实施诽谤等刑事案件适用法律若干问题的解释》明确了信息网络具有的两种基本属性，即"工具属性"和"公共属性"。信息网络是获取信息、买卖商品、收发邮件的有效途径，这说明信息网络具有"工具属性"。同时，信息网络也是沟通交流的平台，是现实生活的延伸，是社会公共秩序的重要组成部分，又具有很强的"公共属性"。结合信息网络的这两种基本属性，利用信息网络实施寻衅滋事有两种基本行为方式：一是利用信息网络实施辱骂、恐吓他人，情节恶劣，破坏社会秩序的行为。网络信息的迅速扩散、不易彻底根除等特性，使得借助网络辱骂、恐吓他人比现实生活中随意辱骂、恐吓他人的社会危害性更甚。二是在信息网络上恶意编造、散布虚假信息，起哄闹事，引发社会公共秩序严重混乱的行为。网络空间属于公共空间，网络秩序也是社会公共秩序的重要组成部分。随着信息技术的快速发展，信息网络与人们的现实生活已经融为一体，密不可分。网络空间同现实社会一样，既要提倡自由，也要保持秩序。而且基于网络传播的迅速性、广泛性特点，恶性的信息网络寻衅滋事事件极易从网络联动到现实社会，进而引发现实社会秩序的严重混乱，危及广大人民群众的生活安宁。

（三）涉毒行为

案例： 2019年3月12日晚，广西西宁城西公安分局接到报警，一女子在五岔路口机动车道的车流中手舞足蹈裸奔。接警后民警在事发区域找到该女子，为其穿上衣物后带至派出所。该女子精神恍惚，语无伦次。直至13日上午，逐渐恢复意识的女子向警方陈述了事发前独自在家吸食冰毒的事实。警方依法对其处以拘留15日的行政处罚。因其已染毒瘾，警方将其送至强制戒毒所依法强制戒毒。

法律分析：

该女子因吸食毒品致神志不清、精神恍惚，失去行为控制能力，在机动车道内的异常行为扰乱了正常的交通秩序和公共秩序，同时，其吸食冰毒的行为也是被法律严格禁止的。根据《治安管理处罚法》的规定，吸食、注射毒品可以处拘留和罚款。根据《禁毒法》规定，对于吸毒成瘾，通过社区戒毒难以戒除毒瘾的人员，公安机关可以直接作出强制戒毒的决定，送至强制戒毒场所执行。

关联条文： 《治安管理处罚法》第72条、《禁毒法》第38条。

法治贴士：

毒品问题已经成为国际公认的一大"毒瘤"。毒品滥用危及人的生命健康，因毒品诱发的盗、抢、骗及其他违法犯罪活动严重破坏了正常社会秩序，带来了公共安全风险隐患。

《刑法》第357条对毒品作了明确规定，毒品是指鸦片、海洛因、甲基苯丙胺（冰毒）、吗啡、大麻、可卡因以及国家规定管制的其他能够使人形成瘾癖的麻醉药品和精神药品。毒品大致分为三类，一是传统的植物性天然毒品，主要包括鸦片、大麻、可卡因及其衍生物，如海洛因等；二是人工合成的化学毒品，如冰毒、麻古、摇头丸等；三是新精神活性物质，如氯胺酮、合成大麻素、卡西酮类、芬太尼类、色胺类等摄入人体后影响思维、情感、意志行为等心理过程的物质。

吸食毒品会产生顽固的精神依赖和生理依赖，毒瘾发作时，轻则头晕、耳鸣、呕吐、大小便失禁，重则神经系统抑制，引起呼吸衰竭而死亡。吸毒者通常伴有严重暴力倾向，容易实施故意伤害、强奸等严重暴力犯罪，为获取毒资易进行各类盗、抢、骗等财产型犯罪。

毒品问题的法律规制，除吸毒行为违反《治安管理处罚法》应受行政处罚之外，走私、贩卖、运输、制造毒品的行为都构成犯罪。走私、贩卖、运输、制造鸦片1000克以上、海洛因或者甲基苯丙胺50克以上或者其他毒品数量大的，处15年有期徒刑、无期徒刑或者死刑，并处没收财产。非法持有鸦片 1000 克以上、海洛因或者甲基苯丙胺 50 克以上或者其他毒品数量大的，处 7 年以上有期徒刑或者无期徒刑，并处罚金；非法持有鸦片 200 克以上不满 1000 克、海洛因或者甲基苯丙胺 10 克以上不满 50 克或者其他毒品数量较大的，处 3 年以下有期徒刑、拘役或者管制，并处罚金；情节严重的，处 3 年以上 7 年以下有期徒刑，并处罚金。

此外，非法生产、买卖、运输制毒物品、走私制毒物品、非法种植毒品原植物、非法买卖、运输、携带、持有毒品原植物种子、幼苗等行为也是犯罪行为。尤其是针对非法种植毒品原植物，我国对罂粟、大麻、古柯等毒品原植物种植严格控制，除经批准的药用、科研用途可以少量种植外，其他单位和个人一律禁止种植。我国不少农村地区以前有使用罂粟、大麻作为调料或传统药品的习惯，也有因喜欢罂粟花的美丽，在自家附近或院内少量种植罂粟的情况。这些种植行为有极大的法律风险。《刑法》第 351 条规定，非法种植罂粟、大麻等毒品原植物的，一律强制铲除。有下列情形之一的，处 5 年以下有期徒刑、拘役或者管制，并处罚金：①种植罂粟 500 株以上不满 3000 株或者其他毒品原植物数量较大的；②经公安机关处理后又种植的；③抗拒铲除的。非法种植罂粟 3000 株以上或者其他毒品原植物数量大的，处 5 年以上有期徒刑，并处罚金或者没收财产。非法种植罂粟或者其他毒品原植物，在收获前自动铲除的，可以免除处罚。

1987 年第 42 届联合国大会将每年的 6 月 26 日定为"禁止药物滥用和非法贩运国际日"，即"国际禁毒日"。珍爱生命，远离毒品。每一个公民都应当充分认识毒品的危害，主动向毒品说"不"，不因好奇或追求刺激吸毒，不因贪财逐利而制毒贩毒，积极抵制毒品侵蚀，为国家禁毒事业作出应有贡献。

（四）涉黑涉恶行为

案例： 杨某纠集吴某等社会闲散人员，组成较为固定的犯罪组织，以暴力、胁迫等手段，在北京市怀柔区多次实施违法犯罪活动。为向被害人讨要高利贷，杨某指使吴某等人采取欺骗、威胁等方法，非法强占他人房屋。杨某等人还无事生非，多次在他人经营的餐馆、公司等场所起哄闹事、威胁他人，扰乱正常经营、办公秩序；非法毁损村标石碑，造成村集体财产损失，并通过威胁方式压制村委会反对意见。北京市延庆区人民法院判决认定杨某等人构成恶势力，以敲诈勒索罪、寻衅滋事罪、故意毁坏财物罪判处各被告人有期徒刑 1 年 6 个月至 13 年不等，并处罚金 12 万元至 14 万元。

法律分析：

本案是一起以讨债为由实施多起犯罪的典型涉恶案例。杨某团伙为非作恶，欺压百姓，扰乱经济、社会生活秩序，造成较为恶劣的社会影响，已形成恶势力。其恶势力团伙以威胁、强占房屋等手段催讨债务，强迫他人签订借款合同并非法索要钱款，获取经济利益，多次在公共场所寻衅滋事，故意毁损集体财产，扰乱社会经济秩序和村民自治组织管理秩序，造成恶劣社会影响。对该恶势力团伙进行严惩，坚决打击威胁群众生活安宁的非法讨债恶势力犯罪，有效整治了重点领域，维护了社会和谐稳定，提升了基层群众的安全感。

关联条文：《刑法》第 294 条。

法治贴士：

2018 年 2 月 2 日，最高人民法院、最高人民检察院、公安部、司法部四部门联合发布了《关于依法严厉打击黑恶势力违法犯罪的通告》。通告指出，黑恶势力是经济社会健康发展的毒瘤，是人民群众深恶痛绝的顽疾，必须坚决依法予以打击。全国政法战线要贯彻落实党的十九大精神，在各级党委的统一领导下，充分发挥社会治安综合治理优势，推动各部门各司其职、齐抓共管，形成工作合力。要以"零容忍"态度，坚决依法从严惩治，对黑恶势力违法犯罪重拳出击，侦办一批群众深恶痛绝的涉黑涉恶案件，整治一批涉黑涉恶重点地区，惩治一批涉黑涉恶违法犯罪分子，确保在春节前后取得积极成效，为扫黑除恶专项斗争奠定坚实基础，不断增强人民获得感、幸福感、安全感。

黑恶势力包括黑社会性质组织和恶势力两类犯罪群体，黑社会性质组织在《刑法》中有明确的定义。关于恶势力，在最高人民法院、最高人民检察院、公安部、司法部四部门发布，并于2019年4月9开始实施的《关于办理恶势力刑事案件若干问题的意见》中进行了界定，意见第4点明确了具有下列情形的组织，应当认定为"恶势力"：经常纠集在一起，以暴力、威胁或者其他手段，在一定区域或者行业内多次实施违法犯罪活动，为非作恶，欺压百姓，扰乱经济、社会生活秩序，造成较为恶劣的社会影响，但尚未形成黑社会性质组织的违法犯罪组织。恶势力一般为3人以上，纠集者相对固定，违法犯罪活动主要为强迫交易、故意伤害、非法拘禁、敲诈勒索、故意毁坏财物、聚众斗殴、寻衅滋事等，同时还可能伴随实施开设赌场、组织卖淫、强迫卖淫、贩卖毒品、运输毒品、制造毒品、抢劫、抢夺、聚众扰乱社会秩序、聚众扰乱公共场所秩序、交通秩序以及聚众"打砸抢"等。

黑恶势力具有严重的社会危害性。一是严重扰乱市场秩序。黑恶势力往往在一定区域或行业内形成垄断，欺行霸市、强买强卖，质次价高，对正常的市场经营秩序造成严重破坏。二是严重危害人身安全。黑恶势力活动多伴随故意伤害、非法拘禁、绑架勒索、聚众斗殴等严重暴力性犯罪，逞凶斗狠、手段凶残，严重侵犯公民生命健康权。三是严重危害社会安全。黑恶势力为了寻求更多的经济利益，在一定区域或行业横行乡里、称霸一方，严重破坏当地经济、社会生活秩序，危害社会安全和社会生活的平稳安宁，造成群众心理恐慌，安全感下降。四是严重损害司法公信力，污染政治生态。多数黑恶势力通过各种手段向政府权力部门渗透，寻求"保护伞"。"保护伞"的存在，使黑恶势力活动更加猖狂和肆无忌惮，严重败坏党和政府的威信。

自2018年起，扫黑除恶专项斗争在全国展开，把打击黑恶势力和"打伞破网"一体推进，清除了一大批害群之马，对黑恶势力形成了强大震慑。继续依法打击破坏社会秩序的违法犯罪行为，推动扫黑除恶常态化，持之以恒、坚定不移打击黑恶势力，才能让社会更加安宁、群众更加安乐。同时，进一步加强"打伞破网"力度，加强司法制约监督，才能让人民群众在每一个司法案件中感受到公平正义，增强人民群众的幸福感、获得感。

（五）低俗行为

案例：2021年3月底起，姜某某使用手机在"小姐己"APP登录账号开设直播，吸引网民观看其淫秽表演。姜某某通过对房间设置禁言、踢人等功能的方式进行管理。至案发，被告人姜某某非法获利共计人民币19 000余元。经鉴定，警方获取的姜某某11段表演视频中，9段属于淫秽表演。2021年7月20日，姜某某因涉嫌构成组织淫秽表演罪被批准逮捕。

法律分析：

低俗淫秽表演背离传统道德风尚、污染社会风气，破坏文化市场秩序，社会危害性极大。姜某某以营利为目的，开设网络直播进行淫秽表演，虽然实施淫秽表演的只有其一人，但组织淫秽表演罪的被组织对象并非限定于表演者，观看的观众也是组织的对象。姜某某为实现牟利目的，使用 APP 的房间功能对观看其淫秽表演的观众进行管理，其行为具有组织淫秽表演的性质，应当按照组织淫秽表演罪定罪处罚。

关联条文：《治安管理处罚法》第 68 条、第 69 条，《刑法》第 364 条、第 365 条。

法治贴士：

淫秽物品是指具体描绘性行为或者露骨宣扬色情的诲淫性的书刊、影片、录像带、录音带、图片及其他淫秽物品，包括具体描绘性行为或者露骨宣扬色情的诲淫性的视频文件、音频文件、电子刊物、图片、文章、短信息等互联网、移动通信终端电子信息和声讯台语音信息等。淫秽物品和淫秽信息缺乏艺术和科学价值，其宣扬的淫秽行为对传统的性道德观、性价值观形成巨大破坏，毒害人民身心健康，导致腐化堕落。随着互联网的普及，网络色情呈泛滥上升趋势。传统意义上的淫秽物品，如淫秽书刊、磁带、录像带、光碟等纷纷数字化，以电子数据形式充斥网络空间。淫秽表演亦从传统的线下隐蔽场所拓展到网上直播间、视频聊天室。新形势变化也对淫秽低俗行为的规制提出了新挑战。

《刑法》规定有制作、复制、出版、贩卖、传播淫秽物品牟利罪和传播淫秽物品罪。"制作"是指生产、录制、编写、绘画、印刷等创造、产生、形成淫秽物品的行为；"复制"是指通过翻印、翻拍、复制、转录等方式将原已存在的淫秽物品制作成一份或多份的行为；"出版"是指将淫秽作品编辑加工后，经过复制向公众发行的行为；"传播"是指通过播放、陈列、在互联网上建立淫秽网站、网页等方式使淫秽物品让不特定或者多数人感知以及通过出借、赠送等方式散布、流传淫秽物品的行为。以牟利为目的传播淫秽物品构成传播淫秽物品牟利罪，不以牟利为目的传播淫秽物品则构成传播淫秽物品罪。

《刑法》还规定有组织淫秽表演罪。刑法意义上的"淫秽表演"，是指公然以体态性的动作露骨宣扬色情，如跳脱衣舞、裸体舞、性交表演、手淫、口淫表演等。随着淫秽表演网络化新类型的出现，组织淫秽表演也出现新的表现形式，如网络直播淫秽表演。传统意义上的组织淫秽表演中的组织主要指组织者通过招集、策划、安排、雇佣等形式对表演者的组织，而网络直播则可能出现一人进行的情形。此种情形下不存在组织者与表演者之间的组织与被组织关系，即不同于组织淫秽表演罪中对"组织"的传统理解。从法益保护的角度看，组织淫秽表演罪保护的法益是国家对文艺演出活动和性道德风尚的管理秩序，该罪对法益的侵犯主要体现在对观看淫秽表演观众的组织上，因此，对于个人进行淫秽网络直播，组织他人进行观看的行为定性为组织淫秽表演并无不当。此外，如果淫秽表演网络直播同时具有视频录制保存功能，将淫秽表演视频提供下载可能同时涉嫌构成传播淫秽物品牟利罪或传播淫秽物品罪。

除上述淫秽表演网络直播会构成组织淫秽表演罪之外，招募模特和摄影者要求模特裸露、摆出淫秽姿势供摄影者拍摄的行为也涉嫌构成组织淫秽表演罪。模特在摄影者镜头前的行为系表演行为，表演者通过自己的形体、动作、声音等可感受的形式将某种信息传递、展示给受众，从而满足受众感官上的感受。模特在摄影镜头前裸露身体、摆出各种淫秽姿势，表面上是为摄影者提供拍摄素材，但同时也是将自身的人体形象展示给拍摄者，即通过不断变化的肢体动作，将人体形象展示给摄影者，满足摄影者感官上的需求。模特的行为明显具有表演性质。因此，该组织行为构成组织淫秽表演罪。当前，一些模特从事所谓"私拍""私房摄影"等业务，提供"一对一"的有偿模特服务。如果在拍摄过程中有淫秽表演内容的，也可能涉嫌构成组织淫秽表演罪。尽管此类行为通常表现为"一对一"的形式，即表演者和拍摄者都是一人，但受众具有不特定性，行为表现为行为人以营利为目的，组织不特定个体进行一对一的淫秽表演，以体态性的动作露骨宣扬色情，应当根据情节严重程度判断是否构成组织淫秽表演罪。情节严重程度通常可以根据次数、拍摄内容、造成社会影响等情况进行判断。

随着个别主播的一播走红，网络直播瞬间披上了"门槛低、收入高"的"高大上"外衣。中国似乎一夜之间进入了全民直播时代。根据中国互联网信息中心 2022 年 2 月发布的第 49 次中国互联网络发展状况统计报告显示，截至 2021 年 12 月，我国网络直播用户规模达 7.03 亿，同比增长 8652 万，占网民整体的 68.2%。其中，真人秀直播的用户规模为 1.94 亿，占网民整体的 18.8%。[1]网络直播群体高速增长的同时，良莠不齐的直播内容亟待规范，其中真人秀类直播成为"重灾区"。为了追求利益最大化，在规模浩大的主播群体中脱颖而出，使用"软色情"打擦边球的行为迅速增加。与色情淫秽内容不同，软色情通常是指用带有挑逗、诱惑等性暗示的文字、图像、声音、视频、动作等对性隐晦表达的低俗内容。虽然目前对软色情尚缺乏明确的界定标准，但人们对软色情内容违悖公序良俗，污染社会风气存在共识。2020 年 11 月 5 日，国家互联网信息办公室开展了为期 1 个月的"软色情"信息专项整治行动，对利用"软色情"信息博眼球、赚流量的平台和账号进行大排查、大扫除，重点聚焦于"性暗示、性挑逗"，如低胸露乳、不良言论、对人体胸臀腰腿等敏感部位特写等，加大审核和巡查力度，加大对违法违规行为的处置处罚力度，切实营造文明、健康、向上的网络环境。

三、合规使用网络

(一) 网络入侵

案例： 2017 年 7 月开始，张某与彭某等 4 人经事先共谋，为赚取赌博网站广告费用，在马来西亚吉隆坡市租住的公寓内，利用黑客软件对我国境内存在防护漏洞的目标服务器进行检索、筛查后，向目标服务器植入木马程序（后门程序）进行控制，再使用"菜刀"等软件链接该木马程序，获取目标服务器后台浏览、增加、删除、修改等操作权限，将添加了赌博关键字并设置自动跳转功能的静态网页上传至目标服务器，以提高赌博网站广告被搜索引擎命中的概率。截至 2017 年 9 月底，4 人共链接被植入木马程序的目标服务器 113 台，其中部分网站服务器还被植入了含有赌博关键词的广告网页。

法律分析：

张某、彭某等 4 人实施侵犯计算机信息系统犯罪的事实清楚，对目标服务器的数据实施了修改、增加的侵犯行为，该行为实现了对目标服务器的非法控制，但该行为未对该信息系统内有价值的数据进行增加、删改，未造成该信息系统功能实质性的破坏，或不能正常运行，因此其行为不属于破坏计算机信息系统犯罪中的对计算机信息系统中存储、处理或者传输的数据进行删除、修改、增加的行为，不构成破坏计算机信息系统罪。但 4 人共同违反国家规定，对我国境内计算机信息系统实施非法控制，情节特别严重，构成非法控制计算机系

---

[1] 参见"第 49 次《中国互联网络发展状况统计报告》"，载中国互联网信息中心网，http://www.cnnic.net.cn/hlwfzyj/hlwxzbg/hlwtjbg/202202/p020220407403488048001.pdf，最后访问时间：2022 年 4 月 15 日。

统罪。

关联条文：《刑法》第 285 条。

法治贴士：

网络安全和信息化是事关国家安全和国家发展、事关广大人民群众工作生活的重大战略问题。当今世界，信息技术革命日新月异，对国际政治、经济、文化、社会、军事等领域发展产生了深刻影响。信息化和经济全球化相互促进，互联网已经融入社会生活方方面面，深刻改变了人们的生产和生活方式。"没有网络安全就没有国家安全，就没有经济社会稳定运行，广大人民群众利益也难以得到保障。"习近平总书记高度重视国家网络安全工作，在不同场合多次就网络安全发表重要论述。做好网络安全的保护工作，是构建一个和谐发展的社会的重要基础以及国家的重要保护屏障。

随着计算机的普及和互联网技术的迅速发展，黑客技术已不再是某些少数专业人员和编程人员的专利。通过各种各样的黑客工具软件，不需要专业知识和高深技术就可以轻而易举地进行网络入侵活动。尤其是青少年，不喜欢受拘束、限制，缺乏必要的道德与法治观念，容易出于好奇、追潮、扬名逐利等动机滥用黑客技术。

为规范网络空间管理，保障网络安全，规范网络行为，2016 年 11 月 7 日第十二届全国人民代表大会常务委员会第二十四次会议审议通过了《网络安全法》，为网络安全工作提供了重要的法律支撑。《网络安全法》是依法治网、化解网络风险的法律重器，也是互联网在法治轨道上健康运行的重要保障。《网络安全法》中规定，国家倡导诚实守信、健康文明的网络行为，推动传播社会主义核心价值观，采取措施提高全社会的网络安全意识和水平，形成全社会共同参与促进网络安全的良好环境。国家采取措施，监测、防御、处置来源于中华人民共和国境内外的网络安全风险和威胁，保护关键信息基础设施免受攻击、侵入、干扰和破坏，依法惩治网络违法犯罪活动，维护网络空间安全和秩序。这些规定明确了保障网络安全的基本要求和主要目标，提出了重点领域的网络安全政策、工作任务和措施，完善了网络安全监管体制和网络安全义务与责任。

《刑法》对网络犯罪的规定要早于《网络安全法》的出台，在分则第六章妨害社会管理秩序罪第一节扰乱公共秩序罪中规定有非法侵入计算机信息系统罪、非法获取计算机信息系统数据、非法控制计算机信息系统罪、提供侵入、非法控制计算机信息系统程序、工具罪、破坏计算机信息系统罪、拒不履行信息网络安全管理义务罪、非法利用信息网络罪和帮助信息网络犯罪活动罪等一系列罪名，构建了较完善的网络犯罪的刑法规制体系。

（二）违规利用网络信息

案例：2016 年 12 月，为获取非法利益，谭某、张某商定在网络上从事为他人发送"刷单获取佣金"的诈骗信息业务，即通过"阿里旺旺"向不特定的淘宝用户发送信息，信息内容大致为"亲，我是×××，最近库存压力比较大，请你来刷单，一单能赚 10～30 元，一天能赚几百元，详情加 QQ×××，阿里旺旺不回复"。通常每 100 个人添加上述信息里的 QQ 号，谭、张二人即可从让其发送信息的上家处获取平均约 5000 元的费用。张某主要负责购买"阿里旺旺"账号、软件、租赁电脑服务器等；谭某主要负责招揽、联系有发送诈骗信息需求的上家、接收上家支付的费用及发送诈骗信息。2016 年 12 月至 2017 年 3 月，谭张二人通过上述方式共非法获利人民币 80 余万元。被害人王某甲、洪某添加谭某、张某发送的诈骗信息中的 QQ 号后，分别被骗 31 000 元和 30 049 元。

法律分析：

谭某、张某二人以非法获利为目的，通过信息网络发送刷单诈骗信息，其行为属于与其上家实施诈骗共同犯罪中的犯罪预备行为。但此种行为在《刑法》上具有单独评价的意义，符合非法利用信息网络罪中"为实施诈骗等违法犯罪活动发布信息"的情形，构成非法利用信息网络罪。虽然本案中并无证据证实具体实施诈骗的行为人归案并受到刑事追究，但不影响非法利用信息网络罪的成立。谭某、张某共同实施故意犯罪，系共同犯罪，二人在共同犯罪中均起主要作用，都是主犯。

关联条文：《刑法》第 287 条之一。

法治贴士：

互联网技术广的泛运用为快速获取海量信息提供了巨大便利，但由于互联网本身的低门槛性以及开放性特征，也为一些别有用心的人留下了利用网络手段进行违法犯罪活动的可乘之机，如传播、散布木马病毒、恶意程序，发布诈骗信息、传播网络色情等。这对广大群众的个人隐私以及财产安全造成了严重威胁。为遏制利用网络传播淫秽物品、违禁管制物品、网络诈骗等严重侵害公民身心健康与人身财产安全的犯罪行为，结合我国打击刑事犯罪要从源头上预防的刑事政策，《刑法修正案（十一）》新增了非法利用信息网络罪。

根据《刑法》第 287 条之一的规定，非法利用网络信息罪包含三种行为类型：一是设立用于实施诈骗、传授犯罪方法、制作或者销售违禁物品、管制物品等违法犯罪活动的网站、通讯群组的；二是发布有关制作或者销售毒品、枪支、淫秽物品等违禁物品、管制物品或者其他违法犯罪信息的；三是为实施诈骗等违法犯罪活动发布信息的。实施上述三类行为，情节严重的，即构成非法利用信息网络罪。根据 2019 年 6 月 3 日通过的《最高人民法院、最高人民检察院关于办理非法利用信息网络、帮助信息网络犯罪活动等刑事案件适用法律若干问题的解释》第 10 条规定，《刑法》第 287 条之一规定的"违法犯罪"，包括犯罪行为和属于《刑法》分则规定的行为类型但尚未构成犯罪的违法行为。"发布信息"包括利用信息网络提供信息的链接、截屏、二维码、访问账号密码及其他指引访问服务。"情节严重"包括七种情形：①假冒国家机关、金融机构名义，设立用于实施违法犯罪活动的网站的。②设立用于实施违法犯罪活动的网站，数量达到 3 个以上或者注册账号数累计达到 2000 以上的。③设立用于实施违法犯罪活动的通讯群组，数量达到 5 个以上或者群组成员账号数累计达到 1000 以上的。④发布有关违法犯罪的信息或者为实施违法犯罪活动发布信息，具有下列情形之一的：在网站上发布有关信息 100 条以上的；向 2000 个以上用户账号发送有关信息的；向群组成员数累计达到 3000 以上的通讯群组发送有关信息的；利用关注人员账号数累计达到 3 万以上的社交网络传播有关信息的。⑤违法所得 1 万元以上的。⑥2 年内曾因非法利用信息网络、帮助信息网络犯罪活动、危害计算机信息系统安全受过行政处罚，又非法利用信息网络的。⑦其他情节严重的情形。

非法利用信息网络罪的核心是传播信息，实质上是相关犯罪的预备行为。但《刑法》基于从源头预防和遏制犯罪的理念，把此类特定的预备行为实行化，设立独立的非法利用信息网络罪。因此，只要实施了发布违法犯罪信息的行为，情节严重，就成立非法利用信息网络罪。同时，因其属于相关犯罪预备行为的本质属性，如果进一步着手实行了相关的犯罪，则超出了非法利用信息网络罪的范畴，构成其他犯罪，应当与非法利用信息网络罪数罪并罚。

（三）帮助信息网络犯罪活动

案例： 2019 年 7 月，许某得知有人收购银行卡用于境外赌博线上线下收钱，1 套银行卡（1 张银行卡开通 U 盾、绑定新手机号码、办理营业执照）可得人民币 1500 元，并可以额外提成银行卡流水。许某遂办理了 1 张中国工商银行卡，开通 U 盾并绑定手机号码，又办理了营业执照。后又指使他人办理出银行卡，共计 4 套银行卡交付给收购银行卡的"红姐"。至案发，该 4 张银行卡过卡流水分别为 1439 万余元、2444 万余元、216 万余元、891 万余元。

法律分析：

在信息网络不断发展的大背景下，犯罪技术日新月异，让人防不胜防。面对花样繁多、不断翻新的网络犯罪手法，一念之贪或一时疏忽都有可能成为网络犯罪的帮凶。本案中，许某为贪图小利，明知他人利用信息网络实施犯罪，还自己办卡并指使他人办卡，将所办套卡出售给犯罪分子用于银行结算，帮助洗钱，其行为本身是其上游犯罪分子开设赌场罪和洗钱罪的帮助行为。因《刑法》将该特定帮助行为实行化，规定为独立的犯罪，许某的行为构成帮助信息网络犯罪活动罪。

关联条文：《刑法》第 287 条之二。

法治贴士：

相较于传统的盗窃、抢夺、诈骗等侵财类案件，帮助信息网络犯罪活动罪是一个新型的罪名，是伴随着信息网络技术的发展而产生的。帮助信息网络犯罪活动罪是指自然人或者单位明知他人利用信息网络实施犯罪，为其犯罪提供互联网接入、服务器托管、网络存储、通讯传输等技术支持，或者提供广告推广、支付结算等帮助，情节严重的行为。按照刑法的共同犯罪理论，为信息网络犯罪活动提供帮助的行为本质上是从属于实施信息网络犯罪活动的正犯行为，行为人与实施信息网络犯罪活动的实行犯构成共同犯罪，应当按照行为人在共同犯罪中所起的作用大小进行处罚。但由于《刑法》条文将该帮助行为确定为独立的罪名，意味着该帮助行为的实行化。即本属于信息网络犯罪活动的帮助行为，变成了帮助信息网络犯罪活动罪的实行行为。

根据 2019 年 6 月 3 日通过的《最高人民法院、最高人民检察院关于办理非法利用信息网络、帮助信息网络犯罪活动等刑事案件适用法律若干问题的解释》第 11、12 条规定，对帮助信息网络犯罪活动罪中的"明知"主要包括七种情形：①经监管部门告知后仍然实施有关行为的；②接到举报后不履行法定管理职责的；③交易价格或者方式明显异常的；④提供专门用于违法犯罪的程序、工具或者其他技术支持、帮助的；⑤频繁采用隐蔽上网、加密通信、销毁数据等措施或者使用虚假身份，逃避监管或者规避调查的；⑥为他人逃避监管或者规避调查提供技术支持、帮助的；⑦其他足以认定行为人明知的情形。"情节严重"包括：①为 3 个以上对象提供帮助的；②支付结算金额 20 万元以上的；③以投放广告等方式提供资金 5 万元以上的；④违法所得 1 万元以上的；⑤2 年内曾因非法利用信息网络、帮助信息网络犯罪活动、危害计算机信息系统安全受过行政处罚，又帮助信息网络犯罪活动的；⑥被帮助对象实施的犯罪造成严重后果的；⑦其他情节严重的情形。认定上述的帮助行为情节严重，原则上以明知被帮助对象的行为构成犯罪为前提，确因客观条件限制无法查证被帮助对象是否达到犯罪的程度，但相关数额总计达到上述第 2 项至第 4 项规定标准 5 倍以上，或者造成特别严重后果的，应当以帮助信息网络犯罪活动罪追究行为人的刑事责任。被帮助对象实施的犯罪行为可以确认，但尚未到案、尚未依法裁判或者因未达到刑事责任年龄等原因依法未予追究刑事责任的，不影响帮助信息网络犯罪活动罪的认定。

帮助信息网络犯罪活动罪的行为表现形式中，明知他人要进行信息网络犯罪，仍为其提供银行卡、手机卡用于广告推广、支付结算的类型较为普遍。司法实践中，大量"实名不实人"的银行卡、手机卡不仅为不法分子的信息网络犯罪行为带来便利，而且增加了公安机关的追查、侦破难度。买卖个人银行卡、手机卡等行为，看似并未直接参与到信息网络犯罪活动中，但是极有可能成为网络犯罪链条的其中一环，成为被害人受害的重要因素之一。根据工信部的要求，自 2015 年 2 月 1 日起，电信企业各类营销渠道为用户办理电话入网手续时，应利用专用移动应用程序、与"全国公民身份证号码查询服务中心"联网比对等有效技术措施，核验用户身份信息。自 2013 年 9 月 1 日起，《电话用户真实身份信息登记规定》正式实施，手机卡实名登记制全面推行，电信企业各类实体营销渠道全面配备二代身份证识别设备，在为用户办理入网手续时，必须使用二代身份证识别设备核验用户本人的居民身份证件，并通过系统自动录入用户身份信息。手机卡实名登记制的实施，对"黑卡"电信诈骗起到了有效的遏制效果。然而，仍然有不少法律意识淡漠、贪图小利的人无视法律风险，出卖自己办理的实名手机卡，甚至在利益诱惑面前迷失方向，从办卡、卖卡发展到组织收卡、贩卡，一步步陷入违法犯罪泥潭。为依法严厉打击非法出租、出售"两卡"的违法犯罪活动，2020 年 10 月起，最高人民法院、最高人民检察院、公安部、工业和信息化部、中国人民银行等五部门联合部署开展"断卡"行动，以斩断电信网络诈骗违法犯罪的信息流和资金链，坚决遏制电信网络诈骗犯罪高发、多发的势头，推动社会共治。

（四）违规使用专用器材

案例： 陈某在网上购买了 4 套针孔摄像装备，自 2019 年 7 月开始，将针孔摄像头安装在市中心的 4 家酒店客房内，利用 APP 软件远程观看、录制、存储他人视频。案发后，陈某被公安机关抓获，安装的针孔摄像装备被拆除。陈某共录制他人隐私视频超过 30GB。其中，不雅视频达 40 多段，涉案被害人达 600 多人。陈某的行为对 4 家酒店的经营信誉造成了严重不良影响。

法律分析：

随着数字摄像技术的进步，人们因住宿酒店、租房而遭遇偷拍的事件屡有发生。偷拍行为侵犯公民隐私，导致受害人产生极度精神恐慌与心理恐惧，直接威胁公民的人身安全和生活安宁，具有极大的社会危害性。《治安管理处罚法》明确规定，禁止偷窥、偷拍、窃听、散布他人隐私。另外，偷拍行为中较常用的针孔摄像头属于窃听、窃照专用器材，国家规定禁止非法生产、销售、使用窃听、窃照专用器材。本案中，陈某网购针孔摄像头并非法利用其观看、拍摄、录制他人隐私视频，不仅违反了《治安管理处罚法》的禁止性规定，还同时属于非法使用窃听、窃照专用器材。其非法使用窃听、窃照专用器材的行为造成多达六百余人隐私权被侵犯的严重后果，涉嫌构成非法使用窃听、窃照专用器材罪。

关联条文：《治安管理处罚法》第 42 条、《刑法》第 284 条。

法治贴士：

国家对窃听、窃照专用器材有严格的管理制度，国家工商行政管理总局（已撤销）、公安部、国家质量监督检验检疫局（已撤销）2014 年 12 月 23 日发布的《禁止非法生产销售使用窃听窃照专用器材和"伪基站"设备的规定》中，第 3、4 条对窃听、窃照专用器材进行了明确界定。窃听专用器材包括七类：①具有无线发射、接收语音信号功能的发射、接收器材；②微型语音信号拾取或者录制设备；③能够获取无线通信信息的电子接收器材；④利用搭接、感应等方式获取通信线路信息的器材；⑤利用固体传声、光纤、微波、激光、红外线等技术获取语音信息的器材；⑥可遥控语音接收器件或者电子设备中的语音接收功能，获取相关语音信息，且无明显提示的器材（含软件）；⑦其他具有窃听功能的器材。窃照专用器材包括六类：①具有无线发射功能的照相、摄像器材；②微型针孔式摄像装置以及使用微型针孔式摄像装置的照相、摄像器材；③取消正常取景器和回放显示器的微小相机和摄像机；④利用搭接、感应等方式获取图像信息的器材；⑤可遥控照相、摄像器件或者电子设备中的照相、摄像功能，获取相关图像信息，且无明显提示的器材（含软件）；⑥其他具有窃照功能的器材。

非法生产、销售窃听、窃照专用器材以及为非法销售窃听、窃照专用器材提供广告设计、制作、代理、发布，不构成犯罪的，责令停止生产、销售，并处以 3 万元以下罚款。非法使用窃听、窃照专用器材的行为，不构成犯罪的，由公安机关责令停止使用。对从事非经营活动的，处 1000 元以下罚款。对从事经营活动，有违法所得的，处违法所得 3 倍以下罚款，最高不得超过 3 万元；没有违法所得的，处 1 万元以下罚款。构成犯罪的，依法追究刑事责任。

为制止和打击非法生产、销售、使用窃听、窃照专用器材的犯罪行为，维护国家安全、公共安全和社会秩序，保障公民人身财产安全，《刑法》中规定有非法生产、销售专用间谍器材、窃听、窃照专用器材罪和非法使用窃听、窃照专用器材罪。对非法使用窃听、窃照专用器材窃取国家秘密或者商业秘密，可能同时涉嫌构成非法获取国家秘密罪或者侵犯商业秘密罪的，应当按照想象竞合犯的处罚原则，从一重罪处罚。

近年来，随着科技的发展，摄影、摄像技术也不断更新进步，手机摄像头、移动电子设备摄像头清晰度越来越高、拍摄功能越来越强大，一些不法分子利用手机等移动设备偷拍的现象时有发生，地铁、公交、公共场所扶梯等成为偷拍多发的场所。更有甚者，随着家庭监控摄像头的普及，出现了利用黑客技术和网络漏洞破解并控制家用摄像头，将监控摄像头"变成"偷拍设备的新偷拍手段。这些偷拍行为虽然没有使用窃听、窃照专用器材，但同样严重侵犯公民隐私权，同样是违反《治安管理处罚法》的行为。另外，根据《民法典》第 1032 条的规定，侵害隐私权等民事权益，还应当承担侵权责任，承担责任的方式主要有停止侵害、排除妨碍、赔偿损失、赔礼道歉、消除影响、恢复名誉等。偷拍的同时，如果还在互联网上同步直播或者将拍摄的照片、视频等通过网络或其他途径散布的，视具体情节还可能涉嫌构成侮辱罪、传播淫秽物品罪、传播淫秽物品牟利罪、非法控制计算机系统罪等。

四、保护生态环境

（一）保护环境

案例：邵某与曲某租用一废弃养殖场进行非法电镀加工。邵某出资建设，曲某组织人员施工，并雇佣曲某某从事技术指导及设备安装调试。三人进行非法电镀加工，污水直接排放到甩干机旁边一渗坑内。当地环保局联合执法检查时，发现该电镀加工点利用渗坑逃避监管的方式违法排放含重金属污染物。经检测，该电镀加工点外排废液，水样腐蚀性 pH（无量纲）检验结果为 5.33，总铬为 84.3mg/l，应认定为有毒物质。

法律分析：

生态文明建设是关系人民福祉、关系民族未来的大计。国家高度重视生态环境保护，全面实施污染物排放许可制度。根据国家生态环境部《固定污染源排污许可分类管理名录（2019 年版）》的规定，电镀行业属于依法需要办理排污许可的行业。电镀废水中含有铬、锌、铜、镉、铅、镍等重金属离子以及酸、碱氰化物等具有很大毒性的杂物，还含有致癌和致畸变的剧毒物质，对土壤、植被危害极大，必须经过标准处理流程进行无害化处理后才能排放。本案中，邵某等三人无排污许可证，以营利为目的，非法从事电镀加工活动，对电镀废水不经处理通过渗坑排放，其行为严重污染环境，构成污染环境罪，依法应承担刑事责任，同时承担生态环境修复费用。

关联条文：《刑法》第 338 条。

法治贴士：

绿水青山就是金山银山，良好的生态环境是人类文明存在和发展的基础。把生态文明建设和生态环境保护放在突出位置，对于保障持续发展具有重要意义。中国特色社会主义进入新时代，我国社会主要矛盾已经转化为人民日益增长的美好生活需要和不平衡不充分的发展之间的矛盾。我国经济社会取得巨大发展成就，人民群众的幸福感和获得感得到大幅提升，总体幸福指数也得到大幅提升，但生态环境问题也开始凸显，人民群众从注重"温饱"逐渐转变为更注重"环保"，从注重"求生存"逐渐转变为更注重"求生态"。生态环境问题已经成为全面建成小康社会的突出短板，扭转环境恶化、提高环境质量是广大人民群众的热切期盼。国家高度重视生态环境保护的法治化，在环境保护领域初步建成了以《宪法》关于环境保护的规定为指导，以《环境保护法》为核心，以《水污染防治法》《大气污染防治法》《固体废物污染环境防治法》《放射性污染防治法》《海洋环境保护法》《噪声污染防治法》《湿地保护法》《黑土地保护法》等单行法律为主干，以多项环境保护行政法规为支撑的环境保护法律体系。在有法可依的前提下，严格环境保护执法，有效遏制了粗放式经济增长方式造成严重环境危害的趋势。

刑法是一切部门法的保障法，使用行政执法手段不足以防止行为的社会危害后果时，刑法成为最后的保障手段。在生态环境保护领域，《刑法》分则第六章妨碍社会管理秩序罪中的第六节破坏环境资源保护罪，用 11 条系统规定了破坏环境资源保护的 15 个罪名，形成了生态环境保护领域的刑法规制系统。

污染环境罪是指违反国家规定，排放、倾倒或者处置有放射性的废物、含传染病病原体的废物、有毒物质或者其他有害物质，严重污染环境的行为。"放射性的废物"，是指放射性核素含量超过国家规定限值的固体、液体和气体废弃物。"含传染病病原体的废物"，是指含有传染病病菌的污水、粪便等废弃物。"有毒物质"，根据 2017 年 1 月 1 日实施的《最高人民法院、最高人民检察院关于办理环境污染刑事案件适用法律若干问题的解释》第 15 条的规定，包括四类物质：①危险废物，是指列入国家危险废物名录，或者根据国家规定的危险废物鉴别标准和鉴别方法认定的，具有危险特性的废物；②《关于持久性有机污染物的斯德哥尔摩公约》附件所列物质；③含重金属的污染物；④其他具有毒性，可能污染环境的物质。"其他有害物质"，是指除有放射性的废物、含传染病病原体的废物、有毒物质以外的对环境、人的身体有害的物质。生产生活实践中，常见的有害物质主要有工业危险废物以外的其他工业固体废物、未经处理的生活垃圾、有害大气污染物、有害水污染物，以及国务院生态环境保护主管部门会同国务院卫生主管部门公布的有毒有害污染物名录中的有关物质等。排放、倾倒、处置是污染环境的行为方式，实践中认定非法排放、倾倒、处置行为时，一般根据其行为方式是否违反国家规定或者行业操作规范、污染物是否与外环境接触、是否造成环境污染的危险或者危害等方面进行综合分析判断。无危险废物经营许可证，以营利为目的，从危险废物中提取物质作为原材料或者燃料，具有超标排放污染物、非法倾倒污染物或者其他违法造成环境污染情形的行为，属于非法处置危险废物。未采取相应防范措施将没有利用价值的危险废物长期贮存、搁置，放任危险物或者其有毒有害成分大量扬散、流失、泄露、挥发，污染环境的，也属于非法处置。

生态环境没有替代品，用之不觉，失之难存。生态环境保护是功在当代、利在千秋的事业。每一位公民都应当树立和践行"绿水青山就是金山银山"的理念，坚持节约资源和保护环境，像保护眼睛一样保护生态环境，像对待生命一样对待生态环境，为建设生态文明，建设美丽中国尽公民应尽的责任与义务。

（二）保护名胜古迹

案例： 2018 年 8 月 28 日，两段游客踩踏七彩丹霞岩体的视频在网络热传。视频显示，2 名男子和 1 名女子行走在七彩丹霞岩体的表面，其中 1 名黑衣男子把鞋脱掉拎在手里，光脚踩在岩面上。视频之外还有 1 名录视频的男子，光着脚踢起岩体表面的沙土，并不时在嘴里说着"我破坏了六千年的（原始地貌）"。

法律分析：

地质遗迹是在地球演化的漫长地质历史时期，由于内外力的地质作用，形成、发展并遗留下来的珍贵的、不可再生的地质自然遗产，具有重要的科学研究价值和观赏价值，是生态环境的重要组成部分。本案视频中所涉及的丹霞地貌资源非常珍贵，是不可再生的地质自然遗产，被列入世界遗产名录，属于国家重点保护的古迹。被破坏的景观范围属于七彩丹霞核心区域，是中国彩色丹霞和窗棂状宫殿式丹霞的典型代表，具有很高的科考和旅游观赏价值，是尚未开发的特级保护区。行为人的行为对丹霞地貌造成严重破坏，并因视频的网络传播造成恶劣影响，属于故意破坏名胜古迹情节严重的行为，涉嫌构成故意损毁名胜古迹罪。

关联条文：《治安管理处罚法》第 63 条、《刑法》第 324 条。

法治贴士：

自然遗迹与名胜古迹保护是生态环境保护中的重要内容，自然遗迹作为自然资源和生态环境的一部分，是不可再生的珍稀自然资源型资产，是全人类共有的珍贵财富，珍惜、保护自然遗迹是每个公民义不容辞的责任。

2016 年 1 月 1 日开始实施的《最高人民法院、最高人民检察院关于办理妨害文物管理等刑事案件适用法律若干问题的解释》第 4 条规定，风景名胜区的核心景区以及未被确定为全国重点文物保护单位、省级文物保护单位的古文化遗址、古墓葬、古建筑、石窟寺、石刻、壁画、近代现代重要史迹和代表性建筑等不可移动文物的本体，应当认定为《刑法》第 324 条第 2 款规定的"国家保护的名胜古迹"。故意损毁国家保护的名胜古迹，具有下列情形之一的，应当认定为《刑法》第 324 条第 2 款规定的"情节严重"：①致使名胜古迹严重损毁或者灭失的；②多次损毁或者损毁多处名胜古迹的；③其他情节严重的情形。实施前款规定的行为，拒不执行国家行政主管部门作出的停止侵害文物的行政决定或者命令的，酌情从重处罚。故意损毁风景名胜区内被确定为全国重点文物保护单位、省级文物保护单位的文物的，依照《刑法》第 324 条第 1 款和该解释第 3 条的规定定罪量刑。

　　名胜古迹包括全国重点与省级的风景名胜及文物古迹。风景名胜指具有观赏、文化或科学价值，自然景物、人文景物比较集中、环境优雅、具有一定规模和范围，可供人们游览、休息或进行科学文化活动的地区。文物古迹指与名人事迹、历史大事有关而值得后人登临凭吊的胜地、建筑物以及文物保护单位。行为人故意捣毁、砸碎、拆除、污损、挖掘、刻划、焚烧、炸毁名胜古迹导致了下列情形的，均会被认定为情节严重：①多次损毁国家保护的名胜古迹的；②因其行为造成国家保护的名胜古迹严重损坏的；③造成名胜古迹大面积损毁的；④造成恶劣影响的；⑤出于卑鄙动机损毁的，抗拒他人制止的；⑥其他情节严重的情形。

　　自然遗迹是自然环境的重要组成部分，更是能为人类提供独特福祉的生态系统的一部分。它为人类所提供的生态系统服务价值有别于普通的自然环境，是具有更高品味的生态系统服务价值。《环境保护法》第 2 条明确将自然遗迹、风景名胜区等作为环境要素加以保护，因此对自然遗迹的破坏当然属于对生态环境的破坏。

　　我国《民事诉讼法》规定了环境公益诉讼制度，对污染环境、侵害众多消费者合法权益等损害社会公共利益的行为，法律规定的机关和有关组织可以向人民法院提起诉讼。现行的环境公益诉讼方式包括两种类型：一是有关社会组织对"已经损害社会公共利益或者具有损害社会公共利益重大风险的污染环境、破坏生态的行为"提起环境民事公益诉讼；二是由人民检察院对"污染环境、侵害众多消费者合法权益等损害社会公共利益的行为"提起民事公益诉讼，对"生态环境和资源保护负有监督管理职责的行政机关违反行政职权或不作为，造成国家和社会公共利益受到侵害的行为"提起环境行政公益诉讼。2014 年以来，相关部门相继印发了《环境损害鉴定评估推荐方法》《生态环境损害鉴定评估技术指南总纲》《生态环境损害鉴定评估技术指南损害调查》等，初步构建了我国环境损害鉴定评估技术体系，为环境公益诉讼过程中环境损害的鉴定评估明确了技术方法。2018 年 6 月，司法部和生态环境部联合组织制定了《环境损害司法鉴定机构登记评审细则》，进一步规定了环境损害司法鉴定机构登记评审的程序、评分标准、专业能力要求、实验室和仪器设备配置要求等。

　　提起环境民事公益诉讼的目的在于保护环境公共利益。一方面，名胜古迹作为独一无二的自然遗迹，是不可再生的珍稀自然资源。行为人对名胜古迹的破坏使得自然资源的质量严重降低，甚至可能引发生态失衡，危害当代人及后代人的共同利益。另一方面，自然环境除了能在自然意义上满足人类的生存需要之外，还能够满足人们更高层次的生活需求。行为人的破坏行为侵害了人们欣赏名胜古迹优美风景和进行科研活动的合法环境权益，并且直接损害了人们可以感受到的生态环境的自然性和多样性。这些属性以共有、共享的形式存在，体现为公共利益，因而可以认为行为人的行为侵害了生态环境资源保护领域的公共利益。

自公益诉讼制度建立以来，检察机关不断加大公益诉讼案件办理力度，突出办理了一大批生态环境和资源保护领域的公益诉讼案件，在保护生态环境、维护公共利益方面发挥了积极作用。

（三）保护野生动物

案例： 2020 年 9 月某日晚上，贾某、董某二人闲来无事，到通州区某乡镇公路上用弹弓打鸟消遣，被民警当场查获。二人使用强光手电照射、弹弓打钢珠的方式共打下 12 只鸟，品种包括麻雀、斑鸠等。经鉴定，12 只鸟均属国家保护的"三有"名录内的动物，价值人民币 2400 元。

法律分析：

野生动物是重要的生态资源，为保护、恢复和改善野生动物生存环境，维护生态安全与平衡，根据《野生动物保护法》的规定，县级以上人民政府可以采取划定禁猎（渔）区、规定禁猎（渔）期等形式予以保护。目前，我国大多数城市及城市周边的县、区都将全部行政辖区划定为禁猎区，禁猎期为全年。本案中，贾某、董某二人在禁猎区使用禁用的工具、方法进行狩猎，非法猎捕、杀害国家"三有"保护野生动物，破坏了"三有"野生动物资源和生态环境，损害了社会公共利益，涉嫌构成非法狩猎罪。

关联条文：《刑法》第 341 条。

法治贴士：

野生动物是人类赖以生存的生态系统的重要组成部分。保护、发展和合理利用野生动物资源，对于维护生态平衡，改善自然环境，促进社会经济持续、稳定发展意义重大。根据 2020 年世界自然基金会（World Wide Fund for Nature or World Widdlte Fund，简称 WWF）发布的《地球生命力报告 2020》统计数据显示，1970 年～2016 年，全球野生动物数量出现"灾难性减少"；46 年间，野生动物数量平均减少了 68%，而且这一趋势仍在继续；地球生态系统的破坏正进一步威胁着 100 万个物种，这些物种在未来数十年内面临着灭绝的风险。

野生动物保护是国际社会的共同责任。我国高度重视野生动物保护。早在 1988 年我国就制定颁布了《野生动物保护法》，并先后于 2004 年、2009 年、2016 年、2018 年修订，为保护、发展和合理利用野生动物资源，维护生物多样性和生态平衡提供了全面法律保障。

根据《野生动物保护法》规定，受保护的野生动物包括国家重点保护野生动物、地方重点保护野生动物、有重要生态、科学、社会价值的陆生野生动物三类。国家重点保护的野生动物分为一级保护野生动物和二级保护野生动物，对珍贵、濒危的野生动物实行重点保护，由国务院野生动物保护主管部门科学评估后制定国家重点保护野生动物名录，并每 5 年根据评估情况进行调整。地方重点保护野生动物，是指国家重点保护野生动物以外，由省、自治区、直辖市重点保护的野生动物。地方重点保护野生动物名录，由省、自治区、直辖市人民政府组织科学评估后制定、调整并公布。有重要生态、科学、社会价值的陆生野生动物，即通称的"三有"动物。"三有"动物名录也由国务院野生动物保护主管部门科学评估制定并动态调整。现行由国家林业和草原局制定的《有重要生态、科学、社会价值的陆生野生动物名录》包括日常生活中常见的麻雀、鹌鹑、斑鸠、青蛙、壁虎、蟾蜍、刺猬、野鸡、野兔和各种蛇类等动物共计一千七百多种。

《刑法》第 341 条规定了危害珍贵、濒危野生动物罪，非法狩猎罪，非法猎捕、收购、运输、出售陆生野生动物罪三个罪名，《刑法修正案（十一）》施行后，《最高人民法院、最高人民检察院关于执行〈中华人民共和国刑法〉确定罪名的补充规定（七）》，将《刑法》第341条第1款的原非法猎捕、杀害珍贵、濒危野生动物罪和非法收购、运输、出售珍贵、濒危野生动物、珍贵、濒危野生动物制品罪两个罪名取消，合并为危害珍贵、濒危野生动物罪，并将《刑法修正案（十一）》新增的第341条第3款罪名确定为非法猎捕、收购、运输、出售陆生野生动物罪。

危害珍贵、濒危野生动物罪是指非法猎捕、杀害国家重点保护的珍贵、濒危野生动物或者故意非法收购、运输、出售国家重点保护的珍贵、濒危野生动物及其制品的行为。行为对象是国家重点保护的珍贵、濒危野生动物及其制品。珍贵的野生动物，是指在生态平衡、科学研究、文化艺术、发展经济以及国际交往等方面具有重要价值的陆生、水生野生动物。濒危的野生动物，是指品种和数量稀少且濒于灭绝或者有濒于灭绝危险的陆生、水生野生动物。根据2000年11月27日发布的《最高人民法院关于审理破坏野生动物资源刑事案件具体应用法律若干问题的解释》，"珍贵，濒危野生动物"，包括列入国家重点保护野生动物名录的国家一、二级保护野生动物，列入《濒危野生动植物种国际贸易公约》附录一、附录二的野生动物以及驯养繁殖的上述物种。"一级野生动物"，是指中国特产或者濒于灭绝的野生动物；"二级野生动物"，是指数量稀少且有濒于灭绝危险的野生动物。"野生动物制品"，是指以上述野生动物为原料所制作的物品。行为内容为非法猎捕、杀害上述珍贵、濒危野生动物或者故意非法收购、运输、出售上述野生动物及其制品的行为。"猎捕"，不限于以狩猎的方法捕获，而是包括一切捕捉、获得珍贵、濒危野生动物的行为。"收购"，包括以营利、自用等为目的的购买行为。"运输"，包括采用携带、邮寄、利用他人、使用交通工具等方法进行运送的行为。"出售"，包括出卖和以营利为目的的加工利用行为。

使用爆炸、投毒、设置电网等危险方法破坏野生动物资源，构成危害珍贵、濒危野生动物罪的同时，可能还会同时构成爆炸罪、投放危险物质罪、以危险方法危害公共安全罪等罪名，属于想象竞合犯，从一重罪处罚。实施危害珍贵、濒危野生动物的行为，又以暴力、威胁方法抗拒查处，构成其他犯罪的，依照数罪并罚的规定处罚。杀害珍贵、濒危野生动物未遂的，构成危害珍贵、濒危野生动物罪（未遂）。故意伤害珍贵、濒危野生动物，未达到危害珍贵、濒危野生动物罪立案标准的，可能涉嫌构成故意毁坏财物罪。

非法狩猎罪，是指违反狩猎法规，在禁猎区、禁猎期或者使用禁用的工具、方法进行狩猎，破坏野生动物资源，情节严重的行为。禁猎区，是指国家对适宜野生动物生息繁衍或者资源贫乏、破坏比较严重的地区，划定禁止狩猎的区域。禁猎期，是指国家野生动物行政管理部门根据野生动物的繁殖或者皮毛、肉食、药材的成熟季节，分别规定的禁止狩猎的期间。禁用的工具，是指足以破坏野生动物资源，危害人兽安全的工具，根据《陆生野生动物保护实施条例》规定，包括军用武器、气枪、毒药、炸药、地枪、排铳、非人为直接操作并危害人畜安全的狩猎装置。禁用的方法，是指禁止使用的损害野生动物资源正常繁殖、生长以及破坏森林、草原等的方法，包括夜间照明行猎、歼灭性围猎、火攻、烟熏等禁止使用的方法。根据《最高人民法院关于审理破坏野生动物资源刑事案件具体应用法律若干问题的解释》规定，"情节严重"包括三种：①非法狩猎野生动物20只以上的；②违反狩猎法规，在禁猎区或者禁猎期使用禁用的工具、方法狩猎的；③具有其他严重情节的。

为了全面禁止和惩治非法野生动物交易行为，革除滥食野生动物的陋习，维护生物安全和生态安全，有效防范重大公共卫生风险，2020年2月24日实施的《全国人民代表大会常务委员会关于全面禁止非法野生动物交易、革除滥食野生动物陋习、切实保障人民群众生命健康安全的决定》全面禁止以食用为目的猎捕、交易、运输在野外环境自然生长繁殖的陆生野生动物。与之相对应，《刑法修正案（十一）》新增了非法猎捕、收购、运输、出售陆生野生动物罪，为保护人民群众的身体健康，防范公共卫生领域重大风险提供了法治保障。

非法猎捕、收购、运输、出售陆生野生动物罪，是指以食用为目的的非法猎捕、收购、运输、出售国家重点保护的珍贵、濒危野生动物以外的在野外环境自然生长繁殖的陆生野生动物，情节严重的行为。非法猎捕、收购、运输、出售陆生野生动物罪强调"食用"的主观目的，行为对象包括除国家重点保护的珍贵、濒危野生动物之外的所有在野外环境自然生长繁殖的陆生野生动物，包括未列入"三有动物"名录的蝙蝠、蝗虫、蚱蜢、蝉、白蚁、蝎子等其他陆生野生动物。因为非法狩猎罪中的非法狩猎行为可以解释为非法猎捕，因此非法猎捕、收购、运输、出售陆生野生动物罪与非法狩猎罪存在部分法条竞合的情况。以食用为目的非法狩猎的行为，应当按照特别法优于一般法的原则，按非法猎捕、收购、运输、出售陆生野生动物罪定罪；在处罚上，根据条文的规定，按非法狩猎罪的规定处罚。

第三节　规范经济行为

市场和法治被称为现代文明的两大基石，法治是市场经济的内在要求，是经济社会发展良性运行的根本保障。党的十八大以来，我国坚持全面深化改革，充分发挥经济体制改革的牵引作用，不断完善社会主义市场经济体制，极大促进了生产力发展，创造了世所罕见的经济快速发展奇迹。中国特色社会主义进入新时代，党的十九大明确我国经济发展已由高速增长阶段转向高质量发展阶段。在迈向全面建设社会主义现代化国家的新征程中，充分发挥法治对经济的保障和促进作用，以保护产权、维护契约、统一市场、平等交换、公平竞争、有效监管为基本导向，强化经济领域执法司法，推动经济主体守法用法，是推动经济高质量发展的关键。

一、企业管理秩序

（一）企业反贿赂管理

案例：2017年4月至2018年7月，赵某伟在某科技公司移动商业产品中心任职，利用负责商业化广告事宜的职务便利，在与另一移动科技公司开展业务合作的过程中，为该移动科技公司谋取利益，并免费接受由时任该移动科技公司总经理易某川支付的费用为730 210元的旅游服务。一审法院判决被告人赵某伟构成非国家工作人员受贿罪，判处有期徒刑1年2个月，罚金人民币6万元。此外，被告人易某川构成对非国家工作人员行贿罪，判处有期徒刑9个月，罚金人民2万元。

法律分析：

赵某伟任职的某科技公司的公司性质是非国有公司、企业，其利用职务便利，在业务合作过程中，为他方谋取利益。其接受免费旅游服务的行为，与其职务行为具有关联性，该免费旅游服务价值73万余元，属于贿赂犯罪中的"财物"范围。因此，赵某伟的行为属于非国有公司工作人员利用职务上的便利，非法收受他人财物，为他人谋取利益的行为。赵某伟的受贿数额达到数额较大标准，应当认定为非国家工作人员受贿罪。易某川为谋取商业利益，在商业活动中向对方公司工作人员行贿，数额较大，同时构成对非国家工作人员行贿罪。

关联条文：《刑法》第 163 条。

法治贴士：

非国家工作人员受贿罪，是指公司、企业或者其他单位的工作人员利用职务上的便利，索取他人财物或者非法收受他人财物，为他人谋取利益，数额较大的行为。非国家工作人员受贿罪保护的法益是公司、企业或者其他单位的正常管理秩序和公司、企业或者其他单位工作人员职务的廉洁性。行为对象是财物，包括金钱、实物和可以用金钱计算数额的财产性利益，如提供免费或明显低于正常价格的房屋装修、旅游、服务项目等。行为类型包括索取型和非法收受型两类。"索取"，是指行为人以公开或暗示的形式，主动向他人索要财物。"非法收受"，是指行为人违反法律法规被动接受他人主动送予的财物。无论是索取型还是非法收受型均要求具备"为他人谋取利益"的行为。"为他人谋取利益"，是指行为人利用本人职务上的便利，主动或应他人要求为他人谋取利益，包括合法、正当利益和非法、不正当利益。不要求行为人实际为他人谋取到利益，允诺即符合为他人谋取利益的最低标准。明知他人有请托事项而收受他人财物，即可认定构成本罪，不论他人是否明示请托事项。根据 2016 年 4 月 18 日发布的《最高人民法院、最高人民检察院关于办理贪污贿赂刑事案件适用法律若干问题的解释》第 11 条的规定，非国家工作人员受贿罪的数额起点按受贿罪数额起点的 2 倍执行，即"数额较大"为 6 万元以上，"数额巨大"为 40 万元以上。

随着经济的发展，商业贿赂的方式越来越多，手段越来越隐蔽。从简单粗暴的送钱送物发展到付佣金、付手续费、送折扣、送服务、送考察、送旅游、帮家属等多种花样。《反不正当竞争法》第 7 条把商业贿赂作为不正当竞争行为作出禁止性规定："经营者不得采用财物或者其他手段贿赂下列单位或者个人，以谋取交易机会或者竞争优势……"商业贿赂行为背离市场经济对公平竞争的要求，成为滋生腐败行为和经济犯罪的温床，使市场价值规律和市场竞争规律无法正常发挥作用，对市场经济秩序造成巨大破坏。依法治理商业贿赂刻不容缓，对市场经济的健康发展具有重要意义，也是净化社会风气、构建和谐社会的必需手段。

（二）企业合规经营

案例：宋某是某大酒店有限公司法定代表人，负责该酒店财务事项，为少缴纳税款，采用酒店部分现金收入不入酒店财务账的方式设立"小金库"。"小金库"账户内钱款用于股东工资、年终奖等支出，账目涉及金额达上千万元。当地税务机关在例行检查过程中，发现该酒店存在设立"小金库"的情况，要求该酒店提供账本等原始会计凭证。该酒店一直未提供。后税务机关将该酒店涉嫌隐匿、故意销毁会计凭证、会计账簿的犯罪线索及相关证据移交公安机关侦查。经人民法院审理，该酒店有限责任公司构成隐匿会计凭证、会计账簿罪，判处罚金人民币 10 万元；宋某构成隐匿会计凭证、会计账簿罪，判处有期徒刑 1 年，并处罚金人民币 10 万元。

法律分析：

根据《会计档案管理办法》等相关法律、行政法规的规定，会计凭证、会计账簿的保存年限为 15 年，月、季度财务报告的保存年限为 3 年，年度财务会计报告的保存期限为永久。该酒店为逃避税务检查，将应当提供的会计凭证、会计账簿隐匿，其行为构成隐匿会计凭证、会计账簿罪，属于单位犯罪。宋某作为该酒店法定代表人，是直接负责酒店财务的主管人员，按照单位犯罪双罚制的处罚原则，在酒店被判处罚金的同时，宋某亦须承担隐匿会计凭证、会计账簿罪的刑事责任。

关联条文：《刑法》第 162 条之一。

法治贴士：

企业财务管理制度具有严格的要求，隐匿、故意销毁会计凭证、会计账簿、财务会计报告罪设立的目的就是保护企业的财务会计管理秩序。隐匿是指妨害他人依法发现会计凭证、会计账簿、财务会计报告的一切行为；销毁是指妨害会计凭证、会计账簿、财务会计报告的本来效用的一切行为。行为人只要实行了其中一种行为，即具备本罪的行为要素。根据《最高人民检察院、公安部关于公安机关管辖的刑事案件立案追诉标准的规定（二）》，具有下列情形之一的，应当追诉：①涉及金额在 50 万元以上的；②依法应当向司法机关、行政机关、有关主管部门等提供而隐匿、故意销毁或者拒不交出会计凭证、会计账簿、财务会计报告的；③其他情节严重的情形。

作为企业纳税人，应当严格依据相关法律法规执行规范的财务会计管理制度，保存好相关财务报表、会计账册、会计凭证等财务资料，依法纳税。使用非法手段，私设小金库，进而隐匿、故意销毁会计凭证、会计账簿、财务会计报告的行为得不偿失，会对企业和相关直接责任人员带来刑事风险。

单位犯罪是相对于自然人犯罪而言的一个范畴。《刑法》第 30 条规定："公司、企业、事业单位、机关、团体实施的危害社会的行为，法律规定为单位犯罪的，应当负刑事责任。"需要注意的是，只有法律明文规定单位可以成为犯罪主体的犯罪，才存在单位犯罪及单位承担刑事责任的问题，并非一切犯罪都可以由单位构成。《刑法》第 31 条规定："单位犯罪的，对单位判处罚金，并对其直接负责的主管人员和其他直接责任人员判处刑罚。本法分则和其他法律另有规定的，依照规定。"根据这一规定，对单位犯罪，一般采取双罚制的原则，《刑法》分则中，只有少数几种单位犯罪采取单罚制，不处罚作为犯罪主体的公司、企业，只处罚其直接责任人员，如第 161 条违规披露、不披露重要信息罪、第 162 条妨害清算罪等。

二、金融管理秩序

（一）反洗钱

案例：陈某经常在 KTV、酒吧等场所偷偷贩卖摇头丸、K 粉，为增加其行为的隐蔽性，用其女朋友邹某的微信收款二维码收钱。邹某虽未参与贩卖，但其明知陈某贩卖毒品而提供本人实名认证的微信收款二维码给陈某，帮助收转毒资 6 次，涉及金额 4680 元。

法律分析：

爱情不是盲目的，恋人之间互帮互助也必须把持法律底线。因为"爱情"对犯罪行为窝藏、包庇或提供其他帮助的，都有可能同时涉嫌构成犯罪。本案中，邹某在知道男友陈某贩卖毒品的情况下，本该对其规劝，制止其犯罪行为，但因为被"爱情"蒙蔽了双眼，反而为男友贩卖毒品的犯罪行为提供了帮助，从而走了上犯罪道路。邹某明知陈某使用其微信实名认证的收款二维码是为了隐蔽收取贩毒的赃款，其行为属于为掩饰毒品犯罪所得而提供资金账户的行为。邹某虽未参与贩卖毒品，不构成贩卖毒品罪，但其提供收款账户的帮助行为涉嫌构成洗钱罪。

关联条文：《刑法》第 191 条。

法治贴士：

对大多数人来说，"洗钱"往往像影视作品中看到的那样，都是有组织的犯罪团伙将动辄几千万甚至上亿的赃款通过各种途径进行"洗白"。其实不然，"洗钱"可能就发生在日常生活中。生活中或因贪图小利、或因一时疏忽、或因朋友间碍于情面不好拒绝，将个人微信、支付宝收款二维码、银行账户、信用卡等借给朋友的行为屡见不鲜，孰不知此种行为充满风险，很可能涉嫌构成洗钱罪、帮助信息网络犯罪活动罪等。不经意间或仅仅一念之差，就可能走上违法犯罪的道路。务必牢记：不要出租、出借自己的身份证、资金账户；不要用自己的资金账户为他人转账或提现；不要在网络平台泄露个人信息；不要帮助犯罪分子以其他方法掩饰、隐瞒犯罪所得及其收益的来源和性质。

洗钱罪是为毒品犯罪、黑社会性质的组织犯罪、恐怖活动犯罪、走私犯罪、贪污贿赂犯罪、破坏金融管理秩序犯罪、金融诈骗犯罪的所得及其产生的收益，实施了掩饰、隐瞒其来源和性质的行为。洗钱的目的在于通过金融体系或者直接投资等非金融体系的运作，截断犯罪所得及其产生的收益与先前犯罪行为之间的联系，以逃避法律追查，使犯罪所得及其产生的收益"合法化"的过程。《刑法》规定了五种洗钱的行为方式：①提供资金账户。即行为人将自己拥有的合法账户提供给实行上述七类犯罪的犯罪分子，或者为其在金融机构开立账户，让其将犯罪所得及其产生的收益存入金融机构。这里的资金账户不是必须在银行等金融机构开设的资金账户，微信、支付宝、京东等互联网机构具有收付款功能的二维码等也包含在内。②协助将财产转换为现金、金融票据、有价证券。即行为人采取各种方式，协助上述七类犯罪分子将犯罪所得及其收益通过交易等方式转换为现金或者本票、汇票、支票等金融票据或者国库券、财政债券、国家建设债券等有价证券。③通过转账或者其他结算方式协助资金转移。即将上述七类犯罪所得及其收益通过银行等金融机构的转账或者委托付款等结算方式从一个账户转移到另一个账户，使其混入合法收入之中。④协助将资金汇往境外。这主要是指享有资金调往境外权利的个人或者企业，通过自己在银行或者其他金融机构所开设的账号，将上述七类犯罪所得的资金汇往境外。⑤以其他方式掩饰、隐瞒犯罪的所得及其收益的性质和来源。此种情况是考虑到洗钱行为方式的多样性而在《刑法》上所作的兜底性规定。实践中，常见的有通过典当、租赁、买卖、投资等方式，协助转移、转换犯罪所得及其收益；通过与商场、饭店、娱乐场所等现金密集型场所的经营收入相混合的方式，协助转移、转换犯罪所得及其收益；通过虚构交易、虚设债权债务、虚假担保、虚报收入等方式，协助将犯罪所得及其收益转换为"合法"财物；通过买卖彩票、奖券等方式，协助转换犯罪所得及其收益；通过赌博方式，协助将犯罪所得及其收益转换为赌博收益的；协助将犯罪所得及其收益携带、运输或者邮寄出入境等。

洗钱罪由我国传统的窝赃罪衍生而来，自洗钱行为原本未被规定为独立的犯罪。根据我国签署的联合国《禁毒公约》《打击跨国有组织犯罪公约》《反腐败公约》等国际条约的要求，也为了使国内法与国际法更有效地衔接，《刑法修正案（十一）》对洗钱罪进行了修正，将自洗钱行为也纳入了洗钱罪的规制范围。顺应国际形势的同时，也更符合刑事政策的精神和司法实践的需要。

（二）反保险欺诈

案例： 2015 年 9 月 29 日 23 时许，汤某酒后驾驶发生撞到树上的单方交通事故。其朋友武某接到汤某电话后赶到事故现场，应汤某要求，武某拨打报警电话及保险公司电话，谎称是自己驾驶。2016 年 1 月 21 日，汤某向保险公司提出保险理赔款 28 万元。该公司发觉此起事故存在顶包嫌疑及多处疑点，向公安机关报案。最终法院判决汤某构成保险诈骗罪，判处有期徒刑 4 年 6 个月，并处罚金人民币 3 万元；判武某构成保险诈骗罪，判处有期徒刑 4 年，并处罚金人民币 2 万元。

法律分析：

随着经济社会的快速发展，公民的风险意识不断提高，越来越多的人通过购买商业保险来"防患于未然"。然而，保险合同中都有"责任免除"的约定，并不是所有的风险事故都能得到理赔，如自招的风险。酒后驾驶是保险责任免除的一种情形。汤某为规避保险免赔事项，与武某共谋编造虚假事故原因，虚构保险事故事实，意图非法获取保险金的行为属于保险欺诈的行为。根据《保险法》的相关规定，酒后驾驶和保险欺诈都是保险公司的保险责任免除事项，汤某、武某的保险欺诈行为还涉嫌构成保险诈骗罪。

关联条文：《刑法》第 198 条。

法治贴士：

保险业是现代金融体系和社会保障体系的重要组成部分，是现代经济社会风险管理的重要手段，也是政府提高管理效能的重要市场化机制。国家在医疗、就业、养老、交通等民生重要领域规定了强制保险。保险业服务领域越来越广，承担起越来越多的社会责任，并取得良好成效。

保险欺诈行为不仅直接侵害消费者利益和保险机构效益，而且间接提高保险产品和保险服务价格，破坏保险市场秩序，严重危害保险业健康发展与诚信建设。《保险法》第 174 条、第 175 条对保险诈骗活动作出禁止性规定，投保人、被保险人或者受益人进行保险诈骗活动，尚不构成犯罪的，依法给予行政处罚；给他人造成损害的，依法承担民事责任。

《刑法》中进一步规定了保险诈骗罪。保险诈骗罪，是指投保人、被保险人、受益人以使自己或者第三者获取保险金为目的，采取虚构保险标的、保险事故或者制造保险事故等方法，骗取保险金，数额较大的行为。保险诈骗罪是诈骗罪的一种特殊类型，与诈骗罪是法条竞合关系。保险诈骗罪保护的法益是国家的保险管理秩序和保险人的财产所有权。行为方式为使用欺骗方法，骗取数额较大的保险金。具体表现为如下几种情形：一是投保人故意虚构保险标的，骗取保险金。"保险标的"，是指作为保险对象的物质财富及其有关利益、人的生命或身体。"虚构保险标的"，是指为骗取保险金，虚构一个根本不存在的保险对象，或者将价值较小的保险标的虚构为价值较大的保险标的，或者将不符合保险合同要求的标的虚构为符合保险合同要求的标的，与保险人订立保险合同。二是对已发生的保险事故编造虚假的原因或者夸大损失的程度，骗取保险金。"编造虚假的原因"，主要是指对造成保险事故的原因作虚假的陈述或者隐瞒真实情况。"夸大损失的程度"，是指故意夸大保险事故造成保险标的的损失程度。三是编造未曾发生的保险事故，骗取保险金。四是故意造成财产损失的保险事故，骗取保险金。五是故意造成被保险人死亡、伤残或者疾病，骗取保险金。成立保险诈骗罪要求骗取的财物数额较大，根据 2010 年 5 月 7 日发布的《最高人民检察院、公安部关于公安机关管辖的刑事案件立案追诉标准的规定（二）》第 56 条规定，个人进行保险诈骗，数额较大的标准为 1 万元，单位进行保险诈骗，数额较大的标准为 5 万元。

（三）信用卡使用规范

案例：2020 年 2 月 21 日下午，蔡某在禹州市府东路某银行 ATM 机机房内捡到手包 1 个，内装有银行卡、身份证等物品。蔡某发现 1 张信用卡背面还写有 1 串疑似密码的数字，忍不住将信用卡插入自动取款机，试着输入卡背面的数字，确定该数字为该信用卡密码。蔡某一时贪念，分别取现 5000 元和 3000 元。

法律分析：

信用卡是经批准由商业银行向社会发行的具有消费信用、转账结算、存取现金等全部或部分功能的信用支付工具。信用卡的普及给人们的生活带来了许多便利，信用卡使用具有严格的规范要求，不当使用存在很多风险，甚至会涉嫌违法犯罪。本案中蔡某拾得他人的信用卡后，隐瞒其既非持卡人也未经持卡人同意或者授权而使用的真相，实施了欺骗行为，属于冒用他人信用卡进行信用卡诈骗活动，数额较大，其行为已经构成信用卡诈骗罪。

关联条文：《刑法》第 196 条第 1、2 款。

法治贴士：

信用卡诈骗罪，是指以非法占有为目的，使用伪造、作废的信用卡，或者冒用他人信用卡，或者利用信用卡恶意透支，骗取公私财物，数额较大的行为。根据 2004 年 12 月 29 日实施的《全国人民代表大会常务委员会关于〈中华人民共和国刑法〉有关信用卡规定的解释》的规定，信用卡是指由商业银行或其他金融机构发行的具有消费支付、信用贷款、转账结算、存取现金等全部功能或者部分功能的电子支付卡。

信用卡诈骗罪具体表现为行为人实行了利用信用卡进行诈骗的活动，包括下列四种情形：①使用伪造的信用卡或者使用以虚假的身份证明骗领的信用卡的。使用信用卡，是指按照信用卡的通常使用方法，利用信用卡购买商品、接受服务或者支取现金。使用伪造的信用卡，既包括行为人自己伪造信用卡然后使用的，也包括明知是他人伪造的信用卡而使用的。使用以虚假的身份证明骗领的信用卡，是指行为人使用虚假的本人居民身份证、军官证或者境外居民护照，以欺骗手段领取信用卡并使用。②使用作废的信用卡的。作废的信用卡主要有以下三种：一是信用卡因超过有效使用期限而自动作废；二是持卡人在信用卡有效期间内因停止使用，已办理退卡手续并将该信用卡退回发卡机构而使信用卡作废；三是信用卡因挂失而作废。由于信用卡作废后，已不具有消费结算功能，对接受使用者而言，其出售的商品或者提供的服务实际上不可能获得对价，因而使用作废的信用卡构成对接受使用者的诈骗。③冒用他人信用卡的。冒用他人信用卡，是指行为人擅自以持卡人的名义，使用自己无权使用的他人的信用卡，包括拾得他人信用卡并使用的；骗取他人信用卡并使用的；窃取、收买、骗取或者以其他非法方式获取他人信用卡信息资料，并通过互联网、通讯终端等使用的；以及其他冒用他人信用卡的情形。④恶意透支的。所谓恶意透支，是指以非法占有为目的，超过规定限额或者规定期限透支，并且经发卡银行两次催收后超过三个月仍不归还的行为。根据 2018 年修正的《最高人民法院、最高人民检察院关于办理妨害信用卡管理刑事案件具体应用法律若干问题的解释》的规定，使用伪造的信用卡、以虚假的身份证明骗领的信用卡、作废的信用卡或者冒用他人信用卡，进行信用卡诈骗活动，数额较大的标准为5000元；恶意透支，数额较大的标准为5万元。具有下列情形之一的，应当认为具有非法占有的目的：①明知没有还款能力而大量透支，无法归还的；②使用虚假资信证明申领信用卡后透支，无法归还的；③透支后通过逃匿、改变联系方式等手段，逃避银行催收的；④抽逃、转移资金，隐匿财产，逃避还款的；⑤使用透支的资金进行犯罪活动的；⑥其他非法占有资金，拒不归还的情形。

三、税收征管秩序

（一）依法纳税

案例： 郑某于2019年主演某知名电视剧，与制片人约定片酬为1.6亿元，实际取得1.56亿元。郑某未依法如实进行纳税申报，偷税4302.7万元，其他少缴税款1617.78万元。同时，郑某另有其他演艺收入3507万元，偷税224.26万元，其他少缴税款1034.29万元。以上合计，郑某2019年至2020年未依法申报个人收入1.91亿元，偷税4526.96万元，其他少缴税款2652.07万元。

法律分析：

税收是国家收入的主要来源，也是国家宏观经济调控和二次分配调节的重要手段。郑某上述行为违反了2018年以来中央宣传部、文化和旅游部、国家税务总局、国家广播电视总局、国家电影局等部门严禁影视行业"天价片酬""阴阳合同"等要求，偷逃税主观故意明显，严重扰乱了税收征管秩序，属于严重违反税收法律法规逃税的行为。税务机关依据《税收征收管理法》《个人所得税法》《增值税暂行条例》等相关法律法规，对郑某追缴税款、加收滞纳金并处罚款共计2.99亿元。税务机关对郑某送达行政处理处罚决定书后，郑某在规定期限内缴清了全部税款和滞纳金。

关联条文：《刑法》第201条。

法治贴士：

逃税罪，是指纳税人采取欺骗、隐瞒手段进行虚假纳税申报或者不申报，逃避缴纳税款数额较大并且占应纳税额10%以上，或者扣缴义务人采取欺骗、隐瞒手段不缴或者少缴已扣、已收税款数额较大的行为。逃税行为严重侵害国家正常的税收征管秩序。

逃税罪有纳税人与扣缴义务人两类行为主体。纳税人是指法律、行政法规规定的负有纳税义务的单位或者个人；扣缴义务人是指法律、行政法规规定的负有代扣代缴、代收代缴税款义务的单位或者个人。行为手段有两种：①采取欺骗、隐瞒手段进行虚假纳税申报。例如，采取隐匿账簿、记账凭证，或者在账簿上多列支出或者不列、少列收入，或者报送虚假的纳税申报表、财务报表、代扣代缴、代收代缴税款报告表或者其他纳税申报资料进行虚假的纳税申报。②不申报。因不申报而成立逃税罪的，不需要采取欺骗、隐瞒手段。

纳税人成立逃税罪，以行政处罚前置为必要条件。根据《刑法》第201条第4款的规定，只要不属于在5年内因逃避缴纳税款受过刑事处罚或者被税务机关给予2次以上行政处罚的情况，纳税人逃避缴纳的税款数额即使达到法定的标准，但如果经税务机关依法下达追缴通知后，补缴应纳税款，缴纳滞纳金，已受行政处罚的，不予追究刑事责任。2010年5

月 7 日发布的《最高人民检察院、公安部关于公安机关管辖的刑事案件立案追诉标准的规定（二）》第 57 条对逃税罪的立案标准作了如下规定：逃避缴纳税款，涉嫌下列情形之一的，应予立案追诉：①纳税人采取欺骗、隐瞒手段进行虚假纳税申报或者不申报，逃避缴纳税款，数额在 5 万元以上并且占各税种应纳税总额 10% 以上，经税务机关依法下达追缴通知后，不补缴应纳税款、不缴纳滞纳金或者不接受行政处罚的；②纳税人 5 年内因逃避缴纳税款受过刑事处罚或者被税务机关给予 2 次以上行政处罚，又逃避缴纳税款，数额在 5 万元以上并且占各税种应纳税总额 10% 的；③扣缴义务人采取欺骗、隐瞒手段，不缴或者少缴已扣、已收税款，数额在 5 万元以上的。该条还规定，纳税人在公安机关立案后再补缴应纳税款、缴纳滞纳金或者接受行政处罚的，不影响刑事责任的追究。

（二）规范发票管理

案例： 2014 年 11 月至 2017 年 6 月，A 公司法定代表人邓某、财务负责人张某为了多列支成本、费用，达到少缴纳企业所得税的目的，在没有任何真实交易关系的情况下，通过丘某购买增值税普通发票，凭空虚开发票 214 份，虚开金额共计 7 676 502.70 元，少缴企业所得税 1 910 951.73 元。

法律分析：

A 公司为少缴纳企业所得税，伙同丘某虚开增值税普通发票 214 份，虚开金额 7 676 502.70 元，属于虚开普通发票，情节严重的行为。A 公司与丘某构成虚开发票罪共同犯罪。其中，A 公司属于单位犯罪，法定代表人邓某系直接负责的主管人员，财务负责人张某系其他直接责任人员。因此，应当以虚开发票罪追究 A 公司、邓某、张某、丘某的刑事责任。

关联条文：《刑法》第 205 条、《刑法》第 205 条之一第 1 款。

法治贴士：

《刑法》中规定了虚开增值税专用发票、用于骗取出口退税、抵扣税款发票罪和虚开发票罪两个规范发票管理的罪名。

增值税专用发票，是指国家根据增值税征收管理的需要设定的，兼记价款及货物或者劳务所负担的增值税税额的一种专用发票。增值税是对生产、销售商品或提供劳务过程中实现的法定增值额征收税款的一个税种。作为一种流转税，它的计税依据是商品销售额和应税劳务额，按照税款抵扣的原理，对商品生产和流通中各个环节的新增价值或商品附加值进行征税。由于增值税的征收实行的是价外税，即价税分离原则，因而增值税专用发票在内容上，不仅明确载明商品或劳务的销售额，还明确载明了销项税额。一般纳税人的应纳增值税税额实际上是其销项税额减去进项税额的差额部分。出口退税、抵扣税款的其他发票，是指除增值税专用发票以外的，具有出口退税、抵扣税款功能的收付款凭证或者完税凭证，如农产品收购发票、废旧物品收购发票、运输发票等。因增值税专用发票和具有出口退税、抵扣税款功能的其他发票具有抵扣税款的功能，实践中通称为专用发票。专用发票以外的其他发票被称为普通发票，普通发票可用作支出证明、报销凭证，不具有抵扣税款的功能。

虚开增值税专用发票、用于骗取出口退税、抵扣税款发票罪，是指违反国家税收征管法律法规，故意虚开增值税专用发票或者虚开用于骗取出口退税、抵扣税款的其他发票的行为。行为内容为虚开专用发票，包括虚开增值税专用发票，虚开用于骗取出口退税、抵扣税款的其他发票。虚开专用发票，包括为他人虚开、为自己虚开、让他人为自己虚开、介绍他人虚开专用发票四种情况。《最高人民法院关于虚开增值税专用发票定罪量刑标准有关问题的通知》规定，虚开的税款数额在 5 万元以上的，以虚开增值税专用发票罪处 3 年以下有期徒刑或者拘役，并处 2 万元以上 20 万元以下罚金；虚开的税款数额在 50 万元以上的，认定为《刑法》第 205 条规定的"数额较大"；虚开的税款数额在 250 万元以上的，认定为《刑法》第 205 条规定的"数额巨大"。

虚开发票罪是指虚开增值税专用发票和用于骗取出口退税、抵扣税款的发票之外的其他发票，情节严重的行为。2011 年 11 月 14 日发布的《最高人民检察院、公安部关于公安机关管辖的刑事案件立案追诉标准的规定（二）的补充规定》第 2 条规定，虚开《刑法》第205 条规定以外的其他发票，涉嫌下列情形之一的，应予立案追诉：①虚开发票 100 份以上或者虚开金额累计在 40 万元以上的；②虽未达到上述数额标准，但 5 年内因虚开发票行为受过行政处罚 2 次以上，又虚开发票的；③其他情节严重的情形。

第四节　约束个人行为

自由是每个人都向往的，但自由不等于为所欲为。法治标定了自由的界限。一个人的自由以不侵犯他人的自由为范围，这才是真正的自由。法治是自由的保障，合法的自由和权利不受非法干涉和侵害。尊法、学法、用法、守法，用法治守住自由红线，是法治对每一位公民的基本要求，也是全面依法治国，建设社会主义法治国家、法治政府、法治社会的基础和关键。

一、守住自由红线

（一）打架成本计算

案例：被告人刘某胜与黄某甲非婚生育 4 名子女。2016 年 10 月 1 日晚 9 时许，被告人刘某胜与黄某甲因家庭、情感问题发生争吵，刘某胜打了黄某甲两耳光。黄某甲来到其兄长黄某乙的水果店，告知黄某乙其被打了两耳光，让黄某乙出面调处其与刘某胜分手、孩子抚养等问题。黄某乙于是叫上在水果店聊天的毛某某、陈某某以及被害人李某某，由黄某甲带领，于当晚 10 时许来到刘某胜的租住处。黄某乙质问刘某胜，双方发生争吵。黄某乙、李某某各打了坐在床上的刘某胜一耳光，刘某胜随即从被子下拿出一把菜刀砍伤黄某乙头部，黄某乙逃离现场。李某某见状欲跑，刘某胜拽住李某某，持菜刀向李某某头部连砍 3 刀。毛某某、陈某某、黄某甲随即上前劝阻，毛某某、陈某某抱住刘某胜并夺下菜刀后紧随李某某跑下楼报警。经鉴定，黄某乙的伤情属于轻伤一级，李某某的伤情属于轻伤二级。

法律分析：

本案中，黄某乙、李某某打刘某胜耳光的行为，显属发生在一般争吵中的轻微暴力，有别于以给他人身体造成伤害为目的的攻击性不法侵害行为。因此，刘某胜因家庭婚姻情感问题矛盾激化被打了两耳光便径直手持菜刀连砍他人头部，致人轻伤的行为，没有防卫意图，属于泄愤行为，不应当认定为防卫行为。刘某胜为泄私愤，持菜刀将被害人砍成轻伤，其行为涉嫌构成故意伤害罪。

关联条文：《刑法》第 20 条、第 234 条，《治安管理处罚法》第 43 条。

法治贴士：

故意伤害案件中，因琐事、纠纷激化矛盾的占主要比例。许多社会成员因缺乏法律常识，在与他人发生矛盾或冲突时，很少思考通过合法途径来保护自己的合法权益。加之对自己行为的后果认知不足，以为打赢是硬道理，大不了赔点钱，从而放纵自己，处事简单、不理智，行为粗暴，逞一时之快，全然不顾后果，造成他人伤害的同时，自己也要承担相应的民事赔偿责任和行政或刑事责任。

在国家、公共利益、本人或者他人的人身、财产和其他权利遭受正在进行的不法侵害时，任何公民都有正当防卫的权利和义务，所采取的制止不法侵害的行为，对不法侵害人造成损害的，不负刑事责任。而且对正在进行行凶、杀人、抢劫、强奸、绑架以及其他严重危及人身安全的暴力犯罪，采取防卫行为，造成不法侵害人伤亡的，不属于防卫过当，不负刑事责任。正当防卫制度赋予了公民和不法侵害做斗争的权利，但正当防卫权利的行使也必须限定在法治的框架下。虽然不苛求防卫人必须采取与不法侵害基本相当的反击方式和强度，但还是要综合考虑不法侵害的性质、手段、强度、危害程度和防卫的时机、手段、强度、损害后果等情节，考虑双方力量对比，考虑造成进一步损害的紧迫危险性和现实可能性等，采取合适的防卫手段。尤其是对于因恋爱、婚姻、家庭、邻里纠纷等民间矛盾激化或者因劳动纠纷、管理失当等原因引发的不法侵害，特别是不法侵害发生在亲友之间时，要求行为人优先选择其他制止手段，而非径直选择致人死伤的还击行为，如此才契合人民群众的公平正义观念。尤其要注意的是，更不能在一般争吵性的轻微暴力纠纷中滥用防卫权，借口正当防卫实施故意伤害。

故意伤害是结果犯，故意伤害行为造成他人轻微伤的，属于违反《治安管理处罚法》的行为，造成他人轻伤以上伤害结果的，即构成故意伤害罪，应当依法承担刑事责任。

2013 年 8 月 30 日，最高人民法院、最高人民检察院、公安部、国家安全部、司法部联合发布了《人体损伤程度鉴定标准》，明确规定了重伤、轻伤和轻微伤的标准。重伤是指使人肢体残废、毁人容貌、丧失听觉、丧失视觉、丧失其他器官功能或者其他对于人身健康有重大伤害的损伤，包括重伤一级和重伤二级；轻伤是指使人肢体或者容貌损害，听觉、视觉或者其他器官功能部分障碍或者其他对于人身健康有中度伤害的损伤，包括轻伤一级和轻伤二级；轻微伤是指各种致伤因素所致的原发性损伤，造成组织器官结构轻微损害或者轻微功能障碍。《人体损伤程度鉴定标准》对重伤、轻伤、轻微伤的类型均作了具体规定，同时，还专门规定了如下三个方面的问题：①鉴定原则。遵循实事求是的原则，坚持以致伤因素对人体直接造成的原发性损伤及由损伤引起的并发症或者后遗症为依据，全面分析，综合鉴定。对于以原发性损伤及其并发症作为鉴定依据的，鉴定时应以损伤当时伤情为主，损伤的后果为辅，综合鉴定。对于以容貌损害或者组织器官功能障碍作为鉴定依据的，鉴定时应以损伤的后果为主，损伤当时伤情为辅，综合鉴定。②鉴定时机。以原发性损伤为主要鉴定依据的，伤后即可进行鉴定；以损伤所致的并发症为主要鉴定依据的，在伤情稳定后进行鉴定。以容貌损害或者组织器官功能障碍为主要鉴定依据的，在损伤 90 日后进行鉴定；在特殊情况下可以根据原发性损伤及其并发症出具鉴定意见，但须对有可能出现的后遗症加以说明，必要时应进行复检并予以补充鉴定。疑难、复杂的损伤，在临床治疗终结或者伤情稳定后进行鉴定。③伤病关系处理原则。损伤为主要作用的，既往伤病为次要或者轻微作用的，应依据本标准相应条款进行鉴定。损伤与既往伤病共同作用的，即二者作用相当的，应依据本标准相应条款适度降低损伤程度等级，即等级为重伤一级和重伤二级的，可视具体情况鉴定为轻伤一级或者轻伤二级；等级为轻伤一级和轻伤二级的，均鉴定为轻微伤。既往伤病为主要作用的，即损伤为次要或者轻微作用的，不宜进行损伤程度鉴定，只说明因果关系。

附：打架成本计算公式

1. 轻微伤的打架成本＝5 日至 15 日拘留＋500 元至 1000 元罚款＋医药费、误工费等赔偿＋因拘留少挣的工资。

2. 轻伤的打架成本＝3 年以下有期徒刑＋赔偿金＋医药费、误工费等赔偿＋因判刑少挣的工资。

3. 重伤的打架成本＝3 年以上 10 年以下有期徒刑、无期徒刑或死刑＋经济赔偿＋社会及家庭严重影响。

4. 打架附加成本＝民事责任费用（诉讼费＋律师费＋医药费＋误工费）＋公安机关留下前科劣迹＋心情沮丧郁闷＋名誉形象受损＋家人朋友担忧＋工作生意等遭受更大损失。

除此之外，一旦在公安机关留下前科劣迹，犯罪记录将伴随终生。今后个人甚至自己的子女考公务员、参军、入党、出国、留学、就业都受限制。

（二）保护身体健康

案例：王某与廖某是某公司厂房车间同事，关系要好。2019 年 3 月某日，在操作机器的闲暇时间，王某想和廖某开个玩笑，从廖某身后用双手箍住廖某，结果一不小心没站稳，两个人同时侧身摔倒，廖某的左手不慎碰到裁切广告版面的机器裁刀，左手拇指和食指被切断。虽经急救断指重接，但经鉴定，廖某左手伤情属重伤二级。

法律分析：

生活中少不了玩笑，偶尔开个玩笑娱乐一下实属人之常情。然而，玩笑开得不当，就可能由小玩笑引发大后果，造成人身伤害和财产损失。行为人不仅要承担侵权损害赔偿责任，还有可能构成犯罪。本案中，王某的玩笑行为选择了错误的时间和场合，其对工作过程中安全操作规程要求的疏忽导致了廖某重伤的后果。虽然王某并无伤害廖某的主观故意，亦不希望出现廖某受伤的结果，但王某作为心智正常的成年人，应当对违反安全操作规程的玩笑行为可能造成严重伤害后果具有充分认识。因其未履行注意义务，玩笑行为导致了廖某重伤的结果，其行为涉嫌构成过失致人重伤罪。

关联条文：《刑法》第 235 条。

法治贴士：

随着社会的快速发展和高新技术的不断推广与应用，人们的生活与工作环境日趋复杂化。与此同时，现代社会生活中的致险因素不断增多，人们需要履行足够的谨慎义务，以防止危险转化为现实损害。

《刑法》中规定了过失致人重伤罪和过失致人死亡罪两个罪名，用来规范因过失导致他人重伤或者死亡的危险行为，以保护公民的生命权和身体健康权。这里致人重伤、死亡的行为主要是指在日常生活中，对他人的生命安全和身体健康缺乏应有的关注，因作为或者不作为行为致使他人重伤或者死亡。在日常生活和社会交往中，人们对自己的每一个行为均要有合理性的认识，不仅要认识自身行为的危险性，同时也要认识这种危险性自己能否避免。如果社会合理期待行为人具有避免该危险性的认识和能力，那么行为人就要为自己的行为负责，而不能以缺乏认识来免责，即需要以过失犯罪来处罚。通常情况下，《刑法》以处罚故意犯罪为原则，以处罚过失犯罪为例外。处罚过失犯罪的原因在于过失行为的行为人未履行必要的谨慎和注意义务，导致了危害结果的发生。

根据《刑法》的规定，所有过失犯罪的成立以危害结果的发生作为必要构成要件。构成过失致人重伤、死亡罪必须发生被害人重伤、死亡的结果，且行为人的过失行为必须对重伤、死亡结果的发生具有原因力，即两者之间具有刑法意义上的因果关系。至于被害人或其他人有无过错，不影响犯罪构成，但可以在决定刑事责任时予以考虑。

犯罪过失包括疏忽大意的过失和过于自信的过失两种类型。疏忽大意的过失指应当预见自己的行为可能发生危害社会的结果，因为疏忽大意而没有预见，以致发生这种结果的心理态度。在认识因素上，行为人应当预见到自己的行为可能发生危害社会的结果。所谓"应当预见"，是指行为人在行为时负有预见到行为可能发生危害结果的义务。这也是疏忽大意的过失与意外事件的区别所在。这种预见的义务来源于法律的规定，或者职务、业务的要求，又或者公共生活准则的要求。预见的义务与预见的实际可能是有机地联系在一起的，法律不会要求公民去做他实际上无法做到的事情，而只是对有实际预见可能的人才赋予其预见的义务。在意志因素上，行为人由于疏忽大意，而没有预见到自己的行为可能发生危害社会的结果。所谓"没有预见"，是指行为人在行为当时没有想到自己的行为可能发生危害社会的结果。这种主观上对可能发生危害结果的无认识状态，是疏忽大意过失心理的基本特征和重要内容。法律规定惩罚疏忽大意的过失犯罪，从客观方面看，是因为行为给社会造成了实际危害后果；从主观方面看，是要惩罚和警戒这种对社会利益严重不负责任的疏忽大意的心理态度，以促使行为人和其他人戒除疏忽大意的心理，防止疏忽大意过失犯罪的发生。过于自信的过失指行为人已经预见到自己的行为可能发生危害社会的结果，但轻信能够避免，以致发生这种结果的心理态度。在认识因素上，行为人已经预见到自己的行为可能发生危害社会的结果。如果行为人行为时，根本没有预见到自己的行为会导致危害结果的发生，则不属于过于自信的过失，而有可能属于疏忽大意的过失或意外事件；如果行为人预见到自己的行为必然发生而不是可能发生危害社会的结果，则属于犯罪直接故意，而不是过于自信的过失。在意志因素上，行为人之所以实施危险的行为，是轻信能够避免危害结果的发生。所谓"轻信"，指行为人过高估计可以避免危害结果发生的自身和客观的有利因素，而过低估计自己的行为导致危害结果发生的可能程度。从严格意义上来说，此种轻信心理本质上也是对行为可能导致危险结果的真实可能性缺乏认识，与疏忽大意只是认识程度上的区别。

过失致人重伤罪和过失致人死亡罪是《刑法》分则中对过失犯罪规定的兜底性罪名。在很多过失犯罪场合，危害结果都可能包含致人重伤或死亡的结果，如交通肇事罪、重大责任事故罪、失火罪等。通常情况下，应当按照法条竞合中"特别法优于一般法"的处理原则，按照构成的特定罪名定罪处罚。少数情况下，可能成立想象竞合，需要在过失致人重伤、死亡罪和其他罪名之间比较，择一重罪处罚。

（三）保障身体自由

案例：王某向景某的公司借款 3 万元，一直没有归还。2017 年 6 月某天中午，景某与其朋友李某一起，在一家饭馆门口堵截到王某，将王某强行拖拽到车上，并带到景某公司的办公室内。景某指使李某对王某进行言语威胁和殴打，让王某还钱。直到当晚 11 时许，景某才将王某放走。经法医鉴定，王某左颧部皮肤擦伤；双眼睑挫伤，球结膜下出血；唇黏膜出血破损；躯干及肢体皮肤挫擦伤，损伤构成轻微伤。

法律分析：

人身自由不受侵犯是公民最基本的权利，是公民参加各种社会活动和享受其他权利的先决条件。《宪法》明确规定，禁止非法剥夺或者限制公民人身自由。本案中，景某为索取债务，非法限制王某人身自由超过 10 个小时，且在拘禁过程中对王某进行殴打，造成王某轻微伤的危害结果。其行为符合非法拘禁罪中非法剥夺他人人身自由的构成要件，并具有殴打的从重处罚情节，已构成非法拘禁罪，且应当从重处罚。

关联条文：《刑法》第 238 条。

法治贴士：

《宪法》第 37 条明确规定："中华人民共和国公民的人身自由不受侵犯。任何公民，非经人民检察院批准或者决定或者人民法院决定，并由公安机关执行，不受逮捕。禁止非法拘禁和以其他方法非法剥夺或者限制公民的人身自由，禁止非法搜查公民的身体。"人身自由是人们一切行动和生活的前提条件，是公民基本权利之中最重要的权利之一，《刑法》中非法拘禁罪、绑架罪、非法侵入住宅罪等多个罪名都是为保障公民人身自由权而设定的。

非法拘禁罪，是指非法拘禁他人或者以其他方法非法剥夺他人人身自由的行为。非法拘禁侵犯的法益是他人的人身自由权利，即他人根据自己的意愿自由支配自己身体活动的权利。人身自由权利，是法律赋予人参与社会活动、行使权利的基本保证，所有依法享有人身自由权利的人，无论成年或者未成年，也不论其民族和国籍，只要是未被依法剥夺人身自由的人，即享有人身自由权利，对其实施非法剥夺人身自由的行为均可构成非法拘禁罪。非法拘禁行为表现为行为人以拘禁或者其他强制方法，非法剥夺他人人身自由。剥夺他人人身自由的具体方法多种多样，既可以表现为作为，也可以表现为不作为。所谓拘禁，是指以强制性方法使他人在一定时间内失去行动的自由。非法拘禁具有非法性和强制性。非法性主要表现为：一是无权拘禁他人的一般公民以非法手段拘禁他人，使其失去人身自由，例如绑架他人为人质讨债；二是有权拘禁的司法工作人员滥用职权，不遵守法律规定，或者违反法定程序和条件，非法剥夺他人人身自由，或者使他人无法恢复人身自由。强制性是指违背他人意志，强行使他人处于被管束之中，主要表现为使用足以剥夺人身自由的强制性手段，如实施捆绑、关押、禁闭等。无论使用何种方法，是以作为还是不作为方式非法剥夺他人人身自由，均涉嫌构成非法拘禁罪。

非法拘禁罪属于继续犯，拘禁的不法行为和他人失去自由的状态在一定时间内处于持续的不间断状态。拘禁时间的长短对犯罪的成立没有影响，但可作为一个量刑情节加以考虑，但如果非法拘禁时间过于短暂，情节显著轻微，没有造成较大危害的，不应以犯罪论处。继续犯是刑法中犯罪罪数形态的一个特定类型，也称持续犯，是指作用于同一对象的一个犯罪行为从着手实行到行为终了，犯罪行为与不法状态在一定时间内同时处于继续状态的犯罪。非法拘禁罪通常被认为是最典型的继续犯，非法持有毒品罪、非法持有、私藏枪支、弹药罪等持有性犯罪、危险驾驶罪、拒不执行判决裁定罪等也都是典型的继续犯。同时，有学者认为，重婚罪、绑架罪、脱逃罪、窝藏罪等也属于继续犯的类型。继续犯的界定主要是为了确定犯罪的追诉时效问题。《刑法》第 87 条规定，犯罪经过下列期限不再追诉：①法定最高刑为不满 5 年有期徒刑的（包括最高刑为拘役的），经过 5 年；②法定最高刑为 5 年以上不满 10 年有期徒刑的，经过 10 年；③法定最高刑为 10 年以上有期徒刑的，经过 15 年；④法定最高刑为无期徒刑、死刑的，经过 20 年。如果 20 年以后认为必须追诉的，须报请最高人民检察院核准。追诉时效制度并不是故意放纵犯罪，而是在正义与效率之间的平衡选择，体现了宽严相济的刑事政策，有利于司法机关集中精力追诉现行犯罪，有利于社会秩序的平稳安定。《刑法》第 87 条规定的追诉时效期限并不是绝对期限，还存在追诉时效中断和延长的情况。在人民检察院、公安机关、国家安全机关立案侦查或者人民法院受理案件以后，逃避侦查或者审判的，不受追诉期限的限制。在追诉期限以内又犯罪的，前罪追诉的期限从犯后罪之日起开始计算。《刑法》第 89 条第 1 款规定，追诉期限从犯罪之日起计算；犯罪行为有连续或者继续状态的，从犯罪行为终了之日起计算。根据此规定，对于非法拘禁罪的追诉时效，应当从非法拘禁行为结束之日起计算。

随着市场经济的不断发展及商贸活动的迅猛增加，债务纠纷愈发增多。由于法律意识淡薄等多种原因，部分债权人采取扣押、拘禁债务人或其他相关人员的方式索取债务，致使因债务纠纷引发非法拘禁，甚至绑架、抢劫等案件。2000 年 6 月 30 日通过的《最高人民法院关于对为索取法律不予保护的债务非法拘禁他人行为如何定罪问题的解释》规定："行为人为索取高利贷、赌债等法律不予保护的债务，非法扣押、拘禁他人的，依照刑法第二百三十八条的规定定罪处罚。"因索取高利贷产生的债务、赌博产生的债务、吸毒产生的债务、嫖娼产生的债务，以及非法传销产生的债务等一系列法律不予保护的非法债务而非法拘禁他人，也构成非法拘禁罪。但如果行为人强迫他人借高利贷，然后借机进行勒索，则其主观故意是勒索他人财物，应该按照绑架罪定罪处罚。如果在索要债务的同时，利用非法拘禁所形成的事实威胁，非法占有超出被害人所欠债务数额的其他财物的，则同时构成抢劫罪，应当按非法拘禁罪和抢劫罪数罪并罚。

实践中，除了多发的索债型非法拘禁之外，因情感纠纷、非法传销、国家工作人员滥用职权等引起的非法拘禁也时有发生。作为一般公民，应当正确认识人身自由权的重要性，合理、合法地处理经济以及其他纠纷，依法规范自身行为，避免侵害他人的人身自由权利。

（四）尊重人格尊严

案例：2012 年 4 月 10 日上午 8 时 30 分许，蒋某伙同女友刘某，尾随其丈夫师某，发现与师某有情人关系的贾某租住在某宾馆 868 房间。随后，蒋某、刘某强行进入贾某房间，将仅穿着内衣的贾某强行拖拽到旅馆外，并将其内衣强行脱掉，致贾某全身赤裸；同时，采取抓扯、脚踹和辱骂等方式对贾某实施殴打侮辱，随后逃离现场。

法律分析：

人格尊严是指公民作为平等的人的资格和权利。与人身自由权不同，人格尊严权是人的绝对权利，即使是被依法采取强制措施的犯罪嫌疑人、依法限制或剥夺人身自由的罪犯，其人格尊严也不容侵犯。《宪法》第 38 条明确规定，公民的人格尊严不受侵犯，禁止用任何方法对公民进行侮辱、诽谤和诬告陷害。本案中，蒋某与刘某二人在"捉奸"的过程中，使用暴力手段，在公共场所强行脱掉被害人贾某的衣物，致其全身赤裸，二人的行为严重损害了被害人的人格尊严和名誉。同时，二人的行为还侵犯被害人对性的自主决定权。二人的行为在构成侮辱罪的同时，还构成侮辱罪与强制猥亵、侮辱罪的想象竞合犯，应当择一重罪认定，构成强制猥亵、侮辱罪。因为还具有在公共场所当众强制猥亵、侮辱妇女的情节，二人构成强制猥亵、侮辱罪的情节加重犯。

关联条文：《刑法》第 246 条、第 237 条。

法治贴士：

侮辱罪，是指以暴力或者其他方法公然贬低他人人格，破坏他人名誉，情节严重的行为。侮辱罪所保护的法益是公民的人格尊严和名誉权。行为表现为以暴力或其他方法公然贬低他人人格、破坏他人名誉，方式主要有暴力侮辱、言词侮辱、文字侮辱等。当然，这里的暴力不能理解为直接损害他人身体健康的暴力，否则会涉嫌构成故意伤害罪。公然，是指在有第三者在场的情况下或者使用能够使第三者看到的、听到的方式进行侮辱，至于被害人是否在场不受影响。侮辱罪是告诉才处理的犯罪，除了严重危害社会秩序和国家利益的应当由国家公诉机关提起公诉外，需要由被害人亲自向人民法院告诉。对于通过信息网络实施本罪的行为，被害人向人民法院告诉，但提供证据确有困难的，人民法院可以要求公安机关提供协助。

诽谤罪，是指故意捏造并散布某种事实，损坏他人人格，破坏他人名誉，情节严重的行为。诽谤罪与侮辱罪保护的法益相同，也是公民的人格尊严和名誉权。对象是特定的人。诽谤罪的行为表现为捏造并散布某种事实，损坏他人人格，破坏他人名誉。所谓捏造，是指无中生有，凭空虚构虚假事实。所谓散布，是指用语言或文字的方式扩散捏造的内容，使众人知道。2013 年 9 月发布并实施的《最高人民法院、最高人民检察院关于办理利用信息网络实施诽谤等刑事案件适用法律若干问题的解释》第 1 条第 2 款规定："明知是捏造的损害他人名誉的事实，在信息网络上散布，情节恶劣的，以'捏造事实诽谤他人'论。"第 2 条规定了四项情节严重的情形：①同一诽谤信息实际被点击、浏览次数达到 5000 次以上，或者被转发次数达到 500 次以上的；②造成被害人或者其近亲属精神失常、自残、自杀等严重后果的；③2 年内曾因诽谤受过行政处罚，又诽谤他人的；④其他情节严重的情形。其中第①项规定的是网络诽谤的立案标准，该标准引起了学界的争议。有学者认为该规定会导致一个人是否构成犯罪并不完全由犯罪人自己的行为来决定，有悖法律的明确性要求。事实上在网络活动中，他人的点击、浏览、转发都是一种相当自然、正常的行为，不具有异常性。所以，散布行为与被害人名誉毁损的结果之间的因果关系不可能被中断，结果必须归属于散布行为。此外，在网络诽谤的场合，即使事实上只有少数人点击、浏览、转发诽谤内容，但客观上则是多数人随时可能点击、浏览、转发诽谤内容，因此，被害人的名誉总是面临受损的危险。即使行为人删除了相关信息，但诽谤信息仍然可能继续传播。例如，行为人在微信群或朋友圈内散布捏造的事实后，通常会被多人转发。即使行为人撤回或者删除所散布的诽谤言论，他人还可能继续转发。即便所有的诽谤信息均被删除，但浏览过诽谤信息的人依然会相信诽谤信息是真实的。所以，网络诽谤的特点决定了其本身就是值得处罚的情节严重的行为。不仅如此，在信息网络上发表诽谤言论的行为实际上属于持续犯，应认定为情节严重。[1]

诽谤罪与侮辱罪的区别在于：①侮辱可以用暴力方法，而诽谤不可用暴力方法。②侮辱是公然实施损害人格尊严、名誉的行为，但并不捏造有损他人名誉的事实，而诽谤则必须是捏造并散布有损他人人格、名誉的事实，且法律没有以公然实施为条件。

强制猥亵、侮辱罪，是指以暴力、胁迫或者其他方法，强制猥亵他人或者侮辱妇女的行为。强制猥亵、侮辱罪保护的法益包括他人的人身自由、人格尊严和性的自我决定权。随着

---

[1] 参见张明楷：《刑法学》（下），法律出版社 2016 年版。

人类社会的发展，在性方面形成了性行为非公开化、非强制化的基本准则，违反这些准则的行为就属于广义的猥亵行为。例如，在公共场合当众强制扒光他人衣物，使他人赤裸暴露，引起他人的性羞耻心理的行为。强制猥亵行为不以公然实施为前提，即使在非公开场所，只有行为人和被害人在场，没有也不可能有第三者在场的情况下实施强制猥亵行为，也成立强制猥亵罪。随着互联网的发达，以胁迫手段迫使他人拍摄淫秽视频、与自己进行裸聊之类的行为也成立强制猥亵罪。强制猥亵的对象包括男性和女性，但只限于年满 14 周岁的人；猥亵不满 14 周岁的男女儿童的，构成猥亵儿童罪。

（五）性自由的范围

案例：李某是一名职业高中的在校生，被害人张某是某初中初一年级学生，13 岁。二人通过 QQ 软件认识，聊天熟悉后二人确立了恋爱关系。某日晚上，张某主动要求李某带自己出去玩，随后二人到宾馆休息。李某在明知张某只有 13 岁的情况下，与张某发生性关系。张某父母知道这一情况后向警方报案。李某最终以强奸罪被判处有期徒刑。

法律分析：

强奸罪保护的法益是女性对性意愿的自主权。以暴力、胁迫或者其他手段强奸妇女是对女性的性自愿权利的直接侵犯，因而构成强奸罪。刑法拟定不满 14 周岁幼女的性生理、性心理都没有发育成熟，不具有认识自己性权利和表达自己性意志的能力，这个权利在刑法上处于绝对保护的地位，任何人不能侵犯。幼女表示出的所谓"自愿"在刑法上不具有任何效力，在性关系中，幼女被拟定为不具有能动性，是刑法上的绝对受害者。因此，在明知是不满 14 周岁幼女的情况下，即使幼女出于自愿，与其发生性关系也会构成强奸罪。刑法将"明知"被害人系幼女作为犯罪构成的必要要件。"明知"是指知道或者应当知道。如果行为人以"不明知"进行无罪抗辩，则证明要求极其严格：一是必须确有证据或者合理依据证明行为人根本不可能知道被害人是幼女；二是行为人已经足够谨慎行事，仍然对幼女年龄产生了误认，即使其他正常人处在行为人的场合，也难以避免这种错误判断；三是客观上被害人身体发育状况、言谈举止、衣着、生活作息规律等特征确实明显更像已满 14 周岁的人。此三点必须同时具备才有可能成立抗辩。此外，对于不满 12 周岁的幼女实施奸淫等性侵害行为，不管幼女同意与否，不论行为人主观认识如何，都认定为行为人"明知"对方是幼女，以强奸罪论处。

关联条文：《刑法》第 236 条、第 236 条之一。

法治贴士：

随着网络的发达，人与人之间的沟通交流方式也发生了很大变化，QQ、微信、微博、陌陌等聊天交流软件在满足人们跨时空沟通交流需求的同时，也使社会风险增加。尤其是对涉世未深的未成年人而言，面对未知事物充满好奇心，但受其身心发展程度限制，普遍缺乏防范意识和自我保护能力，更容易受到网络上各种不良信息的诱惑、迷惑而成为抢劫、强奸、非法传销等不法侵害的对象。

《刑法》分则第四章侵犯公民人身权利、民主权利罪中规定的强奸罪、负有照护职责人员性侵罪、猥亵儿童罪对侵害未成年女性的行为进行了系统规制。

不满 14 周岁的未成年女性为幼女，这是法定的统一标准，不能撇开年龄以是否发育成熟为标准判断是否为幼女。由于幼女身心发育不成熟，缺乏辨别是非的能力，不能理解性行为的后果与意义，也没有抗拒能力，所以不论行为人采用什么手段，也不问幼女是否愿意，只要与幼女性交，就侵害了其性的决定权，成立强奸罪。2003 年 1 月 17 日发布的《最高人民法院关于行为人不明知是不满十四周岁的幼女，双方自愿发生性关系是否构成强奸罪问题的批复》（已失效）指出："行为人明知是不满十四周岁的幼女而与其发生性关系，不论幼女是否自愿，均应依照刑法第二百三十六条第二款的规定，以强奸罪定罪处罚；行为人确实不知对方是不满十四周岁的幼女，双方自愿发生性关系，未造成严重后果，情节显著轻微的，不认为是犯罪。"最高人民法院、最高人民检察院、公安部、司法部于 2013 年 10 月 23 日发布并实施的《关于依法惩治性侵害未成年人犯罪的意见》中对强奸罪奸淫幼女类型犯罪构成中的"明知"进行了具体界定。知道或者应当知道对方是不满 14 周岁的幼女，而实施奸淫等性侵害行为的，应当认定行为人"明知"对方是幼女。对于不满 12 周岁的被害人实施奸淫等性侵害行为的，应当认定行为人"明知"对方是幼女。对于已满 12 周岁不满 14 周岁的被害人，从其身体发育状况、言谈举止、衣着特征、生活作息规律等观察可能是幼女，而实施奸淫等性侵害行为的，应当认定行为人"明知"对方是幼女。2006 年 1 月 11 日发布的《最高人民法院关于审理未成年人刑事案件具体应用法律若干问题的解释》第 6 条规定："已满十四周岁不满十六周岁的人偶尔与幼女发生性行为，情节轻微、未造成严重后果的，不认为是犯罪。"此规定是对已满 14 周岁未满 16 周岁的男性与幼女发生性行为的处理原则。应当注意，如果是自愿发生性关系，而且情节轻微，尚未造成严重后果的，可不以强奸罪论处。如果情节恶劣，后果严重的，可认定为强奸罪。行为人若使用暴力、胁迫或其他强制手段与幼女发生性行为，无论情节是否严重，均应以强奸罪论处。

《刑法修正案（十一）》对强奸罪条文进行了修正，在情节加重犯中新增了"奸淫不满十周岁的幼女或者造成幼女伤害的"加重情节，进一步强化了对低龄幼女的保护。

负有照护职责人员性侵罪是《刑法修正案（十一）》增加的罪名。为保护已满 14 周岁不满 16 周岁的未成年女性，《刑法》规定，"负有监护、收养、看护、教育、医疗"等特殊职责的人员，与其发生性关系的，构成负有照护职责人员性侵罪。负有照护职责人员性侵罪不同于强奸罪要求的使用暴力、胁迫等手段强行发生性关系的行为方式，不以采取胁迫、暴力的手段为必要。只要负有监护、收养、看护、教育、医疗等特殊职责的人员和已满 14 周岁不满 16 周岁的未成年女性发生性关系即可构成。实践中，行为人多是利用自身的身份优势和长期与未成年女性接触的机会，采取诱骗、哄骗、迷惑等手段引导未成年女性与其发生性关系。如果采用暴力、胁迫手段强行发生性关系，同时构成强奸罪，属于负有照护职责人员性侵罪和强奸罪的想象竞合犯，应择一重罪处罚。

此外，《刑法修正案（十一）》还对猥亵儿童罪进行了细化修改，进一步明确了对猥亵儿童行为适用更重刑罚的具体情形，包括：猥亵儿童多人或者多次的；聚众或者在公共场所猥亵儿童的；造成儿童伤害或者其他严重后果的；猥亵手段恶劣或者有其他恶劣情节的。猥亵儿童罪中的"猥亵"，主要是指以抠摸、指奸等淫秽下流的手段猥亵儿童的行为。考虑到儿童的认识能力，尤其是对性的认识能力欠缺，为了保护儿童的身心健康，构成猥亵儿童罪并不要求以暴力、胁迫或者其他方法强制进行。只要对儿童实施了猥亵行为，就构成猥亵儿童罪。与强奸罪和负有照护职责人员性侵罪不同，猥亵儿童罪的犯罪对象是不满 14 周岁的儿童，包括男童和女童，没有性别限制。

《刑法修正案（十一）》正式实施后，针对性侵未成年女性的行为，规制更加全面化、系统化。《刑法》从"不满 10 周岁、已满 10 周岁不满 14 周岁、已满 14 周岁不满 16 周岁"

三段年龄，根据不同的行为特征和身份特征，对应了不同的罪名或量刑幅度，体现了刑法的罪责行相适应原则，也彰显了国家对性侵未成年人犯罪的打击决心和力度。

二、合法取得财产

（一）禁止非法占有

案例1： 曹某在其租住的民房内先后安装"比特币矿机"10台。因该机及其辅助设施耗电大，曹某于2018年3月12日在自己房屋外通过隐蔽线缆私自接入国家电力输电线并于4月9日电业局工作人员检查时被发现。期间共窃取电力5882度。经物价局价格认证中心鉴定，价值2882.18元。

法律分析：

无论是有体物还是无体物，只要具有经济价值，能够为人所控制，一旦被他人占有，能够给所有人造成财产损失，就属于公私财产权利的保护范围。无体物主要包括电力、热力、煤气、天然气等不可见形态的物和网络虚拟物等。电力、热力、煤气、天然气等都是具有经济价值的特殊商品。大量的网络虚拟物也存在经济价值，如本案中的"比特币"，再如可以用来买卖交换的网游道具、QQ靓号等。对具有经济价值的无体物实施盗窃，与盗窃有体物没有本质的区别。本案中，曹某以非法占有为目的偷接电缆，盗窃国家电力，数额达到盗窃罪立案标准，构成盗窃罪。

关联条文：《刑法》第264条。

法治贴士：

盗窃罪，是指以非法占有为目的，秘密窃取公私财物，数额较大，或者多次盗窃、入户盗窃、携带凶器盗窃、扒窃公私财物的行为。盗窃行为侵犯的法益是公私财产的所有权，犯罪对象是行为人自己财物以外的公私财物。财物不仅指有体物，而且包括无体物，如电力、煤气、天然气等。这些无体物都是具有经济价值的特殊商品，盗用电力、煤气、天然气等无体物，给所有人造成的损失与盗窃有体物没有本质区别。电信码号资源也可成为盗窃罪的对象。根据《刑法》第265条的规定，以牟利为目的，盗接他人通信线路、复制他人电信号码或者明知是盗接、复制的电信设备、设施而使用的，按照盗窃罪定罪处罚。另外，《刑法》第196条、第210条规定，盗窃信用卡并使用的、盗窃增值税专用发票或者可以用于骗取出口退税、抵扣税款的其他发票的，以盗窃罪定罪处罚。自己的财物不成为自己盗窃的对象。但是，窃取本人已被依法扣押的财物，或者偷回本人已交付他人合法持有或保管的财物，以致他人因负赔偿责任而遭受财产损失的，应以盗窃罪论处。发生在家庭成员内部、近亲属之间的盗窃行为也可以构成盗窃罪，2013年4月2日发布的《最高人民法院、最高人民检察院关于办理盗窃刑事案件适用法律若干问题的解释》第8条规定，偷拿家庭成员或者近亲属的财物，获得谅解的，一般可不认为是犯罪；追究刑事责任的，应当酌情从宽。《最高人民法院关于审理未成年人刑事案件具体应用法律若干问题的解释》第9条第3款规定，已满16周岁不满18周岁的人盗窃自己家庭或者近亲属财物，或者盗窃其他亲属财物但其他亲属要求不予追究的，可不按犯罪处理。

盗窃罪有着多种不同的行为方式，包括盗窃公私财物，数额较大的、多次盗窃、入户盗窃、携带凶器盗窃、扒窃五种类型。"盗窃公私财物，数额较大"是盗窃罪的基本类型，此类盗窃要求数额，即达到数额较大的标准。根据盗窃案件司法解释规定，盗窃公私财物价值1000元至3000元以上的，为"数额较大"，各省、自治区、直辖市高级人民法院可以根据本地区经济发展状况并考虑社会治安状况，在上述幅度内确定本地区执行的具体数额标准，报最高人民法院、最高人民检察院批准；在跨地区运行的公共交通工具上盗窃，盗窃地点无法查证的，盗窃数额是否达到"数额较大"，应当根据受理案件所在地省、自治区、直辖市高级人民法院、人民检察院确定的有关数额标准认定。此外，盗窃公私财物，具有下列情形之一的，"数额较大"的标准可以按照前述标准的50%确定：①曾因盗窃受过刑事处罚的；②1年内曾因盗窃受过行政处罚的；③组织、控制未成年人盗窃的；④自然灾害、事故灾害、社会安全事件等突发事件期间，在事件发生地盗窃的；⑤盗窃残疾人、孤寡老人、丧失劳动能力人的财物的；⑥在医院盗窃病人或者其亲友财物的；⑦盗窃救灾、抢险、防汛、优抚、扶贫、移民、救济款物的；⑧因盗窃造成严重后果的。盗窃数额未达到数额较大标准，一般按照《治安管理处罚法》给予行政处罚，但针对价值重大的财产实施盗窃的未遂或预备形态，可以按照盗窃罪未遂或预备追究刑事责任。"多次盗窃"，指2年内盗窃3次以上的情况。"入户盗窃"，指非法进入供他人家庭生活，与外界相对隔离的住所盗窃。"携带凶器盗窃"，是指携带枪支、爆炸物、管制刀具等国家禁止个人携带的器械盗窃，或者为了实施违法犯罪携带其他足以危害他人人身安全的器械盗窃。"扒窃"，是指在公共场所或者公共交通工具上盗窃他人随身携带的财物的行为。后四类盗窃罪类型无数额要求，实施该种盗窃行为，即构成盗窃罪。

实践中较常见的窃取电力等无形物的行为方式主要有两种。第一种是事先采用不法手段，直接绕过计量表或使计量表停止运行或调慢计量表计量速度，达到不缴或者少缴电费等费用的目的，此种行为成立盗窃罪。第二种是在正常大量使用之后，相关工作人员按计量表数据计算收取费用之前，使用不法手段人为调小计量表额度，欺骗收费工作人员而达到不缴或者少缴的目的。这种情况属于隐瞒事实、虚构真相以减免费用缴纳义务，成立诈骗罪。

案例2：2020年2月，卞某在没有口罩货源的情况下，多次在朋友圈发布出售口罩的虚假信息，并将事先在网上搜索的口罩图片、视频发送给6名被害人，骗取其信任。6名被害人多次向卞某微信转账23万余元。卞某收到货款后，拒绝向被害人发货及提供快递单号，以各种理由推脱不退款。

法律分析：

本案是利用出售防疫物资名义实施的电信网络诈骗犯罪案件。卞某通过网络发布出售防疫物资的虚假信息，利用公众对防疫物资的急需心理，骗取他人财物，数额特别巨大，构成诈骗罪。其利用网络发布虚假信息的行为系为其诈骗犯罪事先实施的预备行为，因《刑法》把利用信息网络为实施诈骗等违法犯罪活动发布信息作为非法利用信息网络罪的实行行为单独成罪，故该预备行为还构成非法利用信息网络罪。卞某的行为成立非法利用信息网络罪和诈骗罪的想象竞合犯。两罪对比，诈骗数额特别巨大，处罚重于非法利用信息网络罪，本案应该以诈骗罪追究卞某的刑事责任。

关联条文：《刑法》第266条。

法治贴士：诈骗罪，是指以非法占有为目的，用虚构事实或者隐瞒真相的方法，骗取公私财物，数额较大的行为。诈骗罪侵犯的法益是公私财产的所有权。犯罪对象可以是各种财物，包括动产和不动产。诈骗行为的本质是行为人设法使被害人在认识上产生错误，以致"自觉地"将自己所有或持有的财物交付给行为人或者放弃自己的所有权，或者免除行为人交还财物的义务。诈骗手段多种多样，概括起来表现为虚构事实和隐瞒真相两种类型。虚构事实，指编造某种根本不存在的或者不可能发生的，足以使他人受蒙蔽的事实，利用有些人缺乏警惕，或愚昧无知，或贪财图利等心理，骗取他人财物。隐瞒真相，指隐瞒客观上存在的事实情况，使公私财物所有人、管理人陷入错误认识，从而"自愿"交付财物。隐瞒可以是隐瞒部分事实真相，也可以是隐瞒全部事实真相。

诈骗罪是结果犯，诈骗公私财物数额较大是构成诈骗罪的必要构成要件。2011 年 4 月 8 日实施的《最高人民法院、最高人民检察院关于办理诈骗刑事案件具体应用法律若干问题的解释》第 1 条规定，诈骗公私财物价值 3000 元至 1 万元以上、3 万元至 10 万元以上、50 万元以上的，应当分别认定为《刑法》第 266 条规定的"数额较大""数额巨大""数额特别巨大"。各省、自治区、直辖市高级人民法院、人民检察院可以结合本地区经济社会发展状况，在前款规定的数额幅度内，共同研究确定本地区执行的具体数额标准，报最高人民法院、最高人民检察院备案。

对于用欺骗方法骗取公私财物的行为，《刑法》在多个罪名中都另有规定，如集资诈骗罪、贷款诈骗罪、保险诈骗罪、职务侵占罪、贪污罪等。此种情况属于法条竞合，应按特殊法优于一般法的原则，适用特殊法的规定定罪处罚。

近年来，利用通信工具、互联网等技术手段实施的电信网络诈骗犯罪活动持续高发，侵犯公民个人信息，扰乱无线电通信管理秩序，掩饰、隐瞒犯罪所得、犯罪所得收益等上下游关联犯罪不断蔓延。此类犯罪严重侵害人民群众财产安全和其他合法权益，严重干扰电信网络秩序，严重破坏社会诚信，严重影响人民群众安全感和社会和谐稳定，社会危害性大，人民群众反映强烈。为坚持全链条、全方位打击，坚持依法从严、从快惩处，于 2016 年 12 月 19 日和 2021 年 6 月 17 日先后发布的《最高人民法院、最高人民检察院、公安部关于办理电信网络诈骗等刑事案件适用法律若干问题的意见》和《最高人民法院、最高人民检察院、公安部关于办理电信网络诈骗等刑事案件适用法律若干问题的意见（二）》，进一步明确法律标准，严厉惩治电信网络诈骗犯罪，对其上下游关联犯罪实行全链条、全方位打击。

（二）禁止强取硬要

案例 1： 2020 年 8 月 4 日凌晨 4 点多，山东司机丘某驾驶拉载着冷冻猪肉的重型货车，在沈海高速上发生了交通事故。货仓与车门分离，部分猪肉散落到了高架下的农村道路上。路过的丁某、许某发现后告知了本村村民，大量村民将散落的猪肉哄抢一空。8 月 17 日晚，江苏东台警方就此事再发通报称，丁某、许某等人的行为构成哄抢公私财物。公安机关依法对丁某、许某等 5 人作出行政拘留处罚，对其余参与的村民进行法制教育。

法律分析：

遭遇车祸本已是不幸之事，又被二次哄抢实属雪上加霜。根据《民法典》的规定，即使货物发生散落、遗失等情形，其物权归属并不必然随之发生改变。聚众哄抢不仅是一种道德感缺失的体现，更是一种侵犯他人所有权的违法之举。哄抢行为本身违反《治安管理处罚法》，应当受到行政处罚；给国家或他人造成的财产损失的还应当依法承担赔偿责任；哄抢数额较大或者有其他严重情节的，还可能涉嫌构成聚众哄抢罪，需要承担刑事责任。本案中，丁某、许某等人对丘某发生事故后散落货物进行哄抢，构成哄抢公私财物，除了退赔哄抢的货物外，作为哄抢行为的积极参加者，还需承担行政违法的法律后果。

关联条文：《刑法》第 268 条。

法治贴士：

在日常生活中，经常能听到"法不责众"一词，甚至有人把法不责众当作至理名言。事实上，"法不责众"的错误认识是法治观念落后、法治意识淡薄的产物。就法律而言，并不存在"法不责众"的概念。法律面前人人平等，没有任何人可以有超越法律的特权。任何人只要违法，就应当接受法律的制裁。

聚众哄抢是一种乘人之危和趁火打劫的可耻行为，不仅对当事人造成损失，更威胁到了社会信任。犯罪学上有一个著名的"破窗理论"，认为环境中的不良现象如果被放任存在，会诱使人们仿效，甚至变本加厉。在聚众哄抢事件中，原本井然有序的状态被打破，"法不责众"心态让人更容易突破心理防线而争相效仿，从而使动荡的秩序更加混乱，甚至荡然无存。

良好的秩序是全体社会成员的共同利益，"法不责众"的观念明显背离法治要求，公民必须坚决摒弃"法不责众"的观念，尊法守法，共同努力守护良好的社会秩序。对于违反法律的行为，无论人数的多寡，执法机关都应当坚持法律面前人人平等的法治原则，对违反法律的人根据其违法行为的轻重施以公正的惩罚。

案例 2：郭某、李某、张某共同谋划"碰瓷酒驾"捞钱。由郭某驾车在某酒吧停车场出口 50 米左右的路边等候，李某、张某负责在酒吧和停车场内寻找目标，发现有人酒后从酒吧停车场内离开时电话通知郭某。郭某采取突然起步或紧急刹车等方式，与目标车辆剐蹭或让目标车辆追尾。据此向被害人索要 5000 元~1 万元不等的"修车费"。一旦被害人不给，即以告发酒驾要挟。截至案发，3 人共制造事故 20 余起，非法所得 15 万余元。

法律分析：

"碰瓷"带来的危害远胜于某个特定的犯罪事件。其对社会公共道德和诚信机制的构建可能是穿透性的破坏，使社会信任与社会和谐稳定面临极大风险，也让"陌生人不可信"效应加剧。本案中，郭某、李某、张某 3 人故意对酒后驾驶的机动车碰撞制造交通事故，以报警处理为由，利用被害人酒后驾驶担心被处罚的心理敲诈勒索，数额较大，且多达 20 余次，构成敲诈勒索罪共同犯罪。

关联条文：《刑法》第 274 条。

法治贴士：

近年来，"碰瓷"现象时有发生。所谓"碰瓷"，是指行为人通过故意制造或者编造其被害假象，采取诈骗、敲诈勒索等方式非法索取财物的行为。实践中，一些不法分子有的通过"设局"制造或者捏造他人对其人身、财产造成损害来实施；有的通过自伤、造成同伙受伤或者利用自身原有损伤，诬告系被害人所致来实施；有的故意制造交通事故，利用被害人违反道路通行规定或者酒后驾驶、无证驾驶、机动车手续不全等违法违规行为，通过被害人害怕被查处的心理来实施；有的在"碰瓷"行为被识破后，直接对被害人实施抢劫、抢夺、故意伤害等违法犯罪活动等。此类违法犯罪行为性质恶劣，危害后果严重，败坏社会风气，且易滋生黑恶势力，人民群众反响强烈。2020 年 9 月 22 日发布的《最高人民法院、最高人民检察院、公安部关于依法办理"碰瓷"违法犯罪案件的指导意见》，意见中明确规定了实施"碰瓷"行为的不同行为方式可能涉嫌构成诈骗罪、虚假诉讼罪、敲诈勒索罪、抢劫罪等 9 种犯罪，同时规定对实施"碰瓷"行为尚不构成犯罪，但构成违反治安管理行为的，依法给予治安管理处罚。对于"碰瓷"犯罪集团的首要分子、积极参加的犯罪分子以及屡教不改的犯罪分子，作为打击重点依法予以严惩。对犯罪性质和危害后果特别严重、社会影响特别恶劣的犯罪分子，虽具有酌定从宽情节但不足以从宽处罚的，依法不予从宽处罚。适时公开曝光一批典型案例，震慑违法犯罪分子，在全社会营造良好的法治环境。

以法治治"碰瓷"，在法治框架内推进道德建设和社会诚信体系建设，是维护正常社会秩序、道德秩序的必然要求，蕴藏着社会公众对道德品质和诚信社会的呼吁与期盼。

（三）禁止破坏毁损

案例：2020 年 11 月底至 12 月初，26 岁的冯某由于工作不顺，情绪低落，多次在晚上回租住的小区时，拿钥匙随机划伤多辆停放在小区公共停车位的车辆，其中 1 辆黑色丰田牌汽车在 10 天内先后 3 次被划伤前后门。后经鉴定，冯某划伤车辆损失总价值达 5360 元。

法律分析：

冯某为了发泄情绪，故意划伤多辆汽车的行为虽未造成车辆的完全毁损，但造成了车辆价值损失。尽管对车辆的划伤可以通过钣金喷漆等方式进行修复，但行为是否属于毁坏与能否修复无关。即使修复，修复后的车辆与原厂相比必然存在价值降低。本案鉴定损失数额达到数额较大的立案标准，故冯某的行为构成故意毁坏公私财物罪。

关联条文：《刑法》第 275 条。

法治贴士：

故意毁坏财物罪，是指故意非法地毁灭或者损坏公私财物，数额较大或者情节严重的行为。故意毁坏财物罪侵犯的法益是公私财物的所有权，行为对象包括国家、单位或者他人所有的公私财物，包括动产和不动产。财物包括物质性财物和财产性利益。毁坏不限于从物理上破坏、毁损或消灭财物的形体，而是包括一切使财物的效用减少或者丧失的行为。行为方式主要有三种类型：一是通过对财物行使有形力，导致财物的完整性受到明显毁损，此类型是典型的毁坏财物。例如，把他人的古董花瓶摔碎。二是通过对财物行使有形力，导致财物的效用减少或者丧失。例如，把工地的水泥用水喷淋，使其干结无法使用。三是虽然没有直接对财物行使有形力，但使他人财物的效用减少或者丧失。例如，打开他人圈养宠物的笼子，导致宠物走失。故意毁坏公私财物罪对行为手段没有限制，但采用特定手段或破坏毁损特定公私财物，或者出于其他动机和目的毁坏公私财物的，可能涉嫌构成其他犯罪。例如，使用放火、爆炸等危险方法破坏、毁灭公私财物，如果危害公共安全的，构成放火罪、爆炸罪等。破坏、毁损交通工具、交通设施、电力设备、广播电视设施等危害公共安全的，构成破坏交通工具罪等。毁坏耕地、破坏性开采矿产资源的，构成非法占用农用地罪、破坏自然保护地罪、破坏性采矿罪等。出于寻衅滋事动机或敲诈勒索目的毁坏公私财物的，可能涉嫌同时构成寻衅滋事罪、敲诈勒索罪等。故意毁坏公私财物的行为如果影响到国家、集体或者个人生产经营正常秩序的，还可能涉嫌构成破坏生产经营罪。

故意毁坏公私财物罪要求达到数额较大或者情节严重。根据《最高人民检察院、公安部关于公安机关管辖的刑事案件立案追诉标准的规定（一）》，故意毁坏财物，造成公私财物损失 5000 元以上的应予立案。毁坏公私财物 3 次以上或纠集 3 人以上公然毁坏公私财物的属于情节严重。

扫码查看本章案例关联条文

第五章　强化廉洁教育　筑牢思想防线

第一节　廉洁文化

　　人类进入文明社会以来，随着社会公共权力的形成和发展，就有了利用公共权力谋取私利的行为，也就有了腐败现象的产生。腐败历来就是政治的不治之症，在中外历史上，因腐败导致的国亡政息现象层出不穷，不胜枚举。在古今中外反腐斗争实践中，形成和发展了许多宝贵的廉洁文化，它们是和腐朽文化截然对立的，同时也是腐朽文化的批判者，是战胜腐朽文化的强大力量，是新时代社会主义廉洁文化建设及其重要的思想文化资源。[1]文化是民族的血脉，是人民的精神家园。廉洁文化是中华民族优秀文化的构成部分，有着悠久的历史，自古到今对人们的思想道德行为，以及正确的世界观、人生观和价值观的形成，都有着巨大的影响作用。古人云，"大道之行，天下为公""出淤泥而不染""富贵不染其心，利害不移其守"等，这都体现了廉洁文化的特质和尚廉的价值追求。我国历届领导人一直都十分重视廉洁文化的传承和弘扬，重视思想道德建设。因此，廉洁文化建设是推进社会主义现代化建设的重要领域，要加强反腐倡廉建设，营造风清气正的社会文化环境，必须加强廉洁文化建设，运用廉洁文化的力量抵制腐败文化的影响，在全社会形成"以廉为荣、以贪为耻"的文化氛围，进而在坚决惩治腐败的同时，有效地预防腐败。

一、廉洁文化概述

　　我国廉洁文化历史悠久，源远流长。在中华民族的文明发展史中，很早就有廉洁文化的思想萌芽，从有文字可考的夏商时期至今三千多年，孕育和发展了廉洁文化，是当代廉洁文化建设的宝贵资源。

　　（一）廉洁

　　"廉洁"在汉语中是一个复合词，"廉"和"洁"可以分开单独成义，两者各自有自己的含义。随着人类社会发展，人们对"廉洁"一词注入了时代内涵，廉洁文化的内涵也伴随着社会的进步在不断丰富和发展。

　　1. "廉"字释义。"廉"是中国古代文化典籍中一个重要概念，由"广"和"兼"组成，含"普遍兼顾"之义。在古代汉语中"廉"的意思是指俭、少、清，又可引申为公正、无私。我国最早的"廉"字是在《仪礼·乡饮酒礼》中出现，《仪礼·乡饮酒礼》中说：

---

　　〔1〕　参见张晓燕：《依法治国条件下中国共产党执政方式研究》，中共中央党校出版社2006年版。

"设席与堂廉东上。"司马光则指出"廉"的反面是"奢侈、贪欲、贿盗",并对其进行批判。他在《训俭示康》中说:"侈则多欲。君子多欲,则贪慕富贵,枉道,速祸;小人多欲,则多求,妄用,丧身,败家。是以居官必贿,居乡必盗。故曰:'侈,恶之大也。'"所以,"智者不为非其事,廉者不为非其有"。必须廉以正身,"欲影正者端其表,欲下廉者先己身"。具体来说,"廉"字的基本含义有两个方面:一是指堂屋的侧边。在许慎的《说文解字》中就有"廉,仄也。从广,兼声""堂之侧边曰廉,故从广"的说法。《九章算数》中也有"边谓之廉,角谓之隅"的说法。二是指物体露出的棱角。在《周礼》中有言"望其毂,欲其眼也;进而眠之;欲其畴之廉也,无所取之,取诸急也"。在《礼记·乐记》中也有"衰以立廉"的说法。在古代汉语中,"廉"字具有比较丰富的引申意义,主要包括三个方面:一是引申为品行正直、刚直和方正。例如,《庄子》中就有"人犯其难,我享其利,非廉也"。《后汉书·列女传》中有"廉者不受嗟来之食"之说。二是引申为为官廉洁,不贪腐。孟子曰:"廉,人之高行也。"前两个方面"廉"字均为廉洁、高洁之意。三是引申为考察、视察之意。《周礼》中就有"一曰廉善,二曰廉能,三曰廉敬"。此外,"廉"还有狭窄、清凉、廉价、细小等其他含义。总之,"廉"作为道德品质和行为规范,表明了古人在日常处理利害冲突时节制欲望、清洁高雅、方正刚直的道德品质,"廉"是中华民族世代传承的优秀品质。

2. "廉洁"的含义。整合《辞海》中关于"廉"和"洁"的解释,我们可以将"廉洁"一词的意义归纳为四个方面:一是和贪污相对,意为不贪不污。二是指品行方正,志气高尚。三是指俭朴节俭,朴素无华。四是指求真务实,廉政律己。结合古今对"廉洁"一词的阐释,我们认为,"廉"是清廉,就是不贪污不应该得到的财产;"洁"是洁白,就是指在生活中光明磊落的人生态度。在现实生活中,廉洁作为一种德性,体现出一种价值观念和道德情操,集中体现了个人品质的高风亮节,对于诱惑不为所动,保持内心的清明,生活淡泊简约,品性正直。洁是廉的内在动力和精神支柱,廉是洁的行为规范和外在表现。廉洁是社会推崇的思想境界和价值追求,也是规范人的行为的道德尺度。[1]廉洁作为个人的道德品性具有道德广泛性,是对所有社会成员的道德要求,但是在不同的社会场景下,廉洁要求也有具体的内容。从另外一个角度来说,"廉洁"就是对怎么做人提出的一种要求,是指做人要有光明磊落的态度,清清白白的行为。当然,"廉洁"一词的含义在原有的基础上也在随着时代的发展而不断地演进和丰富,经历过传统社会秩序的崩溃、重组、再崩溃、再重组之后,时代赋予其新的含义。同时,随着社会环境的变化,人的思想也出现多元化,与人的日常生活息息相关,每个人对"廉洁"的理解和认识与其日常生活是相统一的。所以,现代的"廉洁"内涵可以理解为,对物质的需求有度,尚俭戒奢,勤俭节约,言行上做到守法自律、自警自律,合理规划消费,不浪费,说实话、讲实效、谋实利等;为人处世方面能诚实诚信,正直廉明,不假公济私,不徇私枉法,不欺上瞒下,不收受贿赂,不贪赃枉法,不损坏国家和集体利益,做人做事方面能自强自尊,在利益方面做到相互尊重。因而,新时代廉洁文化研究与建设必须要在批判继承传统廉洁文化的基础上不断创新、接续发展、与时俱进,"廉洁"一词的含义需要不断赋予新的时代内涵。

---

〔1〕 参见宋福范:《执政党建设的中国逻辑》,国家行政学院出版社 2017 年版。

3. 廉洁文化的含义。文化属于社会意识范畴，是人类在认识世界和改造世界过程中形成的理论和实践知识的总和。文化是人类所创造的物质财富和精神财富即所有财富的总和，也是人的创造力发展与发挥的结果，是人的创造力产生的物质文明、精神文明、生态文明的总和。中华廉洁文化是中华民族文化的重要组成部分，上下五千年、源远流长且博大精深。文化有狭义和广义之分，廉洁文化也有广义和狭义之别。狭义廉洁文化是与腐败文化对立的一种文化形态，包含廉洁的认知、廉洁的规范、廉洁制度、廉洁价值和社会评价等。广义的廉洁文化除了包括狭义廉洁文化内涵之外，还包括物质层面的廉洁文化，也就是体现和负载狭义廉洁文化的各种物质文化载体。廉洁文化是一种与廉洁知识、规范、信仰相对应的生活方式及社会评价。廉洁知识体现对廉洁的认知水平，廉洁规范表现社会文明的进步程度，廉洁的信仰表现人们对廉洁社会价值的追求，而所有这些最终会映射为社会共同遵循的廉洁生活方式和社会评价。

在社会主义核心价值观指导下的廉洁文化是包含着社会正确精神文化、道德观念的先进文化和主流文化，是需要倡导培育的社会价值观文化。[1]廉洁文化体现政治文明和精神文明，并融于社会主义精神文明和制度文明建设之中。传统的廉洁文化的核心是"仁政"。马克思主义中国化之后，传统廉洁文化发展为现今的社会主义廉洁文化，在社会主义的具体发展与完善过程中逐步拥有了全新的意义和解读，成为马克思主义、毛泽东思想和中国特色社会主义理论体系为指导的最具有代表性的先进文化和主流文化的核心要素。具体来说，廉洁文化就是指蕴含廉洁内容的文化，是以廉洁为思想内涵，以文化为表现形式的文化分支。在社会实践中，廉洁文化是廉洁建设和文化建设相结合的产物。

4. 廉洁文化的外延。从廉洁文化的外延来看，廉洁文化涵盖了廉洁思想、廉洁制度以及廉洁实践等多个层次。一般来说，廉洁文化在外延上包括三个层次：一是精神层面的廉洁文化。精神层面的廉洁文化是廉洁文化的核心，主要包括对廉洁的认知度、生活观念、价值取向等，具体可分为个体层面的廉洁意识、廉洁心理以及社会层面的廉洁理论思想体系。个人的廉洁意识存在个体差异性，也具有群体普适性，构成廉洁理论体系得以存在的前提。二是制度层面的廉洁文化。廉洁制度是指以廉洁文化为指导原则的正式制度规范。廉洁制度本质上就是廉洁文化制度化的过程和产物，目的是以法律、条例以及规章的形式保障廉洁行为的可持续性和有效性。廉洁文化与廉洁制度是相互依存、互为支撑的关系，优秀的廉洁文化成果可以转化为制度，成熟稳定的廉洁制度也会内化为文化形态。三是物质层面的廉洁文化。物质层面的廉洁文化是指廉洁文化的载体形式。廉洁文化以哪一种形式存在、传播直接关系到人们对廉洁文化的感知，直接关系到廉洁文化传承和传播的效果，直接关系到廉洁文化作用的发挥。在实践中，应注重廉洁文化载体和内容的多样化，使廉洁文化的依托有小说、诗歌、小品、相声、戏剧、歌曲、话剧、舞台剧等多种文学艺术载体。

（二）廉洁文化的基本特征

中国特色社会主义廉洁文化是在继承传统廉洁文化价值内核的基础上，融入马克思主义世界观、方法论和价值观，并与中国共产党的廉洁理论和廉洁实践活动相结合而发展的产物。科学认识廉洁文化的基本特征，对于推进廉洁文化建设，特别是推动、开展廉洁教育具

---

〔1〕　参见沈其新：《中华廉洁文化与中国共产党先进性建设》，湖南大学出版社 2008 年版。

有重要指导意义。廉洁文化以文化建设为载体，它除了具有文化的一般特征外，还具有以下几个方面的特征：

1. 鲜明的时代性。廉洁文化是先进文化的体现，腐败是腐朽落后文化的反映。人类自进入文明社会以来，就有了廉洁文化和腐败思想的对立。廉洁文化以鲜明的态度批判腐朽思想。[1]廉洁文化是腐朽思想的对立面和批判者。腐败现象之所以滋生蔓延，一个很重要的原因就是腐败行为背后有腐朽思想作梗。当今，在社会主义经济建设过程中，腐朽没落的官本位意识、贪图享乐的思想观念、醉生梦死的生活方式等还在一定程度上存在于人们的思想中。而廉洁文化以鲜明的态度批判腐朽思想，从根本上与极端个人主义、享乐主义等观念作斗争，在全社会形成了"以廉为荣、以贪为耻"的浓厚氛围，给腐败行为造成了巨大的社会舆论和社会心理压力，有效地遏制贪腐现象，达到干部清正、政府清廉、政治清明的目的。廉洁文化与反腐倡廉建设这一必然的内在联系，使其在反腐倡廉新常态下具有鲜明的时代性。

廉洁文化的时代性还体现在廉洁文化开放性之中。在全球化背景下，不同文化相互作用、相互影响，文化的传播与交融已经成为文化发展的动力。任何一个国家、民族都有自己的独特文化，但是如果这种文化长期不与异质文化相互接触、相互交流，不从异域文化中汲取养分，仅仅凭民族文化内部发展的单一动力，是难以实现可持续发展的。[2]任何一个国家和民族都阻挡不了世界文化大融合、大交流的趋势，任何一个民族都应该将自己的文化融入世界文化发展的轨道。因而，当今世界发展的趋势决定了当代廉洁文化具备鲜明的时代性。

2. 广泛的人民性。廉洁文化的政治伦理价值主要体现在立党为公、执政为民、廉洁从政、勤政高效和以人为本等几个方面。也就是说，当代廉洁文化根植于人民群众，是为人民群众服务的，从而决定了其具有广泛的人民性。在我国廉洁文化的历史演进中，人民群众始终是推动廉洁文化发展和进步的主导力量。在当前的廉洁文化建设中，人民群众始终是廉洁文化的主体，这是历史主体性原则在文化中的深刻体现和根本要求。廉洁文化发展的动力源自人民群众的智慧和创造。当代廉洁文化建设由于反映了人民群众的根本利益和体现了人民群众的主体性地位，因而得到了广大人民群众的支持、参与和拥护。

随着"人民就是江山，江山就是人民"等执政理念的提出，当代廉洁文化建设的目的和任务更加明显和突出，就是最大限度地满足人民群众日益增长和变化了的各种利益需求。当代廉洁文化作为一种大众生活文化，它所倡导的节俭、勤政、爱国、自律等价值观念与人们的日常生活息息相关，对人们的思想和行为习惯有着深刻的感染力和影响力，容易为人们所认同和接受并转化为人们内心的信念及自觉的价值追求。

3. 系统的层次性。从当代廉洁文化的内容来看，廉洁文化的系统可分为由低到高的几个层次：一是勤俭节约。勤俭节约是中华民族的优秀传统美德，自古就有俭为立身之本、持家之道、兴邦之宝、俭而不吝的说法。今天，勤俭节约仍是对全民的要求，对于建设社会主义现代化国家和拒腐防变仍然具有十分重要的意义。二是勤政。勤政就是指勤于政务，尽职尽责。党和国家的政策与事务主要是通过各级领导干部和广大公务员来执行和管理的，他们

---

〔1〕 参见沈其新：《中华廉洁文化与中国共产党先进性建设》，湖南大学出版社2008年版。
〔2〕 参见张国臣：《社会主义廉洁文化建设论》，人民出版社2011年版。

是否勤于政务、恪尽职守，直接关系到政策执行的好坏，关系到国家的长治久安。三是廉政。清廉为官，廉洁从政是中华民族所倡导的基本的官德规范。广大领导干部由于所处的社会政治地位的特殊性，他们的言行、作风等将会对社会产生极大的影响。为此，习近平总书记的"人民对美好生活的向往，就是我们的奋斗目标"，就是对传统仁政思想的创造性运用和发展。

就文化形态的层次结构而言，廉洁文化包含着三个层面：一是大众化的、切中时弊的、与时俱进的各类廉洁文化艺术。廉洁文化艺术以书籍、影视、音像作品等物质形式为载体，针对不同年龄阶段、不同文化层次群体对廉洁文化的需求，通过对廉洁文化艺术作品的审视，对廉洁文化精神的领悟，使人们在心灵深处产生一种高尚的社会美感，从而使人们能够分清社会主义市场经济条件下的是与非、善与恶、美与丑。这是社会主义廉洁文化的表层结构。[1]二是反腐倡廉、崇尚法治的制度文化。社会主义廉洁文化建设的制度诉求就是要在教育、制度、监督和惩戒等各个环节中增加廉洁精神的分量，构筑囊括价值观念、法律体系、社会道德风尚的廉洁文化体系，努力把廉洁文化精神渗透到反腐倡廉的各项具体工作中去，推进反腐倡廉长效机制的建立和完善。这一层面是当代中国社会主义廉洁文化的中层结构。三是以廉为荣、以贪为耻的价值观念和廉洁文化必定战胜腐败文化的乐观主义精神及坚定信念。这是社会主义廉洁文化的深层内容，是具有超强稳定性的中国传统伦理、哲学、观念、精神等积淀和传承下来的融入民族灵魂的廉洁文化道德属性。这种道德属性能够使人们自觉地接受廉洁文化的熏陶，通过鲜明价值取向的引导，使人们逐步确立反对腐败的乐观主义精神和坚定信念。

4. 明确的权力指向性。中华传统廉洁文化在萌芽之初就蕴含着明确的政治性倾向。在古代氏族公社时期，"简而廉"就成为皋陶所提的"九德"之一。而据《周礼·天官小宰》记载，周公从六个方面对官吏进行考核："一曰廉善，二曰廉能，三曰廉敬，四曰廉正，五曰廉法，六曰廉辨。"这就是中国早期廉政措施所蕴含的政治伦理思想。以后历朝历代统治者也注意到官员的廉洁自律和崇尚廉洁的社会风气直接关系到政权的盛衰存亡，因此都十分注重倡导廉洁文化。

当代廉洁文化的政治伦理内涵包括三方面内容：一是立党为公，执政为民。立党为公，执政为民是社会主义民主政治的本质要求，也是当代中国的基本政治伦理价值之一。国家的一切权力属于人民，中国共产党执政的根本目的就是保证人民当家作主，使人民群众广泛地享有依法管理国家和社会事务、管理经济文化事业的权利。[2]二是廉洁从政，勤政高效。廉洁从政，勤政高效是社会主义廉洁文化对个体的道德规范和道德要求。党的执政是通过党的干部的个体公职行为来实现的。在社会主义市场经济条件下，难免有一些意志薄弱的党员干部存在着怠政、腐败现象等，因而，不断提高党的执政水平、提高政府的行政效率和增强党的抵御风险、拒腐防变能力既是当代廉洁文化发展的要求，也是当代中国政治伦理价值发展的两大历史性课题。廉洁从政，勤政高效集中体现了"情为民所系、权为民所用、利为民所谋"的政府廉洁文化和遵纪守法、办事公道、克己奉公的公职廉洁文化。三是以人为本。以人为本是社会主义廉洁文化政治伦理价值的核心，是对传统廉洁文化民本思想的扬弃，是马克思主义中国化的现实形态——科学发展观的核心。以人为本既是中国共产党廉洁

---

〔1〕 参见王文升：《廉政文化论》，中国方正出版社 2009 年版。

〔2〕 参见麻承照：《廉政文化概论》，中国方正出版社 2011 年版。

思想的出发点和归宿，又是检验廉洁成效的根本尺度。

5. 与时代同步的实践性。当代廉洁文化是我们党在开展反腐败斗争的基础上发展起来的。从一定意义上说，腐败本身是一种消极文化现象，社会主义廉洁文化的时代特征突出体现在同消极腐败文化的直接抗争。近年来，一些人在消极腐败文化的影响下，理想信念动摇，价值观念扭曲，美与丑、正义与邪恶被颠倒，甚至走上了违法犯罪的道路。社会上也出现了羡腐、纵腐的现象。反腐败的斗争，不仅是政治斗争，也是廉洁文化与消极腐败文化的较量。社会主义廉洁文化反映了时代的进步与趋势，它的发展与弘扬必将遏制和消除消极腐败文化对人们的影响。

廉洁文化重在建设，贵在实践。通过开展各种形式的廉洁文化建设活动，廉洁文化以一种无形的力量影响人们的思想，引导人们崇拜廉洁、向往廉洁、羡慕廉洁；把廉洁作为自己的追求，作为自己的行为习惯，说廉洁话，办廉洁事，做廉洁人。[1]因此，廉洁文化建设必须遵循文化建设的一般规律，适应文化的渗透性特点，突出实践性特征，贴近实际，贴近生活，贴近群众，使廉洁文化在广大社会成员的实践中不断得到丰富和发展。

（三）廉洁文化的功能

当代廉洁文化作为一种社会文化体系，反映了当代中国先进文化的价值取向。加强廉洁文化建设，对于消除消极腐败文化的影响，形成以廉为荣、以贪为耻的社会文化氛围，建设文明和谐的社会具有重要作用。

1. 廉洁文化具有导向功能。文化历来对人们的社会意识、思想观念、道德情操具有导向作用。当代廉洁文化的社会属性也将它所包含的精神理念、价值取向、道德准则以无形、无声的感染力和渗透力滋润人们的心灵，使人们在不知不觉中得到感悟和启迪。尤其是在经济成分多元化、利益主体多元化、社会文化多元化的现代社会，当代廉洁文化作为先进文化、主流文化，通过报刊、广播、电视、互联网等大众媒体进行传播和交流，通过群众性廉洁文化创建活动，寓廉洁正气于活动之中，使广大社会成员在获取各种信息的过程中，知道哪些是对的、哪些是错的、哪些应该做、哪些不应该做；正确区分人的行为的正当性和非正当性、合法性和违法性，引导社会成员准确辨识美丑，把握善恶标准，作出正确的判断和取舍，形成崇尚廉洁的社会意识和价值观念。

2. 廉洁文化具有教化功能。文化的作用在于教化，在于习惯的培养。当代廉洁文化作为一种先进文化，渗透于社会生活的方方面面，影响着社会成员的思想、情感和内心世界。尤其是通过开展寓教于文、寓教于理、寓教于乐的廉洁文化创建活动，不断地把理想信念、职业道德、社会公德、家庭美德等内容传递给人们，使人们在获得知识、享受艺术的过程中，自觉、不自觉地接受以廉洁为核心的价值观，从而使个人的道德情操、精神追求、思想认识得到全面提升，消除腐败文化的影响，剔除思想深处的消极成分，筑起拒腐防变的心理防线，形成崇尚廉洁的思想观念和积极向上的人格精神。

3. 廉洁文化具有凝聚功能。当代廉洁文化以社会主义核心价值体系为根本，以崇尚廉洁、抵制腐败为主要内容，是一种先进的文化体系。它把社会各个阶层、各个群体建设廉洁、文明、和谐社会的共同愿望有机结合起来，使人们接受同一价值理念的文化教育和培养，从而使各个阶层、各个群体以相同的价值观念、思维模式、精神理念、道德准则联系起

---

〔1〕 参见何增科：《廉洁政治与国家治理》，中央编译出版社 2017 年版。

来、聚集起来，使整个社会的所有成员因同一文化渊源而形成强大的凝聚力量，促进社会成员树立廉洁意识，弘扬清风正气。[1]同时，廉洁文化以其独特的文化形式向社会成员灌输廉洁理念，使社会成员产生"廉洁光荣、腐败可耻"的共同情感。这对于引导社会成员在同一文化氛围的背景下，彼此提醒和监督，为共同理想、共同利益的实现而保持思想上、组织上的一致性具有重要的作用。

4. 廉洁文化具有规范功能。反腐倡廉需要教育、制度、监督、惩处等多方式并举。其中，用硬性的制度、规则来约束和制约行为是十分重要的一环，具有强制性。而廉洁文化以崇尚廉洁、鄙弃贪腐为价值取向，融价值理念、行为规范和社会风尚于一体。虽没有明确的文字规定，不具有强制性，但它是广大社会成员自觉遵守的道德标准，是普遍认同的潜规则，能够起到对行为的自我约束和规范作用，并能产生积极的、持久的影响。一是从思想观念上进行规范。廉洁精神文化以其生动活泼的形式向社会成员灌输正确的价值理念和道德评价标准，形成一种社会道义上的潜规则，使社会成员的行为受到正确的支配。谁触犯了这些潜规则，就会受到道义上的谴责，从而使社会成员自觉遵守潜规则。[2]二是从制度上进行规范。廉洁制度文化不仅包括党纪政纪条规和社会行为规范等制度体系，也包括社会成员对制度体系的敬畏感、执行制度的责任感。通过向广大社会成员宣传党纪政纪条规和社会行为规范的意义和作用，强化社会成员的法纪意识和制度文化素养，使社会成员自觉执行制度、遵守制度。三是从环境上进行规范。社会主义廉洁环境文化通过广大社会成员喜闻乐见的艺术形式和舆论宣传平台形成崇尚廉洁的文化环境，发挥潜在的约束和监督作用，规范人们的行为。四是从行动上进行规范。廉洁行为文化是广大社会成员亲身参与创造的一种动态文化，它不仅影响着人们的情感，而且更直接地影响着人们的行为方式，有利于促进人们把恪尽职守、珍惜名誉转变为自觉的行动。

5. 廉洁文化具有激励功能。健康向上的文化对人们的情感、意志能够起到鼓舞和促进作用。廉洁文化是先进的、健康向上的文化，能够激发人的热情，诱发人的动力，使其发挥内心信念的力量，为实现所追求的价值目标而努力。廉洁文化通过宣传党风廉政建设和反腐败斗争中涌现出来的先进典型，通过歌颂、弘扬在廉洁文化建设中形成的廉洁精神，消除腐败文化的影响和对腐败现象的错误认识，强化人们的职业道德责任感、职业道德态度和职业道德理想，鼓励和推动人们积极追求廉洁化的价值目标、廉洁自律，积极投身于廉洁文化建设的伟大实践，从而激励人们经得起名利、金钱和地位的考验，抵制诱惑，保持廉洁，弘扬正气。

6. 廉洁文化具有监督功能。廉洁文化是"廉洁"特殊性和"文化"普遍性的有机统一。它利用文化建设的形式、载体、阵地等资源，向社会成员传播廉洁文化知识，宣传廉洁精神和廉洁文化传统，使广大社会成员形成廉洁的共识，从而唤起社会成员的监督意识，使社会成员积极主动地参与到反腐败的斗争中去。廉洁文化建设的加强促进人们按照廉洁文化所倡导的价值观念、道德标准、价值取向去监督周围人的行为，负起对公共权力行使与运用的监督责任，积极揭露各种侵害公共利益与他人利益的行为，自觉同腐败现象作斗争。因此，廉洁文化是建立在社会监督基础上的文化，具有广泛的社会监督功能。

7. 廉洁文化具有价值评价功能。廉洁文化内含真假、善恶、美丑的评价标准。它赞扬

---

〔1〕　参见肖杰：《中国传统廉政思想研究》，吉林大学出版社 2010 年版。
〔2〕　参见年福纯：《反腐倡廉建设研究》，军事科学出版社 2009 年版。

什么、倡导什么、批评什么、反对什么，都具有鲜明的指向性。随着廉洁文化建设的加强，它所内含的价值取向、道德标准将逐步被人们所接受，并根植于人们的内心，影响人们的价值评判标准。廉洁精神文化可以帮助人们认识和把握事情的真假，影响人们的判断选择及其行为方式；廉洁制度文化可以帮助人们认识自身的法纪意识，评判自己对廉洁制度、社会规范的遵守是否自觉和坚定；廉洁行为文化可以帮助人们把握善恶标准，引导人们按照廉洁文化所倡导的道德标准来评判自己的行为，符合的就坚持，不符合的就加以修正，使之符合廉洁文化的要求；廉洁环境文化可以帮助人们准确辨识美与丑，进而影响和改变人们的思维方式、行为习惯、价值观念和审美趣味，并使之符合廉洁文化的要求。

8. 廉洁文化具有实践功能。廉洁文化建设的目的在于弘扬一种精神、一种理念，并使其内化为人们的思想意识和行为指针，进而在工作、生活的实践中能自觉地廉洁从政、廉洁从业。一方面，廉洁文化以鲜明的态度批判腐朽文化，以消除腐朽没落文化对社会成员的影响，增进社会成员对反腐败工作的了解，端正人们对反腐倡廉工作的认识，在全社会培育憎腐崇廉的精神，使反腐倡廉工作具有广泛的社会基础、群众基础和道德文化基础。另一方面，通过社会成员创建、扩大廉洁文化的影响力，使社会成员树立"以廉为荣，以贪为耻"的价值理念，使廉洁文化内涵的价值观念、道德操守内化为人们廉洁奉公、诚信守法的意识，使廉洁成为人们的一种道德信念、一种社会责任、一种文化自觉，具体落实到学习、工作和生活的实践中。

（四）廉洁文化的育人作用

廉洁文化作为非政治制度的组成部分，是一种软实力和软约束，在党风廉政建设和反腐败斗争中具有十分重要的作用。

1. 廉洁文化价值导向作用。文化对人们的思想观念、道德情操、社会意识具有导向作用。廉洁文化所包含的精神理念、价值取向、道德准则以"润物细无声"的渗透力和感染力浸润人的心灵殿堂，启迪、引导和熏陶人们养成崇廉尚廉的价值观。当前，社会利益多元化、价值多元化和文化多元化趋势日益明显。尤其是在文化领域，产生了频繁的文化分化与整合，出现了较为激烈的文化价值冲突，导致广大公众辨是非、知荣辱的价值判断能力削弱，人们普遍产生情感迷失、思想混乱、价值混沌。在社会转型中首先应该是思想成功实现转轨。混乱的思想需要一个明确的向导，以社会主义核心价值观为内核的中国特色社会主义文化应该成为思想上的航标。[1]社会主义廉洁文化作为先进文化、主流文化对引导社会形成"以贪为耻，以廉为荣"的价值观具有导向作用。通过廉洁文化传播和传承，寓廉洁正气于行动之中，促使社会成员在生活和工作中能正确区分行为的正当性和非正当性、合法性和违法性，引导社会成员准确辨识美丑，把握善恶，作出正确的判断和取舍，形成崇尚廉洁的社会意识和价值观念。

2. 廉洁文化的道德教化作用。《史记·三王世家》记载："传曰：'蓬生麻中，不扶自直；白沙在涅，与之俱黑'者，土地教化使之然也。"这喻指环境对事物的成长会产生"教化"作用。教化与教育无论是在手段上还是在效果上都有显著不同。教化把政教风化、教育感化、环境影响等有形和无形的手段加以综合运用，既正面灌输道理，又注意结合日常活动使公众在潜移默化中达事明理。一般认为，文化在人的社会化过程中能起到教化作用，能

---

〔1〕 参见谢春涛：《中国共产党如何反腐败》，新世界出版社2016年版。

塑造和培养人的情感、价值、习惯、行为。廉洁文化渗透于社会生活的方方面面，影响着社会成员的思想、情感和内心世界。我们可以通过开展寓教于文、寓教于理、寓教于乐的廉洁文化创建活动，不断地把理想信念、职业道德、社会公德、家庭美德等内容传播给社会，使人们自觉、不自觉地接受以廉洁为核心的价值观，从而使个人的道德情操、精神追求、思想认识得到全面提升，消除腐败文化的影响，剔除思想深处的消极成分，筑牢拒腐防变的心理防线，形成崇尚廉洁的思想观念和清正廉洁的健康人格。

3. 廉洁文化的社会净化作用。廉洁文化以社会主义核心价值体系为内核，以崇尚廉洁、抵制腐败为主要内容，体现了人们建设廉洁、文明、和谐的社会的共同愿望。廉洁文化犹如一股股清风，能清除社会肌体和人们思想中的贪欲观念，能清退社会环境中的贪腐习气，使人们接受清廉价值理念的文化教育和培养，形成崇廉尚廉的价值观念、思维模式、精神理念、道德准则，弘扬新风正气。大量事实证明，腐败的发生和恶化与腐败的社会环境存在着必然联系。一个社会如果充斥着人人想通过非法手段获取不正当利益的价值观念，并且将这种观念理解或默认为一种社会常态，那么这个社会就存在着腐败滋生的社会土壤。掌权者将公权私用看作"理所应当"，公众到处以拉关系、行贿赂、玩投机为谋利手段，社会就会被腐败风气侵蚀，人们就会养成用"权力的异化"来解决"异化的权力"的思维方式和行为方式。要铲除腐败滋生的社会土壤，需要通过廉洁文化建设，激发个体和社会的廉洁意识。廉洁心理、廉洁思维方式和行为方式的养成，使廉洁文化覆盖全社会的每个领域，形成反腐的文化效应场，引导公众对各种不廉洁的思想、价值观和行为进行抨击、监督，形成与腐败不相容的社会舆论环境，从而达到用廉洁文化武装社会思想领地、抢占道德至高阵地、净化社会风气的目的。

4. 廉洁文化的行为约束作用。制度经济学将制度分为正式制度和非正式制度。正式制度就是人们有意识建立起来的并以正式方式确定的各种制度安排；非正式制度是人们在长期社会生活中形成的习惯习俗、伦理道德、文化传统、价值观念和意识形态等对人们行为产生非正式约束的规则。腐败问题不仅需要正式制度、机制方面的制约，更需要来自文化方面的非正式制度的影响和制约。廉洁文化就是反腐倡廉的"软规则"，对于预防与惩治腐败具有重要的意义。与正式制度规范相比，廉洁文化则更注重内在的自觉和自省，以文化所特有的"润物细无声"的方式，引导、激励、感染并约束人们的行为。文化对人行为的约束与正式制度对人行为的约束相比具有两个优势：一是文化约束人的行为是基于认同而产生的自觉行为。文化对人价值观的形成是一种"温和式"的循循善诱，受众基于文化认同产生一种自觉的行动。而正式制度是通过权力强行推进的"压迫式"的强制引导，受众是迫于权威或权力而产生一种被动遵从的行动。二是文化对人行为的约束成本很低。正式制度对人行为的约束往往要通过权威的机构，通过执法人员的动态监控来确保约束对象遵守各项制度，因而维持人们遵守制度的成本较高。所以，廉洁文化建设对于防治腐败具有低成本、高效率的优势，是反腐倡廉的治本之策，对于反腐倡廉来说具有十分重要的意义。

二、廉洁文化建设

廉洁文化建设是廉洁文化社会化的过程，是指深入挖掘廉洁文化的丰富内涵并通过各种形式将它们表现出来，在全社会弘扬社会公德、职业道德、家庭美德和个人品德，营造廉洁氛围，让廉洁文化落实到人的精神、规章制度、行为方式、社会环境中，充分发挥廉洁文的教育导向功能、激励约束功能，培养人民群众的廉洁理念、价值观和意识，塑造全民廉洁自律行为，进而构建节俭、诚信、公平正义的美好社会。廉洁文化建设可以清除市场经济条件下一个人可能染上的利己主义、极端个人主义、拜金主义、功利主义观念和腐朽享乐的观念，引导他们自立自强、自律自信，注重洁身自好品德的修养，净化自己的心灵。通过廉洁文化建设可以抵制腐朽思想的侵袭，传承、发扬中华民族勤俭节约、艰苦奋斗的优良传统和美德，克服享乐主义和铺张浪费等不良行为。[1]新时期廉洁文化是在党风廉政建设和反腐败的实践中逐渐形成的，廉洁文化建设反过来又对反腐倡廉起着导向和支持作用。大力弘扬廉洁精神、廉洁观念、廉洁道德和廉洁纪律，可以提升国家机关及其工作人员的精神境界，深化他们的廉洁自律意识，自觉抵制腐败文化。与此同时，廉洁文化建设可以使每一个公民掌握廉洁知识，提高廉政监督水平，有力推进反腐败和党风廉政建设。

（一）廉洁文化建设的维度

按照中共中央《建立健全教育、制度、监督并重的惩治和预防腐败体系实施纲要》精神和中央纪委、中央宣传部等六部委《关于加强廉政文化建设的意见》要求，廉洁文化建设的主要任务是：根据不同社会群体的特点，本着分层次教育的原则，建设廉洁从政文化、廉洁从业文化、廉洁修身文化；根据家庭在廉洁文化建设中的特殊作用，建设廉洁家庭文化；根据不同文化形态在廉洁文化建设中的不同作用，建设廉洁精神文化、廉洁制度文化、廉洁行为文化和廉洁环境文化，不断完善与经济社会发展相适应的廉洁文化，努力构建当代廉洁文化体系。

1. 建设廉洁从政文化。廉洁从政文化建设的主体是为政者和公共事业管理者，是廉洁文化建设的关键。它以培育科学的理想信念为根本，以树立以人为本、执政为民的宗旨意识为目标，以倡导崇廉尚洁、弘扬风清气正的政治环境为重要内容，以增强党的执政能力、巩固党的执政地位为目的，其核心是为政者和公共事业管理者的价值观，表现为勤政为民的宗旨观、科学的发展观和正确的政绩观。近年来，党中央、国务院高度重视廉洁从政文化建设，采取了一系列政策措施，取得了一定的成效。但总体看，廉洁从政文化建设与党中央对反腐倡廉建设要求相比，还显得相对滞后，致使腐败文化滋生蔓延，腐蚀人们的心灵，败坏社会风气。少数为政者和公共事业管理者理想信念动摇、思想道德滑坡、价值观念扭曲，甚至走上了违纪违法道路。加强廉洁从政文化建设，就是要在为政者和公共事业管理者中扎实开展中国特色社会主义理论体系教育，使其牢固树立正确的世界观、人生观和价值观，打牢廉洁从政的思想政治基础；深入开展理想信念、党风党纪、宗旨意识教育，使其"行使权力就必须为人民服务、对人民负责并自觉接受人民监督，决不能把权力变成牟取个人或少数人私利的工具"。[2]牢固树立正确的权力观、地位观、利益观，不断提升社会管理和服务水平；大力加强从政道德建设，加强党性修养，弘扬优良作风，使其常修为政之德、常思贪欲之害、常怀律己之心，牢固树立以人为本、执政为民的从政宗旨和以廉行政、以贪为耻的道德人格。加强廉洁从政文化的宣传教育，把广大社会成员对反腐败事业的关注和热情调动起来，让广大社会成员参与到廉洁从政文化建设中来，使其有效监督公共权力的行使。加强廉洁从政制度文化、行为文化建设，加大惩处腐败分子的力度，规范从政行为，优化廉洁从政

环境，促使廉洁从政价值观念深入到每个为政者和公共事业管理者的心中，成为一种追求廉洁自律的内在精神信仰，并在这一信仰的作用下，切实做到为民、务实、清廉。

2. 建设廉洁从业文化。廉洁从业文化建设的主体是各行各业的从业人员，既包括国家公职人员，也包括企业、学校、医院等行业的从业人员。它以培育中国特色社会主义共同理想、树立社会主义荣辱观为目标，以倡导清廉勤俭、诚信守法、服务社会为重要内容，从而增强社会从业人员的廉荣贪耻观念，促进反腐倡廉氛围的形成。加强社会主义廉洁文化从业建设，就是要"深化政风、行风建设，开展道德领域突出问题专项教育和治理，坚决反对拜金主义、享乐主义、极端个人主义，坚决纠正以权谋私、造假欺诈、见利忘义、损人利己的歪风邪气"。同时，根据广大从业人员的岗位特点和工作实际，开展有针对性的廉洁文化的创建活动，使广大从业人员参与廉洁价值评判和监督，使行业反腐倡廉既成为政党行为、政府行为，也成为社会行为和公民行为，夯实廉洁文化建设的群众基础。在为政者和公共事业管理者中，加强廉洁从政文化建设，重点进行"立党为公、执政为民"教育，弘扬优良党风、政风，培育秉公用权、廉洁从政的价值理念；在公有制企业从业人员中，加强廉洁企业文化建设，重点进行"廉洁奉公、诚信经营、公平竞争"的教育，弘扬企业精神和敬业道德，培育诚信廉洁的价值理念；在非公有制企业从业人员中，加强廉洁经营文化建设，重点进行"诚信守法、廉洁从业、服务社会"教育，弘扬社会公德、职业道德，培育遵纪守法、诚实守信意识；在学校从业人员中，加强廉洁从教文化建设，重点进行"廉洁从教、严谨治学、学为人师、行为世范"教育，弘扬优良的师德师风和教风，培育"一切为了学生成长成才"的价值理念；在医院从业人员中，加强廉洁从医文化建设，重点进行"廉洁行医、德技双馨、诚信服务"教育，弘扬优良的医德医风，培育"以病人为中心"的价值理念；在农村从业人员中，加强廉洁农村文化建设，重点进行党的"三农"政策和法律、法规教育，弘扬文明新风，培育相信科学、反对迷信，爱护公物、履行义务的价值理念。同时，加强各职业阶层廉洁从业制度文化、行为文化和环境文化建设，规范和约束廉洁从业行为，让廉洁从业文化成为一种文化自觉和职业习惯，促进社会主义廉洁文化的发展。

3. 建设廉洁修身文化。廉洁修身文化建设的主体是全体社会成员。它以培育社会成员对廉洁的自觉追求为目标，以树立廉洁价值观和行为规范为主要内容，具体表现为社会成员按照廉洁的价值取向和道德标准，自觉地、不断地对自己的思想意识、廉洁品质进行积极主动的修正和修炼，使自己的思想符合社会价值标准。正所谓"欲廉洁、先修身"。修身是廉洁的前提和基础，只有通过修身，才能形成廉洁的道德品质；只有自我不断完善、不断升华，才能形成廉洁的价值取向和价值追求，才能做到洁身自好，"出淤泥而不染"。廉洁修身是中华民族的传统美德，在中国几千年的历史上，自先秦时期就萌生了廉洁修身思想，以之反抗腐败。我国古代的贤君明主和清官廉吏，无不重视廉政，把廉洁看作为政的根本和仕者的必修之德，"正以处心，廉以律己"。在社会价值观念多元化、腐败亚文化泛滥的情况下，建设社会主义廉洁修身文化就显得尤为重要。要通过加强社会主义廉洁修身文化建设，使为政者和公共事业管理者自觉加强党性修养和作风修养，秉持正义、廉洁奉公、勤政为民，弘扬清廉精神，自觉修身洁己，把廉洁修身作为一种文化自觉，塑造一个完美的自我，成为廉洁文化建设的组织者和积极促进者；使社会从业人员自觉加强职业道德修养，自觉按照廉洁标准反思自身，克服不正确的思想和行为，把廉洁作为自己应该遵循和追求的一种规范，一种应该奉行的道德标尺，弘廉拒贪、趋荣避耻，成为一个有理想、有道德、有文化、有纪律的社会主义公民，使青少年把"廉洁自律、修身正己"作为安身立业之本，传承廉洁修身思想，读廉书、知廉事、重廉行，自觉遵守社会道德规范和学生行为准则，明辨是非，激浊扬清，崇德尚廉，做一个志向远大、政治坚定、品德高尚、行为廉洁的社会主义事业的建设者和接班人。

4. 建设廉洁家庭文化。廉洁家庭文化建设的主体是家庭全体成员，它以"家庭助廉"、净化家庭环境、营造良好家风、培养清廉子女为主要内容，是廉洁文化建设的基础资源，是廉洁修身文化的重要载体。我国是一个重视家庭的国家，有着根深蒂固的家庭观念。传统的儒家文化把家庭视为不可分割的整体。家庭既是子孙繁衍、亲情维系的载体，也是家庭成员道德养成、健康成长的重要场所，同时也是家庭成员勤奋努力、实现人生价值的依托和归宿。这种传统观念虽然能够促进家庭成员不断加强道德修养，发愤图强，锐意进取，追求事业成功和家庭的荣耀，但封妻荫子、光宗耀祖的封建思想也影响着现代社会成员。有着良好家风的为政者和公共事业管理者，能够严格要求自己，慎独、慎权、慎微、慎利，掌权为民，为经济快速发展和社会全面进步尽职尽责。反之则一朝权在手，便利用自己手中的权力为自己、家庭、亲友谋取利益。尤其是一些"贪内助"，鼓励、纵容家人巧取豪夺，谋取非法利益，为家人走上违法犯罪的腐败之路起到了推波助澜的作用。加强社会主义廉洁家庭文化建设，就是根据家庭对其成员的归属感和影响力，传承和弘扬优良的传统家庭文化，开展丰富多彩的廉洁文化进家庭活动。通过廉洁家庭文化建设，教育引导家庭成员树立正确的家庭观，树立尊老爱幼、男女平等、夫妻和睦、勤俭持家、邻里团结的家庭美德，树立爱党爱国、崇廉勿贪的廉洁家风，培育以德治家、以廉养家的廉洁家庭文化。加强对为政者和公共事业管理者家属进行廉洁文化的教育和灌输，使他们懂得家庭助廉在维护家庭和谐稳定中的作用，做贤良廉洁、崇尚文明、遵纪守法的"内助"，拒绝腐败，远离腐蚀。开展"廉洁文明家庭""贤内助"评选，宣传、表彰助廉家庭典型，促进家庭成员之间相互教育、相互勉励、相互影响、相互监督，共同营造风清气正、文明清廉的家庭氛围。

5. 建设廉洁精神文化。廉洁精神文化是广大社会成员在社会实践中逐渐积淀形成的关于廉洁的思想观念、价值取向、道德准则等精神形态和认知体系，是廉洁文化的核心和灵魂。它顺应历史发展潮流，反映时代精神，体现着广大社会成员的根本利益，决定着廉洁文化建设的性质和方向。加强廉洁文化建设，必须加强廉洁精神文化建设。这就要求各级党组织和社会团体根据不同群体的思想特点和接受程度，进行有针对性的社会主义核心价值观教育，把社会主义核心价值观教育贯穿到廉洁文化建设的各个领域，融入廉洁教育的各个环节，以巩固马克思主义的指导地位，增强对中国特色社会主义道路的情感认同，树立以爱国主义为核心的民族精神和以改革创新为核心的时代精神，强化勤劳奋进、遵守秩序、诚信守法意识，提高辨别是非的能力，抵御各种不良社会思潮和腐败亚文化的影响和侵蚀。"大力弘扬一切有利于国家富强、民族振兴、人民幸福、社会和谐的思想和精神，大力发扬艰苦奋斗、劳动光荣、勤俭节约的优良传统。"加强道德建设，把培育廉洁价值理念与社会主义荣辱观、道德观教育结合起来，与传承和弘扬优良文化传统结合起来，普及道德知识和道德规范，引导社会成员知荣拒耻、修身正己，加强思想品德修养，树立高尚的道德品质和"敬廉崇洁"的道德观念。加强对社会成员进行社会主义廉洁文化的基本理念、基础知识、基本要求以及党的反腐倡廉理念的宣传教育，使其理解精神实质，把握基本特征，将学到的廉洁文化知识内化为自己的价值判断和价值标准，成为廉洁修身的精神力量。加强社会主义廉洁文化建设的理论研究，深入研究国际反腐倡廉和廉洁从业的思想观念；深入挖掘整理我国传统廉洁文化，汲取其精华，丰富社会主义廉洁文化建设的理论。

6. 建设廉洁制度文化。廉洁制度文化是廉洁文化建设的基础，是廉洁精神文化的表现形式。廉洁文化是一种观念、一种精神，对人的行为具有导向和软性约束作用；体现廉洁精神要求的规章制度是一种秩序、一种规范，对人的行为具有硬性约束作用。当硬性的制度约束和软性的文化约束共同发生作用的时候，人们会对刚性的制度要求产生敬畏感，按制度办事才能成为人们自觉自愿的行动，体现廉洁精神要求的各项规章制度才能得到有效的贯彻落实，才能使廉洁制度上升为廉洁制度文化。因此，加强廉洁制度文化建设，首先必须加强廉洁制度建设。这就要求各行各业、各社会团体把廉洁精神文化的价值理念与行动特点结合起来，与广大社会成员的利益要求结合起来，建立健全廉洁制度、廉洁行为准则和不同群体的行为规范，坚持用制度管权、管事、管人，深化重要领域和关键环节改革，最大限度减少体制障碍和制度漏洞，完善防治腐败体制机制，提高反腐倡廉制度化、法制化水平。其次，加强对廉洁的规章、法规、公约等的宣传教育，在廉洁制度、规范建立之前，除加强廉洁精神、廉洁价值理念的宣传教育外，还要对制度草案充分讨论，听取和吸收相关人员的意见。听取意见的过程，既是凝聚智慧的过程，也是宣传教育的过程。制度建立以后，把制度的意义、执行的要求在制度适用的范围进行广泛宣传，使各项制度的内容都广为人知，使社会成员树立制度第一、制度不可侵犯、不能侵犯的理念，提高遵守制度的自觉性，从而使遵守制度成为一种习惯，成为一种文化。最后，加强制度执行情况的监督检查，对不执行制度的违规违法违纪行为要给予惩处和纠正，维护规章、规范等廉洁制度的权威性，提高廉洁制度的执行力，不断增强社会成员执行制度的自觉意识，促进廉洁制度文化建设的不断加强。

7. 建设廉洁行为文化。廉洁行为文化是廉洁精神文化、廉洁制度文化和廉洁环境文化在人们行为上的具体体现，既具有环境文化的标识，又具有制度文化的规范，是廉洁理念的认同在社会成员言行举止上的具体可感的表现，是廉洁文化所倡导的价值观念、理想信仰、思想道德、生活观念等入脑入心的过程和外化，是廉洁文化建设中最直接、最广泛、最深刻的部分。从某种意义上说，有什么样的文化，就会有什么样的社会风气，就会有什么样的个体行为。因此，加强廉洁文化建设，就必须加强廉洁行为文化建设。这就要求各级党组织和各社会团体用廉洁的理念规范社会成员的行为，积极开展行业特色的廉洁文化创建活动。在党风建设上，突出党员的主体作用，抓好党的执政能力建设和先进性建设，弘扬党的优良作风，严格党的各项纪律；在政风建设上，突出为政者和公共事业管理者的工作特点，抓好勤政为民的公仆精神和廉洁奉公的自律精神的培育，大力推进政务公开，提高科学管理、依法管理、民主管理水平；在行风建设上，根据行业特点和从业人员实际，抓好职业道德的培育和养成，积极开展行风评议和监督，使其端正做人准则，规范自己的言行，抵挡腐败诱惑，不断提高自律意识和自我约束能力。开展廉洁承诺、服务承诺活动，按照廉洁自律要求，突出行业特色和个人工作特点，设岗定责，向单位或社会公开作出廉洁承诺，督促社会成员诚信守法、廉洁从业。在全社会开展创先争优活动，以党组织创先进带动所在单位创先进，以党员争优秀带动身边群众争优秀，以优良的党风带政风、促民风，使廉洁精神文化落实到社会成员的工作、学习和生活的具体行动中。充分发挥先进典型的榜样示范作用，在全社会开展"道德楷模""勤廉兼优先进个人""时代先锋""廉内助"以及不同岗位廉洁先进典型的评选表彰活动，引导社会成员学习先进典型的感人事迹，使其在潜移默化中自觉、不自觉地向先进典型看齐，规范自己的行为。"深化群众性精神文明创建活动，广泛开展志愿服务，拓展各类道德实践活动，倡导爱国、敬业、诚信、友善等道德规范，形成男女平等、尊老爱幼、扶贫济困、扶弱助残、礼让宽容的人际关系。"建立廉荣贪耻的道德评价机制和奖惩机制，鼓励和褒扬廉洁从业行为，抵制和克服违规从业行为，激发和培养社会成员正确的荣誉感和耻辱心，推动社会成员把外部的赏罚调控转变为个体内部的自我调控，促进社会主义廉洁行为文化的发展。

8. 建设廉洁环境文化。廉洁环境文化是社会主义廉洁文化的外部表现，是廉洁精神文化的外部表现形式，是廉洁文化建设的基础，反映了廉洁文化的品位格调以及社会成员对廉洁文化本身的认同归属和社会的整体评价，它能够使社会成员从感官上直接认知廉洁文化。从一定意义上讲，社会成员的廉洁价值理念和道德操守无一不体现着社会文化环境的渗透与影响。因此，加强廉洁文化建设，必须加强廉洁环境文化建设。这就要求整合各种教育资源，充分利用各种宣传舆论阵地和文化设施，宣传和传播廉洁文化。主要包括：一是加强廉洁文化的宣传引导。通过报刊、广播、电视、网络等宣传阵地，宣传党的反腐倡廉建设的理论、政策以及取得的巨大成就，增强人们战胜腐败的信心；宣传勤政廉洁的先进典型，引导人们学廉、倡廉、荣廉；宣传在廉洁文化创建中的好经验、好做法，调动社会各行各业开展廉洁文化建设的积极性。二是加强文化设施建设。充分发挥图书馆、博物馆、展览馆、纪念馆、群艺馆、文化馆、文化站、社区文化中心、教工文化活动中心等公共文化设施在传播廉洁文化中的作用。三是多渠道、多途径地拓展廉洁文化的载体领域。根据不同文化层次群体的艺术欣赏水平，创作反腐倡廉文艺作品，开展廉洁歌曲大家唱、反腐倡廉文艺汇演、廉洁书法展、廉洁文化作品征集活动，举办廉洁格言警句、公益广告、书法对联、故事短信征集活动，召开廉洁理论研讨会、报告会、讨论会，参观警示教育基地，编写廉洁文化通俗读本等，形成"人人参与、全民创建"的舆论和社会环境，增强活动的影响力、吸引力和渗透力。四是加强廉洁文化景观建设，采取安装廉洁灯箱、悬挂催人奋进的廉洁标语、竖立反腐倡廉名言警句警示教育牌等措施，增强廉洁宣传教育的直观性、灵活性。多途径、多渠道、多手段开展全方位、多层次的廉洁文化活动，营造良好的廉洁文化建设的社会文化环境和舆论氛围。

（二）廉洁文化建设的主要目标

廉洁文化是对传统廉洁文化的继承和发展，是反腐倡廉建设在社会先进文化上的反映。加强廉洁文化建设，既需要继承优秀传统廉洁文化观念，又要赋之以新的时代内涵；既需要思想观念的不断创新，又需要根据文化建设规律和人的思想变化规律促进其发展，从而使廉洁文化建设体现时代性、把握规律性、富有创造性。

1. 提高思想道德素质。思想道德素质是人们在工作、学习和生活中逐渐形成的比较稳定的思想观念、价值取向、道德修养和行为习惯等。它在每个人的成长中起着动力和保证作用。思想道德素质是公民综合素质中的核心素质。在廉洁文化建设过程中，要通过大力挖掘和宣扬良好的个人品德、家庭美德、职业道德和社会公德，引导全民树立"崇廉尊洁"的价值观。人民群众一旦形成了崇尚廉洁的价值观，就会传承勤俭节约的传统美德，养成健康文明的生活方式、正直诚实的行为习惯，知晓是非、荣辱和美丑。在工作和生活中，他就会洁身自好，有所为有所不为，妥善处理各种个人与他人、与集体、与国家的利益关系，适时化解利益矛盾和冲突，形成团结和谐的社会氛围。

2. 增强廉洁自律意识。廉洁自律是廉洁文化的应有之义，而增强公民廉洁自律意识是廉洁文化建设的重要目标。廉洁是一种精神信仰和道德境界，公民一旦具有这种信仰，他就能分清是非美丑，提高自身的免疫能力；也就相当于在内心深处构筑了一道高墙，将奢侈腐败这些丑恶现象拒之门外。在面临各种诱惑时，他也能够将廉洁文化的价值理念转化为自觉的行为习惯，做到严于律己，自觉抵制拜金主义、享乐主义意识的侵蚀。尤其是对于党政领导干部，当他们一个人在无人知晓、缺乏监督的情况下，廉洁自律意识的作用更加明显：做到慎独自处、洁身自好、谨慎不苟，用党纪国法自觉规范自己的一言一行。通过开展各种廉洁文化创建活动，可以增强全体公民的尚廉耻贪观念和诚信守法意识，并且将这种意识转化为一生的行为方式。

3. 营造风清气正氛围。社会文化氛围对于一个人的心理和行为的影响是至关重要的。加强廉洁文化建设，充分发挥廉洁文化教育人、引导人的作用，调动广大社会成员积极参与廉洁文化建设的积极性，形成以廉为荣、以贪为耻的社会文化氛围，使广大公民在崇廉尚洁的文化环境中提升道德素质，增强道德判断力和荣誉感，自觉抵制腐朽文化的侵蚀。通过廉洁文化创建活动，让廉洁文化进机关、进社区、进校园、进农村、进企业、进家庭，通过社会各方面的共同努力，使廉洁意识内化为广大公民的思想准则和道德准绳，外化为公民自觉的廉洁实践，在全社会形成廉荣贪耻的社会文化环境。

三、新时代廉洁文化建设的理论与实践

党的十八大以来，以习近平同志为核心的党中央从实现中华民族伟大复兴宏伟梦想出发，对系统治理腐败的实践经验进行了科学的总结并提出了一系列逻辑缜密、内涵丰富、环环相扣、系统完整的新论断、新观点、新要求，深刻而又全面地解答了新时代深入推进反腐倡廉的重大理论和实践问题，进而有力地推动了系统治理腐败实践的纵深化发展，在丰富党风廉政建设和反腐败斗争理论的同时拓展了中国特色社会主义反腐倡廉实践。

（一）新时代廉洁文化建设的新举措

新时代继续深化改革开放，以中华民族伟大复兴中国梦为引领，开启了中国现代化建设的新征程，同时，坚定不移把党风廉政建设和反腐败斗争引向深入，创造了反腐斗争新篇章。新时代的廉洁文化建设是对中国共产党党风廉政建设和反腐败理论的继承和发展，提出了许多廉洁文化建设的新思想、新理念，将廉洁文化建设理论提高到一个新的高度，对廉洁文化建设问题进行了更为深刻的理论阐述。

1. 党风廉政建设和反腐败斗争。习近平总书记认为："反对腐败、建设廉洁政治，保持党的肌体健康，始终是我们党一贯坚持的鲜明政治立场。党风廉政建设，是广大干部群众始终关注的重大政治问题。"[1] 为此，我们必须站在反腐倡廉事关党和国家生死存亡的政治高度，更加自觉地把坚决反对腐败和建设廉洁政治摆在更加突出、更加重要的位置，以强烈的历史责任感和深沉的使命忧患感对新时代反腐倡廉建设进行系统部署，以不断开创反腐败斗争新局面、新境界。也只有站在攸关党和国家生死存亡的政治高度深刻理解、把握反腐倡廉的重大意义，才能在同腐败进行坚决斗争的过程中维护和提升党的纯洁性，进而经受

---

〔1〕《十八大以来重要文献选编》（上），中央文献出版社2014年版，第81页。

"四大考验"、克服"四大风险"。[1]因而，必须要对反腐倡廉保持高度的文化自觉和历史自觉，把卓有成效地深入推进腐败治理实践作为新形势下我们党必须抓好的重大政治任务，在久久为功的反腐倡廉实践中不断提升党自我净化、自我完善、自我革新、自我提高的能力。这就要求必须以零容忍态度惩治腐败、坚决遏制腐败现象蔓延势头。从十八大以来以零容忍态度查处腐败案件产生的社会效果来看，全党、全社会深刻地感知到以习近平同志为核心的党中央坚决铲除腐败的决心和意志，起到了让任何人都不敢低估党雷霆反腐败的坚强意志、都不会对违纪违法行为心存侥幸的震慑性效果。因而要使坚定不移惩治腐败的誓言不落入"空心化"和"虚化"的泥潭，就必须以零容忍态度惩治腐败。做到无论什么人、不管其职位高低，在触犯党纪国法后必然受到严厉惩处的。可以说，在坚决贯彻以零容忍态度惩治腐败的策略之外并没有其他选择。

2. 坚持"老虎""苍蝇"一起打。在防治腐败问题上，不管是名不见经传的"苍蝇"还是位高权重的"老虎"，都是侵蚀党和国家健康肌体的蛀虫，都必须受到党纪国法的严厉惩处。对于那些发生在位高权重的高官之中的大案、要案，要依法严厉查处，也只有不姑息、迁就那些有背景、有能量、有靠山的大"老虎"并一打到底，才能真正彰显党纪国法的权威和党中央坚决治理腐败的决心。但是，如果不采取有力的措施解决发生在群众身边、损害群众切身利益的腐败问题，就会使人民群众看不见、享受不到党风廉政建设和反腐败斗争的巨大成果，而把治理腐败视为与己无关的事情，因而也要依法坚决惩治那些损害群众切身利益的"苍蝇"。习近平在十八届中央纪委二次全会上指出，"要坚持'老虎''苍蝇'一起打"，就是既坚决查处大案要案，严肃查办发生在领导机关和领导干部中的滥用职权、贪污贿赂、腐化堕落、失职渎职案件，又要着力解决发生在群众身边的腐败问题，严肃查处损害群众利益的各类案件，切实维护人民合法权益，努力做到干部清正、政府清廉、政治清明。之所以在防治腐败问题上提出"老虎""苍蝇"一起打的新理念，就是因为看到了"老虎""苍蝇"的蛀虫本质以及"老虎""苍蝇"狼狈为奸、蝇营狗苟的勾结关系。因而唯有切实做到反腐败全覆盖并以横无死角、纵无禁区的要求斩断"老虎""苍蝇"进行利益交换和输送的所有链条，才能呈现出全面从严治党与深入推进腐败治理实践良性互动的总体性成效。[2]与此同时，还必须用好巡视这把反腐利剑。党的十八大以来，以习近平同志为核心的党中央把巡视工作摆在反腐倡廉建设战略部署中更加突出的位置，高度重视通过巡视制度建设促进党风廉政建设和反腐败斗争问题的解决，巡视覆盖面不断扩大、巡视频度不断提高、巡视形式不断创新、巡视震慑作用充分发挥、巡视成果有效运用，尤其是巡视工作中的问题导向意识即只论问题、不说成绩的观念有力地促进了党风廉政建设和反腐败斗争效率的提高。

3. 把权力关进制度的笼子里。加强制度建设、依靠制度反腐既是以习近平同志为核心的党中央领导集体的共识，也是对我们党长期执政条件下反腐倡廉建设经验的深刻总结。滥用权力、以谋取私利的腐败实质决定了反对腐败的关键在于制约和规范权力，而制度本身所具有的刚性特点决定了通过加强反腐倡廉制度建设可以有效规范权力的运行，进而防止权力异化，所以依靠制度反腐、把制度建设贯穿于反腐倡廉建设全过程成为遏制腐败蔓延势头和

---

[1] 参见何增科：《腐败防治与治理改革》，吉林人民出版社2009年版。
[2] 参见谢春涛：《中国共产党如何反腐败》，新世界出版社2015年版。

构建干部清正、政府清廉、政治清明的良好政治生态的必然选择。可以说，依靠制度惩治和预防腐败是推进党风廉政建设和反腐败斗争的基本路径，要不断加强反腐倡廉法规制度体系建设而为更好地运用法治思维和法治方式反对腐败提供制度保障，要不断扎牢制约和监督权力运行的制度藩篱、堵塞腐败现象滋生蔓延的制度漏洞而最大限度地避免"牛栏关猫"式反腐倡廉制度的反腐防腐功能被"虚化"，进而使反腐倡廉法规制度体系扎得牢、行得通、走得远、织得密、管得住，取得切实将权力关进务实管用的制度铁笼子里的良好效果。

4. 筑牢拒腐防变的思想道德防线。要大力加强反腐倡廉教育和廉政文化建设，坚持依法治国和以德治国相结合，要使党员领导干部战胜围绕在身边的诸多诱惑和陷阱并始终保持坚定、廉洁、自律的本色，就必须要自觉地运用思想政治教育的重要法宝来加强对其党性品格的锤炼，因而要在推动反腐倡廉教育落细落小落实上下功夫，让党员领导干部在经过廉洁之风的熏染和陶冶后能够确立坚守廉行、鞭挞贪腐的价值理念，能够在各种贪腐诱惑和陷阱面前始终做到严以修身、严以用权、严以律己。党的十八大以来，以习近平同志为核心的党中央领导集体运用马克思主义的立场、观点、方法剖析、透视我国反腐倡廉建设现状，并从推进中国特色社会主义现代化建设的战略高度对反腐倡廉建设进行整体部署，与时俱进地将马克思主义反腐倡廉理论与新形势下我国的反腐倡廉实践有机结合，形成了一系列既根植于反腐倡廉实践土壤之中又为反腐倡廉实践提供指导的重大理论观点。[1]可以相信，坚定不移地以习近平廉洁文化理论指导深化和拓展中国特色反腐倡廉道路的前景必定无比光明。马克思、恩格斯、列宁以及中国共产党历代领导人站在唯物史观的高度对反对腐败、建设廉洁政治这一重要问题都作出了深邃而缜密的论述，在久久为功的反腐倡廉理论和实践探索中揭示了反腐败的规律遵循、马克思主义政党以及社会主义政治的廉洁本质，阐释了社会主义廉洁政治的重大价值并形成了社会主义廉洁政治建设的基本经验，而系统研究、深刻理解、科学把握马克思主义关于反对腐败、建设廉洁政治的重要理论观点在不同历史时期对中国特色廉洁文化建设都产生了积极的推进和指导作用，因而以马克思主义理论武装起来的中国共产党在推进中国特色廉洁文化建设的过程中必须始终坚持马克思主义廉洁文化理论的实践指南原则。[2]中国共产党在领导人民奋力实现"两个一百年"奋斗目标的进程中必须将始终保持我们党的生命力、凝聚力和战斗力作为廉洁文化建设的基本目标和要求以及取得中国特色社会主义现代化建设胜利的基本条件和保障，而以马克思主义廉洁文化理论为指导推进中国特色廉洁文化建设、净化政治社会大生态的道路选择正是保证我们党完成历史和时代赋予的历史使命的需要，所以不断取得中国特色廉洁文化建设胜利必须永远高举马克思主义廉洁文化理论旗帜。

（二）新时代廉洁文化建设的新构想

加强廉洁文化建设不仅要坚持正确的指导原则，建立科学的体制机制，更要努力探索正确的方法路径，从而保证廉洁文化建设走上经常化、制度化、规范化的轨道。

1. 完善"大思政"工作格局，形成廉洁文化教育合力。加强廉洁文化教育需要坚持党委统一领导，发挥纪委组织协调作用，注重相关部门协调配合。加强和改进党对文化工作的领导是推进文化改革发展的根本保证，也是加强党的执政能力建设和先进性建设的内在要

---

〔1〕　参见张英伟主编：《中国反腐倡廉建设报告》，社会科学文献出版社 2016 年版。

〔2〕　参见杨长青：《领导干部权力监督研究》，中央文献出版社 2003 年版。

求。反腐倡廉宣传教育是各级党委的重要职责。各级党委要把廉洁文化教育摆上党委议事日程并作出总体规划，从组织、人员、经费等方面给予支持和保障，以确保廉洁文化教育的健康发展。主要领导要亲自抓，分管领导要具体抓。把廉洁文化建设工作与其他业务工作一起动员部署，一起督促检查，一起考核评比，将廉洁文化建设切实摆到重要位置。各级纪委要切实履行职责、争取领导、协调各方，指导下属，调动和发挥各方面抓廉洁文化建设的积极性和创造性。要正确引导人民群众积极参与，不断扩大廉洁文化教育的覆盖面。党政工团各部门特别是宣传、教育、文化、广播电视、新闻出版等部门，要充分发挥自身优势，为廉洁文化的不断发展尽职尽责。

廉洁文化教育要形成强大合力，面向全社会开展廉洁文化教育，以培养全民的政治责任感、法律意识和公民意识，积极倡导健康文明的生活方式，营造文明、清廉、高尚的社会风气。要把思想教育、纪律教育、社会公德和法制教育结合起来，扎实推进廉洁文化进机关、进学校、进企业、进农村、进社区、进家庭，增强全社会的反腐倡廉意识，形成以廉为荣、以贪为耻的良好社会风尚。要把廉洁文化教育与职业道德教育结合起来，把廉洁奉公、诚实守信、公道正派、为人民服务等廉洁文化内容纳入职业道德教育和培训中，促使人民群众恪守职业道德，养成良好的职业习惯，促进党风、政风和社会风气健康协调发展。

2. 根植于现实生活，加强廉洁理念文化建设。通过创建文明社区（村）、平安社区（村）、"五好文明家庭""廉洁家庭"，将廉洁文化建设融入社区公共服务、社会主义新农村建设、家庭日常生活之中，以建设乡镇文化阵地、社区（村）文化园地，营造良好的家风为廉洁文化建设的切入点，依托社区廉洁文艺演出、农村廉洁故事会、家庭读书助廉等廉洁文化活动，增强人民群众的公德意识和民主法治意识，推动廉洁理念文化的深入传播，在潜移默化、无声无息中孕育人们廉洁的意识和态度。把廉洁文化融入学校的课堂教学、文体活动、校风学风建设之中，积极创设廉洁理念文化氛围，使各类学生树立起以廉为荣、以贪为耻的思想观念。将廉洁文化与企业氛围营造、企业精神塑造相结合，通过开展丰富多彩、灵活多样的廉洁文化宣传活动，着力培养企业职工的职业道德、社会公德和个人品德，促使其树立起正确的人生观、价值观和道德观。按照"为民、务实、清廉"的要求，以创建学习型机关和服务型机关为切入点，通过廉政谈话、干部学习培训、机关廉洁文娱活动、法庭庭审旁听等多种教育形式，强化党员干部的从政道德、职业操守和作风修养，营造机关廉洁理念文化氛围，保持干部清正廉洁和提高拒腐防变能力。

3. 健全法规制度，加强廉洁制度文化建设。加强廉洁制度文化建设必须确保法规制度具有强烈针对性、科学性、廉洁性和合理性，使其能更加充分地发挥"制度反腐"的作用。一是健全和完善惩治性的法规制度，建设好具有威慑力的廉洁制度文化。严格按照《刑法》《中国共产党纪律处分条例》等的规定，严肃惩处腐败分子，加重对行贿人的惩处，依法没收其不当所得。加大对腐败行为的经济处罚力度，追缴非法所得并处以高额罚金，营造强力治贪、重拳打击的反腐高压态势。二是制定和完善激励性预防腐败的法规制度体系，建设好具有激发力的廉洁制度文化。进一步完善公职人员的薪酬制度，逐步提高公职人员的工资收入水平，体现出激励效应。探索实行房改、车改等其他福利制度的改革。积极推行公职人员"财产申报制度"，将个人、配偶及共同抚养子女的财产申报扩展到每一个公权力的行使者。加大财产申报情况公示力度。三是建立和健全约束性的预防腐败的法规制度体系，建设好具有强力监督、引导功能的廉洁制度文化。通过制定新闻法、监督法等法规制度，强化舆论媒体、社会团体和广大民众的监督。充分发挥新闻媒体的监督和引导作用，不断加强媒体在引导社会舆论、报道事实真相、弘扬浩然正气、揭露腐败现象、监督权力行使等方面的突出作用。大力加强国家征信体系建设，完善社会信用制度，进一步强化诚信守法的理念，将廉洁、诚实、守信的信仰扎根于每一个民众的心中。

4. 打造人文环境，促进廉洁文化建设。要以人为本，做到理解人、尊重人、关注人的现实和需要，深度发掘、有效利用廉洁物质文化的吸引力和说服力，推进廉洁物质文化建设。一是围绕人文精神建设廉洁文化普及基地。有效整合红色革命遗址、历史纪念馆等场馆的营造力和影响力，充分发挥廉洁文化普及基地的教育引导作用。二是彰显生活气息，打造廉洁景观。结合历史文化名人、清廉官吏、贤福名臣的故居、成长地、工作地，着力打造廉洁主题公园，将深厚的文化积淀、浓郁的人文气息与廉洁的主题特色紧密地结合起来。按照社区、村舍的地理条件和环境特点建立起各具特色的廉洁文化广场以及廉洁雕塑、廉洁长廊、廉洁亭阁、廉洁灯箱等人造景观，将廉洁文化的传播与广大民众的日常生活、娱乐休闲结合起来，充分发挥廉洁景观隐性的感化作用。三是大力举办群众性廉洁文化活动。通过举办廉洁文化活动节、廉洁主题讲坛、廉洁文化展览、案例警廉、竞赛知廉、评先倡廉、承诺守廉、述职评廉、谈话促廉、家庭助廉、演讲比赛等活动，旗帜鲜明地弘扬清正廉洁、诚实守信的社会风尚，使廉洁文化的触角不断延伸，廉洁文化的基础不断稳固，廉洁文化的认同不断深化。四是紧扣时代主题，加强廉洁文艺作品的创作。编辑出版发行廉洁刊物、廉洁书籍以及适合各类人群阅读的廉洁故事、廉洁漫画等出版物，开辟报纸专栏、杂志专刊、网站专版，拍摄专题微电影、动漫、廉洁公益广告，创作廉洁地方戏剧、舞台剧等，让廉洁文化在文艺作品的创作和演绎中不断丰富、升华、扩散。五是不断创新廉洁文化载体，大力提高廉洁文化传播能力。在不断赋予传统媒体新的内涵和要求的同时，打造技术先进、传输快捷、覆盖广泛的廉洁文化传播手段，大力推动传播手段和方式方法创新，抓好互联网、微信、微博、手机软件等新兴媒体的运用和管理，使之成为廉洁文化传播的新载体。充分发挥多种廉洁文化传播平台的作用，大力弘扬廉洁文化，坚决抵制庸俗、低俗、媚俗的腐朽文化，努力营造人人思廉、人人保廉、人人促廉、人人反贪的良好舆论环境，不断推动社会主义廉洁文化的建设和发展。

第二节　廉洁奉公

"廉者，政之本也。"廉洁从政、秉公用权是党和国家的光荣传统与优良作风。廉洁奉公，明大德、守公德、严私德，清清白白做人，干干净净做事，是国家公职人员的任职原则与基本道德操守。廉洁与腐败根本对立，旗帜鲜明地反对腐败是倡廉建设的必由之路。

一、腐从贪起

（一）依规治贪

案例：曹某，党员，某国有集团公司党委副书记。该集团公司旗下有一家五星级酒店，曹某曾担任该酒店总经理。曹某担任集团公司副书记后，该酒店常年给曹某供送新鲜蔬菜、水果，并提供一些劳务服务。曹某从未给该酒店支付任何费用，其家中购买的少量物品也在宾馆中报销（合计 1.5 万余元）曹某还长期借用该酒店一辆丰田 SUV，供个人使用。

法律分析：

曹某作为国有企业领导人，其多项行为违反《中国共产党纪律处分条例》的规定。其无偿接受酒店提供的蔬菜、水果以及劳务服务，属于"无偿、象征性地支付报酬接受服务、使用劳务"的行为；家中购买的一些物品在宾馆报销，属于"利用职权或者职务上的影响，将本人、配偶、子女及其配偶等亲属应当由个人支付的费用，由下属单位、其他单位或者他人支付、报销"的行为；长期借用酒店汽车，属于"利用职权或者职务上的影响，违反有关规定占用公物归个人使用，时间超过六个月"的行为。上述违纪行为应当并罚。

关联条文：《中国共产党纪律处分条例》第 101 条、第 102 条。

法治贴士：

党内法规体系是中国特色社会主义法治体系的重要组成部分。党内法规体系是以党章为根本，以民主集中制为核心，以准则、条例等中央党内法规为主干，以部委党内法规、地方党内法规为重要组成部分，由各领域、各层级党内法规组成的有机统一整体。

为了推进全面依法治国，实现国家监察全面覆盖，深入开展反腐败工作，2018 年 3 月 20 日第十三届全国人民代表大会第一次会议通过了《监察法》。《监察法》的颁布实施，与以党章为统领的党内法规衔接互动，构建了集中统一、权威高效的国家监察体系。通过法律把党对反腐败工作的统一领导机制固定下来，为加强党对反腐败工作的统一领导提供了坚强法治保障。

古今中外腐败治理的经验表明，腐败是几乎无法根除的权力"副产品"，但如果能够做好前端预防工作，便能够较好地遏制腐败的蔓延与恶化。党纪是我国长期探索形成的管理党员干部的有力政治武器，党纪的要求严于国法的规定，将党纪挺在国法之前，有助于起到预防公职人员违法犯罪的作用，这对于当下反腐败而言至关重要。依靠党内法规预防、引导、推进反腐，是党长期以来积累的资源优势。用党纪管住绝大多数人，从政治思想上塑造"不愿腐"的良好修养，从组织纪律上建构"不能腐"的防范机制，与《监察法》相配合所形成的反腐合力的效果突出。

党内法规与《公务员法》《监察法》《刑法》等法律之间具有相互衔接补充的关系。治理党员干部问题优先适用党内法规，让纪律适用于法律之前，解决大多数违纪问题。但党员干部兼具党员和公职人员双重身份，决定了党纪问责与公务追责遵循的是两条相对独立的路线，不能以党纪问责代替公务追责。党员干部因公务违法在受到纪律处分之后，并不影响其法律责任的追究，更不可能免除其法律责任。对于一般违规或违纪问题，适用党内纪律处分即可。例如，违规发放补贴、公车私用、违规宴请等。对于职务违法行为，在适用违纪处分的同时依据《监察法》《公职人员政务处分暂行规定》等适用政务处分；对于职务犯罪行为，适用违纪处分的同时依据《刑法》追究刑事责任。

（二）依法惩贪

案例：李某，原某县财政局经济建设股股长。2006 年 10 月至 2010 年 12 月，李某利用管理该县基本建设专项资金的职务便利，采取套用以往审批手续、制作假银行对账单等手段，骗取基建专项资金共计人民币 9400 万元。李某用赃款为其本人及家人办理了移民新加坡的手续，并在新加坡购置房产及投资。2011 年 2 月，公安部向国际刑警组织请求对李某发布红色通报，并向新加坡国际刑警发出协查函。2011 年 3 月初，新加坡警方拘捕李某，并冻结李某夫妇转移到新加坡的涉案财产。2015年3月3日，X市中级人民法院适用违法所得没收程序作出一审裁定，没收李某违法所得。经过国际司法协助程序，新方将扣押的李某夫妇名下共计540余万新加坡元涉案财产全部返还中方。公安部依法吊销李某全家4人中国护照并通知新方。新方取消李某全家4人的永久居留权，并于2015年5月将李某遣返。2017年1月23日，X市中级人民法院以贪污罪判处李某无期徒刑，剥夺政治权利终身，并处没收个人全部财产。

法律分析：

李某身为国家工作人员，利用职务便利骗取基建专项资金，其行为构成贪污罪。因李某贪污数额特别巨大，该案件属于贪污犯罪重大案件。因其潜逃境外，根据《刑事诉讼法》的规定，对于贪污贿赂犯罪、恐怖活动犯罪等重大犯罪案件，在通缉1年后不能到案的，人民检察院可以向人民法院提出没收违法所得的申请。人民法院依申请启动犯罪嫌疑人、被告人逃匿、死亡案件违法所得的没收程序，经审理查证属实，依法裁定没收其违法所得。

关联条文：《刑法》第382条、第298条。

法治贴士：

贪污罪，是指国家工作人员利用职务上的便利，侵吞、窃取、骗取或者以其他手段非法占有公共财物的行为。

根据《刑法》第93条的规定，"国家工作人员"是指在国家机关中从事公务的人员，国有公司、企业、事业单位、人民团体中从事公务的人员和国家机关、国有公司、企业、事业单位委派到非国有公司、企业、事业单位、社会团体从事公务的人员，以及其他依照法律从事公务的人员，以国家工作人员论。受国家机关、国有公司、企业、事业单位、人民团体委托管理、经营国有财产的人员，以及国有公司、企业或者其他国有单位中从事公务的人员和国有公司、企业或者其他国有单位委派到非国有公司、企业以及其他非国有单位从事公务的人员，也可以成为贪污罪的主体。一般公民与具备贪污罪主体身份的人员勾结，伙同贪污的，构成贪污罪共同犯罪。

贪污犯罪利用职务便利贪污公共财产的行为在侵犯公共财产权的同时，还侵犯了公职人员职务行为的廉洁性。"利用职务上的便利"是指利用职务上主管、管理、经营、经手公共财物的权力及方便条件，既包括利用本人职务上主管、管理公共财物的职务便利，也包括利用职务上有隶属关系的其他国家工作人员的职务便利。利用职务上的便利非法占有公共财物的手段包括侵吞、窃取、骗取和其他手段。"侵吞"，是指将自己因为职务而占有、管理的公共财物据为己有或者使第三者所有。"窃取"，是指利用职务上的便利，将他人占有的公共财物转移给自己或者第三人占有。"骗取"，是指假借职务上的合法形式，采取欺骗手段，使具有处分权的受骗人产生认识错误，进而取得公共财物。其他手段与上述手段的共同特征是利用职务之便，将公共财物转移为行为人或第三者不法占有。

2016年4月18日发布的《最高人民法院、最高人民检察院关于办理贪污贿赂刑事案件适用法律若干问题的解释》规定，贪污数额在3万元以上不满20万元的，应当认定为"数额较大"；贪污数额在20万元以上不满300万元的，应当认定为"数额巨大"；贪污数额在300万元以上的，应当认定为"数额特别巨大"。具有下列情形之一的，属于有"其他较重情节"：①贪污救灾、抢险、防汛、优抚、扶贫、移民、救济、防疫、社会捐助等特定款物的；②曾因贪污、受贿、挪用公款受过党纪、行政处分的；③曾因故意犯罪受过刑事追究的；④赃款赃物用于非法活动的；⑤拒不交待赃款赃物去向或者拒不配合追缴工作，致使无法追缴的；⑥造成恶劣影响或者其他严重后果的。

贪污数额较大或者有其他严重情节的，处3年以下有期徒刑或者拘役，并处罚金。贪污数额巨大或者有其他严重情节的，处3年以上10年以下有期徒刑，并处罚金或者没收财产。贪污数额特别巨大或者有其他特别严重情节的，处10年以上有期徒刑或者无期徒刑，并处罚金或者没收财产。贪污数额特别巨大，并使国家和人民利益遭受特别重大损失的，处无期徒刑或者死刑，并处没收财产。犯贪污罪数额特别巨大，并使国家和人民利益遭受特别重大损失，被判处死刑缓期执行的，人民法院根据犯罪情节等情况可以同时决定在其死刑缓期执行二年期满依法减为无期徒刑后，终身监禁，不得减刑、假释。

为严厉打击贪污贿赂等职务犯罪，对犯罪所得及时采取追缴措施，2012年我国修改《刑事诉讼法》的时候，增加了犯罪嫌疑人、被告人逃匿、死亡案件违法所得的没收程序。为有效应对《联合国反腐公约》中资产返回机制，2018年《刑事诉讼法》再次修改，在总结之前违法所得没收程序的司法实践经验基础上，增设了刑事缺席审判制度。《联合国反腐公约》第57条第3款规定："（1）……被请求缔约国应当在依照第五十五条实行没收后，基于请求缔约国的生效判决，将没收的财产返还请求缔约国……"刑事缺席审判的生效判决为国际追逃、追赃提供了条约依据。同时刑事缺席审判制度对于促进反腐败国际追逃工作，给外逃的犯罪分子及时作出法律上的否定评价，彰显法治权威，维护国家和社会公众利益，有着重要的意义。

（三）公职人员财产申报

案例： 任某，曾任某国有矿业有限责任公司董事长、总经理。因严重违纪被免职后因病死亡。经查，在任某任职期间，任某及其亲属名下的财产和支出共计人民币近3100万元，还有珠宝、黄金、字画、手表等物品155件。其中，任某的合法收入以及其亲属能够说明来源的财产为人民币1835万余元，物品20件。任某的亲属对扣押、冻结在案的其余1265万余元及132件物品不能说明来源。经人民检察院申请启动违法所得没收程序后，2017年7月25日，人民法院公开审理并依法裁定没收任某的上述违法所得。

法律分析：

任某在纪检监察机关对其涉嫌严重违纪违法问题线索调查期间因病死亡，虽然依法不再追究其刑事责任，但也应查明其涉嫌犯罪的事实，依法追缴违法所得与其他涉案财产。通过对任某本人及其转移至亲属名下的财产情况、其合法收入与家庭支出情况的重点审查，相关利害关系人无法说明上述财物的合法来源。该财物应当认定为任某犯巨额财产来源不明罪的违法所得，依法予以没收。

关联条文：《刑法》第395条。

法治贴士：

巨额财产来源不明罪，是指国家工作人员的财产、支出明显超过合法收入，差额巨大，不能说明来源的行为。根据《刑法》第395条的规定，国家工作人员的财产、支出明显超过合法收入，差额巨大的，可以责令该国家工作人员说明来源，不能说明来源的，差额部分以非法所得论。根据相关立案标准，差额巨大指数额在30万元以上。

巨额财产来源不明罪入刑之后，因其法定刑相对低于其他贪污贿赂犯罪的法定刑，曾备受质疑，被认为无法有效吓阻贪污贿赂犯罪，反而成为犯罪嫌疑人拒不交代的侥幸心理支撑。一些犯罪嫌疑人案发后拒不说清巨额财产的来源，因为不明财产越多，就意味着贪污受贿数额越少，这使得巨额财产来源不明罪在一定程度上成为某些犯罪嫌疑人面临法律制裁时的"挡箭牌""救生圈"。然而，从法治角度看，巨额财产来源不明罪恰恰是在法治框架内规制贪污贿赂犯罪的有效立法补充。站在法治立场上，任何犯罪都必须依法查证属实，贪污贿赂犯罪也是一样，不能把未经查证或无法查证的财产数额计算到贪污贿赂财产数额之内，否则即违反罪刑法定原则。因此，巨额财产来源不明罪本质上是一个兜底性罪名，在监察机关无法通过确实的证据将犯罪嫌疑人的巨额财产认定为贪污贿赂所得时，立法基于公职人员职务廉洁性的要求，将说明其来源合法规定为犯罪嫌疑人的法定义务，在法治框架内弥补了贪污贿赂犯罪可能存在的漏洞。

巨额财产来源不明犯罪案件中，犯罪嫌疑人因死亡不能对财产来源作出说明的，应当结合其近亲属说明的来源，或者其他利害关系人主张权利以及提供的证据情况，依法认定是否属于违法所得。已死亡人员的近亲属或其他利害关系人主张权利或说明来源的，应要求其提供相关证据或线索，并进行调查核实。没有近亲属或其他利害关系人主张权利或说明来源，或者近亲属或其他利害关系人虽然主张权利但提供的证据没有达到相应证明标准，或者说明的来源经查证不属实的，应当依法认定为违法所得，予以没收。违法所得与合法财产混同并产生孳息的，按照比例计算违法所得孳息，没收违法所得时一并没收。

公职人员财产申报制度被誉为"阳光法案"，是公认的反腐利器。2017年4月，中共中央办公厅、国务院办公厅印发了新修订的《领导干部报告个人有关事项规定》，同时印发了《领导干部个人有关事项报告查核结果处理办法》。根据新规定，须报告个人有关事项的领导干部包括各级党的机关、人大机关、行政机关、政协机关、审判机关、检察机关、民主党派机关中县处级副职以上的干部，参照《公务员法》管理的人民团体、事业单位中县处级副职以上的干部，未列入参照《公务员法》管理的人民团体、事业单位的领导班子成员及内设管理机构领导人员、中央企业领导班子成员及中层管理人员，省（自治区、直辖市）、市（地、州、盟）管理的国有企业领导班子成员，以及上述范围中已退出现职、尚未办理退休手续的人员。报告事项包括婚姻、财产、住房、理财产品等涉及家产、家事的16项内容。规定同时要求，每年1月31日前集中报告一次，并对报告内容的真实性、完整性负责，自觉接受监督。《领导干部报告个人有关事项规定》在考验领导干部对党和人民忠诚、促进领导干部廉洁自律方面发挥了重大作用，成为强化领导干部监督管理的重要手段。

二、公私分明

（一）挪用公款公物

案例：陈某，某公立学校财务处出纳。2020年4月30日，陈某将其保管的28万元公款用于购买银行短期理财产品。5月15日，该短期理财到期赎回，陈某将该笔款项归还单位，获取收益485元。5月16日，陈某继续使用上述28万元公款购买新一批次的理财产品。2020年6月30日沈某第4次到期赎回后，将该笔公款入账国库支付中心。沈某4次挪用行为共获收益1940元。

法律分析：

沈某作为公立学校正式员工，属于国有事业单位的工作人员，具有国家工作人员身份。其利用任报账员管理公款的职务便利，挪用公款 28 万元，达到数额较大标准，进行营利活动，符合挪用公款罪的犯罪构成，应当按挪用公款罪追究刑事责任。其多次反复挪用同一笔公款的行为，应当作为量刑情节考虑。

关联条文：《刑法》第 384 条。

法治贴士：

公职人员的职务廉洁性要求公职人员公私分明，克己奉公。虽然临时挪用行为相对于贪污危害性稍小，但同样对公职人员职务行为的廉洁性具有重大损害，同样为党纪国法所明确禁止。

挪用公款罪，是指国家工作人员利用职务上的便利，挪用公款归个人使用，进行非法活动的，或者挪用公款数额较大、进行营利活动的，或者挪用公款数额较大、超过 3 个月未还的行为。挪用公款罪的行为方式有三种：一是挪用公款归个人使用，进行非法活动的；二是挪用公款数额较大，进行营利活动的；三是挪用公款数额较大，超过 3 个月未还的。《最高人民法院、最高人民检察院关于办理贪污贿赂刑事案件适用法律若干问题的解释》规定，挪用公款归个人使用，进行非法活动，数额在 3 万元以上的，应当依照《刑法》第 384 条的规定以挪用公款罪追究刑事责任。"情节严重"包括四种：①挪用公款数额在 100 万元以上的；②挪用救灾、抢险、防汛、优抚、扶贫、移民、救济特定款物，数额在 50 万元以上不满 100 万元的；③挪用公款不退还，数额在 50 万元以上不满 100 万元的；④其他严重的情节。挪用公款归个人使用，进行营利活动或者超过 3 个月未还的，"数额较大"的起点为 5 万元，"数额巨大"的起点为 500 万元。"情节严重"的标准是挪用公款归个人使用，进行非法活动情节严重的 2 倍。

（二）非法经营同类营业

案例： 黄某在担任某国有开发投资有限责任公司副总经理、董事、总经理、董事长期间，利用其负责项目招商工作、提前知晓招商项目信息及审核工程变更、工程款拨付的职务便利，采取挂靠其他有资质公司的方式，自己单独或者伙同他人出资承揽经营与其任职公司同类营业的相关工程项目 14 个，获取非法利润 2.3 亿元。

法律分析：

国有公司、企业是国家引导、推动、调控经济和社会发展的基本力量，承担着重要的政治、经济和社会责任。国有公司、企业领导的行为直接关系国家利益的重大得失。克己奉公、公私分明是国有公司、企业领导必须坚守的操守底线。本案中，黄某利用担任国有公司副总经理、董事、总经理、董事长的职务便利，以出资挂靠公司承揽本公司工程的方式为自己经营与所任职公司同类的营业，获取非法利益数额特别巨大，严重损害了国家对国有公司、企业的管理秩序和国有公司、企业董事、经理的职务廉洁性，其损公肥私的行为造成了国家利益的重大损失，构成非法经营同类营业罪。

关联条文：《刑法》第 165 条。

法治贴士：

国有公司、企业的董事、经理具有很大的管理权限，其行为对公司、企业以及公司、企业代表的国家利益有很大影响。《刑法》对国有公司、企业的董事、经理违反相应义务应承担的刑事责任作了相应规定，对打击公司、企业的董事、经理的失职、渎职行为有重大作用。

非法经营同类营业的行为形态主要有两种：一种是横向竞争，即行为人的经营行为与所任职的国有公司、企业的经营在市场份额、市场价格等方面进行竞争。另一种是纵向链接，即行为人的经营行为与所任职的国有公司、企业的经营为纵向链接关系，如行为人向所任职的国有公司、企业销售所需要的原料等。

根据《最高人民检察院、公安部关于公安机关管辖的刑事案件立案追诉标准的规定（二）》规定的立案标准，非法经营同类营业案件中，国有公司、企业的董事、经理利用职务便利，自己经营或者为他人经营与其所任职公司、企业同类的营业，获取非法利益，数额在 10 万元以上的，应予立案追诉。2018 年《监察法》开始施行之后，非法经营同类营业罪的管辖机关由公安机关变更为国家监察机关。

三、洁风拒礼

（一）受贿

案例： 李某，某县残疾人联合会原理事长。2013 年 5 月，李某在其老家自建房屋一座。A 公司主营门窗、幕墙工程，法定代表人韩某得知李某建房之事，提出给李某的自建房屋安装窗户、幕墙，口头议定按成本价收费。李某同意后，韩某安排工人进行施工。施工过程中，韩某向李某提交了县残联残疾人企业补助项目申请。2013 年 10 月，李某房屋的窗户施工完成，韩某向李某出示工程结算单，工程总价款为 51 429 元，但未要求李某立即结算。2013 年 11 月，李某在明知韩某的 A 公司不符合申报条件的情况下，利用职权帮助 A 公司顺利申报 2013 年补助项目，使 A 公司获得补助款 30 万元。A 公司 2014 年、2015 年继续申报补助项目，三年共获取国家残疾人企业补助资金 90 万元。直至 2018 年李某因违纪被监察机关调查，李某仍未向韩某结算房屋窗户安装工程的工程款，韩某也从未向李某要求支付。

法律分析：

李某与韩某之间属于房屋装修民事法律关系。李某作为县残联理事长，对于县内残疾人就业补助项目的申请具有管理审核职权，而 A 公司是申报残疾人就业补助项目的企业。李某作为国家工作人员，在接受 A 公司装修后，应及时结清价款，根据其 2012 年至 2018 年的银行存取款情况证明，其具有该笔费用的还款能力，但李某在长达 4 年多的时间内，既未结清装修价款，也未有任何还款的意思表示，而且在明知 A 公司不符合条件的情况下，连续 3 年为 A 公司争取残疾人就业补助资金。虽然李某没有直接向 A 公司索取贿赂，也没有直接收取 A 公司的财物，A 公司也没有明确告知其免除装修款，但从李某的偿还能力、拖欠装修款的时间，以及 A 公司委托李某办理残疾人补助金，李某利用职务之便违规为 A 公司办理残疾人补助金等事实，可以推定 A 公司已经将装修款作为李某为 A 公司办理残疾人补助金项目的回报这一事实。因此，李某的行为属于接受 A 公司的财产性利益，利用职务之便，为 A 公司谋取非法利益的行为。李某与 A 公司存在实际的权钱交易关系，构成受贿罪。

关联条文：

《刑法》第 385 条、第 386 条。

法治贴士：

受贿罪，是指国家机关工作人员利用职务上的便利，索取他人财物的，或者非法收受他人财物，为他人谋取利益的行为。受贿行为侵犯了国家工作人员的职务廉洁性与职务行为的不可收买性。国家工作人员理所当然要合法、公正地实施职务行为。一旦权力被滥用，与其他利益相交换，必然导致职务行为的合法性、公正性被破坏，进而导致公民丧失对职务行为公正性和国家机关本身的信赖。

从行为方式上看，受贿罪存在索取型和收受型两种。索取型指利用职务上的便利，索取他人财物。索取他人财物的，不论是否为他人谋取利益，均可构成受贿罪。收受型指非法收受他人财物为他人谋取利益。收受型受贿，须以为他人谋取利益为条件，但为他人谋取的利益是否正当，利益是否实现，不影响受贿罪的成立。《最高人民法院、最高人民检察院关于办理贪污贿赂刑事案件适用法律若干问题的解释》规定，"为他人谋取利益"包括三种情形：①实际或者承诺为他人谋取利益的；②明知他人有具体请托事项的；③履职时未被请托，但事后基于该履职事由收受他人财物的。国家工作人员索取、收受具有上下级关系的下属或者具有行政管理关系的被管理人员的财物价值 3 万元以上，可能影响职权行使的，视为承诺为他人谋取利益。此外，根据《刑法》第 385 条第 2 款的规定，国家工作人员在经济往来中，违反国家规定，收受各种名义的回扣、手续费归个人所有的，以受贿论处。《刑法》第 388 条规定，国家工作人员利用本人职权或者地位形成的便利条件，通过其他国家工作人员职务上的行为，为请托人谋取不正当利益，索取请托人财物或者收受请托人财物的，以受贿论处。《刑法》第 388 条规定的受贿行为又被称为斡旋受贿或间接受贿。斡旋受贿行为与典型受贿行为和经济往来中的受贿行为有明显区别，行为人不是直接利用本人职务上的便利为请托人谋取利益，而是利用本人职权或者地位形成的便利条件，通过其他国家工作人员职务上的行为，为请托人谋取不正当利益。

实践中，贿赂收受的方式多种多样，如以买卖房屋、汽车、公司股份、名人字画、古玩等名义溢价或低价转让的交易形式，以不变更房屋、汽车等物品权属登记的借用形式，以特定关系人"挂名"领薪或提供名曰"劳务收入"的辛苦费的方式，甚至在赌博中故意输钱的方式等。

为应对日趋复杂、隐蔽的贿赂犯罪现状，同时接轨国际反腐公约，《关于办理贪污贿赂刑事案件适用法律若干问题的解释》中将贿赂犯罪中的"财物"范围明确为包括货币、物品和财产性利益。财产性利益包括可以折算为货币的物质利益，如房屋装修、债务免除等，以及需要支付货币的其他利益，如会员服务、旅游，贿赂犯罪数额以实际支付或者应当支付的数额计算。

根据《刑法》第 386 条的规定，受贿罪的处罚与贪污罪相同，对索贿的从重处罚。

（二）利用影响力受贿

案例： 甲与某市环保局局长乙系发小兼同学，联系非常紧密。丙亦与甲相识，知晓甲、乙二人交好。丙在该市所辖的山区经营一家采石企业，因不符合环保要求被责令关停。丙请甲向乙请托办理相关环保手续，并给了甲 10 万元作为活动经费。甲向乙请托，乙为丙在办理相关手续方面提供了帮助。截至案发，乙对甲收受丙 10 万元的事情毫不知情。

法律分析：

人情温暖是中华民族的传统美德，但人情有度，法纪为界。当人情异化，侵入公权力领域时，腐败必然随之而生。本案中，甲与乙是发小兼同学的关系且联系紧密，可以认定甲是与国家工作人员乙关系密切的人。甲在明知丙的采石企业不符合环保要求的情况下，利用环保局局长乙的职务便利，收受丙数额较大财物，请托乙为丙办理环保手续，其行为构成利用影响力受贿罪。

关联条文：《刑法》第 388 条之一。

法治贴士：

利用影响力受贿罪，是指国家工作人员的近亲属或者其他与该国家工作人员关系密切的人，通过该国家工作人员职务上的行为，或者利用该国家工作人员职权或者地位形成的便利条件，以及离职的国家工作人员或者其近亲属以及其他与其关系密切的人，利用该离职的国家工作人员原职权或者地位形成的便利条件，通过其他国家工作人员职务上的行为，为请托人谋取不正当利益，索取请托人财物或者收受请托人财物，数额较大或者有其他较重情节的行为。

利用影响力受贿罪有三种类型：第一种类型是国家工作人员的近亲属或者其他与国家工作人员关系密切的人，直接通过该国家工作人员职务上的行为，为请托人谋取不正当利益，索取、收受贿赂，以及通过国家工作人员对其他国家工作人员的斡旋行为，为请托人谋取不正当利益，索取、收受贿赂。成立此种利用影响力受贿罪，要求行为人必须向该国家工作人员提出为请托人谋取不正当利益的请求。否则不可能侵犯到国家工作人员职务行为的廉洁性，根据具体情节可能构成诈骗罪或者招摇撞骗罪。另外，此种类型不要求国家工作人员对行为主体的行为内容知情。如果国家工作人员知情并许诺为请托人谋取不正当利益的，国家工作人员成立受贿罪，其近亲属或者其他与国家工作人员关系密切的人，同时成立受贿罪共犯与利用影响力受贿罪，从一重罪处罚。第二种类型是离职的国家工作人员直接利用其原职权或者地位形成的便利条件为请托人谋取不正当利益，索取、收受贿赂，以及利用原职权或者地位形成的便利条件通过对其他国家工作人员的斡旋行为，为请托人谋取不正当利益，索取、收受贿赂。只要离职的国家工作人员许诺为请托人谋取不正当利益，即可成立犯罪。第三种类型是离职的国家工作人员的近亲属或者其他与离职的国家工作人员关系密切的人直接利用该离职的国家工作人员原职权或者地位形成的便利条件，为请托人谋取不正当利益，索取、收受贿赂，以及通过该离职的国家工作人员对其他国家工作人员的斡旋行为，为请托人谋取不正当利益，索取、收受贿赂。

"其他与国家工作人员关系密切的人"一般是指与国家工作人员或者离职的国家工作人员具有共同利益关系的人，其中的共同利益不仅包括物质利益，而且包括其他方面的利益，如情人关系、恋人关系、密切的姻亲或血亲关系等。随着腐败案件调查工作的深入开展，实践中发现国家工作人员身边的人受贿形式多样、手段不断翻新，有通过攀远亲、姻亲形成的亲密关系；有通过同学、战友关系形成的稳定利益共同体；有因上下级关系而结成利益"联盟"；有长期为领导服务的司机等人成为所谓"亲信"；有基于情感网络形成的校友、师生关系网。在这些纷繁复杂的关系网中，权钱交易并不鲜见。因此，只要是从客观上能够通过国家工作人员职务上的行为，或者利用国家工作人员职权或者地位形成的便利条件，通过其他国家工作人员职务上的行为，为请托人谋取不正当利益的人，都属于与国家工作人员有密切联系的人。

根据《最高人民法院、最高人民检察院关于办理贪污贿赂刑事案件适用法律若干问题的解释》，利用影响力受贿定罪量刑标准中的"数额较大""数额巨大""数额特别巨大""其他较重情节""其他严重情节""其他特别严重情节"等，与受贿罪的定罪量刑标准相同。

第三节　忠于职守

忠于职守有两层含义：一是忠于职责，二是忠于操守。忠于职责，就是要自动自发地担当岗位职能设定的工作责任，优质高效地履行好各项义务。忠于操守，就是为人处世必须忠诚地遵守一定的社会法则、道德法则和心灵法则。忠于职守是职业道德的基本要求，也是国家公职人员最基本的忠诚。国家公职人员是国家公权力的掌握者、实施者，依法用权、秉公用权、廉洁用权是忠于职守的基本要求。坚持在法治轨道上推进国家治理体系和治理能力现代化的重点是要把公权力的运用限定在法治框架之内。对国家公职人员而言，就是要尊法、学法、守法、用法，依法秉公廉洁用权，严守权力边界，做到法无授权皆禁止，法定职责必须为，切实提高法治思维和依法办事能力。

一、忠于职责

（一）禁止滥用职权

案例：罗某、朱某系某区城市管理综合执法分局××街道执法队协管员，工作职责是街道城市管理协管，工作任务包括坚持巡查与守点相结合，及时劝导中心城区的乱摆卖行为等。执勤过程中，罗某、朱某先后多次向多名无照商贩索要10元、5元不等的少量现金、香烟或直接在该路段的"士多店"拿烟再让部分无照商贩结账，后放弃履行职责，允许给予好处的无照商贩在严禁乱摆卖的地段非法占道经营。二人的行为导致该地段的无照商贩非法占道经营严重，影响了市容市貌和环境卫生，给周边商铺和住户的经营、生活、出行造成极大不便。二人执法不公，对给予钱财的商贩放任其占道经营，对其他没给"好处费"的无照商贩则进行驱赶或通知城管部门到场处罚，引起了群众强烈不满。城市管理执法部门执法人员在依法执行公务过程中遭遇多次暴力抗法，数名执法人员受伤住院。

法律分析：

罗某、朱某属于虽未列入国家机关人员编制但在国家机关中从事公务的人员，视为国家机关工作人员。二人在代表国家行使职权时，长期不正确履行职权，大肆勒索辖区部分无照商贩的钱财，造成无照商贩非法占道经营十分严重，暴力抗法事件不断发生，严重危害和影响了该地区的社会秩序、经济秩序、城市管理和治安管理，造成了恶劣的社会影响。二人的行为构成滥用职权罪。

关联条文：《刑法》第397条。

法治贴士：

渎职犯罪是指国家机关工作人员利用职务上的便利或者徇私舞弊、滥用职权、玩忽职守，妨害国家机关公务的合法、公正、有效执行，损害国民对国家机关公务的客观、公正、有效执行的信赖，致使国家与人民利益遭受重大损失的行为。国家机关工作人员的渎职行为危害极大，不仅会给国家和人民的利益造成损失，而且损害了国家机关及其工作人员在人民群众中的形象，妨害了国家机关正常的工作和管理秩序。因此，《刑法》分则在第九章整章对渎职犯罪进行了详细规定，系统规定了包括滥用职权罪，玩忽职守罪，泄露国家秘密罪，徇私枉法罪，徇私舞弊不移交刑事案件罪，国家机关工作人员签订、履行合同失职被骗罪，放纵走私罪，环境监管失职罪，食品、药品监管渎职罪，传染病防治失职罪，招收公务员、学生徇私舞弊罪等 35 种渎职犯罪。

滥用职权罪，是指国家机关工作人员滥用职权，致使公共财产、国家和人民利益遭受重大损失的行为。"滥用职权"，是指不法行使职务上的权限的行为。即就属于国家机关工作人员一般职务权限的事项，以行使职权的外观，实施实质的、具体的违法、不当的行为。滥用职权主要有四种表现形式：一是超越职权，擅自决定或处理没有具体决定、处理权限的事项；二是玩弄职权，随心所欲地对事项作出决定或者处理；三是故意不履行应当履行的职责；四是以权谋私、假公济私，不正确地履行职责。根据《最高人民法院、最高人民检察院关于办理渎职刑事案件适用法律若干问题的解释（一）》的规定，国家机关工作人员滥用职权，具有下列情形之一的，应当认定为"致使公共财产、国家和人民利益遭受重大损失"：①造成死亡 1 人以上，或者重伤 3 人以上，或者轻伤 9 人以上，或者重伤 2 人、轻伤 3 人以上，或者重伤 1 人、轻伤 6 人以上的；②造成经济损失 30 万元以上的；③造成恶劣社会影响的；④其他致使公共财产、国家和人民利益遭受重大损失的情形。

（二）禁止徇私枉法

案例：2018 年 8 月 12 日凌晨，江某、赵某等人在某 KTV 消费后乘坐电梯离开时与同时乘坐电梯的另外几名顾客发生口角，KTV 的保安员前来劝阻。争执过程中，KTV 的保安员易某及员工罗某等五人与江某等人在 KTV 一楼发生打斗，致江某受轻伤、赵某受轻微伤。该辖区派出所接到报警后出警处理，根据初步调查结果，该派出所所长杨某指示以涉嫌故意伤害罪对 KTV 的易某、罗某等五人立案侦查。次日，该派出所依法对涉案人员刑事拘留。案发后，KTV 负责人王某多次打电话给杨某，并通过杨某之妻何某帮忙请求调解，要求使其员工免受刑事处罚，并送给何某人民币 3 万元。何某收到钱后发短信告诉杨某。杨某明知该案不属于可以调解处理的案件，仍答应帮忙，并指派非本案承办民警刘某负责协调调解工作，于 2008 年 9 月 6 日促成双方以赔偿人民币 11 万元达成和解。杨某随即安排办案民警将案件作调解结案，并于当日解除涉案人员易某、罗某的刑事强制措施。

法律分析：

公正、公平是法治的生命线，努力让人民群众在每一个司法案件中感受到公平、正义，是每一个司法工作者的基本职责。公正的司法制度和操守是社会公正之根、国家法治之基。本案中，易某、罗某等人的行为涉嫌聚众斗殴犯罪，已经以刑事案件立案侦查。杨某作为派出所所长，负有刑事案件侦查职责，其身份为国家司法工作人员。在刑事案件的侦查过程中，杨某收受他人贿赂，违反法律规定，作治安调解处理，致使犯罪嫌疑人易某、罗某等人未能受到相应的刑事法律追究，其行为涉嫌构成徇私枉法罪。

关联条文：《刑法》第 399 条。

法治贴士：

2020 年 11 月，习近平总书记在中央全面依法治国工作会议上对司法为民提出了新要求："深化司法责任制综合配套改革，加强司法制约监督，健全社会公平正义法治保障制度，努力让人民群众在每一个司法案件中感受到公平正义。"公正是法治的生命线。公正司法在全面依法治国，推进国家治理体系和治理能力现代化的进程中意义重大。

公平正义是社会文明进步的重要标志，是司法的灵魂和生命。公正司法是维护社会公平正义的最后一道防线。法律是公平正义的准绳，但法律又不只是写在纸上的公平正义，要把纸面上的法律变为现实生活中活的法律，司法起着关键作用。只要司法是公正的，社会上的不公现象就可以通过司法程序得到矫正和补救，使社会公正得以恢复。司法公正对社会公正具有重要引领作用，而司法不公对社会公正具有致命破坏作用。英国哲学家培根曾说过："一次不公正的裁判，其恶果甚至超过十次犯罪。因为犯罪虽是无视法律——好比污染了水流，而不公正的审判则毁坏法律——好比污染了水源。"司法腐败是最大的腐败，其导致的司法不公严重影响司法公信力，破坏社会公平正义的根基。

徇私枉法罪是指司法工作人员徇私枉法、徇情枉法，对明知是无罪的人而使他受追诉、对明知是有罪的人而故意包庇使他不受追诉，或者在刑事审判活动中故意违背事实和法律作枉法裁判的行为。

徇私枉法罪侵犯的法益是国家司法机关刑事追诉活动的正当性、公民的自由与权利，以及司法公信力。司法工作人员徇私枉法的行为具体包括三种情形：一是对明知是无罪的人而使他受追诉。即明知他人无罪而进行立案侦查、采取强制措施、提起公诉、进行审判等。二是对明知是有罪的人而故意包庇使他不受追诉。即对有罪的人该立案的不立案，该采取强制措施的不采取，该提起公诉的不提起，该审判的不审判。三是在刑事审判活动中故意违背事实和法律作枉法裁判。徇私枉法行为的发生范围并不仅限于刑事诉讼的某个阶段或环节，而是包括侦查、起诉、审判、执行整个刑事诉讼过程。2006 年 7 月 26 日发布的《最高人民检察院关于渎职侵权犯罪案件立案标准的规定》规定，下列六种情形应以涉嫌徇私枉法罪立案：①对明知是没有犯罪事实或者其他依法不应当追究刑事责任的人，采取伪造、隐匿、毁灭证据或者其他隐瞒事实、违反法律的手段，以追究刑事责任为目的立案、侦查、起诉、审判的；②对明知是有犯罪事实需要追究刑事责任的人，采取伪造、隐匿、毁灭证据或者其他隐瞒事实、违反法律的手段，故意包庇使其不受立案、侦查、起诉、审判的；③采取伪造、隐匿、毁灭证据或者其他隐瞒事实、违反法律的手段，故意使罪重的人受较轻的追诉，或者使罪轻的人受较重的追诉的；④在立案后，采取伪造、隐匿、毁灭证据或者其他隐瞒事实、违反法律的手段，应当采取强制措施而不采取强制措施，或者虽然采取强制措施，但中断侦查或者超过法定期限不采取任何措施，实际放任不管，以及违法撤销、变更强制措施，致使犯罪嫌疑人、被告人实际脱离司法机关侦控的；⑤在刑事审判活动中故意违背事实和法律，作出枉法判决、裁定，即有罪判无罪、无罪判有罪，或者重罪轻判、轻罪重判的；⑥其他徇私枉法应予追究刑事责任的情形。

司法腐败是腐败中的腐败，对司法公正和司法公信有着致命伤害。司法反腐的成效如何，直接关系到国家法治的形象和人民群众对法治的信心。建立完善的监督管理机制、有效的权力制衡机制、严肃的责任追究机制，以零容忍的态度惩治司法腐败是司法反腐工作的本质所在。

二、忠于操守

（一）禁止玩忽职守

案例： 张某系某交通局工程建设指挥部负责人，负责该市机场路施工工程质量问题。机场路建成通车后，因窨井盖质量问题以及盗窃窨井盖，机场路存在多处窨井盖缺失、损坏的情况，市民曾多次投诉。张某对窨井盖缺失及市民投诉知情，但其怠于履行职责，未具体查清窨井盖缺失情况并及时修复，致使机场路路段存在重大安全隐患。2015 年 9 月，刘某驾驶电动两轮车在机场路跌入窨井摔死。

法律分析：

张某是交通局对道路窨井盖负有管理、维护职责的人员，应当切实负起管理责任，维护人民群众"脚底下的安全"。在其知道自己所负责的路段存在井盖缺失、破损问题的情况下，怠于履行职责，漠视已经存在的重大安全隐患，不及时对缺失的窨井盖进行修复，属于严重的玩忽职守行为。张某玩忽职守的行为导致发生人员死亡事故，涉嫌构成玩忽职守罪。

法治贴士：

玩忽职守罪与滥用职权罪一并规定在《刑法》第 397 条中，是指国家机关工作人员玩忽职守，致使公共财产、国家和人民利益遭受重大损失的行为。玩忽职守，是指严重不负责任，不履行职责或者不正确履行职责的行为。不履行，是指行为人应当履行且有条件、有能力履行职责，但违背职责没有履行，其中包括擅离职守的行为；不正确履行，是指在履行职责的过程中，违反职责规定，马虎草率、粗心大意。国家机关工作人员玩忽职守的行为致使公共财产、国家和人民利益遭受重大损失的。成立玩忽职守罪。重大损失标准与前述滥用职权罪相同。

《刑法》分则第九章既规定了普通的滥用职权罪与玩忽职守罪，也规定了特殊的滥用职权罪与玩忽职守罪。根据《刑法》第 397 条的规定，滥用职权罪和玩忽职守罪是渎职犯罪的一般性罪名，对具有徇私枉法、玩忽职守情形另有特别规定构成其他犯罪的，属于法条竞合关系。2012 年发布的《最高人民法院、最高人民检察院关于办理渎职刑事案件适用法律若干问题的解释（一）》第 2 条对此进一步明确：国家机关工作人员实施滥用职权或者玩忽职守犯罪行为，触犯《刑法》分则第九章第 398 条至第 419 条规定的，依照该规定定罪处罚。国家机关工作人员滥用职权或者玩忽职守，因不具备徇私舞弊等情形，不符合《刑法》分则第九章第 398 条至第 419 条的规定，但依法构成第 397 条规定的犯罪的，以滥用职权罪或者玩忽职守罪定罪处罚。

（二）禁止失职失责

案例： 某街道办事处成立安置小区筹建小组，任命时任街道城市建设管理办公室副主任的王某为筹建小组负责人，技术人员闵某为筹建小组成员。在准备采购安置小区高层住宅楼房电梯的过程中，王某安排闵某统计电梯停靠层数等数据，闵某误将二层地下室统计为一层，并据此草拟电梯采购申请交王某审核。王某在未核对建筑施工图纸未现场勘察的情况下，直接按闵某拟定的申请上报财政局进行电梯采购招标。JG 公司与该市某电梯公司联合中标。JG 公司勘查现场做安装准备时发现有误，随即通知该街道办事处。经重新统计，共有 59 台电梯需变更层数。JG 公司隐瞒事实，谎称 59 台电梯均已生产，改装费用需 500 余万元，后提供伪造的电梯改造报价清单和支付改装费的银行电子交易回执。王某在未做核实的情况下，将情况汇报街道办，并与 JG 公司签订了补充合同。经鉴定，截至案发，JG 公司实际骗得 73.5 万元。

法律分析：

国家机关工作人员应当忠于职守、尽职尽责，王某身为国家机关工作人员，闵某系在国家机关中从事公务的人员，在签订、履行合同过程中，工作严重不负责任，未认真审核合同事实情况，导致上当受骗，致使国家财产遭受巨大损失。二人的行为构成国家工作人员签订、履行合同失职被骗罪。

关联条文：《刑法》第 406 条。

法治贴士：

国家机关工作人员签订、履行合同失职被骗罪，是指国家机关工作人员在签订、履行合同过程中，因严重不负责任被诈骗，致使国家利益遭受重大损失的行为。该罪名也属于玩忽职守类犯罪的特别规定，客观方面需同时具备行为人在签订、履行合同中严重不负责任的失职行为、合同对方的诈骗行为以及由于失职和诈骗双重行为导致的严重损害后果。成立此罪要求国家工作人员在负责签订、履行合同的调查、核实、商谈等工作过程中，存在严重不负责任的失职行为，国家机关工作人员是否在合同上签字署名不是失职行为的前置条件。

在市场经济下，合同是市场主体之间发生经济关系，进行生产、经营等活动的主要媒介，也是记载双方当事人权利、义务的有效凭证。合同的签订一般包括三个阶段：一是前期酝酿阶段，双方就合同约定的主要内容、权利义务等细节进行协商、谈判，进行必要的调查，达成意向性的协议；二是起草文本阶段，双方就洽谈内容形成书面文本并就文本内容进行修改、完善；三是签字盖章阶段，即双方在达成一致的文本上签字确认。合同的履行即合同双方对合同规定义务执行的过程，通常包括执行合同义务的准备、具体合同义务的执行以及义务执行的善后等。因此合同的签订、履行是由多个环节共同组成的动态运行过程。作为国家机关利益的代表，受委托的相关国家工作人员在此过程中应当尽到足够谨慎的注意义务，严格审查合同签订的真伪，如认真调查了解对方的资信、经营状况，认真审查对方提供的有关证件、证明，认真检查对方的实际履约能力及供货的质量、来源，等等。这些工作都属于为签订、履行合同所作的必要准备，对合同签订、履行起到决定性作用。

《刑法》第 167 条还规定有签订、履行合同失职被骗罪。它是指国有公司、企业、事业单位直接负责的主管人员，在签订、履行合同过程中，因严重不负责任被诈骗，致使国家利益遭受重大损失的行为。签订、履行合同失职被骗罪与国家机关工作人员签订、履行合同失职被骗罪的犯罪主体不同，前者是国有公司、企业、事业单位直接负责的主管人员，后者是国家机关工作人员。两罪的立案与量刑标准相同，《最高人民法院、最高人民检察院关于办理渎职刑事案件适用法律若干问题的解释（一）》规定，"国家利益遭受重大损失"指造成经济损失 30 万元以上，"国家利益遭受特别重大损失"指造成经济损失 150 万元以上。

认定签订、履行合同失职被骗罪和国家机关工作人员签订、履行合同失职被骗罪应当以对方当事人涉嫌诈骗，行为构成犯罪为前提，但并不是说要在对方当事人已经被人民法院判决构成诈骗犯罪之后才能认定。司法机关在办理案件过程中，只要认定对方当事人的行为已经涉嫌构成诈骗犯罪，就可依法认定行为人构成签订、履行合同失职被骗罪或者国家机关工作人员签订、履行合同失职被骗罪。

第四节　坚守职业道德

随着现代社会分工的发展和专业化程度的提高，市场竞争日趋激烈，整个社会对从业人员职业观念、职业态度、职业纪律和职业风格的要求越来越高。职业生活中的道德规范，不仅对各行各业的从业人员具有引导和约束作用，而且也是促进社会持续健康、有序发展的必要条件。党的十九大报告作出了中国特色社会主义进入了新时代这一重大政治判断。"这个新时代，是承前启后、继往开来、在新的历史条件下继续夺取中国特色社会主义伟大胜利的时代，是决胜全面建成小康社会、进而全面建设社会主义现代化强国的时代，是全国各族人民团结奋斗、不断创造美好生活、逐步实现全体人民共同富裕的时代，是全体中华儿女勠力同心、奋斗实现中华民族伟大复兴中国梦的时代，是我国日益走近世界舞台中央、不断为人类作出更大贡献的时代。"这样的新时代，对我们各行各业的从业人员在职业道德方面也提出了更新、更多、更高、更全面的要求。

一、职业道德的形成

道德是由社会政治经济关系所决定并符合时代特征的，用善恶标准进行评价的，依靠社会舆论、风俗习惯和内心信念来维系和调节个人与社会之间利益关系的社会意识和行为活动的总和。而职业道德是从业者在职业活动中应该遵循的符合自身职业特点的职业行为规范，是人们通过学习与实践养成的优良的职业品质，它涉及从业人员与服务对象、职业与职工、职业与职业之间的关系。职业道德行为规范是根据职业特点确定的，它是指导和评价人们职业行为善恶的准则。每一个从业者既有共同遵守的职业道德基本规范，又有自身行业特征的职业道德规范。例如，教师的有教无类、法官的秉公执法、官员的公正廉洁、商人的诚实守信、工人的质量与安全、医生的救死扶伤等，都反映出自身行业的职业道德特点。职业道德品质是通过知识学习和社会实践，在社会和职业环境的影响下逐渐养成的，它是将从业者向善发展的职业道德意识、意志、情感、理想、信念、观念（即精神）固化的结果。这种优良的职业道德品质通过从业者的职业活动正确评价、指导自身或他人的职业行为，协调人与人之间、职业与职业之间的关系，使之和谐健康发展。

（一）职业道德的形成过程

1. 职业道德在奴隶社会逐渐形成。职业道德萌芽于原始社会末期。当时出现两次大分工，即畜牧业和农业的大分工、手工业和农业的大分工。由于人们过着不同的职业生活，从事着不同的职业实践，承担着不同的职业责任，各自的职业利益和需要就产生了调节、指导、约束人们职业行为的职业道德。这种职业道德萌芽主要是以行为、动作、语言等形式，以氏族禁忌、宗教仪式、模仿老人的行为等形式表现出来。

进入奴隶社会以后，职业道德才真正形成。由于生产工具的发展，人们由原来使用石器变为使用铁器，劳动效率不断提高，生产的劳动果实也慢慢多了起来，一部分人逐渐脱离了生产粮食或其他产品的直接劳动，而是从事政治、教育、艺术、商业、军事等活动。我国战国时代在《周礼·考工记》中记载了当时"国有六职"，即"王公、士大夫、百工、商旅、农夫和妇功"。随着职业的进一步分化和复杂化，人们在职业活动中需要礼仪和秩序，职业道德就真正形成了。那时，实际上每一个阶级，甚至每一个行业，都有各自的道德。奴隶社会的职业道德主要是奴隶主和自由民的职业道德，没有奴隶的职业道德，因为奴隶被奴隶主看作"会说话的工具"。

2. 职业道德在封建社会不断发展。职业道德在封建社会的发展主要表现在四个方面：一是把道德和职业道德作为封建统治阶级统治的辅助工具，强调施行"仁政"，要"为政以德"（孔子语），反对"苛政"，认为"苛政猛于虎"（孔子语），以此舆论来协调统治阶级与被统治的老百姓的关系。二是强调"教化"，认为教育要"德教为先""修身为本"，认为教书先生要做到"有教无类"（孔子语），对教育对象不分高低贵贱等级。三是强调"治官吏"，对大小官吏进行职业道德的考察和监督，把官吏的升迁与德行、品行联系起来，提倡"举孝廉""举贤良"。四是强调伦理纲常。这种伦理纲常就是为封建统治阶级服务的道德，即许多包括职业道德的道德观念，如"公忠""正义""孝慈""诚信""自强""勇毅""廉洁""勤俭""敬业""宽恕""良心"等。

3. 职业道德在资本主义社会的发展。社会发展到资本主义时代，随着工业革命的到来，出现了社会化大生产，出现了流水生产线，出现了更大规模的职业分工。在过去的基础上又产生了律师、工程师、建筑师等新职业。这种工业化大生产更需要纪律和对从业人员的约束，因此，许多新职业的道德规范随之产生。资本主义社会物质财富得到了较快的积累，而社会却出现了贫富悬殊——两极分化，资本主义国家出于政治统治的需要，还把这个时代提出的"自由、平等、博爱"以及"契约精神"作为思想道德和职业道德。这对封建社会来讲是一个进步，但是其伦理道德中那种"个人主义、自由主义"等思想是应该批判的。

4. 资本主义与社会主义并存时代的职业道德。在近代、现代、当代资本主义发展阶段，世界上出现了无产阶级革命和社会主义。在两种社会制度并存的世界，职业道德的精神、规范、品质、修养等在有些方面具有相同的地方，如"人道""公平原则""职业的诚信""职业活动中的协作、团队精神""忠于职守"，以及要求每一位从业者都要遵守"职业纪律"和所在国的法律等。但是它们又是有区别的：首先，社会主义制度是人类历史上目前最先进的制度，在职业道德领域与其他历史上各种社会制度的职业道德最本质的区别就是"为人民服务"；其次，因职业理想、职业信念不同，随着社会主义事业的发展，职业道德建设会更快地发展和完善。

5. 社会主义职业道德。中华人民共和国通过汲取中华民族的优秀道德文化，在经历了半个多世纪的发展和社会主义道德建设实践后，逐渐形成了较为完整的社会主义职业道德体系。社会主义职业道德以为人民服务为核心，以集体主义为原则，这是所有从业人员在职业活动中应该遵循的行为准则。它涵盖了从业人员与服务对象、职业与职工、职业与职业之间的关系。随着社会对广大从业人员的职业观念、职业态度、职业技能、职业责任、职业纪律、职业理想和职业作风要求越来越高，《公民道德建设实施纲要》明确提出了"爱岗敬业、诚实守信、办事公道、服务群众、奉献社会"的二十字职业道德规范，鼓励人们在工作中做一个合格的社会主义建设者。

（二）职业道德在传承文明中开拓创新

在几千年的历史长河中，我们的祖先创造了光辉的古代文化和宝贵的道德精神遗产。学习和了解中华民族历史上所形成的优良道德和职业道德，目的就是弘扬民族精神，传承文明，继往开来，开拓创新，彰显文化自信，更好地为建设社会主义服务。习总书记在中共中央政治局第十三次集体学习时强调要把培育和弘扬社会主义核心价值观作为凝魄聚气强基固本的基础工作，指出："中华传统美德是中华文化精髓，蕴含着丰富的思想道德资源。不忘本来才能开辟未来，善于继承才能更好创新。对历史文化特别是先人传承下来的价值理念和道德规范，要坚持古为今用、推陈出新。有鉴别地加以对待，有扬弃地予以继承，努力用中华民族创造的一切精神财富来以文化人、以文育人。"习总书记为我们如何传承中华传统职业道德，促进职业道德建设指明了方向。可以从传统文明中继承的职业道德精华主要有：

1. 志向坚定的积极进取精神。诸如先秦的《周易·象传》提出的"天行健，君子以自强不息"，政治家、军事家曹操的"老骥伏枥，志在千里；烈士暮年、壮心不已"李清照的"生当作人杰，死亦为鬼雄"，王守仁的"志不立，天下无可成之事"，等等。这类名言所弘扬的精神世世代代激励着中华儿女，也是职业道德意志品质修养的座右铭。

2. 忠诚和奉献精神。诸如诸葛亮的"鞠躬尽瘁，死而后已"，《淮南子》中的"公正无私，一言而万民齐"，范仲淹所说的"先天下之忧而忧，后天下之乐而乐"，等等。这类优秀传统文化激励着后人在职业活动中要讲忠诚和奉献。

3. 勤俭节约、艰苦奋斗精神。这是中华民族的传统美德。《左传》中就有"俭、德之共也；侈，恶之大也"的警句。其意思是：节俭是大家所推崇的美德，奢侈是极坏的行为。李商隐在《咏史》中写道："历览前贤国与家，成由勤俭败由奢。"艰苦奋斗精神是中华民族的传统美德，更是一种职业道德。而在现代，中国共产党领导的新民主主义革命史就是一部可歌可泣的艰苦奋斗史，井冈山精神、长征精神、延安精神无不体现了革命先辈艰苦奋斗的精神。在社会主义现代化建设中，许许多多的老一辈革命家为后人树立了勤俭节约、艰苦奋斗的榜样。

在古代职业道德文明中，还有教书先生的"有教无类"、医生的"救死扶伤"、工匠艺人的"精雕细琢""精益求精"、戍边军人的"出生入死""百战沙场""杀敌立功"等许多精华。从古代道德文明中汲取这些精神营养，可以增强人们的爱国主义精神，提高民族的凝聚力，增进民族自豪感，促进社会主义精神文明建设。

二、职业道德的特征

每位从业者只有通过职业道德行为养成，才能最终实现个人的职业价值，达到崇高的职业道德境界。实际上，一个人要做好工作，必须具有多方面的素质，其中，职业道德素质最为重要。因此，自觉地提高个人的职业道德修养，积极主动地培养个人的职业道德行为，是促进个人事业发展，实现个人价值的最根本途径。具体来说，职业道德主要有以下七个方面的特征：

（一）职业道德具有职业性

职业生活中的道德规范即职业道德，是指从事一定职业的人在职业生活中应当遵循的具有职业特征的道德要求和行为准则。它涵盖了从业人员与服务对象、职业与职工、职业与职业之间的关系。爱岗敬业、诚实守信、办事公道、服务群众和奉献社会是职业生活中的基本道德规范。职业道德必须通过从业者在职业活动中体现。职业道德主要体现在从事工作的人群中。如果一个人从 20 岁到 60 岁是工作期，那么一个人最主要的年华和精力都是用于工作；除少数有特殊情况的人之外，绝大多数的人都要从事职业活动。有职业活动，就会有职业道德。

（二）职业道德具有普遍性

职业道德的普遍性首先是由其职业性决定的。从事职业的人群众多，范围广大，这就决定了职业道德必然带有普遍性。职业道德有其从业者必须共同遵守的基本行为规范。2001年9月中共中央印发的《公民道德建设实施纲要》明确提出，"爱岗敬业、诚实守信、办事公道、服务群众、奉献社会"是从业人员职业道德规范的主要内容，要求所有从业者都要共同遵守。其次，职业道德的普遍性也表现在每一个职业都明确规定有职业纪律和规章，要求每一个从业者都必须在法律规定的范围之内从事工作。换句话说，法律不容许做的事，职业纪律和职业道德也是不容许的。因此，遵纪守法也是从业者应该共同执行的职业道德行为规范。最后，职业道德的普遍性还表现在全世界所有的从业者都有共同遵守的职业道德规范。例如，医疗行业体现的人道主义、救死扶伤，医生白求恩对医术精益求精、对工作极端负责的精神，护士南丁格尔对每个病人都一样热心服务，等等。再如，爱岗敬业、忠于职守、诚实守信、团队合作、遵守职业纪律、遵守所在国法律、勤俭节约、奉献社会等精神，都具有世界职业道德的特征。在2001年"9·11"恐怖袭击事件中，当时纽约双子座大厦面临倒塌的危险，大厦内的人们正在撤离，为了解救危难中的群众，300余名警察不顾个人生命危险冲入大厦，结果全部罹难。这种忠于职守、奉献生命的精神，是全世界从业者共同提倡的职业道德。这种事例在世界各国的职业活动中都可以列举出来。由此可见，职业道德的普遍性特征是毋庸置疑的。

（三）职业道德具有自律性

职业道德具有自我约束、控制的特征。从业者通过对职业道德的学习和实践，产生职业道德的意识、觉悟、良心、意志、信念、理想，形成良好的职业道德品质以后，又会在工作中产生行为上的条件反射，形成选择有利于社会、有利于集体的行为的高度自觉。这种自觉就是通过职业道德意识、觉悟、良心、意志、信念的自我约束控制来实现的。这也是职业道德与法律、纪律的区别所在。因为法律、纪律是通过命令或强制的方式来实现对公民的行为约束，而自我约束控制职业行为的这种自律性乃是职业道德的显著特征。

（四）职业道德具有他律性

职业道德的他律性也就是指职业道德具有舆论影响的特征。从业人员在职业生涯中，随时都受到所从事职业领域的职业道德舆论的影响。实践证明，创造良好的职业道德社会氛围、行业风气、职业环境，并通过职业道德舆论的宣传、监督，可以有效地促进人们自觉遵守职业道德，实现互相监督。

（五）职业道德具有鲜明的行业性和多样性

职业道德是与社会职业分工紧密联系的，各行各业都有适合自身行业特点的职业道德规范。例如，从事信息安全职业的人员是以确保信息安全为其主要的职业道德规范，教师是以其有教无类、为人师表、教书育人的高度示范性为其主要职业道德行为规范，产业工人是以注重产品质量和效益为其主要职业道德行为规范，从事服务业的人员是以其热情周到的服务为其主要职业道德行为规范。正因为职业道德具有多行业性，因而就表现出形式的多样性。

（六）职业道德具有继承性和相对稳定性

职业道德反映职业关系时往往与社会风俗、民族传统文化相联系。许多职业道德跨越了国界和历史时代，作为人类职业精神文明文化被传承下来，如"诚信""敬业乐业""互助与协作""公平""勤俭节约"等。这就是它的继承性。中华民族正是通过对这些优秀的思想道德文化的传承，充分体现出文化自信。从业者通过学习和修养，一经形成良好的职业道德品质，一般就不会轻易改变。这种"品质"会自觉、不自觉地指导从业者的职业行为，并影响他人的职业行为。这就是它的相对稳定性。

（七）职业道德具有很强的实践性

一个从业者的职业道德知识、情感、意志、信念、觉悟、良心、行为规范等都必须通过职业的实践活动。在自己的职业行为中表现出来，并且接受行业职业道德的评价和自我评价，使职业道德形成一个理论与实践的紧密结合体。因此，学习职业道德是为了更好地践行职业道德。

三、职业道德内容

职业道德的基本规范是在职业道德核心和基本原则的指导下形成的，是要求从业者在从事职业活动的过程中必须遵守的职业行为准则。它既是能调节职业活动中人们的各种关系并解决各种矛盾的行为准则，也是评价职业活动和职业行为善恶的具体标准。在它的指引下，我们知道自己应该做什么，不应该做什么，应该怎么做，不应该怎么做。各行业的从业者只有明确并掌握职业道德的基本规范，才能在职业活动中自觉地把职业道德要求变成个人的职业行为，才能有效地协调各种关系，解决好各种矛盾，最终出色地完成各项任务，实现个人的社会价值。

（一）爱岗敬业

爱岗敬业是社会主义职业道德的基本要求，是从业者是否有职业道德的首要标志。爱岗就是热爱自己的工作岗位，热爱本职工作；敬业就是一种对待自己职业的认真严肃的态度。在现实工作中，爱岗敬业反映的是从业人员对待自己职业的一种态度，也是一种内在的道德需要。它体现的是从业者热爱自己的工作岗位、对工作极端负责、敬重自己所从事职业的道德操守，是从业者对工作勤奋努力、恪尽职守的行为表现。爱岗敬业就是要干一行爱一行，爱一行钻一行，精益求精，尽职尽责。

1. 树立正确的职业道德观。一个人是否能取得成就，不在于他所从事的职业是什么，而在于他是否尽心尽力把工作做好。因此，无论从事何种工作，只要是对社会、对人民有益的，就要干一行、爱一行、专一行，不能朝秦暮楚、见异思迁、得过且过。任何一个尊重自己事业的人，都会把这种爱表现在自己的工作岗位上。再平凡的工作岗位，也能体现崇高的敬业精神；再普通的工作岗位，也能做出突出的成绩。没有正确的职业道德，再有什么鸿鹄之志，也是无法实现的。

2. 热爱本职工作。每一份工作都值得我们热爱，值得我们付出真情。因为只有热爱自己的工作，才会充满积极性，才会在工作中投入精力和心血，才会有战胜困难的勇气和信心，最终在工作中有所成就。我们的社会最需要敬业的人才。有一项调查显示，用人单位最看重的毕业生素质是：热爱本职工作，有责任意识、敬业精神、团队合作能力。众多招聘信息中，绝大多数岗位需求都写着：具有较强的责任心、敬业精神、团队合作能力。可见，员工是否具有崇高的敬业精神越来越受到用人单位的关注。

3. 不断提高自己的职业技能。社会的发展和科技的进步对每个岗位都提出了严格的要求，要求从业者精通业务，勇于创新。精通业务是首要条件，光有满腔热情和乐业精神还是不够的，营业员如果算不好账，既会影响服务，也必将影响企业的经济效益；医生业务水平差，不仅不能救死扶伤，而且会危害病人。勇于创新是精益求精的必要条件，就是敢于冲破陈规旧俗的束缚，改变不适应现代社会的旧观念、旧管理方法和工作方法以及旧工艺，勇于想别人没想过的事，敢于做前人没有做过的事。

"业精于勤，而荒于嬉"，一位敬业者决不会把工作当儿戏，虚掷光阴。为了胜任工作，他们会调动自己的聪明才智，补基础、查资料、练技术、攻难关，努力在学识和业务等方面不断取得进步。

（二）诚实守信

诚实守信在我国思想道德建设中具有特殊重要的作用，它既是中华民族的传统美德，也是我国公民道德建设的重点，还是社会主义核心价值观的一条重要准则。诚实守信不仅是为人处世的基本准则，也是社会道德和职业道德的一个基本规范。这一规范要求每一位从业者在从事职业活动过程中要诚信无欺，讲究质量，信守合同。诚实就是真实无欺，既不自欺，也不欺人；守信就是重诺言，讲信誉，守信用。诚实和守信是统一的。就个人而言，诚实守信是高尚的人格力量；就社会而言，诚实守信是正常秩序的基本保证；就国家而言，诚实守信是良好的国际形象。在职业道德中，诚实守信是对从业者的道德要求。它不仅是从业者步入职业殿堂的通行证，体现着从业者的道德操守和人格力量，也是在行业中扎根立足的基础。职业道德中的诚实守信，要求从业者在职业活动中诚实劳动、合法经营、信守承诺、讲求信誉。

1. 诚信无欺。诚实是人们不可缺少的一种良好品质。这种品质有一个最显著的特点，就是忠实于事物的本来面貌，不歪曲篡改事实，不隐瞒自己的真实想法，不掩饰自己的真实情感，不说谎，不作假，不欺骗别人。守信也是一种做人的良好品质，它要求人们要讲信誉，信守诺言，忠实于自己承担的义务，答应别人的事一定要做到。其中"信"字也是诚实无欺的意思，这说明诚实与守信是相互联系在一起的。只有内心诚实，才能做一个守信的人；如果一个人守信用，那么他就一定是个诚实的人。换句话说，说老实话、办老实事、做老实人、言行一致、重信守诺，就是一个诚实守信的人。

在我国古代，有个叫曾子的人，具有诚实守信的高尚品格。有一次，曾子的妻子要去赶集，孩子闹着也要去。妻子哄孩子说："你不要去了，我回来杀猪给你吃。"等妻子赶集回来，看见曾子真要杀猪，她连忙上前去阻止："小孩子懂什么，我只是说说而已，不能当真啊。"曾子说："你欺骗了孩子，孩子就会不信任你。"说着，就把猪杀了。曾子不欺骗孩子，也培养了孩子讲信用的品德。

"言必信，行必果""一言既出，驷马难追"这些流传了千百年的古话，都形象地表达了中华民族诚实守信的品质。在中国几千年的文明史中，人们不但为诚实守信的美德大唱颂歌，而且一直在努力地身体力行。只有树立了诚信意识，才可能有诚信的行为，也只有完善持久的诚信行为，才能验证你的诚信品德。挂在嘴边的"诚信"称不上真正的诚信。所以，诚信品德不是自己吹嘘出来的，而是一点一滴地积累起来的。

2. 讲究质量。市场经济下，要真正做到诚实守信其实并不是一件容易的事情。由于我国市场经济起步比较晚，市场发育不成熟，市场经济的规则也不健全，因此，在经营活动中仍存在一些"不诚不信"的现象。某些人在私利的驱动下，做出缺斤少两、坑蒙拐骗、偷工减料、不讲信誉、不履行合同、坑害消费者的行为，这实际是一种不公平的竞争。"不守信"也存在于其他领域。在社会生活中，有的人不注重"守信"，说话往往言而无信，出尔反尔；开会或赴约总是迟到，不能遵守约定时间。这些人身上就不具有"诚实守信"的美德。看到别人欺诈、不诚实，看到有的老实人总吃亏，我们可能会受到一些影响，思想上有些动摇，行为上也出现一些变化。然而，请大家记住：只有诚信，才能赢得别人的信任；只有诚信，才能化解人与人之间的隔阂和误解。人若失去了诚实守信的品格，也就失去一切。企业失去诚信的品德，没有了信誉，也就失去了效益。

3. 信守合同。从根本上说，信守合同就是在签订合同、履行合同的整个过程中，需要真诚待人，注重信誉，讲究信用。签订合同，诚心诚意；履行合同一丝不苟，不折不扣。有这样一个故事：有一个加布罗沃人在一家银行的门口摆摊卖煮熟的老玉米，由于他的老玉米十分新鲜，来买的人很多。不久便积攒下了相当可观的一笔财产。他的一个熟人听到这个消息后，专门跑来，想从他那里借一笔钱去做买卖。这个加布罗沃人当时就回答道："太对不起了，这事照理不成问题。不过当年我开始在这里设摊的时候，便已跟这家银行订下协议：彼此决不搞残酷的商业竞争。也就是说，银行不卖煮熟的老玉米，我也决不经营贷款业务，我怎能不信守合同呢？"

（三）办事公道

以公道之心办事，是职业活动所必须遵守的道德要求。办事公道是指以国家法律、法规、各种纪律、政策、规章以及公共道德准则为标准，秉公办事，公平、公正地处理问题。它是在爱岗敬业、诚实守信的基础上提出的更高层次职业道德的基本要求。办事公道，就是要求从业人员做到公平、公正，不损公肥私，不以权谋私，不假公济私。在社会主义制度下，从业者之间以及从业者与服务对象之间都是平等的。他们的职业差别只是所从事的工作不同，而不是个人地位高低贵贱的象征。在职业生活中，无论对人对己都要出于公心，遵循道德和法律规范来处事待人。

1. 热爱真理，客观公正。办事是否公道关系到一个人以什么为衡量标准的问题。要办事公道就要以科学真理为标准，保持正确的是非观。公道就是要合乎公认的道理，合乎正义。如果不追求真理、不追求正义，办事就难以合乎公道。在学校期间，学生们应该培养热爱科学知识的热情，关注社会时事，自觉提高个人的判断力，努力分辨是非，做到客观公正。

2. 坚持原则，不徇私情。在现实生活中仅仅明白是非善恶的标准是不够的，还必须在处理事情时符合标准，坚持原则。如果为了个人私情失去原则，就无法做到办事公道。例如，我国宋朝清官包拯出生时因长相丑陋被父母遗弃。他的嫂子于心不忍，把他收留在家，亲自哺乳，让他与亲生儿子包勉一起吃自己的乳汁长大，所以包拯称嫂子为"嫂娘"。可是包勉后来当了贪官，包拯大义灭亲，判了包勉死刑。不管嫂子怎样求情，包拯铁面无私，成为我国坚持原则、不徇私情的典范。

3. 反腐倡廉，公私分明。追求私利会使人丧失原则，丧失立场。拿了别人的钱就要替别人办事，这样是不能做到办事公道的。因此，只有不贪图私利，才能光明正大；只有廉洁无私，才能主持正义、公道。另外，公私分明是正确认识和处理个人与集体、个人与社会关系的基本要求。

有这样一个案例：吴先生是杜邦公司中国区工程部的经理。某日记者采访他时发现了一件特别有意思的事。一位公司员工拿给他一张本月电话费清单，他在上面认真地勾出了自己因私打出的电话，让公司从工资中扣除这部分用于私人的电话费。记者不解地问，公司几十万年薪都付了，为什么还在乎这点小钱儿？对此吴先生说，勾出自己因私打出的电话看起来是小事，却是企业文化的一部分。作为一名员工，必须时刻有公私意识，要有原则性，否则在工作中就有可能公私不分，为个人利益而损害公司利益。记者又问，电话费清单中如何分清公私电话？公司又如何监督呢？吴先生说，这只是个道德约束准则，每位员工都要凭良心按这个准则办事，它考验的是员工的人品。万一被人发现、检举或查出"以公谋私"，员工在名誉扫地的同时会立刻被炒鱿鱼。

因而，我们应该向这些榜样人物学习，从细微处着手，培养个人的良好品质。

4. 照章办事，平等待人。工作原则是维持各职业正常进行的规定，是本部门、本行业长远利益、整体利益和社会大众利益的保证。按原则办事是办事公道的具体体现，表现在对待职业对象的态度上，不能有亲疏、贵贱之分，无论是领导还是群众、熟人还是陌生人、富人还是贫民，都应一视同仁，遵章办事，服务到位。例如，营业员在职业活动中，不以貌取人，无论是购物客人还是非购物客人，无论生人还是熟人，无论大人还是小孩，无论本地顾客还是外地顾客，都一视同仁，决不厚此薄彼。

（四）服务人民

服务群众就是全心全意地为人民服务，一切以群众的利益为出发点和归宿。为人民服务要求热情周到，满足人民需求并具有高超的服务技能。为人民服务是社会主义道德的核心，各行各业的从业人员都要以服务群众为目标。在社会主义社会，每个人无论从事什么工作、能力如何，都应该在本职岗位上通过不同形式为群众服务。如果每一个从业人员都能自觉遵循服务群众的要求，社会就会形成人人都是服务者、人人又都是服务对象的良好秩序与和谐状态。

1. 服务人民要热情周到。热情包括主动、耐心、热心，周到包括周全、细致、实在。这是服务群众的基本途径。要做到服务群众，就必须将服务群众的观念树立起来，要甘当人民的勤务人员。例如，北京市公共汽车售票员李素丽为自己定下"四心原则"，在此基础上，她还为自己制订了具体的要求："多说一句，多看一眼，多帮一把，多走一步；话到、眼到、手到、腿到、情到、神到。"李素丽所在公交车售票台旁的车窗玻璃，一年四季进出站时总是敞开的。"这样我可以更好地照顾乘客。"即使下大雨，她也要把车窗打开，给登车前脱掉雨衣、收拢雨伞的乘客撑伞。她总是说："辛苦我一个，方便众乘客。"李素丽这种真心服务群众的精神得到了群众的认可，她也赢得了群众的尊重。

2. 尊重群众，满足群众需要。只有尊重群众，才能深刻了解群众所思、所想、所需，才能真正做到服务群众。每个职业人无论做任何事情，都应该想到群众，想到群众的利益，实实在在地为群众服务。要急群众之所急，帮群众之所需。

3. 努力方便群众。每个从业者做每件事情都与群众有着联系。因此，任何职业要便民而不扰民，要真正为群众谋利益，绝不以损害群众利益为目的或手段。例如，湖南省湘潭市中心医院不断改善就诊流程，安装电子叫号系统，科学划分就诊区域。医院启动了"长城健康卡"自助服务，病友刷卡可以自主完成挂号、就诊、缴费等流程，还能进行网上预约。一天，院长刘平来到门诊部，看到挂号窗口排着长队，自助挂号机却闲置着，就问原因。门诊办负责人解释："许多农村病人和老年人心疼钱，不想一次性存入100元；又担心用不完，再退麻烦。"刘平对负责人说："系统能改一改吗？放小面额的行吗？"负责人说："应该可以。"系统的问题可以解决，那老百姓的习惯问题怎么办？刘平对负责人说："财务科安排两个人，专门负责教病友使用自动挂号机。"刘平反复叮嘱身边的人："各部门要多站在病友的角度想问题，充分利用现代化的服务手段，实现服务的方便快捷，努力让群众满意。"

（五）奉献社会

奉献社会就是要求从业人员在自己的工作岗位上兢兢业业地为社会和他人作贡献。这是社会主义职业道德中最高层次的要求，体现了社会主义职业道德的最高目标指向。奉献社会是一种无私忘我的精神，是职业道德的出发点和归宿，也是每个从业者职业道德修养的最终目标。把自己的知识、才能和智慧等，毫无保留、不计较得失地贡献给社会，这是一个从业者的最终目标。爱岗敬业、诚实守信、办事公道、服务群众都体现了奉献社会的精神。例如，上海一家物业企业的物业总监徐虎，他是全国劳动模范，曾在一个普通的水电修理工岗位上长期默默工作，积极主动地为居民排忧解难，用"辛苦我一人，方便千万家"的精神，谱写了一曲新时代的雷锋之歌。他对奉献有过这样的一句话："你不奉献，我不奉献，谁来奉献？你也索取，我也索取，向谁索取？"

奉献社会的基本要求就是坚持把公众利益、社会效益摆在第一位，也就是必须把社会上大多人的利益放在首位，努力促进社会生活和生态环境的和谐发展，实现个人的社会价值。爱因斯坦曾说过，人只有献身于社会，才能找出那实际上是短暂而有风险的生命的意义。

四、职业道德的社会作用

职业道德在道德体系中占有重要地位。建立和完善科学的职业道德体系，在全社会从业者中开展职业道德教育、培养良好的职业道德品质，意义重大、作用明显。其主要表现在以下六个方面：

1. 规范全社会职业秩序和劳动者的职业行为。职业道德的主体是职业道德规范，这是协调劳动者之间关系、个人与集体关系、单位与个人关系的准则，也是规范劳动者的职业行为准则。职业道德正是通过这种准则来调节职业活动中各种关系、利益和矛盾、维护职业活动秩序的。因此，职业道德可以起到规范职业秩序和劳动者职业行为的作用。

2. 提高劳动的质量、效益和确保职业安全卫生。职业道德规范中明确提出劳动者要讲究产品和服务的质量，注重信誉，文明生产、确保职业安全卫生。如果每一位劳动者都按照这些规范去做，在工作中不断提高这种意识，自觉抵制掺杂使假、玩忽职守、不讲劳动安全、不顾产品服务质量的行为，就可以大大提高劳动生产率，促进生产力更快发展。

3. 提高劳动者的职业素质。劳动者的职业素质主要包括德育素质（思想政治素质与职业道德素质）、基本文化素质、专业知识和技术技能素质、身心健康素质。而职业道德素质在德育素质中也是非常重要的。劳动者在职业生涯中要始终把职业道德修养放在首位，培养职业道德的自觉意识，提高觉悟，以形成自觉遵守职业道德行为规范的观念和品质，这样不仅可以净化自己的灵魂，而且有利于专业知识技能的提高和身心的健康，最终达到自身职业素质的全面提高。

4. 可以提高党和政府的执政能力。《中共中央关于加强党的执政能力建设的决定》指出：对全党要"加强理想信念教育、弘扬以爱国主义为核心的民族精神和以改革创新为核心的时代精神，弘扬集体主义、社会主义思想，使全体人民始终保持昂扬向上的精神状态。坚持依法治国和以德治国相结合，实施公民道德建设工程，发扬中华民族传统美德，在全社会倡导爱国守法、明礼诚信、团结友善、勤俭自强、敬业奉献的基本道德规范。对拜金主义、享乐主义、极端个人主义，消除封建主义残余影响。抵御资本主义腐朽思想文化的侵蚀"。这里的"基本道德规范"，许多方面都体现在职业道德的内容中。党的十九大更是专门提出要加强思想道德建设。因此，加强职业道德教育也关系到提高党的执政能力的大局。

5. 促进企业文化建设。职业道德是企业文化的重要组成部分，先进的企业文化是把企业职工的思想和职业道德教育放在首位的，这是因为职工技术技能只是职工干工作的基本条件，而职业道德却是要解决职工充分发挥自身的积极性，主动去提升职业能力、干好本职工作的问题。营造企业良好的职业道德氛围还可以增强企业凝聚力，提高企业的综合竞争力，提高产品质量、服务质量，降低产品成本，提高劳动生产率和经济效益，增强企业的组织纪律性，促进企业技术进步和产品创新，有利于塑造企业的良好形象。因此，职业道德教育在促进企业文化建设方面起到了主导作用。

6. 促进社会良好道德风尚的形成。良好的社会主义道德风尚离不开职业道德建设，良好的职业道德促进良好的社会道德风尚的形成。例如，雷锋的全心全意为人民服务的精神；许振超的爱岗敬业、忠于职守、对技术精益求精的精神；任长霞的秉公办事、主持正义、服务群众的精神；中国奥运冠军顽强拼搏的精神；在我国抗"非典"、抗冰雪灾害、抗震救灾等重大考验中英勇捐躯的勇士们无私奉献的精神；等等。这些高尚的职业道德精神对整个社会形成良好道德风尚起到了极好的示范作用，激励着广大人民群众在自己的工作岗位上为社会作贡献。

五、良好职业习惯的养成

职业生活是否顺利、是否成功，既取决于个人的专业知识和技能，更取决于个人的职业道德素质。人们在职业活动中的道德状况如何，直接关系着各行各业乃至整个社会的道德状况。大学生是青年人中的佼佼者，要深刻认识提高职业道德素质的重要性，注重这方面的修养和锻炼。从业者在一定的职业道德知识、情感、意志、信念支配下，自觉地按照道德规范要求进行有意识的训练和培养，称作职业道德行为养成。这是职业道德原则和规范具体落实到职业活动中的必由之路。所谓言行一致，知行统一，就是这个道理。

（一）在日常生活中培养

职业道德行为首先要通过日常生活来培养。职业道德行为有两大特点：自觉性和习惯性。培养人的良好习惯的载体就是日常生活。因此，我们要紧紧抓住这个载体，有意识地坚持在日常生活中培养自己的良好习惯；久而久之，就成为一种自觉行为。

所谓"冰冻三尺，非一日之寒"，良好职业道德行为的养成就要从日常生活中的一些小事做起，从自我做起。

（二）在专业学习中加强训练

职业道德行为之所以要在专业学习中训练，是因为专业理论知识与专业技能是形成职业信念和职业道德行为的前提和基础。职业道德行为习惯的养成，离不开知识的学习和技能的锻炼。一个职业人只有具备深厚的专业知识、精湛的职业技能，他所拥有的职业道德知识、情感、意志和信念才会淋漓尽致地发挥出来，才能在自己的职业岗位上作出应有的贡献。而知识和技能是要靠日复一日的钻研和训练才能取得的。具体要求有以下两点：

1. 增强职业意识，遵守职业规范。专业知识学习可以使人获得专业理论和专业知识；专业实习可以使人了解专业、了解职业及其相关职业岗位规范，是培养职业意识、养成良好职业习惯的基本途径。在专业学习和实习过程中，要增强职业意识，遵守职业规范。这是未来干好工作，实现人生价值的重要前提，对人生起着至关重要的作用。

2. 重视技能训练，提高职业素养。技能即职业技能，是一个从业者职业素质的核心，也是促进个人就业的关键因素。先进的技术可以引进，现代化的管理模式可以借鉴，高精尖人才也可以引进，但大批量的技术工人是不可能引进的，只能靠职业技能教育来培养。任何职业都有专门的职业技能，它标志着一个职业人的能力因素是否能胜任工作的基本条件，也是实现人生价值的基本条件，这一点是不可忽视的。

总而言之，在学校学习生活中，每位学生都要加强对专业技能的训练：要向劳动模范、先进人物学习经验；强化技能训练、培养过硬的专业技能；不断提高自己的职业素养，培养职业道德行为。

（三）在社会实践中体验

丰富的社会实践引导生活中每个人的发展，这是成才的基础，是实现知行合一的主要途径。职业道德行为的养成需要社会实践，社会实践是职业道德行为养成的基本途径。新时期众多的职业道德先进人物、职业道德标兵、劳模的职业道德行为都是通过职业活动的实践展现出来的，这证明了社会实践的现实作用。在社会实践中体验职业道德行为的方法有：

1. 参加社会实践，培养职业情感。离开社会实践，我们既无法深刻领会职业道德理论，也无法将职业道德品质和专业技能转化为造福人民、贡献社会的实际行动。因此，应该将自己投入生产实习、为民服务、青年志愿者活动、参观、社会调查、采访劳模和优秀毕业生等社会实践中。只有有意识地进行职业体验，才能进一步了解社会、了解职业、了解自我，熟悉职业对人才各方面的要求。体验职业，能够明确社会对人才的道德素质要求；陶冶职业情感，能够培养对职业的正义感、义务感、热爱感、良心感、幸福感和荣誉感。

2. 学做结合，知行统一。作为在校学生，在学习活动中，为了提高思想和业务水平，以适应未来工作的需要，实践训练是一个不可缺少的环节。以旅游专业为例，学生在学习专业知识的基础上，积极参加学校开展的服务性劳动。服务项目有多种，包括值勤、站岗、维护校内秩序、在学生食堂帮忙等。这些服务型劳动，能够增强学生的服务意识，培养他们的职业习惯。

（四）在职业活动中强化

职业活动是人类社会生活中最普遍、最基本的活动，它是检验一个人职业道德品质高低的最佳方式。在职业活动的实践中，应强化职业道德基础知识的运用、强化职业道德行为的规范，强化职业道德基本规范的掌握与遵守，强化行业道德规范的掌握与遵守。要在职业活动中强化职业道德行为。"强化"指通过某一事物增强某种行为的过程。在职业活动中，强化职业道德行为要做到以下两个方面：

1. 将职业道德知识内化为信念。内化指把在外部学到的职业道德知识、规范通过消化吸收，再结合实际，转化成个人内心坚定的职业道德信念，即对职业道德理想与职业道德原则和对自己履行的职业责任与义务的真诚信奉。它是职业道德知识、情感和意志共同作用的结果，也是职业道德行为的强大动力和精神支柱。只有将职业道德知识内化为信念，才能使职业道德行为具有坚定性和持久性。

2. 将职业道德信念外化为行为。外化指把自身的职业道德情感、意志和信念转变成个人自觉的职业道德行为，指导自己的职业活动实践。在职业活动实践中，我们应言行一致、表里如一，始终遵守职业道德规范，履行自己的责任和义务，做一个具备高尚道德的职业人。

在人生的职业生涯中，职业道德行为养成有着至关重要的作用。在学习生活中，要注重行为规范训练，养成良好的行为习惯，要加强职业道德修养，提高职业道德素质；要坚持参加各种社会实践，在实践中培养良好的职业道德行为，形成高尚的职业道德。

扫码查看本章案例关联条文

第六章　知悉法律程序　依法解决纠纷

第一节　非诉讼法律程序

我国未就非讼程序单独立法，因此非讼程序在我国并非法定"概念"，理论上探讨的非讼程序也并没有一个约定俗成的特定含义。非讼与众多近似概念之间实际上是一种交叉关系，只是在民事审判制度改革、多元化纠纷解决机制构建等综合因素的促动下，非讼程序有独立自主、自成体系的需求、倾向和趋势。

一、非诉讼纠纷解决机制

非诉讼纠纷解决机制，亦称替代性纠纷解决方式，英文全称为 Alternative Dispute Resolution，简称 ADR，其概念源于美国，是对诉讼制度以外的非诉讼纠纷解决法律程序或机制的总称。

诉讼以外，非诉讼解决纠纷的方式主要有以下三种：

（一）谈判

针对法律纠纷的协商解决是法律谈判。法律谈判是双方当事人或连同各自的律师共同坐在一起，协商一个争议的解决方案；双方沟通交流，互谅互让，最终达成和解协议的过程。谈判侧重正处于争议阶段的双方当事人之间的交流，当事人双方是主角，在纠纷解决过程中起主导作用。

（二）调解

调解是最常见的一种纠纷解决模式，也是 ADR 中较好的模式。它是指由一个中立的第三方也就是调解人（在整个调解过程中起主导作用）努力以自己的知识、经验和能力等各方面，深度介入纠纷协商过程中去，建议或说服双方当事人努力作出相对合理的妥协，并主导双方当事人达成和解或调解协议。调解多适用于仍希望保持良好关系的双方当事人，比如发生纠纷的家庭成员、朋友邻居或者是商业伙伴之间。

（三）仲裁

仲裁一般是当事人根据他们之间订立的仲裁协议，自愿将其争议提交由非司法机构的仲裁员组成的仲裁庭进行裁决，并受该裁决约束的一种制度。仲裁活动和法院的审判活动一样，关乎当事人的实体权益，是解决民事争议的方式之一。仲裁是舶来品，源于日本词汇，仲裁通俗理解就是让大家来评评理，又称"公断"。但仲裁需要双方自愿，是自愿型公断，区别于诉讼等强制型公断。

上述三种非诉讼纠纷解决方式，其中的调解和仲裁均有专门的法律加以规范和调整。下面重点阐述调解和仲裁的有关法律制度，同时也将仲裁和诉讼中的调解纳入其中。

二、调解

（一）人民调解

案例：王某有两个儿子。王某分别为长子盖了一套平房，为次子盖了一套尖顶房，相比而言次子房屋面积相对较大。为了公平起见，王某一家达成协议：王某夫妻二人将终身与次子一起生活。但由于婆媳关系不和，生活中矛盾不断。后次子离婚，由人劝说又复婚。为避免婆媳关系恶化，经村委会调解，王某夫妻二人便在另一块宅基地上（现居住处）盖房生活。由于次子急需盖房，经人协调，将此宅基地以 10 000 元的价格让给次子。由于先前协议表述不清，当王某次子买砖在此块宅基地盖房时矛盾再次发生，双方对宅基地上附着物的归属产生分歧。王某次子意气用事退回砖块导致损失 2 万元，加之先前的种种误会，次子认为二老对其不公，并在外扬言对王某"活不养、死不葬"，并试图对王某打击报复。王某对次子的怨恨也不断加深，要求"断绝父子关系"，并自书次子的"罪状"一摞，几度要将次子告上法庭。2015 年 8 月份，家住贾庄的王某来到调解中心申请调解。[1]

法律分析：

本案涉及农村生活中最常见的几种矛盾，婆媳问题、赡养问题以及分家析产问题。从本案中我们可以看到，人民调解在解决农村纠纷中发挥着必不可少且至关重要的作用。在本案的调解工作中，作为本案的调解人，首先，应坚守住自己"旁观者"的地位。利用自己的"旁观"，帮助"当局者"理清主要矛盾所在。在面对纠纷时，当事人常因情绪激动夸大矛盾或认不清事情的真相，这就是我们所说的"公说公有理，婆说婆有理"。这就需要调解员们站在一个公立客观的角度。在本次调解中，调解员除了听取王某、王某的两个儿子、儿媳的陈述外，也询问了某些村民有关王某家的具体情况，从而能够站在公正客观的角度对此次事件进行了解，以期使得当事人都能得到一个公正的结果。其次，在具体调解工作中，调解员们坚持了法治与德治相结合的方法，先从法律的角度出发，告诉王某的儿子，其作为子女在法律上有赡养老人的义务，土地作为老人的私有财产其有自由处分的权利以及关于转让宅基地时附着物的归属问题。在讲明法律上的权利义务以理服人的同时，还坚持以情动人。对王某的儿子、儿媳进行耐心地劝导，告知其赡养老人是中华民族的传统美德、要为自己的子女做良好的榜样、血浓于水等良善的农村风俗。对于王某，则劝导其要尽量一碗水端平，凡事多忍让，家庭和睦才是最大的幸福。在调解员们晓之以理、动之以情的努力下，最终使得各方当事人都各退一步，达成了和解，从而维护了家庭的和谐与稳定。正是由于调解员们的不懈努力，使得多年的父子恩怨得以化解，儿子向父母承认了错误，父母原谅了儿子的过错。

关联条文：《人民法调解法》第 2 条、第 3 条、第 4 条。

---

[1] "人民调解工作典型案例剖析"，载献县人民政府网站，http：//www.xianxian.gov.cn，最后访问时间：2022 年 4 月 15 日。

法治贴士：

人民调解是指在人民调解委员会的主持下，依照法律、政策及社会主义道德规范，对纠纷当事人进行说服规劝，促其彼此互谅互让，在自主自愿情况下，达成协议，消除纷争的活动。它是我国社会主义法治建设中的一项伟大创举，也是我国一项具有特色的法律制度。人民调解制度有深厚的群众基础，根植于"和谐""无讼"等中华传统文化，强调互谅互让、平等协商，是国际社会公认的"东方经验""东方之花"。截至 2020 年底，全国共有人民调解委员会 70 多万个，全年开展矛盾纠纷排查 470 多万次，调解各类矛盾纠纷 820 万件。全国共有人民调解员 320 万人，其中专职人民调解员 36 万人。全国共设立行业性、专业性人民调解组织近 4 万个。全国共设立派驻有关部门人民调解组织近 3 万个。[1]

（二）行业调解

案例： 2020 年 7 月，山东金融业联合会金融纠纷调解中心受济南铁路运输中级人民法院委派，通过"人民法院调解平台"，成功调解某银行与某商贸公司、某房地产开发公司的两起金融案件，涉及合同金额 5000 万元、赔偿金额 334 万元。

两起案件起诉到济南铁路运输中级人民法院后，办案法官考虑案件事实清楚，且双方当事人均在外地的实际情况，为有效减轻当事人诉讼成本、节约司法资源，在立案前征得双方当事人同意后，将两起案件委派给山东金融业联合会金融纠纷调解中心的特邀调解员进行调解。

调解员受理案件后，在办案法官的指导帮助下，及时梳理案件争议焦点，研究制定调解方案，多次与当事人沟通利益诉求，并组织双方通过微信小程序线上调解。通过调解员协商、疏导，最终促成双方达成调解协议，并在线完成了调解协议司法确认，全过程不足 1 小时便调解成功结案，大大便利了当事人，减轻了当事人的诉累。[2]

法律分析：

本案在被人民法院立案之前，由人民法院委托给行业调解组织进行诉前调解。经过专业化的调解，当事人达成协议，成功且高效地化解了纠纷。对于调解协议，当事人双方向人民法院申请了司法确认。人民法院经过审查，以裁定确认了调解协议的效力，赋予了调解协议强制执行的效力。

关联条文： 最高人民法院《关于建立健全诉讼与非诉讼相衔接的矛盾纠纷解决机制的若干意见》第 14 条。

法治贴士：

近几年来，各地法院会同相关行业，建立了商会、消费、劳动争议、保险等行业纠纷调解委员会，为促进诉调对接，让调解更专业、更高效，以推进诉源治理，为健全多元化纠纷解决机制开辟了新路径。

行业调解是解决行业纠纷的一种常见方式，与诉讼相比，行业调解纠纷通常更为高效便捷，成本更低，更有利于实现"案结、事了、人和"。其一，行业调解的调解成本较低，方

---

〔1〕 参见靳昊："人民调解：用法理情守护千家万户的安宁祥和"，载《光明日报》2021 年 6 月 26 日，第 11 版。

〔2〕 "山东金融业联合会金融纠纷调解中心在线调解两起金融纠纷案件"，载大众日报百度百家号网，https://baijiahao.baidu.com/s？id=1672984580859378328，最后访问时间：2022 年 1 月 13 日。

式灵活，程序便捷易行。随着法院案件量大幅增长，行业调解在化解行业纠纷中的作用更加凸显，成为提高纠纷解决效率，减轻当事人诉累的重要途径。其二，行业调解能有效减少纠纷双方的心理障碍，减少抵触情绪，从而有利于沟通协商，促进调解的良性运作。比如，行业调研能够将纠纷解决在行业内部，维护各方当事人的信誉；从个案中吸取经验教训，促进行业规则的制定和完善，促进全行业有序发展。其三，行业调解能够充分发挥行业专业人才优势，让专业人调处专业事。行业内专家和从业人员能有效地找到纠纷产生的症结，充分利用行业规则解决纠纷，并能根据现实情况提出解决办法；具有丰富行业管理经验的调解员，对于行业纠纷中的焦点问题更能从法律和技术角度厘清双方的权利义务关系。其四，行业调解具有相对权威性。在调解纠纷过程中，行业协会内部诚信自律评级监督等方面的主体地位会对调解的成功起到促进作用，行业内对失信行为的惩戒也可以为调解效果提供一定程度的保证。

（三）仲裁调解

案例： 张某与某房地产开发公司签订商品房买卖合同，因某房地产开发公司逾期交房，张某向某市仲裁委员会申请仲裁，请求裁决房地产开发公司支付逾期交房违约金5万元。仲裁委员会立案后，对案件进行了调解，双方当事人达成调解协议，房地产开发公司同意向张某一次性支付4.8万元违约金；仲裁委员会据此制作了调解书。

法律分析：

本案中，当事人张某与某房地产开发公司签订商品房买卖合同，因某房地产开发公司逾期交房，张某向某市仲裁委员会申请仲裁，虽仲裁已经立案，但仲裁庭调解达成协议。仲裁委员会据此制作的调解书，经双方当事人签收后即发生法律效力，等同于生效的仲裁裁决。

关联条文：《仲裁法》第51条、第52条。

法治贴士：

仲裁调解是指在仲裁庭的主持下，仲裁当事人在自愿协商、互谅互让基础上达成协议，从而解决纠纷的一种制度。我国《仲裁法》规定，仲裁庭在作出裁决前，可以先行调解。当事人自愿调解的，仲裁庭应当调解。调解不成的，应当及时作出裁决。仲裁调解与仲裁裁决程序合一、主体合一，依据调解协议制作的调解书与仲裁裁决效力等同。即便是当事人选择了仲裁方式，也并不排斥仲裁过程中的调解。

（四）法院调解

案例： 2007年4月30日，中国证监会对杭萧钢构下述的行政处罚决定书中认定杭萧钢构存在未按规定披露信息和披露的信息有误导性陈述等违法行为。陈某军等127人先后以杭萧钢构与中国国际基金有限公司就安哥拉住宅建设项目上信息披露违反法律法规，对股民形成误导为由向杭州市中级人民法院提起诉讼，请求判令杭萧钢构赔偿原告投资损失、佣金和利息等损失。

杭州市中级人民法院针对该案原告众多、利益牵涉面广、社会影响大，且潜在当事人多，若处理不当，会影响到资本市场和社会稳定的特点，于受案之初便制定了对127件案件进行通盘考虑、整体处理的审理思路。法院先后多次做双方当事人调解工作，释法明理，使杭萧钢构对其行为的法律后果及法律责任有了正确的认识，即只有诚恳调解、积极赔偿才能修复上市公司信誉；使原告充分认识股市投资行为本身存在的风险以及股票市场的系统风险，逐步引导原告调整过高的诉讼期望值，接受以调解方式化解矛盾纠纷；充分发挥律师在调解工作中的重要作用，取得 127 位原告代理人律师的理解与支持。最终，118 件案件一次性达成调解协议，原告获得了 82% 的高比例现金赔偿。随后，剩余 9 件案件也顺利调处。[1]

法律分析：

本案因上市公司在信息披露方面有误导性陈述而引发，涉及受损股东众多，赔偿数额较大，且正值国际金融危机的负面影响逐步显现，资本市场震荡加剧之际。杭州市中级人民法院准确把握形势和案情，正确选择优先调解的审判方法，成功调解结案：一是实现了债权最大限度的保护。100 多位受损股民获得了高达 82% 比例的现金赔偿并已全部赔付到位，这是至今在证券虚假陈述案件中受偿比例最高的案件，被媒体称为"史无前例"的高额赔偿。二是充分发挥了调解一揽子化解全部纠纷的优势。杭州市中级人民法院在受案之初便制定了通盘考虑、整体处理的审理思路，采取了求同存异、分类处理的审理方案，118 件案件一次性调解解决，剩余 9 件也顺势处理。三是坚持依法调解，注重释法解疑，引导当事人理性解决纷争。法院在分清责任的前提下，引导当事人平等自愿地解决纠纷，真正贯彻了依法调解原则。四是实现了互利双赢的最佳办案效果，127 件系列案件的妥善审结，依法维护了股民、上市公司以及公司新旧股东的利益，受到了地方党委、政府和社会各界的一致好评。

关联条文：《民事诉讼法》第 9 条。

法治贴士：

法院调解又称诉讼中调解，包括调解活动、调解的原则、调解的程序、调解书和调解协议的效力等，是当事人用于协商解决纠纷、结束诉讼、维护自己的合法权益，审结民事案件、经济纠纷案件的制度。诉讼中的调解是人民法院和当事人进行的诉讼行为，其调解协议经法院确认，即具有法律上的效力。《民事诉讼法》第 9 条规定，人民法院审理民事案件，应遵循查明事实，分清是非、自愿与合法的原则，调解不成，应及时判决。法院调解，可以由当事人的申请开始，也可以由人民法院依职权主动开始。法院调解与法院审判程序合一、主体合一，依据调解协议制作的调解书与法院判决效力等同。

三、仲裁

（一）合同纠纷的仲裁解决

案例： 2014 年，申请人某机械设备销售公司与被申请人一（作为业主方）及被申请人二（作为购买方）签订了合同额为 56 万元（指人民币，下同）的某机械设备采购合同，两被申请人向申请人购买某型号机械设备 2 台。按照合同约定，被申请人二支付了 16.8 万元的预付款，申请人向被申请人二交付了案涉设备。后被申请人二又支付了 16.8 万元的货款，剩余 22.4 万元货款未付。申请人因此提起仲裁，请求两被申请人向申请人支付设备欠款 22.4 万元及逾期利息 60 505.8 元。

法律分析：

对于欠付申请人 22.4 万元货款的事实，被申请人一与被申请人二在庭审中均予以认可。

---

[1] "全国法院十大调解案例揭晓"，载《光明日报》2012 年 3 月 10 日，第 13 版。

因此，被申请人一与被申请人二均有向申请人支付货款的义务，申请人有权要求两被申请人对未付货款 22.4 万元承担连带付款责任。对于申请人要求两被申请人支付逾期付款利息的请求，两被申请人没有提出关于设备验收不合格或质量存在问题、申请人提交的单据存在错误等异议，申请人已经按照合同约定完成了交货义务，两被申请人应该按照合同约定的时间和数额支付货款。由于两被申请人没有及时支付货款给申请人带来的利息损失，两被申请人应予以赔偿。

法治贴士：

1995 年 9 月 1 日，《仲裁法》正式施行，为民商事纠纷双方当事人提供了一条解决争议的新途径。商事仲裁因为在解决纠纷中具有快捷性、实用性、专业性和高效性，已成为国际通行的经济纠纷解决方式。

商事仲裁具有如下特性：

1. 自愿性。当事人的自愿性是仲裁最突出的特点。《仲裁法》第 4 条规定："当事人采用仲裁方式解决纠纷，应当双方自愿，达成仲裁协议。没有仲裁协议，一方申请仲裁的，仲裁委员会不予受理。"第 6 条第 1 款规定："仲裁委员会应当由当事人协议选定。"仲裁以双方当事人的自愿为前提，即当事人之间的争议是否提交仲裁、交与谁仲裁、仲裁庭如何组成、由谁组成以及仲裁的审理方式、开庭形式等，都是在当事人自愿的基础上，由双方当事人协商确定的。因此，仲裁是最能充分体现当事人意思自治原则的争议解决方式。

2. 专业性。民商事争议往往涉及特殊的知识领域，会遇到许多复杂的法律、经济贸易和有关的技术性问题，故专家裁判更能体现专业权威性。由具有一定专业水平和能力的专家担任仲裁员对当事人之间的纠纷进行裁决，是仲裁公正性的重要保障。根据我国《仲裁法》的规定，仲裁机构都备有分专业的、由专家组成的仲裁员名册供当事人进行选择。

3. 灵活性。由于仲裁充分体现当事人的意思自治，仲裁中的诸多具体程序都是由当事人协商确定与选择的，因此，与诉讼相比，仲裁程序更加灵活，更具有弹性。

4. 保密性。仲裁以不公开审理为原则。有关的仲裁法律和仲裁规则也同时规定了仲裁员及仲裁秘书人员的保密义务，当事人的商业秘密和贸易活动不会因仲裁活动而泄露。

5. 快捷性。仲裁实行一裁终局制，仲裁裁决一经仲裁庭作出即发生法律效力，这使得当事人之间的纠纷能够迅速得以解决。

6. 经济性。时间上的快捷性使得仲裁所需费用相对减少；仲裁实行一裁终局，无需多审级收费，使得仲裁花费的成本较低；仲裁的自愿性、保密性对当事人之间今后的商业机会影响较小。而且，仲裁没有地域管辖，也没有级别管辖，可以就近就地及时、快捷解决争议，相对维权成本会大幅度下降。

7. 独立性。《仲裁法》第 10 条第 1 款规定："仲裁委员会可以在直辖市和省、自治区人民政府所在地的市设立，也可以根据需要在其他设区的市设立，不按行政区划层层设立。"仲裁机构独立于行政机构，仲裁机构之间也无隶属关系。在仲裁过程中，仲裁庭独立进行仲裁，不受任何机关、社会团体和个人的干涉，显示出最大的独立性。

8. 仲裁裁决的终局效力具有广泛执行性。仲裁实行"一裁终局"制度，没有上诉或再审程序，裁决自作出之日起即与法院终审判决书具有同等法律效力，具有强制执行力。一方当事人拒绝自动履行裁决书时，对方当事人可以直接申请法院强制执行。

（二）劳动争议的仲裁解决

案例： 小李和用人单位发生劳动纠纷，应当怎么解决纠纷？

法律分析：

劳动争议，是指劳动关系双方当事人之间因劳动权利和劳动义务所发生的争执。发生劳动争议时，小李可以先和用人单位进行协商，解决纠纷；如果双方不愿协商、协商不成或者达成和解协议后不履行的，可以向调解组织申请调解；不愿调解、调解不成或者达成调解协议后不履行的，可以向劳动争议仲裁委员会申请仲裁；对仲裁裁决不服的，可以向人民法院提起诉讼。综上，我国劳动争议处理程序有协商、调解、仲裁、诉讼四个环节。

关联条文：《劳动争议调解仲裁法》第5条。

法治贴士：

我国劳动纠纷解决方式主要有四种：和解、调解、仲裁和诉讼。和解是指发生劳动纠纷时，劳动者与用人单位可以自行和解，协商解决劳动纠纷。调解是指劳动者与用人单位如果发生劳动争议，可以向企业劳动争议调解委员会、依法设立的基层人民调解组织、在乡镇、街道设立的具有劳动争议调解职能的组织申请调解。自劳动争议调解组织收到调解申请之日起15日内未达成调解协议的，当事人可以依法申请劳动仲裁。达成调解协议后，一方当事人在协议约定期限内不履行调解协议的，另一方当事人也可以依法申请劳动仲裁。劳动争议申请仲裁的时效期间为1年。仲裁时效期间从当事人知道或者应当知道其权利被侵害之日起计算。前款规定的仲裁时效，因当事人一方向对方当事人主张权利，或者向有关部门请求权利救济，或者对方当事人同意履行义务而中断。当事人对仲裁裁决不服的，自收到裁决书之日起15日内，可以向人民法院起诉。诉讼程序是处理劳动争议的最后一道程序。根据我国《劳动法》《劳动合同法》等相关法律法规的规定，当事人对劳动仲裁裁决不服的，自收到裁决书之日起15日内，可以向当地人民法院起诉；期满不起诉的，裁决书即发生法律效力，即未经仲裁的劳动争议，法院将拒绝受理。劳动争议案件由人民法院民事审判庭审理。

（三）土地承包经营纠纷的仲裁解决

案例： 江苏省丰县农村土地承包纠纷仲裁委员会依法对石某华与张某金等8户农民农村土地承包经营权流转纠纷作出双方将互换的承包地恢复原状、予以返还的裁决。

1994年，石某华作为家庭承包方与发包方本村村民委员会签订了土地承包合同，取得了村西的东西长127米，南北宽14.2米，面积为2.62亩的土地承包经营权。该土地直用于农业生产经营。2004年4月16日，县政府为石某华补发了农村集体土地承包经营权证书，该证书载明有效期至2027年8月31日。后石某华又取得0.51亩土地用于农业生产。2003年7月，石某华与张某金等8人自行达成口头协议，将位于该村西石某华正在经营的3.13亩承包地用于建房，后未能办妥建房手续。并且，石与张等8户达成的口头协议，未经村委会同意并报发包方备案。但协议达成后，张某金等8户农民在石某华的土地上进行了生产经营。石某华要求返还自己的承包地，并赔偿损失300元未果，遂申请至县农村土地承包纠纷仲裁委员会。

丰县农村土地承包纠纷仲裁法庭经过审理该案查明上述事实后认为，石某华对依法取得的3.13亩承包地拥有合法经营权，应当受到法律保护；石某华与张某金等8户农民以口头方式进行承包地互换，其互换目的在于改变土地承包用途，其流转行为违反法律规定，该协议为无效协议。申请人石某华虽然有权主张自己合法承包经营，但其作为意向建房人之一，自身亦有过错，应承担一定责任。张某金等人无权占有或强迫他人合法取得的土地承包经营权流转，其占有、使用的该承包地应依法恢复原状，予以返还。

法律分析：

土地侵权纠纷是合法土地使用权人或承包经营权人因第三人侵害其土地使用权或承包经营权而发生的争议。根据《土地权属争议调查处理办法》的规定，土地侵权案件、行政区域边界争议案件、土地违法案件、农村土地承包经营权争议案件不作为土地权属争议案件受理。因此，属于《民法典》《农村土地承包法》等相关法律调整的民事法律关系纠纷，由人民法院直接受理，适用一般民事诉讼程序的二审终审制。其中，土地侵权纠纷中的农村土地承包经营纠纷有专门的《农村土地承包法》《农村土地承包经营纠纷调解仲裁法》进行特别规定调整，当事人可以选择向农村土地承包经营仲裁委员会申请调解、仲裁或直接向人民法院提起民事诉讼。

法治贴士：

《农村土地承包经营纠纷调解仲裁法》为公正、及时解决农村土地承包经营纠纷，维护当事人的合法权益，促进农村经济发展和社会稳定提供了仲裁程序保障。该法主要包括如下几个方面的内容：

1. 受案范围。农村土地承包经营纠纷包括：①因订立、履行、变更、解除和终止农村土地承包合同发生的纠纷；②因农村土地承包经营权转包、出租、互换、转让、入股等流转发生的纠纷；③因收回、调整承包地发生的纠纷；④因确认农村土地承包经营权发生的纠纷；⑤因侵害农村土地承包经营权发生的纠纷；⑥法律、法规规定的其他农村土地承包经营纠纷。

2. 案件管辖。当事人申请仲裁的，应当向纠纷涉及的土地所在地的农村土地承包仲裁委员会递交仲裁申请书。

3. 案件受理。这一阶段包括两项工作：一是当事人在规定的时效内向农村土地承包仲裁委员会提交请求仲裁的书面申请；二是案件受理。仲裁委员会在收到仲裁申请后5个工作日内要作出受理或不受理的决定。

4. 调查取证。调查取证的目的是收集有关证据和材料，查明争议事实，为下一步的调解或裁决做好准备工作。调查取证工作包括撰写调查提纲，根据调查提纲进行有针对性的调查取证，核实调查结果和有关证据等。

5. 调解。仲裁庭在查明事实的基础上，首先要做调解工作，努力促使双方当事人自愿达成协议。对达成协议的，仲裁庭还需制作仲裁调解书。

6. 裁决。经仲裁庭调解无效或仲裁调解书送达前当事人反悔，调解失败的，劳动争议的处理便进入裁决阶段。农村土地承包经营纠纷仲裁应当开庭进行。一般要经过庭审调查、双方辩论和陈述等过程，最后由仲裁员对争议事实进行充分协商，按照少数服从多数的原则作出裁决。仲裁庭不能形成多数意见时，裁决应当按照首席仲裁员的意见作出。仲裁庭作出裁决应制作裁决书。当事人对裁决不服的，可自收到裁决书之日起30日内向人民法院起诉。

7. 裁决执行。仲裁调解书自送达当事人之日起生效；仲裁裁决书在法定起诉期满后生效。生效后的调解书或裁决书，当事双方都应该自觉执行。

第二节 诉讼法律程序

诉讼分为三种：刑事诉讼、民事诉讼和行政诉讼。此处针对民事纠纷的解决，仅阐述民事诉讼法律程序。民事诉讼法律程序可以分为一审程序、二审程序、审判监督程序和执行程序。

一、一审程序

一审程序是我国《民事诉讼法》规定的人民法院审理第一审民事案件通常所适用的程序。一审程序分为普通程序、简易程序和小额诉讼程序。

（一）原告起诉立案

案例： 张三未经斑马线横穿马路，被李四驾驶的机动车撞伤。经交警部门认定，张三负事故的主要责任，李四负事故的次要责任。关于赔偿问题，张三、李四经协商无果。张三准备提起诉讼。

法律分析：

民事诉讼实行不告不理的原则。民事纠纷发生以后，只有当事人向人民法院提起诉讼，人民法院才可以对当事人之间的纠纷进行审理和裁决。起诉应递交以下材料：①原告除向人民法院递交诉状正本外，还应按被告及第三人的人数提供诉状副本；②诉状附有与原告的诉讼请求及其主张相关的证据原件或经人民法院核对无异的证据复制件；③原、被告诉讼主体资格证明。

本案中，张三作为受害方，对侵权人李四提起诉讼。张三是原告，李四是被告。首先，张三需要向人民法院提交的材料如下：①民事起诉状 2 份；②张三的身份证复印件 1 份；③交通事故认定书复印件 1 份，张三的住院病历、诊断证明、医疗费票据，张三误工证明及因误工减少收入证明，对张三进行护理的人员工资证明，鉴定意见书等证据材料。其次，张三提起诉讼时，需要选择向哪一个人民法院起诉立案。这是《民事诉讼法》中规定管辖制度要解决的问题。依据《民事诉讼法》第 29 条的规定，张三可以选择事故发生地或被告住所地人民法院来起诉。此外，张三提起诉讼时，需要向人民法院交纳诉讼费。依据国务院《诉讼费用交纳办法》的规定，原告张三需要按照其要求被告李四赔偿的金额的一定比例交纳诉讼费。

关联条文：《民事诉讼法》第 122 条、第 123 条、第 124 条。

法治贴士：

《民事诉讼法》第 122 条规定了原告起诉的 4 项要件，同时，第 127 条规定了人民法院不予立案受理的 7 种情形。《民事诉讼法》第 123 条规定了起诉原则上需要采用书面方式，提交起诉状，第 124 条规定了起诉状应当载明的事项。原告提交了有关的材料后，人民法院立案庭要依法进行审查，符合起诉条件的，应当在 7 日内立案，并通知当事人；不符合起诉条件的，应当在 7 日内作出裁定书，不予受理；原告对裁定不服的，可以提起上诉。此处的上诉是针对原告的起诉应否立案的程序问题，保障的是当事人的起诉权。

（二）被告应诉答辩

案例：甲公司向乙公司购买 1000 台电脑，双方签订买卖合同。乙公司按约定时间交付电脑。甲公司在使用过程中，发现电脑运行经常出现故障。关于电脑运行故障问题的解决，甲、乙两公司发生纠纷。经过多次协商，依然未能解决。于是，甲公司向人民法院提起诉讼。人民法院立案后，向乙公司发送了原告起诉状副本、应诉通知书、举证通知书等诉讼文书。乙公司接收后，准备积极应诉。

法律分析：

本案中，被告乙公司在接受人民法院发送的原告起诉状副本、应诉通知书、举证通知书等诉讼文书后，应当针对原告的诉讼请求和据以起诉的事实与理由准备答辩意见，收集电脑产品软件、硬件质量合格的有关证据材料；同时，在法定的期限内提交答辩状。本案是买卖合同纠纷，依据《民事诉讼法》第 24 条，合同履行地或被告住所地人民法院对本案拥有管辖权。针对原告甲公司选择起诉立案的人民法院，如果被告乙公司持有异议，有权依法提出管辖权异议。人民法院对被告乙公司提出的管辖权异议进行审查，作出裁定。如乙公司对该裁定不服，有权提起上诉，请求上一级人民法院对立案的人民法院有无管辖权进行二审并作出裁定。在此期间，受理原告起诉的人民法院对本案暂停审理。如果二审法院认为受理原告起诉的人民法院无管辖权，则该人民法院应将本案移送至有管辖权的人民法院。

关联条文：《民事诉讼法》第 128 条、第 130 条。

法治贴士：

原告起诉立案后，被告理应积极应诉。如果被告消极对待，人民法院只是了解原告对案件的观点和材料，无从了解被告方面的观点和材料。如果被告逃避诉讼，不签收诉讼文书、不到庭参与诉讼，人民法院依法可以缺席审判，作出缺席判决。被告应诉后，首先应对受理原告起诉的人民法院有无管辖权进行审查，确定是否需要提出管辖权异议。如果被告忽略这一点，径行应诉答辩，会导致受诉法院取得对原、被告之间诉讼的管辖权；而被告白白丧失从程序上质疑原告提起诉讼的权利。

（三）财产保全的条件和程序

案例：原告张三起诉李四欠款 100 万元不还，起诉同时向法院申请诉讼财产保全，要求查封、扣押、冻结李四的存款、房产、汽车等价值 100 万元的财产。法院根据《民事诉讼法》的规定，要求张三提供价值 100 万元的担保，张三向保险公司购买了保险赔偿限额 100 万元的诉责险做保全担保，仅花了 100 万的 2‰即 2000 元的保费。法院收到保险公司的保单保函后对李四价值 100 万的财产进行了查封、扣押和冻结。法院审理后，判决李四归还张三欠款 100 万元。判决生效后张三申请法院强制执行，法院执行庭将查封、扣押、冻结的李四财产作价给张三，履行了法院判决。

法律分析：

财产保全应当满足以下条件：①该案的诉讼请求具有财产给付内容；②将来的生效判决因为主观或者客观的因素导致不能执行或者难以执行；③诉讼中保全发生在民事案件受理后、法院尚未作出生效判决前；④一般应当由当事人提出书面申请，人民法院在必要时也可以裁定采取财产保全措施；⑤人民法院可以责令当事人提供担保。财产保全的程序是：①当事人向人民法院提交财产保全申请书，并提供担保，担保的形式可以是以房产、车辆、银行存款，也可以是保险公司出具的诉讼保全责任保险保函；②案件主审法官负责审查是否符合财产保全的法定条件，如符合条件，则作出裁定书；③财产保全裁定书作出后，人民法院的执行部门负责对被诉一方当事人名下的不动产、动产、银行存款、证券资产等进行查封、扣押和冻结；④对人民法院作出的财产保全裁定不服的，被诉一方当事人有权申请复议，但复议期间，不停止裁定的执行。

关联条文：《民事诉讼法》第103条。

法治贴士：

财产保全通常是针对被告方的财产进行查封、扣押和冻结，以此限制被告对其财产的处分，确保将来生效裁判的有效执行。财产保全有诉前保全和诉中保全之分。本案中的财产保全是诉讼中的保全。诉前保全是先申请保全，在保全之后30日内，申请保全的当事人到人民法院起诉立案。财产保全限于请求的范围，或者与本案有关的财物。如果财产保全有误，给被诉方造成损失的，被诉方可以另案再诉，要求原告方对因保全给己方造成的损失进行赔偿。财产保全的措施常见的有查封、扣押和冻结。查封是针对不动产而适用，查封期限不超过3年；扣押针对动产而适用，扣押期限不超过2年；冻结针对银行存款、证券资产、公司股权而适用，冻结期限不超过1年。查封、扣押、冻结期限届满后，需要当事人向人民法院申请续封、续押、续冻；否则，查封、扣押、冻结在期限届满后自动解除。

（四）电子证据的运用

案例：2009年4月24日，甲与乙公司签订了《网站建设合同书》，委托乙公司建设网站，合同金额为33 400元。但甲支付首付款人民币10 000元后，被告并没有按照合同约定于同年7月1日交付网站。甲在2010年2月11日和26日给被告发电子邮件，两次要求解除网站合同。之后甲诉至法院，要求乙公司返还首付款并赔偿损失。

法律分析：

本案的争议焦点是网站是否交付及是否符合合同约定。鉴于甲认可乙公司将网站代码上传到甲的虚拟主机上进行过调试，上传内容中哪些工作量符合合同约定的证明责任由甲承担。双方在电子证据的举证上都使用大量的QQ聊天记录，不同的是，乙公司比甲更富有，对这些材料做了公证。于是，乙公司的律师对甲的证据不予认可，要求甲对证据进行公证后才能接受。问题在于，公证文书上的聊天记录文件夹生成时间在乙公司电脑上显示为聊天记录发生3个多月之后。由上可知，相对于传统证据，电子证据的收集、固定既要求采用专业技术又必须及时实施。相对于公证机关，网络服务提供者提供相关证据往往更加专业，难以被普通人否定。网络服务提供者的计算机系统就如同失事飞机的"黑匣子"一样，可以提供非常可靠的信息内容。可见，网络服务提供者是网络案件中最主要、最可靠证据的来源者。服务商的信息管理和协助为人民法院调查取证提供了坚实的基础。

本案的当事人原本是有这样的时间的，但因为不知晓该规定而陷于困境。就小标的案件而言，当事人自行取证也是可行的。本案中，原告如在发出解除函的同时，就对电脑上的每一页QQ记录采用连续拍照、摄像的方式固定了形成时间及内容，被告将很难否认。另外，要保证电子邮件的有效证明力，当事人可在不同阶段对相关事实作合同条款的详细约定或者依法签订确认书。

关联条文：《民事诉讼法》第 66 条。

法治贴士：

近几年，互联网成为大家生活中不可或缺的一部分，而一些与网络相关的法律纠纷也出现在我们眼前。我国民事诉讼的证据中增加了电子证据这一项，这也是为了顺应时代的发展而作出的调整。根据目前国内外的司法实践，一般可以在以下三种情形下认定电子证据的真实性：①由适格证人证明为真实的证据。参与电子证据生成与运作的技术人员或者具备专业技能与经验、可以查证电子证据是否属实的专业技术人员，可以作为适格的证人证明电子证据是否真实。②经适格专家鉴定认为电子证据未遭修改。具备识别电子数据是否被修改技能的训练有素的专家，可以接受法院委托进行鉴定，并出具鉴定意见证明电子证据是否真实。③根据经验法则，如果电子记录的产生、存储、处理、发送、接收等环节上具有较高的可靠性与完整性，可以推定电子证据的真实性。

（五）小额诉讼程序

案例：刘女士称，2011 年 5 月，其朋友鄂先生以缺少资金为由向她借款 1 万元，双方于 2011 年 8 月 11 日签署协议，约定鄂先生在 2011 年 10 月 31 日前归还欠款。此后刘女士多次催要，鄂先生总是以各种理由拒绝偿还。刘女士于 2013 年 1 月向海淀区法院递交民事起诉状，要求借款人立即归还欠款并承担诉讼费用。该院主审法官收到材料后联系被告鄂先生，鄂先生对欠款事实予以认可，表示愿意尽快开庭。2013 年 1 月 15 日，本案适用小额诉讼程序在海淀法院开庭，半个小时后，法庭当庭宣布了判决结果，判决被告鄂先生返还原告刘女士借款 1 万元，于判决书生效后 30 日内给付 5000 元，于判决书生效后 60 日内付清余款 5000 元。宣判后，法院随即向双方当事人送达了生效判决书。

法律分析：

2021 年 12 月 24 日通过的《全国人民代表大会常务委员会关于修改〈中华人民共和国民事诉讼法〉的决定》第 9 条规定，将第 162 条改为第 165 条，修改为："基层人民法院和它派出的法庭审理事实清楚、权利义务关系明确、争议不大的简单金钱给付民事案件，标的额为各省、自治区、直辖市上年度就业人员年平均工资百分之五十以下的，适用小额诉讼的程序审理，实行一审终审。基层人民法院和它派出的法庭审理前款规定的民事案件，标的额超过各省、自治区、直辖市上年度就业人员年平均工资百分之五十但在二倍以下的，当事人双方也可以约定适用小额诉讼的程序。"

此次庭审标志着小额诉讼程序顺利从法律规定走向审判实践，真正实现了方便诉讼群众，凸显了小额诉讼程序"快审、快判、快结"的程序价值和司法为民的审判宗旨。此外，在审理过程中，法院还充分考虑了本案被告家庭困难的实际情况，本着司法为民的理念，判决被告鄂先生分期履行给付义务，努力实现小额速裁案件法律效果、社会效果的双统一。海淀区法院总结以往审理小额案件的成功经验，组建了专业审判组对小额诉讼案件进行审理，并制定相应的实施细则和告知书，充分向当事人释明小额诉讼程序的各项要求，打消当事人疑虑，充分发挥小额诉讼程序的便民作用。

关联条文：《民事诉讼法》第 165 条第 1 款。

法治贴士：

《民事诉讼法》规定的第一审程序分为普通程序、简易程序和小额诉讼程序。普通程序要求组成合议庭，审理期限为 6 个月，本院院长批准后可以延长 6 个月；简易程序可以由审判员 1 人独任审理，审理期限为 3 个月，本院院长批准后可以延长 1 个月；小额诉讼程序也是由审判员 1 人独任审理，审理期限为 2 个月，本院院长批准后可以延长 1 个月。关于小额诉讼程序适用的案件，2021 年 12 月 24 日《民事诉讼法》修改为：标的额为各省、自治区、直辖市上年度就业人员年平均工资 50% 以下的，适用小额诉讼的程序审理；标的额超过各省、自治区、直辖市上年度就业人员年平均工资 50% 但在 2 倍以下的，当事人双方也可以约定适用小额诉讼的程序。因小额诉讼程序实行一审终审，当事人双方对人民法院按照小额诉讼程序审结的案件，均不能再上诉。当事人双方约定适用小额诉讼程序的，一定要特别注意"一审终审"这一法律后果。

二、二审程序

第二审程序也称上诉审程序，是指当事人不服第一审人民法院作出的尚未生效的判决或裁定，依法向上一级人民法院提起上诉，要求撤销或变更原判决或裁定，上一级人民法院据此对案件进行审理和作出裁判所适用的诉讼程序。二审程序的意义是：首先，对于当事人而言，二审程序为当事人维护自己的合法权益提供了更为充分的手段；其次，对于人民法院而言，二审程序的设立，为上一级人民法院提供了监督和指导下一级人民法院工作的手段，从而有助于纠正错误的裁判和从整体上提高人民法院审判工作的质量。

（一）上诉的条件和程序

案例： 某供销合作社诉王某某租赁合同纠纷一案，经县人民法院审理，判决解除双方之间的租赁合同，驳回某供销社要求王某某支付拖欠租金的诉讼请求。对该判决结果，某供销社不服，拟提出上诉。

法律分析：

本案中，某供销社不服县法院的一审判决，有权在签收判决书之日起 15 日内向县法院的上一级法院提起上诉。签收判决的当天不计算在内，15 天的上诉期从签收判决的次日开始计算；15 天上诉期最后一天如果是节假日的，顺延至节假日后的第一个工作日，节假日如果在 15 天上诉期中间的不予扣除；如果是以邮寄的方式提交上诉状，期满前交邮的不算过期。某供销社提起上诉，需要向原审法院即县法院提交上诉状；然后由县法院将上诉状副本发送对方当事人王某某。王某某接到上诉状副本后 15 天内提交答辩状，如不提交，不影响人民法院对案件的审理。县法院将上诉状、答辩状和一审案卷向上一级法院报送。上一级法院即市中院收到材料后，二审案件立案并开始计算二审 3 个月的审理期限。

关联条文：《民事诉讼法》第 171 条、第 172 条、第 173 条、第 174 条。

法治贴士：

第二审程序也称上诉审程序，是指当事人不服第一审人民法院作出的尚未生效的判决或裁定，依法向上一级人民法院提起上诉，要求撤销或变更原判决或裁定，上一级人民法院据此对案件进行审理和作出裁判所适用的诉讼程序。提起上诉的条件是：①上诉必须针对依法可以上诉的裁判提出；只有一审的判决和裁定当事人可以上诉，但一审终审案件的判决和适用非讼程序的判决，当事人不能上诉；可以上诉的裁定只有三种，即不予受理的裁定、驳回起诉的裁定和管辖权异议的裁定。②上诉必须有合格的上诉人与被上诉人。③上诉必须在法定期间内提出，对裁定的上诉期是 10 天，对判决的上诉期是 15 天。④上诉必须递交上诉状（书面形式），提交上诉状的同时还需要预交上诉费。上诉状是提交给一审法院还是二审法院？虽然《民事诉讼法》规定两者都可以，但考虑到上诉状提交给二审法院后，二审法院将移交给一审法院，然后由一审法院发送上诉状副本、接收答辩状，因此当事人的合理选择是向一审法院提交上诉状。

（二）二审的审理范围

案例：2017 年 5 月 2 日，郑州医生杨某因在电梯内劝阻段某某抽烟，两人发生争执。十多分钟后，69 岁的段某某突发心脏病死亡。段某某的妻子田某某将杨某诉至法院，要求其支付死亡赔偿金等共计 40 余万元。

2017 年 9 月 4 日，郑州市金水区法院作出一审判决，判决杨某向死者家属补偿 1.5 万元。田某某不服一审判决，上诉至郑州市中院。

2018 年 1 月，该案在郑州市中院二审公开宣判，法院撤销了要求杨某补偿死者家属 1.5 万元的民事判决；驳回田某某的诉讼请求。

法律分析：

本案中，杨某劝阻段某某在电梯内吸烟的行为未超出必要限度，属于正当劝阻行为。在劝阻段某某吸烟的过程中，杨某保持理性，平和劝阻，其与段某某之间也没有发生肢体冲突和拉扯行为，也没有证据证明杨某对段某某进行过呵斥或有其他不当行为。杨某没有侵害段某某生命权的故意或过失，其劝阻段某某吸烟行为本身不会造成段某某死亡的结果。段某某自身患有心脏疾病，在未能控制自身情绪的情况下，心脏疾病发作不幸死亡。虽然从时间上看，杨某劝阻段某某吸烟行为与段某某死亡的后果是先后发生的，但两者之间并不存在法律上的因果关系。因此，杨某不应承担侵权责任。虽然杨某没有上诉，但一审判决适用法律错误，损害了社会公共利益。因为保护生态环境、维护社会公共利益及公序良俗是民法的基本原则，弘扬社会主义核心价值观是民法的立法宗旨，司法裁判对保护生态环境、维护社会公共利益的行为应当依法予以支持和鼓励，以弘扬社会主义核心价值观。根据郑州市有关规定，市区各类公共交通工具、电梯间等公共场所禁止吸烟，公民有权制止在禁止吸烟的公共场所的吸烟者吸烟。该规定的目的是减少烟雾对环境和身体的侵害，保护公共环境，保障公民身体健康，促进文明、卫生城市建设，鼓励公民自觉制止不当吸烟行为，维护社会公共利益。本案中，杨某对段某某在电梯内吸烟予以劝阻合法正当，是自觉维护社会公共秩序和公共利益的行为。一审判决判令杨某分担损失，让正当行使劝阻吸烟权利的公民承担补偿责任，将会挫伤公民依法维护社会公共利益的积极性，既是对社会公共利益的损害，也与民法的立法宗旨相悖，不利于促进社会文明，不利于引导公众共同创造良好的公共环境。一审判决判令杨某补偿田某某 1.5 万元错误，二审法院依法予以纠正。

关联条文：《民事诉讼法》第 175 条、《最高人民法院关于适用〈中华人民共和国民事诉讼法〉的解释》第 323 条。

法治贴士：

"不告不理"是民事诉讼的一项基本准则。在二审程序中，"不告不理"体现为二审法院原则上仅对当事人上诉请求的有关事实和适用法律进行审查。比如借贷纠纷案件，当事人上诉仅针对利息的计算问题，二审法院对本金部分就不再予以审查。但是，二审中的"不告不理"适用的例外情形是一审判决违反法律禁止性规定，或者损害国家利益、社会公共利益、他人合法权益的。在电梯劝烟受阻案中，虽然只有田某某提出上诉，杨某没有提出上诉，但因二审法院认为一审的理由和结果损害社会公共利益，所以对一审法院的判决进行了改判。实践中，当事人需要注意的有两点：①只有对方提出上诉，二审法院原则上只审查对方的上诉请求事项；因此本方当事人对一审判决不服的，也需要提出上诉。②当事人上诉时要将对一审判决持有异议的内容全部提出，不能寄希望于二审法院主动审查和主动纠错。

（三）二审的审理结果

案例： 郭某诉梁某借贷纠纷案中，郭某持有 1996 年 4 月 19 日落款有梁某签字的一张欠款条，郭某要求梁某偿还借款 16.5 万元。一审中，梁某未到庭，法院缺席判决梁某偿还借款及利息。梁某认为欠款条非其本人出具、签名亦非本人所签，因此对一审判决提出上诉，理由是一审缺席判决程序违法，一审判决认定事实错误。二审法院经过审理后，作出裁定撤销原判、发回重审。

法律分析：

本案中，一审法院依据原告郭某提供的地址向被告梁某邮寄送达了开庭传票，但因被告梁某根本未在该地址居住，被告未收到开庭传票，以致未能出席庭审。此后，一审法院将一审判决邮寄到被告梁某的现住址。梁某签收判决后，甚是惊诧和气愤，然后以一审程序违法和认定事实错误为由提出上诉。二审法院经过审理，认为梁某上诉理由成立，依据《民事诉讼法》第 170 条第 3 项和第 4 项，裁定撤销原判决、发回重审。

关联条文： 《民事诉讼法》第 177 条。

法治贴士：

当事人对一审判决提出上诉，二审法院的处理结果有三种：①以判决的方式维持原判；②依法改判；③裁定撤销原判决、发回重审。如果是维持原判或依法改判，二审法院的判决就是终审的判决，当事人不能再提出上诉或再次起诉。如果是撤销原判、发回重审，原一审法院需要另行组成合议庭，对案件进行重审。对重审后的判决结果，当事人如有不服，有权提出上诉。依据《民事诉讼法》第 177 条第 2 款的规定，当事人对重审案件的判决结果提起上诉的，第二审人民法院不得再次发回重审。这样可以有效避免多次发回重审，减轻当事人的诉累。

三、再审程序

再审，是指人民法院对裁判已经发生法律效力的案件再一次进行审理并重新作出裁判的诉讼活动。再审程序又称审判监督程序，是指为了纠正生效裁判中的错误而对案件再次进行审理与作出裁判的诉讼程序。我国《民事诉讼法》规定的再审程序的启动方式有三种：当事人申请再审、人民检察院抗诉和人民法院依职权再审。

（一）申请再审的程序

案例： 牛某与王某合伙经营玉米生意，牛某负责联系货源，王某负责销售渠道。2019年 9 月，牛某联系了一批东北玉米，总价款 20 万元。牛某出资 4 万元，王某出资 16 万元。之后，牛某将货款 20 万元转账给东北玉米经销商夏某，但夏某随后失联。牛某向公安机关报案，请求按诈骗罪追究夏某的刑事责任。公安机关立案后，至今夏某未到案。王某将牛某诉至法院，称其与牛某之间是买卖合同关系，请求法院判令牛某返还货款16万元。一审法院认定，王某和牛某之间构成买卖合同关系，判令牛某向王某返还货款16万元。牛某提出上诉，但二审法院维持原判。牛某不服，准备申请再审。

法律分析：

本案中，牛某对二审法院判决不服，有权申请再审。牛某申请再审，需要依据《民事诉讼法》第207条的规定，确定二审判决认定事实缺乏证据证明和有新的证据足以推翻原判决这两项再审的法定事由，并提交民事再审申请书。依据《民事诉讼法》第206条的规定，牛某可以向二审法院申请再审，也可以向二审法院的上一级法院申请再审；因本案双方当事人均是自然人，一般情况下，牛某需要向作为原审法院的二审法院申请再审。依据《民事诉讼法》第206条的规定，牛某需要在二审判决生效后6个月内申请再审；有特定情形的，牛某也可以在发现特定情形发生之日起6个月内申请再审。牛某提出再审申请后，受理申请的法院通知王某，并将牛某的再审申请书副本发送给王某；王某可以针对牛某的再审申请，提交答辩状。受理再审申请的法院接下来进行审查，确定是否再审立案；审查期间为3个月，必要时可以组织双方当事人进行听证。当事人申请再审到人民法院再审立案期间，二审判决不停止执行。如果再审立案，则由受理再审申请的法院作出裁定，同时中止二审判决的执行。

关联条文：《民事诉讼法》第206条、第207条。

法治贴士：

申请再审是《民事诉讼法》赋予当事人的一项诉讼权利。该项诉讼权利的存续期间为6个月，起算时间点为裁判生效时间或当事人发现特定情形之日；超过6个月，当事人申请再审的权利即消灭，当事人只能通过向法院或检察院申诉的方式，反映其意见。当事人申请再审不仅可以针对法院的生效判决、裁定，还可以针对法院的生效调解书。因为再审程序是在两审终审制之外的纠错性程序，只有当事人申请再审符合法定事由，人民法院才会启动再审程序，所以当事人申请再审期间不停止原判决的执行。再审立案后，原判决停止执行；受理再审申请的法院，或者对案件提审或者指令作出生效判决的原审法院进行再审。

（二）检察监督的程序

案例：某学校与某建筑公司之间产生施工合同纠纷，经某区法院审理后判决某学校向某建筑公司支付工程款230万元。判决作出后，某学校未上诉；但上诉期届满后，某学校向某市中院申请再审，被裁定驳回。某学校依然不服，拟继续走法律程序。

法律分析：

依据《民事诉讼法》相关规定，某学校有权向某区法院的同级人民检察院申请检察建议或抗诉。同级检察院接到申请后，对某区法院的生效判决进行审查，如果认为确有错误，可以向某区法院提出检察建议或向上一级检察院报送抗诉意见书。如上一级检察院经审查认为应当抗诉，则向某区法院的上一级法院提出抗诉。检察院提出抗诉的，法院应当对案件再审。

关联条文：《民事诉讼法》第216条第1款。

法治贴士：

《民事诉讼法》第 14 条规定："人民检察院有权对民事诉讼实行法律监督。"人民检察院作为法律监督机关，在民事诉讼中监督的方式有两种：检察建议和抗诉。检察院启动监督程序主要源于当事人的检察建议申请或抗诉申请。当事人申请的前提是其申请再审但被法院驳回、法院逾期没有作出裁定或再审裁判有明显错误。由此，检察院监督是以当事人申请再审为前置条件的。依据《民事诉讼法》第 215 条的规定，检察院是针对下级法院的生效判决向其同级法院提出抗诉。检察院抗诉的案件，其同级法院只能提审，而不能指令原审法院再审。

（三）法院依职权再审的程序

案例：甲公司诉乙公司买卖合同纠纷案，经某区法院调解结案，调解书确定乙公司及其法定代表人郝某对货款 80 万元承担连带责任。在案件执行过程中，某区法院执行局查封了郝某的房屋、冻结了郝某的银行存款；郝某才发现调解书确定其承担连带责任一事。于是，郝某向某区法院申诉，称自己未参与案件调解，也未授权代理人参与调解，调解协议和调解笔录上只是加盖了自己的个人名章；乙公司的代理人参与调解时，携带有公司的印章和法定代表人郝某的个人名章，因而加盖了其个人名章。某区法院接收申诉材料后，随即启动审查程序。随后，某区法院院长将此案提交本院审委会讨论决定再审。

法律分析：

本案中，郝某向某区法院申诉。该区法院采用由本院院长提交审委会讨论决定的方式，启动再审程序。该种方式是作出生效裁判、调解书的法院主动纠错的方式。本案的再审是因调解过程中，郝某本人未参与，也未委托代理人参与；乙公司代理人在调解协议和调解笔录上加盖郝某的名章，用的是乙公司法定代表人的名义，而非郝某个人的名义；而法院将加盖郝某名章错误等同于郝某个人愿意对公司债务承担连带责任。

关联条文：《民事诉讼法》第 205 条。

法治贴士：

本案给我们带来的启示有三点：①当事人对自己的签名或名章，需要审慎对待和妥善保管；②当事人对超出申请再审期限的判决、裁定、调解书，如果认为确有错误，可以直接向作出该判决、裁定、调解书的法院提出申诉，通过法院依职权的方式启动再审程序；③法院在调解过程中，对代理手续应严加审核，否则会出现程序错误。

四、执行程序

民事执行是指人民法院的执行组织，依据申请人提交的或审判组织移送的发生法律效力的判决、裁定或调解书，以及其他机构制作的具有民事执行效力的法律文书，行使司法执行权，按照法律规定的程序，强制义务人履行法定义务，实现上述法律文书内容的活动。

（一）申请执行立案

案例：高某 1 诉高某 2 民间借贷案件中，一审法院判令高某 2 向高某 1 偿还借款及利息。高某 2 不服，提出上诉；二审法院作出判决，维持一审判决。二审判决生效后，高某 2 迟迟未履行生效判决判定的义务。高某 1 拟向人民法院申请执行。

法律分析：

在向法院申请强制执行之前，高某1首先需要准备申请所需的材料。其一，申请书（提交正本1份，并按被申请人人数提交副本）。申请书的主要内容：①申请人身份信息，申请人为自然人的，包括：姓名、性别、年龄、民族、职业、工作单位、住所、联系方式；申请人为法人或者其他组织的，包括：名称、住所和法定代表人或者主要负责人的姓名、职务、联系方式。②被申请人身份信息，被申请人为自然人的，包括：姓名、性别、年龄、民族、职业、工作单位、住所、联系方式；被申请人为法人或者其他组织的，包括：名称、住所和法定代表人或者主要负责人的姓名、职务、联系方式。③执行依据。人民法院作出的一审民事、行政判决书、裁定书，民事调解书；我国商事仲裁机构作出的仲裁裁决和调解书；具有强制执行效力的公证债权文书；法律规定由人民法院执行的其他法律文书。④请求事项。请求事项与生效的法律文书裁决的内容要一致，且执行标的要明确。⑤申请人的签名或盖章，申请人为法人的，应当有公章、法定代表人签字。其二，申请人身份证明、委托手续。自然人申请的，应向法院提供身份证原件，并提交复印件；法人或其他组织申请的，应向法院提供营业执照复印件（需加盖公司或单位公章）或组织机构代码证书复印件、法定代表人或主要负责人身份证明书等材料。其三，证据。①生效法律文书及法律文书生效时间的证明或其他证明材料；②继承人或权利承受人申请执行的，应提交继承或承受权利的证明文件；③被执行人的身份信息；④申请执行人向被执行的财产所在地人民法院申请执行的，应当提供该人民法院辖区有可供执行财产的证明材料；⑤申请执行公证债权文书的，需要同时提交已公证的债权文书和执行证书原件；⑥其他应当提交的文件或证件。

准备好材料后，高某1需要确定具体去哪个法院申请强制执行。根据《民事诉讼法》及其相关司法解释，高某1应向一审法院或与一审法院同级的被执行财产所在地的人民法院申请执行立案。受理申请的法院立案庭收到高某1提交的申请执行书和相关材料后进行审查立案，然后将执行案件转到本院执行局。

关联条文：《民事诉讼法》第231条、第243条、第246条第1款。

法治贴士：

首先，当事人申请执行除了可以到一审法院外，还可以到被执行财产所在地法院。被执行财产所在地的确定规则是：①被执行的财产为不动产的，该不动产的所在地为被执行的财产所在地；②被执行的财产为股权或股份的，该股权或股份的发行公司住所地为被执行的财产所在地；③被执行的财产为商标权、专利权、著作权等知识产权的，该知识产权人的住所地为被执行的财产所在地；④被执行的财产为动产，其所在地不明确或有争议的，被执行人的住所地为被执行的财产所在地。其次，当事人申请执行还需要特别注意申请期限，申请强制执行的时效为2年；申请执行时效的中止、中断适用法律有关诉讼时效中止、中断的规定。最后，执行人民法院发生法律效力的判决、裁定、调解书，仲裁机构依法作出的裁决和调解书，公证机关依法赋予强制执行效力的债权文书，承认和执行外国法院判决、裁定以及国外仲裁机构裁决的，应当按照标准收取执行申请费。执行申请费不由申请人预交，所以申请执行立案时不需要交费。

（二）失信被执行人名单

案例：2017年，张某因民间借贷纠纷，被孟村法院判决偿还李某借款8万元及利息。

判决生效后，张某并未主动履行还款义务。

执行法官利用执行查控系统对被执行人张某名下的财产进行了查询，未发现有价值的财产线索。申请执行人李某亦无法提供张某的人身和财产线索。面对被执行人张某躲避执行、下落不明的情况，执行法官将张某纳入失信被执行人名单。

被执行人张某"躲猫猫"两年后，2019 年 7 月 2 日竟主动找到执行法官要求还款。原来，张某的儿子参加了今年高考，成绩还不错。他担心自己的"老赖"身份影响儿子的学业和前程。思来想去，他主动还清了 8 万元欠款。

法律分析：

"失信被执行人名单"通俗地称为"失信者黑名单"，是指《最高人民法院关于公布失信被执行人名单信息的若干规定》第 1 条规定中的被执行人具有履行能力而不履行生效法律文书确定义务的六类人，人民法院应当将其纳入失信被执行人名单，依法对其进行信用惩戒。此规定已于 2013 年 10 月 1 日起正式施行，2017 年 1 月 16 日进行修正。全国性的"失信者黑名单"制度已建立，失信被执行人名单被人民法院向社会公布后，有关职能部门对列入"失信者黑名单"的被执行人从政府采购、招标投标、行政审批、政府扶持、融资信贷、市场准入、资质认定、征信系统记录等方面进行全方位的限制，使其社会信誉度明显降低，在商业经营、社会生活等方面处处受限，最终敦促其主动履行。

关联条文：《民事诉讼法》第 262 条、《最高人民法院关于公布失信被执行人名单信息的若干规定》（2017 年修正）第 1 条。

法治贴士：

被纳入"失信被执行人名单"会给被执行人带来一系列法律后果。其一，限制其高消费及非生活或者经营必需的有关消费。被执行人为自然人的，被采取限制消费措施后，不得有以下高消费及非生活和工作必需的消费行为：①乘坐交通工具时，选择飞机、列车软卧、轮船二等以上舱位；②在星级以上宾馆、酒店、夜总会、高尔夫球场等场所进行高消费；③购买不动产或者新建、扩建、高档装修房屋；④租赁高档写字楼、宾馆、公寓等场所办公；⑤购买非经营必需车辆；⑥旅游、度假；⑦子女就读高收费私立学校；⑧支付高额保费购买保险理财产品；⑨乘坐 G 字头动车组列车全部座位、其他动车组列车一等以上座位等其他非生活和工作必需的消费行为。被执行人为单位的，被采取限制消费措施后，被执行人及其法定代表人、主要负责人、影响债务履行的直接责任人员、实际控制人不得实施前款规定的行为。因私消费以个人财产实施前款规定行为的，可以向执行法院提出申请。执行法院审查属实的，应予准许。其二，被执行人违反限制消费令进行消费的行为属于拒不履行人民法院已经发生法律效力的判决、裁定的行为，经查证属实的，依照《民事诉讼法》第 114 条的规定，予以拘留、罚款；情节严重，构成犯罪的，追究其刑事责任。其三，银行等金融机构对纳入"失信被执行人名单"的被执行人限制其贷款、融资等金融活动，降低信用卡额度，并将其存款情况及时通过司法查询平台报告法院。其四，不得在全国范围内担任任何公司的法定代表人、董事、监事和高级管理人员。工商管理部门对失信被执行人降低其信用等级，限制其"守信用、重合同"评比资格。其五，被执行人为国家机关或者公务员、中共党员、人大代表、政协委员等特殊主体的，根据有关规定在评优选先、晋职晋级等方面予以限制，或者取消其政治待遇、荣誉称号，直至给予纪律处分。其六，限制失信被执行人出境。其七，招标投标管理部门限制失信被执行人参加政府采购和工程项目招投标。其八，建设管理部门暂停受理失信被执行人的工程项目许可、资质审批，暂缓受理建筑市场相关业务事项，暂缓办理建设工程质量竣工验收备案等工作；规划管理部门对失信被执行人享有使用权的土地暂停办理规划报建手续、暂缓办理在建项目的后续规划手续。其九，其他限制。

（三）网络司法拍卖

案例： 2014 年 7 月 8 日，三门峡义马法院将一批废旧钢材通过淘宝网司法拍卖平台成功拍出，拍品起拍价 80 352 元，成交价 94 352 元，溢价率为 17.4%。此次拍卖的一批废旧钢材，共 55.8 吨，因标的特殊，此前曾两次委托传统拍卖机构拍卖，均因无人报名而流拍。进入网拍程序后，共有 8 人报名，经过 67 次竞价、9 次延时，最终成交。此次网拍是三门峡法院首次以拍卖的方式处置废旧物品，比传统的处置方式成本更低、溢价率更高、效果更好，为以后更好地处理特殊标的物品提供了方向。

法律分析：

司法拍卖，又称强制拍卖，指的是法院在执行程序中，为了实现申请执行人的债权，对被执行人（或担保人）所有的已被法院查封、扣押、冻结的财产，依法定程序实施公开拍卖，以获得价款抵偿债务的处分性执行措施。司法拍卖通过网络平台进行，简称"网拍"，这是《最高人民法院关于人民法院网络司法拍卖若干问题的规定》2017 年实施以来的强制要求。网络司法拍卖的公开性强，高效便捷且成本较低。本案例中，由传统方式的拍卖改为网拍之后，竞拍人骤然增加，拍品溢价率非常高。

关联条文：《民事诉讼法》第 251 条，《最高人民法院关于人民法院网络司法拍卖若干问题的规定》第 1 条、第 2 条。

法治贴士：

2017 年 1 月 1 日开始施行的《最高人民法院关于人民法院网络司法拍卖若干问题的规定》明确规定，通过网络进行司法拍卖成为法院以公开方式处置资产的首要选择。将司法拍卖借助庞大的互联网资源，可以使拍卖物品的价值得到最大的提升，最大限度地保护各方当事人的利益，同时为分布世界各地的网民创造了优良的购买环境，无形中扩大了竞拍参与机会。对竞买人来说，通过互联网这一技术手段进行司法拍卖，突破了时间和空间限制，足不出户，宅在家里或者在办公室通过网络动动手指就可以充分地了解拍卖物品的详细信息和价格，并第一时间参与其中，使得参拍人数突破了空间和数量限制，极大增加参加拍卖机会的同时，使得拍卖物品的成交价格最大化，最终彻底维护了案件当事人的根本利益。

互联网天然的开放性和透明化将整个司法拍卖活动置于阳光之下，有效地隔离了司法拍卖活动中的腐败行为。由于所有拍卖信息都通过网络公布，所有竞买人都能第一时间获得第一手信息，有效地避免了各个竞买人之间信息不对称的情况。并且整个司法拍卖过程都在拍卖页面及时更新，处于一种完全透明的状态之下，法院也只有在拍卖结束之后才能获悉竞买人的详细信息，屏蔽了内幕交易的机会，筑起了一道坚硬的廉洁司法屏障。网络司法拍卖运用网络技术手段完全省略了拍卖运营成本，特别是对竞价未成交而流拍的物品，依法降价后可以迅速地重新上传至网络平台，开展下一次竞价，有效地节约了拍卖时间，与传统的拍卖形成鲜明的对比。

（四）执行异议制度

案例：赵某从李某处购买一套商品房，付清了全部购房款 100 万元，但考虑税费过高而没有办理过户登记。某一天，赵某接到人民法院的查封裁定，得知因李某欠张某 65 万元，张某将李某起诉至法院，并由法院判决李某向张某偿还借款本金 65 万元及利息，法院在该案执行中将赵某购买的房屋查封。赵某对法院查封其购买且已经居住多年的房屋甚是不解。赵某准备通过法律程序解决此事。

法律分析：

本案中，赵某在得知其购买的房屋被法院查封之后，可以向执行法院提出执行异议，并提交购房合同、支付购房款、房屋交付并由其居住多年和未过户原因等证据材料。执行法院进行审查后，如果认为异议成立，则裁定解除查封；如果认为异议不成立，则裁定驳回异议。对驳回异议的裁定，赵某有权在接收后的 15 日内，向执行法院提起执行异议之诉。执行法院对该执行异议之诉的审理是一审，如一审判决依然没有支持赵某，赵某有权向执行法院的上一级法院提起上诉。

关联条文：《民事诉讼法》第 234 条。

法治贴士：

执行异议和执行异议之诉在当前频繁多发。其原因是当事人购买的房产、车辆，虽然完成交付，但未及时过户；而卖方一旦出现债务风险，债权人起诉，在诉讼或执行中，就有可能由法院查封尚登记在卖方名下的房产、车辆。买方则只能通过向执行法院提出执行异议和执行异议之诉来解决。如通过执行异议和执行异议之诉，买方未获法院支持。买方接下来可以从其与卖方之间的买卖合同着手，起诉卖方承担违约责任、赔偿损失。当然，对买方而言，在购买房产、车辆之时，首先应了解房产、车辆的登记信息，确定其无查封、无抵押；其次，在房产、车辆交付完成后，及时办理过户登记，双方之间的交易至此才算完全结束。

第三节　理性处理纠纷

矛盾无时不有，无处不在。矛盾积累到一定程度，就会演化为纠纷。当我们遇到纠纷时，应冷静对待，理性处理，通过各种合法的方式积极地解决纠纷，而不是逃避。逃避不仅解决不了问题，还会使简单的纠纷复杂化，使良好的关系难以修复。法律或许是硬性的、没有温度的，但运用法律解决纠纷的过程应当是柔软的、温情的，应当是衡量利弊、综合比较之后的理性选择。我们大家应合理选择法律程序，理性解决纠纷，温情化解矛盾，还自己和他人一片艳阳天。

一、和解与诉讼之比较与衔接

和解有诉讼以外的和解和诉讼中的和解之分。

在纠纷发生以后，双方当事人协商、和解是最缓和、最便捷、最高效的纠纷解决方式。以此种方式解决纠纷，当事人双方自愿达成和解协议，协议的履行也出于当事人的自觉自愿，当事人之间的关系通常能够恢复如初。如果一方当事人违反和解协议，另一方当事人可以提起民事诉讼，和解协议将会成为诉讼中重要的证据。

诉讼进行之中，双方当事人可以自行和解。当事人双方达成一致，签署和解协议后，原告方可以向人民法院申请撤诉，也可以请求人民法院以和解协议为依据制作调解书。人民法院裁定准予撤诉或将调解书送达双方当事人之后，诉讼程序即告结束。

二、调解与诉讼之比较与衔接

调解有诉讼以外的调解和诉讼中的调解之分。

诉讼以外的调解由人民法院以外的机构或个人主持；诉讼中的调解由人民法院的审判人员主持。在诉讼以外的调解过程中，当事人达成的调解协议仅具有民事合同的约束力，不具有强制执行力。诉讼中的调解，以当事人达成的调解协议为依据制作的调解书等同于判决书，具有强制执行的效力。诉讼以外的调解并非诉讼的前置程序，如当事人不愿调解、调解不成或调解后反悔的，可以提起诉讼。诉讼中的调解同样应遵循当事人自愿和合法的原则，如调解不成，法院不能强迫调解或久调不决，应及时判决。

诉讼以外的调解达成的调解协议，依据《民事诉讼法》第201条和第202条的规定，当事人有权申请司法确认。自调解协议生效之日起30日内，由双方当事人共同向调解组织所在地基层人民法院提出。人民法院受理申请后，经审查，符合法律规定的，裁定调解协议有效，一方当事人拒绝履行或者未全部履行的，对方当事人可以向人民法院申请执行；不符合法律规定的，裁定驳回申请，当事人可以通过调解方式变更原调解协议或者达成新的调解协议，也可以向人民法院提起诉讼。

三、仲裁与诉讼之比较与衔接

（一）商事仲裁与诉讼

《仲裁法》第2条规定："平等主体的公民、法人和其他组织之间发生的合同纠纷和其他财产权益纠纷，可以仲裁。"由此，对于合同纠纷和其他财产权益纠纷，当事人可以共同选择以仲裁的方式来解决。如当事人约定有仲裁条款或达成有仲裁协议，当事人只能仲裁不能诉讼，且因仲裁实行一裁终局，仲裁结束后，也不能再提起诉讼。这也就是商事纠纷"选择仲裁即排斥诉讼"的原则。

仲裁裁决作出后，当事人如有异议，可以依据《仲裁法》第58条，向仲裁机构所在地的中级人民法院申请撤销；或在仲裁裁决执行过程中，被执行人依据《民事诉讼法》第244条向人民法院申请不予执行。通过仲裁裁决的撤销制度和不予执行制度，人民法院对仲裁裁决进行司法审查。如果仲裁裁决被人民法院裁定撤销或不予执行，当事人就该纠纷可以根据双方重新达成的仲裁协议申请仲裁，也可以向人民法院起诉。

（二）劳动争议仲裁与诉讼

对劳动争议的解决，实行仲裁前置的原则。即劳动争议的解决必须首先经过仲裁程序。如对仲裁裁决不服，当事人可以向人民法院起诉；一审结束后，当事人如仍有异议，还可向原审法院的上一级法院提起上诉。此即劳动争议"一裁两审"的程序设置。

《劳动争议调解仲裁法》第47条规定："下列劳动争议，除本法另有规定的外，仲裁裁决为终局裁决，裁决书自作出之日起发生法律效力：（一）追索劳动报酬、工伤医疗费、经济补偿或者赔偿金，不超过当地月最低工资标准十二个月金额的争议；（二）因执行国家的劳动标准在工作时间、休息休假、社会保险等方面发生的争议。"此即特定劳动争议的一裁终结。一裁终结是指劳动争议经劳动仲裁部门裁决后即告终结，裁决书自作出之日起生效的制度。一裁终结能让大量的劳动争议案件在劳动仲裁阶段解决纠纷，有效节约了当事人的诉讼成本，提高了劳动争议纠纷解决的效率，快捷有效地保护了当事人的合法权益。虽然从法律规定而言一裁终局体现了对劳动者的倾斜保护，但立法也赋予了用人单位相应的救济路径。用人单位有证据证明仲裁裁决违反法定情形的，可以自收到仲裁裁决书之日起 30 日内向劳动争议仲裁委员会所在地的中级人民法院申请撤销裁决。

（三）土地承包经营纠纷仲裁与诉讼

《农村土地承包经营纠纷调解仲裁法》第 4 条规定，当事人和解、调解不成或者不愿和解、调解的，可以向农村土地承包仲裁委员会申请仲裁，也可以直接向人民法院起诉。第 45 条第 2 款规定，农村土地承包仲裁委员会应当在裁决作出之日起 3 个工作日内将裁决书送达当事人，并告知当事人不服仲裁裁决的起诉权利、期限。对土地承包经营纠纷，当事人可以选择申请仲裁，也可以选择直接诉讼。此即"或裁或诉"的程序设置。且仲裁结束后，如对裁决结果不服，当事人仍有权向人民法院提起诉讼。

对纠纷的解决，法律设置了若干种程序。由此形成了多元化纠纷解决机制，当事人也拥有了程序选择权。总体而言，和解、调解成本低，易于双方关系的修复和纠纷的彻底解决；仲裁适用于特定的纠纷，专家审案，程序一般不公开，易于保守商业秘密；诉讼是最权威的解决方式，也是各种解决方式的后盾，但耗时费力，有时案结事未必了。当面对纠纷时，当事人需要对各种程序的机制及其彼此的关联有所了解，然后综合比较，进而合理选择程序，理性处理纠纷。

附录：规范性法律文件名称缩略语表

本书使用法律文件名称	法律文件名称全名
《宪法》	《中华人民共和国宪法》
《香港特别行政区基本法》	《中华人民共和国香港特别行政区基本法》
《澳门特别行政区基本法》	《中华人民共和国澳门特别行政区基本法》
《国家安全法》	《中华人民共和国国家安全法》
《国歌法》	《中华人民共和国国歌法》
《监察法》	《中华人民共和国监察法》
《英雄烈士保护法》	《中华人民共和国英雄烈士保护法》
《民法典》	《中华人民共和国民法典》
《商标法》	《中华人民共和国商标法》
《专利法》	《中华人民共和国专利法》
《著作权法》	《中华人民共和国著作权法》
《消费者权益保护法》	《中华人民共和国消费者权益保护法》
《公司法》	《中华人民共和国公司法》
《保险法》	《中华人民共和国保险法》
《合伙企业法》	《中华人民共和国合伙企业法》
《个人独资企业法》	《中华人民共和国个人独资企业法》
《农村土地承包法》	《中华人民共和国农村土地承包法》
《电子签名法》	《中华人民共和国电子签名法》
《海洋环境保护法》	《中华人民共和国海洋环境保护法》
《水污染防治法》	《中华人民共和国水污染防治法》
《大气污染防治法》	《中华人民共和国大气污染防治法》
《野生动物保护法》	《中华人民共和国野生动物保护法》
《环境保护法》	《中华人民共和国环境保护法》
《固体废物污染环境防治法》	《中华人民共和国固体废物污染环境防治法》

本书使用法律文件名称	法律文件名称全名
《枪支管理法》	《中华人民共和国枪支管理法》
《国家通用语言文字法》	《中华人民共和国国家通用语言文字法》
《居民身份证法》	《中华人民共和国居民身份证法》
《放射性污染防治法》	《中华人民共和国放射性污染防治法》
《道路交通安全法》	《中华人民共和国道路交通安全法》
《公务员法》	《中华人民共和国公务员法》
《治安管理处罚法》	《中华人民共和国治安管理处罚法》
《禁毒法》	《中华人民共和国禁毒法》
《食品安全法》	《中华人民共和国食品安全法》
《共同纲领》	《中国人民政治协商会议共同纲领》
《安全生产法》	《中华人民共和国安全生产法》
《残疾人保障法》	《中华人民共和国残疾人保障法》
《产品质量法》	《中华人民共和国产品质量法》
《担保法》	《中华人民共和国担保法》
《电子商务法》	《中华人民共和国电子商务法》
《反不正当竞争法》	《中华人民共和国反不正当竞争法》
《反恐怖主义法》	《中华人民共和国反恐怖主义法》
《反洗钱法》	《中华人民共和国反洗钱法》
《妇女权益保障法》	《中华人民共和国妇女权益保障法》
《个人所得税法》	《中华人民共和国个人所得税法》
《个人信息保护法》	《中华人民共和国个人信息保护法》
《工会法》	《中华人民共和国工会法》
《合同法》	《中华人民共和国合同法》
《婚姻法》	《中华人民共和国婚姻法》
《继承法》	《中华人民共和国继承法》
《劳动法》	《中华人民共和国劳动法》
《劳动合同法》	《中华人民共和国劳动合同法》

续表

本书使用法律文件名称	法律文件名称全名
《劳动争议调解仲裁法》	《中华人民共和国劳动争议调解仲裁法》
《老年人权益保障法》	《中华人民共和国老年人权益保障法》
《民事诉讼法》	《中华人民共和国民事诉讼法》
《农村土地承包经营纠纷调解仲裁法》	《中华人民共和国农村土地承包经营纠纷调解仲裁法》
《企业所得税法》	《中华人民共和国企业所得税法》
《侵权责任法》	《中华人民共和国侵权责任法》
《人民调解法》	《中华人民共和国人民调解法》
《社会保险法》	《中华人民共和国社会保险法》
《湿地保护法》	《中华人民共和国湿地保护法》
《税收征收管理法》	《中华人民共和国税收征收管理法》
《土地改革法》	《中华人民共和国土地改革法》
《网络安全法》	《中华人民共和国网络安全法》
《未成年人保护法》	《中华人民共和国未成年人保护法》
《物权法》	《中华人民共和国物权法》
《刑法》	《中华人民共和国刑法》
《刑事诉讼法》	《中华人民共和国刑事诉讼法》
《行政诉讼法》	《中华人民共和国行政诉讼法》
《噪声污染防治法》	《中华人民共和国噪声污染防治法》
《中央人民政府组织法》	《中华人民共和国中央人民政府组织法》
《仲裁法》	《中华人民共和国仲裁法》
《出入境管理法》	《中华人民共和国出入境管理法》

后　记

本书是集体智慧的结晶。参与本书编写工作的有张艳、汪如磊、石海云、陈勇、周斌，全书框架由张艳主编审定，最后统稿、定稿。

在本书撰写过程中，参考、引用、借鉴、汲取了众多学者、专家的研究成果和一线主审法官的观点，在此一并表示诚挚的敬意和谢意。

本书出版之际，全体编撰成员对中国政法大学出版社的大力支持表示衷心的感谢。本书的编辑为书稿的校正、出版工作付出了许多时间和精力，在此感谢他们的辛勤付出。

本书初稿的编撰具体分工如下（以本书章节先后为序）：

张艳，新乡学院，撰写序、前言、第二章第二~六节、第三章第一~三节；

陈勇，新乡学院，撰写第一章、第三章第四节、第六章；

周斌，新乡学院，撰写第二章第一节；

石海云，新乡学院，撰写第四章、第五章第二、三节；

汪如磊，新乡学院，撰写第五章第一、四节。

因写作时间紧迫及能力所限，本书难免存在不足之处，恳请学界同仁、读者批评指正。

张　艳

2021 年 12 月